“十三五”国家重点出版物出版规划项目

中国科学技术名词规范化理论建设书系

总主编 / 白春礼　副总主编 / 裴亚军

新闻学与传播学名词规范化研究

主　编 / 唐绪军
副主编 / 王怡红　宋小卫

科学出版社
北　京

内 容 简 介

新媒体时代，新闻学与传播学名词的社会应用广泛丰富、包罗万象。对这一学科名词术语进行规范化研究，对中国社会科学知识传播、公共交往、学科建设、科研教学与出版等领域渐趋科学化具有重要意义。本书从名词工作探讨、名称规范研究、定义规范研究、理论框架中的概念定位、外文名规范研究、传播研究术语释义六个方面入手，针对名词规范化研究中的难点疑点，进行整理分析。最后是新闻学与传播学名词审定会议札记，呈现了一个学术共同体的集体思考与对话。

本书适于科研、教学、生产、经营及新闻出版等各领域读者使用。

图书在版编目（CIP）数据

新闻学与传播学名词规范化研究/唐绪军主编. —北京：科学出版社，2019.11

（中国科学技术名词规范化理论建设书系 / 白春礼总主编）

“十三五”国家重点出版物出版规划项目

ISBN 978-7-03-061924-2

Ⅰ. ①新…　Ⅱ. ①唐…　Ⅲ. ①新闻学–名词术语–规范化–研究②传播学–名词术语–规范化–研究　Ⅳ. ①G210-61②G206-61

中国版本图书馆 CIP 数据核字（2019）第 154345 号

责任编辑：王　丹/责任校对：杨　赛

责任印制：李　彤/封面设计：华路天然工作室

科学出版社出版

北京东黄城根北街 16 号

邮政编码：100717

http://www.sciencep.com

北京建宏印刷有限公司 印刷

科学出版社发行　各地新华书店经销

*

2019 年 11 月第　一　版　开本：720×1000　B5

2019 年 11 月第一次印刷　印张：20 1/4

字数：371 000

定价：98.00 元

（如有印装质量问题，我社负责调换）

总　　序

科学技术名词规范化事业是建设创新型国家和世界科技强国战略的重要组成部分。科学技术的交流与传播、知识的协同与管理、信息的传输与共享，都需要一个基于科学的规范统一的科学技术名词体系作为基础的支撑。

科学技术名词规范化事业包括实践和理论研究两部分。编纂、审定、公布科学技术名词，推广规范科学技术名词等工作，是科学技术名词规范化实践。

中国官方有组织的科学技术名词规范化实践最迟在近代就已经出现。伴随着西学东渐，西方科学技术大规模传入中国，出现一大批科学技术新名词。为保证科学技术交流与传播的顺畅，官方有组织的科学技术名词规范化实践应运而生。1909 年，清政府学部设立编订名词馆，编订名词馆编纂了《植物名词中英对照表》《数学名词对照表》《心理学名词对照表》《伦理学名词对照表》《辨学名词对照表》等。

进入民国后，科学技术名词编纂规模扩大，同时，开始重视科学技术名词编纂之后由专家集体审查或审定的工作。民国时期，官方科学技术名词规范化实践相继由医学名词审查会、科学名词审查会、国立编译馆等机构负责。医学名词审查会成立于 1916 年。1918 年，医学名词审查会更名为科学名词审查会。医学名词审查会和科学名词审查会编纂、审查了一批科学技术名词。截至 1928 年，编纂、审查并经教育部审定的科学技术名词有医学解剖学名词、化学名词、物理学名词、动物学名词、植物学名词、算学名词等 19 种；已审查但未经教育部审定的科学技术名词有病理学名词、寄生物学寄生虫学名词、药理学名词、外科学名词、内科学名词等 22 种；已经起草好，但未来得及审查的科学技术名词有妇科名词等 5 种。

1932 年，国立编译馆成立。截至 1949 年，国立编译馆编纂、审查通过了一批科学技术名词。据有关部门统计，在国立编译馆的组织下，已经审查并由教育部公布的科学技术名词（不含医学、社会科学）有天文学名词、数学名词、物理学名词、化学命名原则等 18 种。还有一批虽然没有公布但在审查中的科学技术名词（不含医学、社会科学）29 种。

中华人民共和国成立后，1950 年，中央人民政府政务院文化教育委员会成立了学术名词统一工作委员会，下设自然科学、社会科学、医药卫生、艺术科学和时事名词五组，分别由中国科学院、中央人民政府出版总署、中央人民政府卫生部、中央人民政府文化部、中央人民政府新闻总署负责。随后，中国科学院在中国科学院编译局成立名词编订室，主持自然科学名词的编纂、审查工作。各学科名词编纂、审查完成后，由学术名词统一工作委员会统一公布。截至 1955 年，仅自然科学组就完成了 29 种科学技术名词的编纂、审查。

1956 年，学术名词统一工作委员会随着文化教育委员会的撤销而消失。

1978 年，全国科学大会胜利召开，中国迎来了科学的春天。中国科学院和国家科学技术委员会根据形势，联名上报国务院，请求成立全国自然科学名词审定委员会，得到了批准。1985 年，全国自然科学名词审定委员会正式成立，负责科学技术名词的编纂、审定工作。1996 年，全国自然科学名词审定委员会更名为全国科学技术名词审定委员会。

为更好推广规范科学技术名词，《国务院关于公布天文学名词问题的批复》（国函〔1987〕142 号）规定：“经其（全国自然科学名词审定委员会）审定的自然科学名词具有权威性和约束力，全国各科研、教学、生产、经营、新闻出版等单位应遵照使用。”

可以说，时至今日，中国科学技术名词规范化实践取得了重大成就，全国科学技术名词审定委员会已审定、公布了天文学名词、物理学名词、生物化学名词、电子学名词、语言学名词、教育学名词等 130 多种科学技术名词，内容覆盖基础科学、工程与技术科学、农业科学、医学、人文社会科学、军事科学等各个领域，对中国科研、教学和学术交流的发展起到了很好的推动作用。

科学名词规范化实践的健康发展，离不开科学技术名词规范化理论的指导。因此，科学技术名词规范化理论研究不可缺少。

科学技术名词规范化理论研究包含这些内容：对科学技术名词规范化的基本概念和基本原理进行研究、对科学技术名词审定原则及方法进行研究、对科学技术名词规范化政策与战略进行研究、对科学技术名词规范化历史进行总结和研究，以及对科学技术名词规范化理论与实践中遇到的其他课题进行研究，等等。

与中国官方有组织的科学技术名词规范化实践一样，中国科学技术名词规范化理论研究最迟在近代就已出现。在西学东渐过程中，为解决汉语译名统一问题，很多专家学者对此进行了研究。民国时期，不少报纸杂志组织专家学者讨论科学技术名词规范化问题，如《科学》杂志于 1916 年发起了名词论坛，至中华人民共和国成立前夕，参与讨论的文章达六七十篇。

1985 年，全国自然科学名词审定委员会成立后，高度重视理论研究，创办了专业刊物《自然科学术语研究》，连续召开了“中国术语学建设研讨会”和“面向翻译的术语研究学术研讨会”，组织出版了“中国术语学建设书系”。《自然科学术语研究》刊行到现在，影响越来越大，现已更名为《中国科技术语》；“中国术语学建设研讨会”迄今已经召开了七届（从第四届开始，改名为“中国术语学建设暨术语规范化”研讨会），“面向翻译的术语研究学术研讨会”迄今已经召开了三届；“中国术语学建设书系”的出版于2017年圆满结束，共出版著作12部。

从1985年全国自然科学名词审定委员会成立至今，中国科学技术名词规范化理论研究成果喜人，仅《自然科学术语研究》（现名为《中国科技术语》）就刊载了大量相关论文。尤其可喜的是，已有多部中国科学技术名词规范化理论研究著作问世，包括纳入了“中国术语学建设书系”的由全国科学技术名词审定委员会组织专家编撰的《中国术语学概论》等著作。

需要特别指出的是，由全国科学技术名词审定委员会起草、征求了广大专家意见的《全国科学技术名词审定委员会科学技术名词审定原则及方法》，也是重要的科学技术名词规范化理论研究成果，为指导中国科学技术名词规范化实践发挥着重要作用。

当前，科技发展日新月异，新一轮科技革命和产业革命孕育兴起，颠覆性技术层出不穷，“互联网+”快速发展，前沿基础研究向宏观拓展、微观深入和极端条件方向交叉融合发展，一些基本科学问题正在孕育重大突破，新的科技概念不断产生，科技创新活动愈加社会化、大众化、网络化。作为支撑服务科技创新、科技传播的基础性工作和系统性工程，中国科学技术名词规范化实践面临许多新情况、新要求、新任务，迫切需要科学技术名词规范化理论的支持。但是，当前中国科学技术名词规范化理论滞后于实践，不能满足实践的需要，中国科学技术名词规范化理论有待于进一步发展。

2017年7月26日，习近平总书记在省部级主要领导干部“学习习近平总书记重要讲话精神，迎接党的十九大”专题研讨班开班式上发表重要讲话，指出：“我们坚持和发展中国特色社会主义，必须高度重视理论的作用，增强理论自信和战略定力。”①为在中国科学技术名词规范化事业中更好地贯彻习近平总书记这一重要论述，全国科学技术名词审定委员会隆重推出“中国科学技术名词规范化理论建设书系”。希望该书系的出版，能极大地促进中国科学技术名词规范化理论研究的进步，并更好地服务于中国科学技术名词规范化实践。

---

① 新华网：《习近平在省部级主要领导干部“学习习近平总书记重要讲话精神，迎接党的十九大”专题研讨班开班式上发表重要讲话》，中华人民共和国中央人民政府，http://www.gov.cn/xinwen/2017-07/27/content_5213859.htm，2017年7月27日。

希望学术界能进一步总结中国科学技术名词规范化实践历史和现实经验，进一步引进国外先进理论成果，进一步运用其他学科的理论，进一步开展理论探讨，来建设中国科学技术名词规范化理论，为推进中国科学技术名词规范化事业、为把中国建设成创新型国家和世界科技强国做贡献。

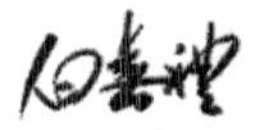

2018 年 6 月 10 日

前　言

编辑出版新闻学与传播学名词审定工作文存，用意有二。一是说明本项工作的来历和原委，为解读全国科学技术名词审定委员会的最终成果《新闻学与传播学名词》提供更多的认知线索和背景资料。二是存念行来之路，为反思和检讨本项工作之得失收藏原始资料、积累学科文献，贡献于未来。对新闻学与传播学名词审定委员会而言，名词审定工作无疑是一项开创性的基础建设工程，起步伊始，问题多多。比如，规范化工作的含义所指为何？进入的门径在哪里？怎样才能把新闻学与传播学学科的名词规范化工作做好？这些问题如影随形，一路跟随着我们。为了以公众可见的方式求解这些问题，加强名词研究深度，扩大学界内外交流，我们在《新闻与传播研究》杂志专门为本项工作开设了“新闻学与传播学名词”专栏，以记录工作历程，分享研究心得。

本书收入的文章，除3篇新稿之外，皆首发于上述专栏，其中多篇原文较长的文章，在入编本书时有所精简。这些文章针对术语和概念研究中的难点和疑点，深考浅释，疑义相析，特殊用力之处，均与规范化过程中所遇各种障碍相关。例如，在意义与名称之间，常有名异实同、实异名同而导致的以词害意、词不达意、意难言表等问题。又如，长期以来，对常用概念的基本含义及概念的准确性，尚缺少足够的辨析，此次名词审定不得不对各种理论、学派所用术语概念的来龙去脉复审再辨，多方位考查其意义与边界，以强化概念定名与定义的契合性。再如，缘于中西文化差异，长期以来，与中文名对照的外国译名在内涵上也多有缺憾。有的根植于翻译中存在的意识形态差异或偏见，有的则源于使用者原始经验的复杂性，并非仅仅是一种语言对译为另一种语言的翻译问题。本书收录的文章，就是对上述名词（术语、概念）问题的各种思考和研讨。此外，我们将名词审定工作群组内部的业务讨论与观点碰撞，以会议纪要的形式置于本书的“群思广议：学术共同体论说综述”部分。这种畅所欲言，群论立名的交流方式，始终让名词审定工作受益匪浅。

温故知新。对学术研究而言，名词之业，任重道远。也许，在名词规范化研究中，尚无法形成对每个名词概念意义的准确性进行有效检验的标准。好的标准总是出现在名词规范的实践与使用的语境之中。我们深知，已进入预公布程序的

《新闻学与传播学名词》虽经反复切磋琢磨，交锋碰撞，炼辞运思，剥丝抽茧，仍然还存在诸多不完备之处。

本书是名词审定工作成果的“附件”，寄望于其能够见证我国新闻学与传播学名词治学之道于一二。凭书远眺，诚待青出于蓝，后来者居上。

编　者

2018 年 6 月于北京

目　录

义理求通：理论框架中的概念定位

译名考辨：外文名规范研究

新词指要：传播研究术语释义

规范述要：名词工作探讨

为学科大厦脱坯烧砖

唐绪军

名词审定是一项基础性的工作，也是一项浩大的国家系统工程，涉及各个学科名词体系的建构，基本名词的收集、定名与释义等。因此，可以说，名词审定工作是中国科学技术、经济建设和文化传播繁荣发展的一个明显标志。其重要意义在于，它能推动科学名词的规范化使用，保障语言健康，传承中华文化，维护民族团结和国家统一，促进学科发展和社会进步。

全国科学技术名词审定委员会（以下简称全国科技名词委）自 1985 年成立以来，已按学科组建了 95 个科学技术名词审定分委员会，审定和公布了 120 余种学科名词。经其审定的名词具有权威性和约束力。人文社会科学名词的审定是其重要组成部分，得到了中国社会科学院科研局的统筹和支持。

2013 年 9 月 25 日，新闻学与传播学名词审定委员会宣告成立。目前，这个委员会由来自全国多所高校和科研机构的 24 位专家学者组成，他们是：中国人民大学新闻学院陈力丹教授、彭兰教授、刘海龙教授，清华大学新闻与传播学院李彬教授、崔保国教授，中国传媒大学胡正荣教授，中国传媒大学广告学院黄升民教授，加拿大西门菲莎大学传播学院赵月枝教授，浙江大学传媒与国际文化学院吴飞教授，南京大学新闻传播学院胡翼青教授、王辰瑶教授，深圳大学传播学院何道宽教授，温州医学院组织传播研究所胡河宁教授，北京大学新闻与传播学院胡泳教授，北京外国语大学国际新闻与传播学院姜飞教授，美国中康涅狄格州立大学传播系居延安教授，上海大学影视学院张咏华教授，中国社会科学院新闻与传播研究所唐绪军研究员、王怡红研究员、宋小卫研究员、卜卫研究员、殷乐研究员、刘志明研究员、杨瑞明副研究员。该委员会由唐绪军任主任，王怡红、宋小卫任副主任。

如果以 1918 年北京大学新闻学研究会的成立作为中国新闻学学科建立的肇始，迄今 100 余年；如果以 1983 年《传播学（简介）》一书的出版作为中国传播学学科形成的滥觞，迄今已逾 30 年。但是，无论新闻学还是传播学，至今尚无国家授权的公共机构审定公布相应的学科名词通用定名与定义，这显然不利于学科的进一步发展。中国物理学家、教育学家、主持过名词审定工作的严济慈先生说过："凡百工作，首重定名，每举其名，即知其事。"因此，我们打算，借这次名词审定工作的东风，乘时顺势，系统收集整理新闻学与传播学学科的核心名词，建构起学科名词的概念体系，尽可能地规范各名词的基本释义，为学科大厦的构建脱坯烧砖。

这项工作的艰巨性与复杂性显而易见。我们确定的基本工作方针是：从词源学意义上收集学科名词的相关素材，将其置于历史与文化的特定语境中，追溯核心概念的名称由来，梳理概念含义的形成、演变及其学术价值，厘清关键名词的各种义项与用法，着力界定概念的确切内涵，结合学界已有的权威性研究成果与名词通解，使名词的概念定义更为准确、更少歧义，同时还能产生互文性、可识别性、可交流性，以满足社会大众对新闻学与传播学基本概念的准确理解与合理使用的需要，同时也能满足研究者对概念本身的反思性需要。

2014 年 6 月 8 日，新闻学与传播学名词审定委员会召开收词审定工作第三次会议。在讨论中，委员们一致赞同彭兰教授提出的一项建议，即定期在《新闻与传播研究》杂志上刊登相关名词的审定过程与学术思考，以期更广泛地与学界、业界互动交流，让更多的研究者参与进来，获得及时的批评与指正。

我们认为，一个学科的名词定名与释义一定是该学科学者们集体智慧的结晶。因此，我们热切期待同道者与我们一起努力，共同分享和交流学科名词研究的成果，为新闻学、传播学学科大厦添砖加瓦。

青灯说短，黄卷言长。名词审定工作要经得起当代的推敲和后代的审视，需要我们小心翼翼，慎思明辨，需要我们把冷板凳坐热。我们相信，我们正在从事的这项工作是一项有价值、有意义的工作，值得我们为之付出。

名词工作的“学科”含义及其使用

王怡红

做学科名词，给名词定名和定义，既与学科概念本身有关，实际操作中，又牵涉对学科名称的理解和使用问题。如何恰当地使用学科名称，依据现有知识领域，对学科名词进行分类，包括给分支学科冠名，限定不同研究领域的边界问题，避免学科名词使用上的随意性、学科概念的不科学性和学科化泛滥与扩张等弊端，促使我们不得不把学科问题放到具体工作环境中，通过考察学科概念的“周边情况”，参照学科概念使用的历史经验，来理解学科含义的多样性，再去寻求恰当的解决方式以应对名词工作所遇到的“学科”问题。

“学科”是一个分类学概念。它有这样几层含义：①学术分类。学科是指一定的科学领域或一门科学的分支。主要用于对专门或特殊知识的规定或分门别类。②相对独立的知识体系。③作为一种特定的知识、学问和实践的分支，如一门学术的或专业的学科，可作为高等教育用来教学与研究的知识分支。④专指高校教学、科研等的功能单位，也是对高校人才培养、教师教学、科研业务隶属范围的相对界定。⑤具有专门的研究对象和典型的研究问题，能区别于其他社会现象的特别性质。[1]⑥表示知识的身份。一个学者所在的学科通常是由大学老师及其所属的研究领域和所发表研究成果的学术期刊来界定和认可的。有时，“学科”一词也作为批评该知识体系因缺少理论创新及其研究缺乏学术水准的一种学科化扩张。[2]

中国典籍《广雅》将“学科”界定为“识”和“教”，着重在动词语境下使用学科的含义。这种理解从学科的应用性出发，成为中国认识学科概念的一种传统，也是学科定义的基础。2000 多年前，古希腊先哲亚里士多德（Aristotle）创立了学科分类，他将人类知识分为伦理学、物理学、天像学、修辞学、政治学等。[3]在欧洲大学早期的学科分类中，传统学科主要指神学、医学、教会法学和艺术学等古典学科。19 世纪中后期，欧洲大学摆脱了宗教统治，走向世俗化和独立之路，随之出现了文学、语言学、社会学、经济学和公共管理学等学科。20 世纪初以来，更多的新兴学科出现，主要有心理学、教育学、护理学、酒店管理学等，也包括具有跨学科特征的一些研究领域，如传播学等新学科的出现。

对学科概念含义的理解与历史的使用有关。传播学在中国的发展道路是学科化在先的。[4]中国早期引进西方传播研究时，有三本书影响较大：一本是美国传播学奠基人威尔伯•施拉姆（Wilbur Schramm）访华6个月后，由中国社会科学院新闻研究所世界新闻研究室主编的《传播学（简介）》，该书于1983年出版；另一本由施拉姆和威廉•波特（William Porter）合著，书名是《男人、女人、讯息和媒介——人类传播概论》，中译本于1984年在中国出版；还有一本译著是《传播学的起源、研究与应用》，由复旦大学陈韵昭教授翻译，该书于1985年出版。在此期间，中国相继出版的传播研究著作和译作，都是以“传播学”命名的。

20世纪90年代以来，中国传播学科建设飞速发展。从1992年国家技术监督局公布的《中华人民共和国国家标准学科分类与代码》（GB/T 13745-1992）中可以看到，传播学与新闻学并列，被确定为一级学科，学科代码为860。[5]在1997年，国务院学位委员会联合国家教育委员会颁布的《授予博士、硕士学位和培养研究生的学科、专业目录》中，新闻传播学被设置为一级学科，学科代码为0503。国家以设置学科建制标准的方式，使传播学进入了中国学科教育体系，获得了“相对独立的知识类别”的学科名称，此举满足了国家对学科建制管理的要求。

从对学科名称的使用经验来看，以新闻学和传播研究为例，学科化已成为不争的事实：①以国家一级学科建制为主要依据，在此基础上，发展出以学科（专业）命名的一些学院（系、所）、如新闻与传播学院、新闻传播学院、传播学系、新闻与传播研究所等。②截至2015年，中国已有新闻传播院校一千余所。[6]③学界出版有大量以“传播学”命名的教材、论著和译作等学术文献，如《传播学引论》《传播学教程》《传播学科的奠定》《传播学史》《传播学简史》《传播学批判研究》等。④传播学分支领域也获得相应的学科冠名，如大众传播学、国际传播学、跨文化传播学、人际传播学、组织传播学、发展传播学、网络传播学、广播电视学等。⑤通过翻译建造学科名称话语。在对传播理论不断引进与研究过程中，研究者发现，中国传播学者喜欢把书名中的communication译作“传播学”或称作“传学”，尽管原文常用“传播研究”“传播与媒介研究”“传播研究领域”“传播与媒介研究领域”等。这种谨慎使用显示了西方传播学界对传播研究是否为“一门成熟的学科”持有保留意见。[7]

那么，传播或传播研究是一个学科，还是一个领域呢？国内外的传播学界对此争论不休。[8]早期我们熟悉的美国传播学教育和传播研究奠基人施拉姆持反对观点，他不赞成将传播研究变成一个封闭的学科，他认为使用研究领域更好。施拉姆还颇具野心地预言：由于构成传播研究的知识领域具有跨学科性质，因此传播研究会与更大的人文社会科学知识相融合。[9]显然，在施拉姆看来，研究领域的概念要大于学科名称的概念。这也许是由人类传播现象与传播行为的丰富性决定的。2009 年，美国 Sage 出版公司推出由美国圣迭戈州立大学威廉•埃迪（William F.Eadie）教授主编的两卷本《21 世纪传播学参考手册》（*21st Century Communication: A Reference Handbook*）。该书把传播学科的研究列为首要论题，以回应学科受到的挑战。该书称美国全国传播学会（National Communication Association，NCA）以 2004 年对 64 所大学中有博士传播研究项目的 15 所大学做的调查为例，列举了传播学有九大分支领域：传播与技术研究、传播/媒介批判/文化研究、健康传播研究、跨文化/国际传播研究、人际/团体传播研究、大众传播研究、组织传播研究、政治传播研究、修辞研究。[10]美国传播学界享有声誉的斯蒂芬•李特约翰（Stephen W.Littlejohn）也谈到了传播研究作为学科存在的理由。由于“传播学与人类生活各个方面交织在一起，因此，一切有关人类生活的研究都不可避免地涉及到这门学科。一些学者把它当作中心学科，另一些学者则将其视为边缘学科”。[11]应该强调，此处引用的争论并非证明传播学科存在的资格，而是要质疑传播学如何存在才能获得更好的发展。鉴定学科的优劣需要标准，更需要研究者对知识的不断创造。在中国相关文献中，潘忠党和吴飞则倾向于使用“传播研究”，此观点具有广泛影响。[12]

从上述情况可见，中国传播学科的发展既有国家对学科标准的建制和干预，也有来自专业研究者对特定知识领域进行分类的自组织经验。如果排除学科化做法的其他意图分析，此处仅就中国特定的学科实践现状和使知识分类变得更加清楚有序而论，那么实际情况仍然可以说明，对于身处学科名词研究中的我们而言，学科名称的使用已成为摆在面前的既成事实，种种使用与分类已支持了学科及其分支冠名的现实。这一点表明，也许需要我们进一步思考的还不仅是学科概念本身，还需要思考学科概念被使用的现实与问题。

如果将眼光再放深远一些，那么 20 世纪以来，人类社会科学的发展趋向是要打破学科的界限，以便用更完整的视角和话语来研究日渐复杂的现象与事实。正是考虑到传播研究的跨学科特性，我们才必须打开学科的狭窄边界。特别是在要求做学科名词的前提下，我们更需要谨慎地使用这个概念，否则会有害于传播研究的整体发展。当然，除了需要对一系列学科化的实践有批判和质疑的敏感之外，可能还需要将学科问题放到具体的学科名词的环境中，思考在学科化之后，“学科”到底应该如何存在。进一步说，在学科化的实践之后，我们已不适合死抱住学科名称问题不放，而是应该带着对学科化的质疑与反思，迅速转向思考在“学科化之后”的学科名词框架建构的标准与原则问题。

关于学科命名与分类，我们还需要参考国外的一些做法，他们的做法与我们前面讲述的有些不同。以美国为例，国家不设学科与学科分类的标准，其决定权和自主权是在高校和行业学术组织与研究机构的手中，如行业学会享有这份学术特权，可以决定他们所研究的知识领域范围或学科分类情况。此外，学科的界定和学术领域划分的专享权还属于该领域内的研究者，分类由他们之间的分工决定。因此，我们在设计学科名词框架时，除了搜遍国内相关文献与具体做法之外，也尽可能参照国际传播学会（International Communication Association，ICA）、全美传播学会（NCA）和国际媒介与传播研究学会（The International Association for Media and Communication Research，IAMCR）等行业学术组织对传播研究领域的分类和理解。一般在高校里，一个学科通常可有几个分支学科（sub-disciplines）或分科（branch），但这些都没有固定而清晰的分类标准。唯一可见的是，在所有大学里，一门成熟的学科几乎都有建构完善的知识体系，都拥有权威的学术期刊，还有相应的学术行业组织等。

由于学科概念体系或框架建构的主要目的是使学科名词工作系统化，建立名词之间的逻辑联系和层级序列关系，因此，我们除了参照现有文献与实际做法之外，还将遵照学科名词框架的基础性、概念知识的公共性、名词查阅的方便性等原则，对学科概念进行处理和使用。在 2014 年 6 月 8 日举行的新闻学与传播学名词审定委员会第三次会议上，崔保国教授提出了一套学科冠名的操作准则。他认为，学科名词框架的学科分类与冠名可遵循三项基本原则：约定俗成、国际普适性和学科发展的前瞻性。以约定俗成为例，成熟的研究领域可以称作“学”，不成熟的也可以称为“研究”等。[13]这一观点也成为我们建立学科概念体系的一种共识。

虽然学科命名可以约定俗成作为参照，遵守这一准则也不失为行动上的明智选择，但对约定俗成还是要有限制性地使用。所谓“约定俗成”是指：因制度化的使用和传统习惯，以学术组织形式和个人化使用为对象而存在的一种惯用现象。约定俗成会有一定的道理，由于用惯了，我们接着再用，这是可以的，但约定的前提是已有名称的常态使用不至于造成更大的理解错误和混乱。

无论新闻学，还是传播学，都要体现知识与实践的独特性，以区别于其他知识体系。如何加以区别，英国社会学家齐格蒙特·鲍曼（Zygmunt Bauman）有一种观点，他认为，学科的边界应该是由独特的研究问题构筑的。[14]学科的冠名不仅仅是语词与对象之间的某种关联，还意味着独立的知识建构。多年来，传播学领域不像社会学领域有公认的大师。19 世纪中后期，法国社会学家奥古斯特·孔德（Auguste Comte）在实证研究的基础上，提出建设社会学科的思想，确立了“社会学”这一名称。[15]社会学创立时期，社会学家埃米尔·涂尔干（Émile Durkheim）拼命地“要为社会学在统合一体的社会学科之林中确立理据”[16]，他的努力也是要为社会学的存在寻求合法性。然而，传播学的情况有所不同。传播学从引进至今，学界尚未足够地讨论学科及其问题，也未充分做好学科理论建构的准备。[17]

应该承认，学科并非没有边界，否则我们无法说出学科的含义。但我们现在所从事的学科名词的定名和定义却不应该是一种有围墙的知识生产，知识的整体与部分应该保持一种张力关系。我们需要在学科知识的分门别类和传播研究要规避学科化之间，形成认识上的差异与对话，以此来保持对学科化的自觉抵抗。[18]从现实来看，这种抵抗不能缺少对经验事实的尊重。我们真正应该了解的不仅包括学科概念本身，还包括我们对学科所做的一切。

注释

[1] 〔英〕齐格蒙特·鲍曼、蒂姆·梅：《社会学之思》，李康译，北京：社会科学文献出版社，2010 年，第 7 页。

[2] 王怡红：《导读：我们从美国传播学科史研究中读到什么？》，胡翼青：《传播学科的奠定 1922-1949》，北京：中国大百科全书出版社，2012 年，第 8-9 页。

[3] 〔古希腊〕亚里士多德著，苗力田主编：《亚里士多德全集》第八卷，北京：中国人民大学出版社，1991 年，第 239 页；《亚里士多德全集》第二卷，北京：中国人民大学出版社，1991 年，第 1 页、第 469 页；《亚里士多德全集》第九卷，北京：中国人民大学出版社，1991 年，第 1 页、第 287 页、第 331 页。

[4] 王怡红：《我们从美国传播学科史研究中读到什么？》，胡翼青：《传播学科的奠定（1922-1949）》，北京：中国大百科全书出版社，2012 年，第 22 页。

[5] 王怡红、胡翼青主编，杨瑞明、张丹副主编：《中国传播学 30 年（1978-2008）》，北京：中国大百科全书出版社，2010 年，第 95 页、第 130 页。

[6] 《中国高等教育学会新闻学与传播学专业委员会第七届理事会第四次会议召开》，东方网，http://news.eastday.com/c/20151024/u1ai9075569.html，2019 年 8 月 14 日。

[7] 何道宽：《译序》，〔美〕汉诺·哈特：《传播学批判研究》，何道宽译，北京：北京大学出版社，2008 年，第 3 页。

[8] William F.Eadie，21st Century Communication A Reference Handbook，Vol.1&2，Sage，2009，p.12.

[9] Wilbur Schramm，The beginnings of communication studies in the United State，in Dan Nimmo，Communication Yearbook 4，International Communication Association，1980，p.82.

[10] Stephen W.Littlejohn，Kaven A.Foss，Theories of Human Communication，2008，p2，p15. William F.Eadie（eds.），21st Century Communication：A Reference Handbook，Sage，2009，p.15.

[11] 〔美〕斯蒂芬·李特约翰：《人类传播理论》，史安斌译，北京：清华大学出版社，2004 年，第 3 页。

[12] 吴飞：《传播研究的自主性反思》，《浙江大学学报（人文社会科学版）》2009 年第 2 期。潘忠党：《传播·文化·社会译丛总序》，〔美〕彼得斯：《交流的无奈传播思想

史》，何道宽译，北京：华夏出版社，2003 年。潘忠党：《传播效果实证研究的话语——对一个研究领域的理解与误解之反思》，〔美〕简宁斯·布莱恩特、道尔夫·兹尔曼主编：《媒介效果：理论与研究前沿》，石义彬、彭彪译，北京：华夏出版社，2009 年。

[13] 参见 2014 年 6 月 8 日新闻学与传播学名词审定委员会在中国社会科学院新闻与传播研究所召开的《新闻学与传播学名词》收词审定工作第三次会议的会议记录（核定版）。

[14] 〔英〕齐格蒙特·鲍曼：《通过社会学去思考》，高华等译，北京：社会科学文献出版社，2002 年，第 3-4 页。

[15] 〔英〕埃米尔·迪尔凯姆：《社会学科方法的规则》，胡伟译，北京：华夏出版社，1999 年，第 1 页。

[16] 〔英〕齐格蒙特·鲍曼、蒂姆·梅：《社会学之思》，李康译，北京：社会科学文献出版社，2010 年，第 170 页。

[17] 王怡红：《我们从美国传播学科史研究中读到什么？》，胡翼青：《传播学科的奠定 1922-1949》，北京：中国大百科全书出版社，2012 年，第 23 页。

[18] 王怡红：《我们从美国传播学科史研究中读到什么？》，胡翼青：《传播学科的奠定 1922-1949》，北京：中国大百科全书出版社，2012 年，第 23-24 页。

术语之道三题

宋小卫　张冬冬

一、是名词还是术语？

2013 年 9 月 25 日，全国科技名词委增设了新闻学与传播学名词审定委员会，中国新闻学与传播学领域的名词审定工作随之正式启动，其主要任务是按照规定的程序和写作标准，编制出新闻学与传播学学科的专业术语集《新闻学与传播学名词》，再经由全国科技名词委审定后公布适用。

应予说明的是，上述“名词审定委员会”“名词审定工作”所称的“名词”，均非语法意义上的名词，而是泛指学科领域中表达各种专业概念的词语指称，[1]它既包括名词性词语，也包括形容词性词语和动词性词语。

例如，“传播”“采访”“报道”“反馈”等名动同形词，既是名词，也可当动词用，属于兼类词性质的概念指称，而“党管媒体”“议程设置”“书报检查”“媒介融合”等短语词或复合词，则属于动词词组性质的专业概念指称。[2]

所以，依常理判断，将“名词审定委员会”“名词审定工作”改称为“术语审定委员会”“术语审定工作”，可能更恰切一些。

实际上，全国科技名词委的英译名称“China National Committee for Terms in Sciences and Technologies”中，Terms 一词的中文通译即为“术语”而非“名词”（Noun）；国内研究语言学的知名学者和主持名词审定工作的专家也多次确认，“名词审定”之“名词”，义同“术语”。[3]

《国务院关于公布天文学名词问题的批复》（国函〔1987〕142 号）明确指出并确认：“全国自然科学名词审定委员会是经国务院批准成立的。审定、公布各学科名词，是该委员会的职权范围，经其审定的自然科学名词具有权威性和约束力，全国各科研、教学、生产、经营、新闻出版等单位应遵照使用。”

2000 年以后，全国科技名词委组建的各学科名词审定分委员会扩展至人文社会科学领域，先后组建了语言学、教育学、法学、社会学、政治学、宗教学、中国古代史、考古学、新闻学与传播学等学科的名词审定分委员会，前述国函〔1987〕142 号批复的效力，在无明文否定的情况下，理应适用于人文社会科学的各名词审定分委员会审定公布的学科术语。

有意思的是，全国科技名词委2011年审定公布的《语言学名词》中，对“名词”（Noun）的定义是：“表示人或事务名称的词。例如‘孔子’‘母亲’‘桌子’‘光速’。其语法特征是：主要充当主语和宾语；一般能用数量短语修饰，不能用副词修饰。”[4]对“术语”（Term）的定义是：“各门学科的专门用语，在专业范围内表示单一的专门概念，如语言学术语‘主语’、哲学术语‘物质’、政治经济学术语‘商品’等。在一定条件下，某些术语可由专门意义引申出一般的意义，从而获得全民性，成为一般词语。例如‘腐蚀’‘消化’等。”[5]

根据名词审定对于概念定名的要求，一个概念一般仅确定一个与之相对应的规范中文名称，也就是说，在全国科技名词委公布的各学科名词中，“名词”和“术语”作为两个被收录的词条，可能仅见于已经出版的《语言学名词》；即便将来其他学科名词中也收录有“名词”和“术语”两个词条，按照“当同一个概念在不同学科中的名称不一致时，应根据‘副科尊重主科’的原则统一定名”的惯例[6]，《语言学名词》中有关“名词”和“术语”的定义也应被视为具有权威性和约束力的标准定义和概念定名。

因此，作为负责组织各学科名词审定、公布及协调、推广应用工作的全国科技名词委，出于率先垂范的考虑，当可援用《语言学名词》的规范定名重新标示自己的机关名称，即将其标称为全国科学技术术语审定委员会。不过，全国科技名词委的现行名称也并非全无来由，事实是，“我国自20世纪初开展术语审定工作以来，相应的专门机构名称中一直带有‘名词’二字：从1909年的科学名词编定（订）馆，到1919年的科学名词审定委员会，再到1950年新中国（中华人民共和国）成立的学术名词统一（工作）委员会和1985年的全国自然科学名词审定委员会，直到今天的全国科技名词委。这些机构颁布的各学科规范术语都被称为‘××学名词’”[7]，可见将“名词”作为“术语”的别名使用，自有其百年的历史积习，在这种情况下，即使其准确性、科学性牵强，一时也难以轻易改动。但我们至少可以做到：在新闻学与传播学领域的名词审定工作中，明确地将收词范围定位于“术语”而不仅限于语法意义上的名词，诸如“信息传播技术与农村发展”（ICT for rural development）、“传播能力建设”（Capacity building for communication）、“用时间消灭空间”、“用事实说话”、“种牛痘”、“政治家办报”、“有闻必录”、“新闻、旧闻和无闻”、“开天窗”、“四级办广播、四级办电视”等词组型的和行话类的术语化表述，应可纳入《新闻学与传播学名词》的收词清单。

二、不是规制多元的治学表达，而是规范公用的文本表述

到目前为止，国内已出版了多种中外新闻学与传播学的词典（辞典）类工具

书，相对而言，正在编制的《新闻学与传播学名词》至少具有两项较为明显的区别特征：其一，它直接嵌入国家的术语政策体系，本身就承载着国家术语政策的规范性和约束力；其二，与前述特征相关联，《新闻学与传播学名词》的编制采用国家发布的术语编纂标准规则，并设有专门的审定程序。

从理论上看，只要是涉及术语资源处理的任何国家公务组织的明文决定，都含有术语政策的因素。“在很多情况下，术语政策是通过惯例而确立的”[8]，但系属国家名词审定工作序列的《新闻学与传播学名词》，经审定并公布后，则将直接享有前文所述国函〔1987〕142 号批复以及《国家科委、中国科学院、国家教委、新闻出版署关于使用全国自然科学名词审定委员会公布的科技名词的通知》（[90]科发出字 0698 号）[9]的政策支撑，具有相应的权威性和约束力。当然，这种政策约束力，主要还是引导性的，并未附加配套的刚性核查、究责机制。但在特定情况下，这种政策支撑性质的约束力仍可发挥实质性的影响。例如，一旦产生术语使用纠纷，或者需要作出关涉术语规划的公共决策，那么，经由国家术语机构审定公布的规范术语，就可以作为裁判机关、决策机构定纷止争、评判裁定的首选专业理据，具有高于其他术语编纂作品的法定证明力和优先约束力。

值得强调的是，国函〔1987〕142 号批复中所确认的经全国自然科学名词审定委员会审定公布的自然科学名词具有权威性和约束力，其约束效力主要施之于机构类公用文本的编制而非个人的治学表达。所谓“公用文本”，包括公权机关和事业单位制定的规范文件，公益机构或公司企业面向社会发布的教材、工具书等具有公共文化服务属性的各类出版物；尤其是对人文社会科学名词术语的编制、审定和规范，对其约束力的解读，更应秉持“不是统一思想，而是同一表述”[10]的立场和理念。

在目前国内各种公用文本的表述中，具体就新闻学与传播学的术语而言，确实存有用词不够规范、表述缺乏同一性的问题，不妨试举两例：

一是宪法条文中对“新闻”一词的非常规使用。《中华人民共和国宪法》（以下简称宪法）第二十二条第一款规定：“国家发展为人民服务、为社会主义服务的文学艺术事业、新闻广播电视事业、出版发行事业、图书馆博物馆文化馆和其他文化事业，开展群众性的文化活动。”一般来说，对立法条文所用词语的理解，有法律上特殊含义的，该含义优先；无法律上特殊含义，但有该词语所涉相应专业通用含义的，该专业通用含义优先；既无法律上特殊含义，也无该词语所涉相应专业通用含义的，则应按照其日常普遍默认的含义进行解释。所谓“法律上特殊含义”，首先指该项立法对其使用的概念有专门的定义，其次指虽然该项立法未予明示，但同部类的其他法规对同一概念有所界定。具体就“新闻”这一概念而言，宪法本身并无界定，宪法 1982 年公布时，中国其他法律文件中也没有关于“新闻”的定义。而“新闻”一词所涉及的专业即新闻学当时有关“新闻”的通用定义主要有两个，一是陆定一提出的新闻即“新近发生的事实的报道”，另一个是徐宝璜提出的新闻即“多数阅读者所注意之最近事实”。至于“新闻”日常普遍默认的含义，按照法律解释学的规则，一般是指“该词语在权威辞典中第一层次的含义”[11]，宪法公布的时间为 1982 年，当时广泛使用的《现代汉语词典》对“新闻”一词的释义为：①报纸或广播电台等报道的国内外消息；②泛指社会上最近发生的新事情。[12]同时期另一部综合性辞书《辞海》中“新闻”词目的释义为：①报社、通讯社、广播电台、电视台等新闻机构对当前政治事件或社会事件所作的报道；②指被人当作谈助的新奇事情。[13]倘若按照上述“新闻”的专业含义或日常含义来衡量，宪法条款中的“新闻”一词便不易理解，它既不是修饰“广播电视”的形容词，也不是可以与“广播电视”相并列的名词，所以，只能将其视为一种词语的非规范使用。再查中国人大网和中国法制出版社提供的宪法英译版其中“新闻广播电视”的对译均为“the press，radio and television broadcasting”[14]，比较之下，将“新闻广播电视”改述为“报刊广播电视”可能更合于宪法条款的文理逻辑及名词术语的组合规范。

二是中国法制规范文件中媒介（媒体）等概念指称的同一表述问题。比如，《中华人民共和国消费者权益保护法》（1993 年，第六条）率先使用了“大众传播媒介”这一名词术语，其后《中华人民共和国广告法》（1994 年，第十三条）、《中华人民共和国药品管理法》（2001 年，第六十条）、《中华人民共和国妇女权益保障法》（2005 年，第四十二条、第五十四条、第五十九条）、《中华人民共和国残疾人保障法》（2008 年，第三条、第六十二条）等法律条款中也都使用了“大众传播媒介”的指称。同时，另外一些法律法规文件则分别选用了“大众传媒”“大众媒体”“传播媒介”“新闻传播媒介”“新闻媒体”“新闻单位”“公共传播媒介”“公共传媒”“公共媒体”等 9 种异名同族的指称[15]，如何从这些指称中区辨出正名、别名、俗称，正是需要新闻学与传播学名词审定工作考量定夺的。又如，1993 年制定，2013 年修改后重新公布的《中华人民共和国消费者权益保护法》第六条第三款规定：“大众传播媒介应当做好维护消费者合法权益的宣传，对损害消费者合法权益的行为进行舆论监督。”1994 年制定，2015 年修改后重新公布的《中华人民共和国广告法》第十四条第二款规定：“大众传播媒介不得以新闻报道形式发布广告。通过大众传播媒介发布的广告应当显著标明广告，与其他非广告信息相区别，不得使消费者产生误解。”按照当下国内新闻学与传播学界业已形成的术语共识，多以“媒介”指称传播内容的有形或无形的载体，而以“媒体”指称从事传播活动的机构，依此共识，上述两项法律条款中的“媒介”一词，改称为“媒体”才更加精准，因为只能要求传播机构而非传播载体“做好维护消费者合法权益的宣传”“不得以新闻报道形式发布广告”。

三、笃于专业，乐于智趣

如前文所言，《新闻学与传播学名词》的编制，需要依循国家发布的术语编纂标准规则，并由全国科技名词委特设了专门的审定程序，也就是说，它要经过双重专业规范的过滤与核查。它的编制，既要切合新闻学与传播学之学理，同时也得依循术语学（Terminology）的治词之道，而对于后者，新闻与传播学府的跨界成果仍然是单薄的，如何将术语工作的原则与方法融会于新闻学与传播学术语体系的整理、建构与拓展中，值得积极尝试和探索。我国术语标准化技术委员会已经根据国际标准化组织的样本等效制定了国内术语规范工作的若干专业标准，包括《术语工作 原则与方法》（GB/T 10112-1999）、《术语工作 词汇 第1部分：理论与应用》（GB/T 15237.1-2000）、《术语工作 概念体系的建立》（GB/T 19100-2003）、《术语工作 概念和术语的协调》（GB/T 16785-2012）等，这些标准文件的制定，虽然始发于自然科学导向的名词术语学的引领和推动，但其中的许多命名规则和定义方法，同样可以适用于人文社会科学领域科学概念的抽取和术语定名、定义的规范化操作，值得《新闻学与传播学名词》的编制者认真学习、积极借鉴，这也是新闻学与传播学术语建设所必然经历的一种再度专业化的修炼和提升。

如果单以文字表达的悦感来衡量，《新闻学与传播学名词》的写作也许是平淡甚至劳神而纠结的，它必须给每一个学科概念配置最少争议的定名、为每一个专业指称构思最少用字的定义，没有文辞渲染的空间，没有个性飞扬的余地，唯有抑己从众、小心翼翼地寻找、斟酌和提炼出新闻学与传播学学科领域概念定名的“术语共识”和指称定义的“最大公约数”。

但是，《新闻学与传播学名词》的成稿之旅，也可能把我们带入另一种饶有理趣的境界，在这种境界中，每一个名词术语都寄宿着一个可以激活的理论单元，都是可与之相遇、对话和商榷的学术生命体。它们有的曾经长久负载着一种戒备的情绪和刑罚性的联想，钝化了我们对学术理想的专业感觉；有的打从远方跋涉而至，引荐我们进入更加开敞而丰富的思想空间；也有的原本隐居在跨学科的交界处，在某个偶然或者必然的时刻与我们惊艳相遇，擦出火花，点亮灵感；还有的如新莺出谷、嫩蕊初绽，以至于每当它们被人说起，总会令我们顾望倾听，用心向学。

是的，踏上这一段旅程，和名词交友，同术语攀谈，与同好切磋，跟异见争辩，不消停，不省心，有意思。

注释

[1] 见《全国科学技术名词审定委员会科学技术名词审定原则及方法》（2010年10月22日全国科学技术名词审定委员会第六届全国委员会全体会议审议并修订，2011年1月1日起施行）第2部分“科技名词审定工作”第1条“科技名词”：“本文件所指科技名词是专业领域中科学技术概念的语言指称，即科学技术概念在语言中的名称。”全国科学技术名词审定委员会编：《科技名词审定工作参考资料》，2013年印发，第15页。

[2] 关于中文单词型术语、动词词组术语的结构分析，见全国科学技术名词审定委员会委员、国家教育部语言文字应用研究所研究员冯志伟所著《现代术语学引论》（增订本，商务印书馆，2011年），该书第十章、第十四章分别讨论了“中文单词型术语”“中文动词词组术语和形容词词组术语的结构”。

[3] 例如，时任中国文字改革委员会副主任、中国社会科学院语言文字应用研究所所长的陈原研究员，在其全国自然科学名词审定委员会成立大会上的讲话中就指出：“我们现在所说的‘自然科学名词’，不是语法意义上的名词，而是当代信息科学中提到的术语。因为它不是语法上的名词，所以实际上包括了语法中的动词、名词、形容词等等。”（见陈原：《在全国自然科学名词审定委员会成立大会上的讲话》，《自然科学术语研究》1985年第1期）又如，全国科学技术名词审定委员会第六届全国委员会副主任委员刘青在其所撰《科技名词审定工作方法概要》中也明言：“我们这里所讲的科技名词，也称为术语”。（见刘青：《科技名词审定工作方法概要》，全国科学技术名词审定委员会编：《科技名词审定工作参考资料》，2013年印发，第26页）

[4] 语言学名词审定委员会编，全国科学技术名词审定委员会公布：《语言学名词》，北京：商务印书馆，2011年，第56页。

[5] 语言学名词审定委员会编，全国科学技术名词审定委员会公布：《语言学名词》，北京：商务印书馆，2011年，第91页。

[6] 见《全国科学技术名词审定委员会科学技术名词审定原则及方法》（2010年10月22日全国科学技术名词审定委员会第六届全国委员会全体会议审议并修订，2011年1月1日起施行）第3部分“科技名词定名工作”。全国科学技术名词审定委员会编：《科技名词审定工作参考资料》，2013年印发，第17页。

[7] 叶其松：《术语学核心术语研究》，黑龙江大学博士学位论文，2010年，第70页。

[8] 梁爱林：《关于术语政策与术语规划的认识问题》，《术语标准化与信息技术》2008年第3期。

[9] 该通知由国家科委、中国科学院、国家教委和新闻出版署在1990年联合发布，旨在贯彻落实国务院国函〔1987〕142号批复的要求。通知提出，各新闻单位要通过各种传播媒介宣传名词统一的重要意义，并带头使用已公布的名词。各编辑出版单位今后出版的有关书、刊、文献、资料，要使用公布的名词。特别是各种工具书，应把是否使用已公布的规范词，作为衡量该书质量的标准之一。凡已公布的各学科名词，今后编写出版的各类教材都应遵照使用。该通知发布时，名词审定工作还仅限于科技类的名词术语，但

其效力同样延展至后来的人文社会科学类名词术语的审定成果。

[10] 龚益：《社科术语工作的原则与方法》，北京：商务印书馆，2009 年，第 78 页。

[11] 郭华成：《法律解释比较研究》，北京：中国人民大学出版社，1993 年，第 131 页。

[12] 中国社会科学院语言研究所词典编辑室编：《现代汉语词典》，北京：商务印书馆，1978 年，第 1267 页。

[13] 辞海编辑委员会编：《辞海》，上海：上海辞书出版社，1979 年，第 3396 页。

[14] 全国人民代表大会：Constitution of the People's Republic of China，中国人大网，http://www.npc.gov.cn/zgrdw/npc/zt/qt/gjxfz/2014-12/03/content_1888094.htm，2019 年 8 月 17 日。

[15] 使用这 9 种指称的部分法律法规文件为：1.大众传媒：《中华人民共和国人口与计划生育法》（2001 年，第十三条）、《全国人民代表大会常务委员会关于进一步开展法制宣传教育的决议》（2001 年，第四条）；2.大众媒体：《疫苗流通和预防接种管理条例》（2005 年，第六十五条）；3.传播媒介：《中华人民共和国证券法》（2004 年，第七十二条）；4.新闻传播媒介：《中华人民共和国证券法》（2004 年，第七十二条）；5.新闻媒体：《中华人民共和国环境保护法》（2014 年，第九条）、《中华人民共和国精神卫生法》（2012 年，第二十二条）、《中华人民共和国非物质文化遗产法》（2011 年，第三十四条）、《中华人民共和国食品安全法》（2009 年，第八条）、《中华人民共和国突发事件应对法》（2007 年，第二十九条）；6.新闻单位：《中华人民共和国价格法》（1997 年，第三十七条）、《中华人民共和国戒严法》（1996 年，第十八条）；7.公共传播媒介：《股票发行与交易管理暂行条例》（1993 年，第六十一条）；8.公共传媒：《保险公司控股股东管理办法》（2012 年，第二十六条）；9.公共媒体：《基金会信息公布办法》（2006 年，第八条）、《国家旅游局行政许可实施暂行办法》（2006 年，第二十六条）。

网络时代的“立规人”：新闻史名词的收词与审定工作刍议

涂鸣华　李　彬

我们有幸参与了新闻学与传播学名词审定工作，具体负责新闻史部分收词、审定以及后续的释义工作。这让我们既荣幸又惶恐。荣幸的是，为一个学科定名和正名，对该学科的发展是具有里程碑的意义的，借用黑格尔（G.W.F.Hegel）在《历史哲学》中的概念，它象征着新闻学与传播学学科建设从原始开疆拓土阶段进入了自我反思的新阶段；惶恐的是，我们的能力和从事此工作所肩负的责任之间存在差距。柏拉图（Plato）曾借用苏格拉底（Socrates）之口，提到对“定名”的看法：“并非每个人都能提供名称，只有名称制造者才能提供，他就是立规人，在世上所有艺人中，有这种技艺的人最少。”[1]这里，我们将工作中的一些体会和感想写下，既是参与者的心路历程，也是对工作的阶段性总结。

一、学科概念体系的两难

名词审定的第一步通常是确立学科概念体系。目前我们采用的是以时间和空间为主的框架结构体系，分为古代中国新闻史、古代外国新闻史，近代中国新闻史、近代外国新闻史，现代中国新闻史、现代外国新闻史这六个主体部分，随后参考专家意见，加上了新闻事件和新闻史研究名词两个分类。这样的分类源自近代以来马克思主义史学家对于中国史和世界史的基本划分体系。好处一是结构清楚明晰，二是各个部分词条的数目比较均匀，三是能较好地继承前辈学者研究的路径和思路。再加上大家共同的史学基础教育背景，因此可以说是比较易于接受的分类方案。

但这种体系也存在着不少问题，最为显著的是过去学界就一直在反思新闻史研究过度依附于传统史学，较少体现新闻传播学学科发展独特性的问题。而若是延续上述的分类，将会使得这一问题再次凸显。因此也有过讨论，即按照媒介类型进行分类，如以口语传播—文字传播—印刷媒体—电子媒体—互联网媒体的线索划分，这样也许可以更好地体现新闻史的特点。但实际操作时出现的麻烦是，按不同媒介形态的发展分类后，还要按年代和国别再做一次分类，如古代中国的口语传播，古代外国的口语传播等，这样反而叠床架屋、过于繁复，并且有些分类下的词目也会长短不均、结构失调，如报业史部分可能篇幅过长，而广播电视史部分又会显得词条数目偏少，网络和互联网则划在新媒体部分，结果出现了新闻史不新的老问题。

仅就现有的学术体系而言就已经令人踌躇，因为在收选词汇时要考虑系统性问题，希望选定的词汇能够体现新闻史发展的学术脉络。这就使得大量在学术上对构成学科完整性很重要，但没有什么现实意义的早期新闻史词汇进入收词列表中。这样就难以解释如下的现象，现在大部分省级电视台的收视人口比早期所有传教士报纸的读者人数总和还要多，但传教士报纸基本就能收录，而绝大多数电视台名称则付之阙如。还有更早期的欧洲报刊，国内仅有几本教材介绍，基本上来自一两本译著的转引，极少有国内学者基于原始材料研究过，但就学术体系的完整性而言，它们又不可或缺。例如，古罗马帝国的《每日纪闻》，新闻史学界基本就把某个译著的论点作为结论，也没有相关的深入研究成果，那么在有限的选词篇幅里，为什么要留下它的一席之地，仅仅是因为它是欧洲最早的官报（但没有任何的实物证明）。而这个学术脉络，除了有厚古薄今的问题外，还会出现另外的尴尬情况，即以机构和事件为核心的传统架构与事实上相关新闻作品往往更为人所知之间的选词冲突。例如，在最后的选词过程里，出现了《人民日报》和新华社等报纸和机构的名称，但没有一篇这些机构的作品名被收录。

除了需要考虑学术脉络，还需要考虑地区平衡性问题，以外国新闻史为例，现在中国的外国新闻史研究基本是欧美新闻史研究，欧美新闻史又以英美的盎格鲁-撒克逊人的主流话语为圭臬，体现在收选词汇上，就偏重于英美新闻史的一些机构和事件，其他的国家如法国、德国就少得多，更遑论第三世界国家。这既不能反映全球媒介流通的全貌，也不利于我们切实地了解新闻史发展的规律。所以我们在尽可能的情况下，也收入一些第三世界国家的新闻机构和新闻事件，但照顾了平衡性后，又同现有实际研究的学术版图并不符合，举个例子，如巴西的环球电视网是全球最大的肥皂剧提供商，收视人口远超过美国的很多电视台，但我国的相关研究就很少。如何协调学界影响力和阅听影响力的平衡，也是我们选词时比较耗费精力的问题。

二、名词收选的“致命自负”

已经有意见认为现有名词收选条目存在着如下不足：一是有太多的新闻机构名词，而缺少新闻史学和新闻史研究名词；二是有过多的印刷媒体名词，而其他媒介发展史的相关名词则太少，结构明显失衡。这里需要做一些补充说明。

现有的新闻史收词，采用的工作步骤是从已经出版的新闻学辞典论著、教材中选择出现频次比较高的词汇，作为基础的数据库，然后进行再三筛选，挑选比较有代表性的基本学术名词。不可避免的情况就是，这些辞典大多数已经知识陈旧，即使是权威类的《中国大百科全书》，也存在着版本更新的问题，所以客观上要承认，有些收选的词不能够反映学科发展的现状。同时前述提过，要照顾学科体系的完整性和平衡性，也使得收选的词汇有些陈旧。

一方面我们会在名词的释义阶段，调整一些词的收选，尽量将最新的研究成果反映到这项工作中去；另一方面，作为史学研究者，在面对如潮般不断涌现的新词，本能会有一些较为保守的立场。因此这方面的工作，需要大家的督促。

而印刷媒体的词汇过多，也是中国新闻史研究客观现实的反映。中国新闻传播学的研究是以报业史的研究为滥觞，第一部专门的新闻史研究著作就是戈公振先生的《中国报学史》，现有的新闻史研究学者大多曾经从事或正在从事报业史的研究工作，并且在已有的教材体系里报业史也占据了大量的篇幅。因此在收选名词的时候，纸质媒体的词汇出现得比较多，结构上并不均衡。

但我们更为困惑的不是某个方面收词多少的问题，而是作为参与者，在收选这些词汇时背后隐含的思维框架或者范式能否得到充分的反思，从而避免学术上“致命的自负”。因为新闻史学的词汇收选，一方面延续了以往的新闻史学术共同体的基本研究框架，即一报、一刊、一社、一台的考据式研究，紧扣着当前革命史和政治史的思维范式，为中国革命和建设的正当性提供新闻发展史上的有效支撑，由此形成了一套革命新闻史的框架；另一方面改革开放后，随着思想解放，对之前的新闻事业有了拨乱反正的评估，于是又有了现代化叙事下的另一类新闻史框架。但无论这两类框架的研究角度和叙事策略有何不同，根本上还是对“著名的报刊、通讯社、电台电视台及新闻从业者”的编年体研究。自然可以说，这套类似“封神榜”的做法有其客观的标准，但不可否认的是，如此的新闻史书写也是米歇尔·福柯（Michel Foucault）所谓“驯服与宰制的过程”，现在的收选词将极大可能是再一次的确权，为过去的学科框架进行一次光荣榜式的总结。

作为研究者，我们是否应当对自己的学术权力也保持必要的警惕，并反省是否出现某种意义的霸权？在遴选这些词时，我们常会反思此类问题。例如，五四运动时期，学界毫无疑问承认《新青年》重要，但它批判的“孔教”和“迷信”刊物就一无是处吗，就对当时中国社会的影响力而言，《新青年》等刊物一定就超过了它所批判的对象吗？一方面我们在收选词时有学术上必要的考虑，另一方面也确实是自我的内心在很多词上做模糊的判断，因此未来将必然承担难免的质疑。

而且如果仅仅是对现有学术体系再次确认，将会使现有工作失去开放性。可是要保持应有的开放性，为未来的学术提供更多的可能，就不得不面临其他的难题，如何克服篇幅的紧张，来体现这样的开放性，为已有的学术体系放开一道可以突围的口子呢？

三、以网络的开放促进学术的开放

在遴选新闻史词汇时，既定方法是从经典的辞典、论著和教材中挑选有代表性的词汇。但除了这个思路以外，网络时代其实有了更多的可能性，以辞典为例，无论从收词的数量和权威性而言，维基百科都已经超过了现存的任何一本印刷类辞典。更为可贵的是，维基百科还为及时编辑和上传提供了必要的技术支撑，事实上，在西方学术著作里，维基百科因为其权威性而被作为正规出版物引用，它也提示我们从事严肃的名词选定工作时，有可能将其作为参考。

我们的设想是以“维基百科”为参照系，将名词收选工作的一部分放到网上，建立涵盖尽量多的词汇的数据库。单以新闻史为例，可以尽可能地将新闻史中出现的机构、事件、人物都放入网络平台，建立庞大的数据库，而出现在纸质版本中的，则是此系统中现有学术共同体认为的比较重要的部分。同时也可以整合国内新闻史的研究者队伍，共同完善和不断更新该平台。这样能够不断保持名词审定工作的开放性，容纳不同的学术观点和研究路径，并且也可以使得审定工作不是若干年一更新的图书出版模式，而是随时更新的互联网新模式。

而相对重要的基本词汇收选，则可以参照大数据的处理模式，以现有的辞典、论著和教材为基本数据库，进行语料库的整理，建立词汇使用的趋势模型，从中选择有代表性的词汇。

还需要考虑的问题是，名词审定工作完成以后，如何将学界成果推广和传播，使之成为大家共同遵循的标准，这一方面需要不断加强宣传力度，另一方面也要为学界和业界的使用提供一定的便利。查阅大部头著作同互联网搜索相比，便捷性上存在不少差距，从这方面考虑，也希望能够建立对应的名词收选网络平台。

四、结论

就目前的工作而言，新闻史名词的审定因为要照顾学科体系，体现完整性、前瞻性和基础性等诸多原则，不可避免会出现收选词汇陈旧、思维框架局限以及个人学术观点滥用等问题，因此希望能够将此工作以“维基百科”的形式上网，凝结整个新闻史学界的智慧，让尽可能多的有识之士都成为“立规者”，从而使名词审定工作能够保持不断的开放和包容。

注释

[1] 此处原译者将定名者译成“立法家”，笔者更倾向于使用其他学者翻译的“立规人”，见〔古希腊〕柏拉图：《克拉底鲁篇》，王晓朝译，《柏拉图全集（2）》，北京：人民出版社，2003年，第65页。

媒介环境学探源：从边缘到庙堂

何道宽

媒介环境学从酝酿到成熟，经历了长期艰难曲折的过程。20 世纪初，社会学的芝加哥学派孕育了其胚胎。20 世纪上半叶，一些多学科的巨人成为其先驱。20 世纪中叶，传播学的多伦多学派和纽约学派融合，结成一支强大的学术队伍。2000 年，媒介环境学派跻身传播学核心领域，成为与经验学派和批判学派并列的三大学派之一。本文从几个方面检视并评价这个学派的思想、简史、成就和地位。

一、独创的理念和理论

媒介环境学者独创的媒介理念和传播理论数以十计，难以尽述，更难以评说，仅举少许几个最广为人知者：哈罗德・伊尼斯（Harold A. Innis）的偏向论、帝国论、知识垄断论；马歇尔・麦克卢汉（Marshall McLuhan）的延伸论、讯息论、地球村、四定律；尼尔・波斯曼（Neil Postman）的技术垄断论、人类文化三分论、泛娱乐论；罗伯特・洛根（Robert K.Logan）的语言演化链、口语文化三分说；沃尔特・翁（Walter J.Ong）的口语文化二分说；保罗・莱文森（Paul Levinson）的人性化趋势理论、补救性媒介理论、媒介发生三阶段论、三个地球村论、新新媒介论；林文刚（Casey Man Kong Lum）的技术与文化共生论等。

媒介环境学各家所论、荦荦大端、精彩纷呈，然而其最基本的共同理念是媒介的理念，最基础的理论是泛媒介论。媒介环境学主张泛技术论、泛媒介论、泛环境论、泛文化论。换言之，一切技术都是媒介、环境和文化。麦克卢汉说："一切技术都是媒介，一切媒介都是我们自己的外化和延伸。"[1]他又说："每一种技术都创造一种环境。"[2]人成为环境的一部分，对新环境浑然不觉。麦克卢汉说："任何技术都创造一个新环境，造成感观的彻底麻木，因为人的本能是躲避未知而奇异的东西，所以人对新环境是浑然不觉的。"[3] 他又说："我们可以把自身机体的延伸外化为环境。"[4]换言之，凡是人类创造的一切、凡是人类加工的一切、凡是经过人为干扰的一切都是技术、环境、媒介和文化。质言之，技术、环境、媒介、文化是近义词，甚至是等值词。这是媒介环境学有别于一切其他传播学派的最重要的理念。

媒介环境学所谓的环境分为三个层次：符号环境、感知环境和社会环境。难怪媒介环境学有独特的跨学科追求，因为符号环境理念亲近语言学，感知环境理念亲近心理学，社会环境理念亲近社会学和批判理论。媒介环境学将“技术”理念回溯到史前的“前技术”（pre-culture），又延伸到未来的新技术。莱文森把技术的起源推回到口语和原始工具出现之前。他认为，口语出现之前的技术是“前技术”，“前技术”也是环境、媒介、文化。他说：“媒介给我们提供的实际上是越来越人性化的、自然的和‘前技术’的交流方式。”[5]洛根提出语言演化链的创见。他回眸语言演化史，指出：“我们业已确认的 7 种语言是互动式媒介。它们是言语、文字、数学、科学、计算语言、互联网和谷歌……”他还前瞻语言演化链的未来发展：“数据空间也有独特的语义和……句法……因此我们建议把数据空间视为人类认知能力演化中的第 8 种语言。”[6]

二、为什么定名为媒介环境学？

以麦克卢汉等人为代表的传播学技术学派为什么定名媒介环境学？其英文名字是 media ecology，汉译名有两种可能：媒介环境学，媒介生态学。上文所论的泛媒介论和泛环境论揭示了该学派的实质和追求，所以 media ecology 译为“媒介环境学”是必然的选择。该学会的副会长林文刚借用波斯曼的话对这个译名做了详细而有力的说明。波斯曼说：“亚里士多德使用 ecology 的本原意义是‘家居环境’（household）。他说的意思是让我们的家庭保持精神上的安稳，强调精神安稳的重要性。ecology 一词的‘生态’意义，是 19 世纪德国动物学家恩斯特·海克尔赋予的。”[7]林文刚又说：“我们用媒介环境学来翻译英语的 media ecology，主要是因为波斯曼（1970 年）在首次公开就这门学科的定义和范式讲话中做了这样的表述：媒介环境学把环境当作媒介来研究……这些概念显示，媒介环境学强调人在媒介研究中的重要角色，其重点关怀是如何研究人与传播媒介的关系。”[8]因此林文刚强调指出：“为了维持理念上的一致和清晰度，我建议把迄今为止我的一切中文著作里 media ecology 的译名从媒介生态学一词更名为媒介环境学。”[9]

我个人梳理了这个汉译名的定名过程：“‘media ecology’的中文译名起初直译为‘媒介生态学’。但这个‘媒介生态学’和国内学者关注的‘媒介生态学’并不是一回事。……2005 年，台湾政治大学的陈世敏教授和美国新泽西州威廉·帕特森大学的林文刚教授分别访问深圳大学传媒与文化发展研究中心……经过几个月的跨洋飞鸿，我们决定采用究其实而不据其形的办法给这个学派定名，也就是说，根据该学派的根本性质和主要追求，‘media ecology’应该定名为‘媒介环境学’，而不是采用几年来已经在使用的‘媒介生态学’。我们先后考虑过的其他译名，比如‘媒介哲学’和‘媒介形式学’，都一一放弃了。”[10]国内的媒介生态学和北美媒介环境学的英文名称均为 media ecology，两者的关怀却大不一样。大体上说，媒介生态学关心媒体的经营管理、媒体之间的关系、媒体与社会的关系，关心媒体如何健康发展、如何为社会和谐做出贡献。相比而言，媒介环境学主张泛媒介论，其关注点涵盖整个人类文化的健康与平衡，既有微观的媒介研究，也有宏观的文明演进研究，它关心媒介史和传播思想史，注重广义的技术—环境—媒介—文化的发生和发展，具有强烈的人文关怀和道德关怀。

为了说明媒介环境学的首要追求和关怀，我们征引麦克卢汉和波斯曼的两段文字如次。

1963 年，麦克卢汉对其研究生课程“媒介与社会”做了这样的描绘：“本课程把媒介作为人造环境来考察。这些环境利弊同在，既有促进作用，又有阻碍作用，塑造使用者的知觉。这些能动的环境，具有神秘形式的无所不包属性，成为一切活动的隐蔽运作背景。本课程训练学生的感知，使之能够感知这些不断变动的结构的性质和效果。”[11]

1976 年，波斯曼提出一个更简明的定义：“媒介环境学研究人的交往、人交往的讯息及讯息系统。具体地说，媒介环境学研究传播媒介如何影响人的感知、感情、认识和价值。它试图说明我们对媒介的预设，试图发现各种媒介迫使我们扮演的角色，并解释媒介如何给我们所见所为的东西提供结构。”[12]

三、媒介环境学派的四大要件

任何学派的成熟都必须具备四大要件：①一套独创的理念和理论；②一个或一群杰出的学界领军人物，以其卓越的学术成就高扬帅旗；③一个相对完善的组织制度保证；④一些稳定的成果发表园地。媒介环境学满足了这四个条件。本文第一点“独创的理念和理论”已论及第一个要件，这里不赘述。

关于第二要件领军人物，伊尼斯、麦克卢汉、波斯曼、莱文森闻名遐迩，成就卓著。20 世纪 50 年代初，伊尼斯与死亡赛跑，三年间出版了名垂青史的“传播三部曲”：《帝国与传播》《传播的偏向》《变化中的时间观念》。1950 年和 1951 年，麦克卢汉为伊尼斯的《帝国与传播》与《传播的偏向》作序。1951 年 3 月 14 日，麦克卢汉致信伊尼斯，响应组建一个学派的思想。20 世纪 50 年代和 60 年代，麦克卢汉出版《机器新娘》《谷登堡星汉》《理解媒介》等名震全球的专著，拥有无数粉丝，受到波斯曼和莱文森等学术大腕的景仰。1970 年，波斯曼在纽约大学创办媒介环境学博士点。在此后的 30 年间，他培养了数十位博士和数百位硕士，成为传播学纽约学派的领军人物，成为媒介环境学坚强的思想领导。

至于第三要件学派的组织制度保证，则需要一点笔墨。20 世纪 50 年代，传播学的多伦多学派走向成熟，伊尼斯是奠基人，麦克卢汉是旗手。20 世纪 50 年代初，麦克卢汉获福特基金会慷慨赞助，组建了北美第一个跨学科研究小组，他主导持久的跨学科咖啡屋“清谈”，麦克卢汉思想圈子随即形成。在麦克卢汉的经营下，该学派于 20 世纪 60 年代扬名全球。1963 年，多伦多大学用极其宽松的政策为麦克卢汉专门组建了“文化与技术研究所”。十余年间，麦克卢汉在这里主持每周一的研讨会，交流、切磋，这个研究所成了多伦多学派坚强的学术堡垒。

20 世纪 70 年代，传播学的纽约学派以福德姆大学和纽约大学为阵地。此前，约翰 • 卡尔金（John Culkin）在福德姆大学创建媒介研究教学系和理解媒介中心。1967 年，他从州政府申请到专项经费，延聘麦克卢汉在此任“施瓦泽讲座教授”。1970 年，波斯曼在纽约大学创建媒介环境学博士点，扛起了媒介环境学的大旗，直至他 2003 年去世。实际上，这个博士点发挥了成熟学派的三大功能：思想领导、组织领导和制度建构。

至于媒介环境学派的第四个要件，研究成果的发表园地，也需要予以介绍。20 世纪 50 年代，麦克卢汉和埃德蒙 • 卡彭特（Edmond Carpenter）主持编辑出版跨学科研究丛刊《探索：文化与传播研究》（1953—1959 年）。20 世纪 60 年代，麦克卢汉及其儿子编辑《预警线通讯》（*DEW-LINE*），拥有横跨学界和业界的广大读者群；这是一个多学科交流的平台，也是麦克卢汉思想的宣传机器。

自 1977 年起，波斯曼主编国际普通语义学会会刊《如此等等》（*ETC：A Review of General Semantics*），为他个人和弟子提供了发表论文的便捷平台。波斯曼是横跨教育学和媒介环境学的权威，共有著作 25 种，他最著名的媒介批评三部曲《童年的消逝》《娱乐至死》和《技术垄断：文化向技术投降》均有中译本。

四、媒介环境学登堂入室

20 世纪 50 年代初，《帝国与传播》《媒介的偏向》《变化中的时间观念》密集出版，伊尼斯登上世界舞台。

1964 年，《理解媒介：论人的延伸》问世，麦克卢汉名震全球。整个 20 世纪 60 年代，北美的宣传机器几乎全部开动起来为麦克卢汉服务，几十种大大小小的报刊发表数以百计的文章颂扬他，他被封“先知”、“圣贤”、20 世纪“最重要的思想家”，等等。20 世纪 60 年代中期，北美的整个宣传机器开足马力为他服务。仅 1966 年一年，“报刊上介绍麦克卢汉的文章就达 120 篇，差不多每一种重要的美国、加拿大和英国的报刊都参与了这场运动。人们以激动的心情思量，这可能是一位洞见堪与达尔文和弗洛伊德一比高低的重量级人物”。[13]

1965 年 11 月，《纽约先驱论坛报》宣告麦克卢汉是“继牛顿、达尔文、弗洛伊德、爱因斯坦和巴甫洛夫之后的最重要的思想家……”说他是“电子时代的代言人，革命思想的先知”。《生活》杂志封他为“媒介教师爷”、电气时代的预言家。[14]

1969 年 3 月，《花花公子》杂志以超乎寻常的篇幅发表了几万字的《麦克卢汉访谈录》，称他为“高级祭司”“北方圣人”。20 世纪 60 年代和 70 年代，各界的邀请应接不暇；几所大学想用诱人的高薪挖走他，纽约的福德姆大学以首位“施韦策讲座教授”的头衔特聘他工作一年，其年薪高出一般教授好几倍；欧洲的麦克卢汉迷创造了 Mcluhanism、Mcluhanist 等词汇；日本人几乎翻译了麦克卢汉的全部著作，所谓“麦克卢汉学”随之而起。

1993 年，连线一代的“圣经”《连线》杂志创刊，刊头上封麦克卢汉为“先师圣贤”。

20 世纪 90 年代，多伦多学派和纽约学派携手并进，媒介环境学蓬勃发展。

1998 年，媒介环境学会（Media Ecology Association，MEA）成立，旋即成为美国全国传播学会（NCA）的团体会员，2003 年又加入国际传播学会（ICA）。莱文森任学会顾问，兰斯·斯特拉特（Lance Strate）任会长，林文刚任副会长。

同时，斯特拉特主编“媒介环境学”丛书，由汉普顿出版社（Hampton Press）印行。学会创办了季刊《媒介环境学探索》（*Explorations in Media Ecology*）、《媒介环境学会通讯》（*Media Res*）和网站 http://www.media-ecology.org。这些著作、刊物和网站成为催生下一代媒介环境学者的阵地。有了学会强大的组织力量，麦克卢汉和波斯曼的后继者再也不会各自为战，强大的队伍更容易在世界各地的学术阵地上“攻城略地”了。

2006 年，林文刚主编并撰写《媒介环境学：思想沿革与多维视野》，这是媒介环境学派的小百科全书、发展的重要路标，甫一问世即售出中文（含繁简字体两种版本）、韩文和西班牙文版权。这个学派的历史和现状、深度和广度、宏观和微观、学术关怀和社会关怀都展现在世人面前，一览无余了。媒介环境学进入世界各国的学术殿堂。

2015 年，媒介环境学以新闻传播学分支学科的身份进入中国的《新闻学与传播学名词》。

五、三代学人的思想谱系

媒介环境学经历了长期艰难曲折的历程。其先驱人物有罗伯特·帕克（Robert Park）、帕特里克·格迪斯（Patrick Geddes）、刘易斯·芒福德（Lewis Mumford）、本杰明·李·沃尔夫（Benjamin L. Whorf）、苏珊·朗格（Susanne K.Langer）等人。

第一代的代表人物有伊尼斯和麦克卢汉，他们是媒介环境学派的奠基人和旗手、两驾马车、一体两面。麦克卢汉继承并超越了伊尼斯的“媒介偏向论”，将其思想推向全球。第一代的埃里克·哈弗洛克（Eric Havelock）先后在加拿大和美国几所大学任教，是多伦多学派和纽约学派的桥梁，著有《柏拉图导论》《缪斯学会写字》《希腊的拼音文字革命及其文化影响》《希腊政治的开明气质》《西方书面文化的源头》，其重点关怀是口语文化和口头传统。

20 世纪 70 年代，第二代的代表人物登场。波斯曼、翁和詹姆斯·凯瑞（James W. Carey）国内学界已相当熟悉。翁的代表作《口语文化与书面文化：语词的技术化》、凯瑞的《作为文化的传播》均已被引进。第二代的代表人物还有唐纳德·特沃尔（Donald Theall）。他是麦克卢汉的第一位博士生，著有两部麦克卢汉传记：《媒介是后视镜：理解麦克卢汉》和《虚拟麦克卢汉》。

跨越第二代和第三代的核心人物有洛根和特伦斯·戈登（Terrence Gordon）。洛根的《字母表效应：拼音文字与西方文明》和《理解新媒介——延伸麦克卢汉》已由复旦大学出版社推出，戈登主编的麦克卢汉《理解媒介：论人的延伸》增订评注本已由译林出版社印行。

第三代的代表人物有莱文森、约书亚·梅罗维茨（Joshua Meyrowitz）、林文刚、德里克·德克霍夫（Derrick de Kerckhove）、斯特拉特、埃里克·麦克卢汉（Eric Mcluhan），他们多半在 20 世纪 90 年代以后登场，活跃在世界各地。前四位的著作已陆续被引进国内。北美和世界各地新一代有成就的媒介环境学者群星璀璨。莱文森的学术著作已悉数引进国内。梅罗维茨《消失的地域：电子媒介对社会行为的影响》也在中国推出。2014 年卸任的麦克卢汉研究所所长德克霍夫已广为人知，其代表作《文化肌肤：真实社会的电子克隆》已出中译本。

六、麦克卢汉研究的三次飞跃

世人关于麦克卢汉的研究完成了三次飞跃，三次飞跃的代表是三部著作。它们是：莱文森的《数字麦克卢汉：信息化新纪元指南》（1999 年、2014 年）、戈登主编的《理解媒介：论人的延伸》增订评注本（2003 年、2011 年、2019 年）和洛根的《理解新媒介——延伸麦克卢汉》（2000 年、2012 年）。莱文森自称麦克卢汉的私淑弟子，戈登是麦克卢汉的传记作者和批评家，洛根是麦克卢汉的同事及其思想圈子的核心成员。

第一次飞跃由莱文森的《数字麦克卢汉：信息化新纪元指南》完成。这是一本三合一的书，既是麦克卢汉评传，又是一部专著，而且是“信息化新纪元指南”。它痛快淋漓、论说清晰、内容丰富，分 14 个专题研究麦克卢汉。该书已出版两版中译本，第二版（2014 年）被纳入北京师范大学出版社的“西学经典书系”。

第二次飞跃由戈登主编的《理解媒介：论人的延伸》增订评注本完成。该书 2003 年编订，2011 年由译林出版社推出中译本，以纪念麦克卢汉百年诞辰。这个增订评注本的最大贡献是：①“规范”了麦克卢汉。加上了注释、附录，编制了人名索引、主题索引。②“特伦斯 • 戈登序”提炼了麦克卢汉的 10 条理论：泛媒介论；媒介成双结对；言语和电光是不结对的两个例外；媒介影响；新媒介不替代旧媒介；媒介冷热的意义；媒介对神经系统的“关闭”和“截除”影响；媒介的“内爆”产生“地球村”；媒介引起感知比率的变化；理解媒介就是理解新旧媒介的关系。③增补了两个非常重要的“附录”。“附录一”是麦克卢汉的“理解新媒介研究项目报告书”，1960 年 6 月 30 日首次刊布，这是 1964 年版《理解媒介：论人的延伸》的雏形，读者可以借此追溯麦克卢汉思想形成和发酵的过程，体会他创新思想的坎坷命运。“附录二”梳理、批驳了“评论界对《理解媒介：论人的延伸》的批评”。④为每一章节撰写编者按，提供理解麦克卢汉思想的钥匙和指南。

第三次飞跃由洛根完成，集中的体现就是他的新作《理解新媒介——延伸麦克卢汉》。全书分三部，第一部是作者的媒介理论；第二部逐一讲解新媒介对麦克卢汉所论媒介的影响，有所更新；第三部用麦克卢汉的视角解读“新媒介”，有所创新。洛根对麦克卢汉的 38 种方法论做了很全面的小结。这是莱文森《数字麦克卢汉：信息化新纪元指南》和戈登《理解媒介：论人的延伸》增订评注本之后的重大成就，是对麦克卢汉媒介理论最详尽、最权威的解读。

七、媒介环境学的学科优势

30 多年来，笔者参与传播学三大学派经典名著的译介，对各派理论有所了解。几十年来的历史证明：经验学派一派独大；批判学派在欧洲有市场，在美国“水土不服”；媒介环境学派长期在美国受经验学派排挤。笔者深感有必要矫正传播学圈子失衡的问题，非常希望批判学派和媒介环境学派能够问鼎北美传播学的主流圈子。从哲学高度俯瞰这三个学派，其基本轮廓是：经验学派埋头实用问题和短期效应，重器而不重道；批判学派固守意识形态批判，重道而不重器；媒介环境学派着重媒介的长效影响，偏重宏观的分析、描绘和批评，缺少微观的务实和个案研究。

在传播学发展史上，首先成气候的是经验学派。它在第二次世界大战期间正式诞生，由保罗 • 拉扎斯菲尔德（Paul F.Lazarsfeld）、库尔特 • 勒温（Kurt Lewin）、哈罗德・拉斯韦尔（Harold Lasswell）与卡尔・霍夫兰（Carl Hovland）等四位先驱开拓，战后由“祖师爷”施拉姆“钦定”，具有明显的热战背景和冷战背景。其首要关怀是宣传、说服、舆论、民意测验、媒介内容、受众分析和短期效果，其哲学基础是实用主义和行为主义，其方法论是实证研究和量化研究，其研究对象是宣传、广告和媒体效果，其服务对象是现存的政治体制和商业体制。该学派称霸美国传播研究领域达数十年，其根源在于美国文化里根深蒂固的实用主义和“崇美主义”。该学派骨子里抗拒和恐惧马克思主义，鄙视兴起于北美的媒介环境学。

批判学派的代表有德国法兰克福学派、英国文化研究学派和传播政治经济学派、法国结构主义学派。法兰克福学派对美国传播学产生影响的代表人物有麦克斯・霍克海默（Max Horkheimer）、西奥多・阿多诺（Theodor W.Adorno）、赫伯特・马尔库塞（Herbert Marcuse）、赫伯特・席勒（Herbert Schiller）、瓦尔特・本雅明（Walter Benjamin），英国文化研究学派的代表人物有斯图尔特・霍尔（Stuart Hall）、雷蒙・威廉斯（Raymond Williams）等。这些学派对既存的美国体制产生强大的冲击，它们高扬意识形态的旗帜，因“水土不服”，故只能够在高校和文人的圈子里产生影响。

真正摆脱服务既存体制、解放传播学的却是以麦克卢汉为代表的传播学的第三学派——媒介环境学派。该学派有强烈的人文关怀、道德关怀、社会关怀，具有明显的批判倾向。伊尼斯的“传播三部曲”批判了英帝国主义和当代资本主义在空间上的极度扩张，警惕美国文化对加拿大文化的负面影响，批判美国的帝国主义和好战倾向。麦克卢汉的《机器新娘：工业人的民俗》是对美国的广告、社会、文化的极其辛辣的批评。波斯曼的“媒介批评三部曲”捍卫严肃文化，批判“娱乐至死”和技术垄断。

媒介环境学以人、技术和文化的三角关系为研究重点，以泛环境论著称，主要旨趣在技术和媒介对人和社会心理的长效影响。这个学派的崛起有力地扭转了经验学派独霸、批判学派式微的局面，为传播学研究开辟了一方新的天地。

八、中国学者的媒介环境学研究

中国学者研究媒介环境学，成绩斐然。研究伊尼斯、麦克卢汉、波斯曼、翁、莱文森等学者的文章难以计数，也难以穷尽检索。这里的介绍只限于最重要的论文和专著。

2000 年，张咏华发表论文《新形势下对麦克卢汉媒介理论的再认识》，修正自己对麦克卢汉的“酷评”；2002 年，她的《媒介分析：传播技术神话的解读》

问世，这是国内第一部从技术哲学视角研究麦克卢汉及其学派的专著。2002 年，笔者率先评论多伦多学派，发表论文《加拿大传播学派的双星：伊尼斯与麦克卢汉》。2004 年，胡翼青的《传播学：学科危机与范式革命》全面考察传播学各学派，满怀忧思，推进学科发展，自然也助推了麦克卢汉研究。2005 年，国内出现了第一篇研究麦克卢汉及其学派的博士论文，是李明伟的《媒介形态理论研究》。2006 年，媒介环境学会副会长林文刚博士访问深圳大学，我们决定将 media ecology 定名为“媒介环境学”，而不是“媒介生态学”。2006 年和 2010 年，林文刚主编并撰写的《媒介环境学：思想沿革与多维视野》的简体字版和繁体字版先后问世。2007 年，胡翼青追踪媒介环境学的源头，出版专著《再度发言：论社会学芝加哥学派传播思想》，提醒学界注意传播学的平衡发展，功莫大焉。同年，吴予敏主编的《传播与文化研究》刊布了媒介环境学研究专辑，收录了笔者、陈世敏、胡翼青、李明伟等人的论文。2007—2010 年，笔者主编并翻译的“媒介环境学译丛”4 种由北京大学出版社印行，分别是：《媒介环境学：思维沿革与多维视野》《口语文化与书面文化：语词的技术化》《技术垄断：文化向技术投降》《作为变革动因的印刷机：早期近代欧洲的传播与文化变革》。2008 年和 2011 年，范龙从现象学角度研究麦克卢汉及其学派的两部专著先后问世，它们是《媒介的直观：论麦克卢汉传播学研究的现象学方法》和《媒介现象学：麦克卢汉传播思想研究》。2010 年，国内第一部以“媒介环境学”命名的专著问世。李明伟在博士论文的基础上修订出版了《知媒者生存：媒介环境学纵论》。

2011 年之后，国内学者纪念麦克卢汉百年诞辰，呼应麦克卢汉研究的第二次飞跃和第三次飞跃，发表了大量的成果。要者有：2011 年，《理解媒介：论人的延伸》增订评注本中译本印行，这本书是麦克卢汉研究第二次飞跃的标志。2011 年，国内纪念麦克卢汉百年诞辰的几个研讨会召开，数十家媒体刊布了数十篇文章和访谈，影响较大者有《国际新闻界》推出的纪念麦克卢汉专辑，含 4 篇文章，撰稿人为笔者、胡翼青、范龙和王晓刚。2011 年，紫金网刊布麦克卢汉百年诞辰的“媒介环境学专辑”，含 20 余篇论文，供稿者有笔者、胡翼青、秦州、李明伟、魏武挥等，这个专辑比较全面地反映了国内媒介环境学研究的水平。2012 年，复旦大学出版社印行了洛根的《字母表效应：拼音文字与西方文明》和《理解新媒介——延伸麦克卢汉》，两者都是媒介环境学的代表作，后者是麦克卢汉研究第三次飞跃的标志。2012 年，笔者发表了麦克卢汉和莱文森的简明评传，各三万字，收入《影响传播学发展的西方学人》，题名分别为《麦克卢汉：媒介理论的播种者和解放者》和《莱文森：数字时代的麦克卢汉、立体型的多面手》。中国社会科学院文学研究所的金惠敏先生多年来一直进行麦克卢汉、庄子和海德格尔思想的比较研究，2012 年，他发表纪念麦克卢汉百年诞辰的文章《“媒介即信息”与庄子的技术观——为纪念麦克卢汉百年诞辰而作》。

传播学是舶来品，麦克卢汉媒介理论和媒介环境学正式登上中国传播学的殿堂，历史不久。任何引进的理论都有一个消化、吸收、发展的过程，我们正在为传播学的本土化而努力。

注释

[1] 〔美〕林文刚编：《媒介环境学：思想沿革与多维视野》，何道宽译，北京：北京大学出版社，2007 年，第 197 页。

[2] 〔加〕埃里克·麦克卢汉、弗兰克·秦格龙编：《麦克卢汉精粹》，何道宽译，南京：南京大学出版社，2000 年，第 409 页。

[3] 〔加〕马歇尔·麦克卢汉著，〔加〕斯蒂芬妮·麦克卢汉、戴维·斯坦斯编：《麦克卢汉如是说：理解我》，何道宽译，北京：中国人民大学出版社，2006 年，第 100 页。

[4] 〔加〕马歇尔·麦克卢汉著，〔加〕斯蒂芬妮·麦克卢汉、戴维·斯坦斯编：《麦克卢汉如是说：理解我》，何道宽译，北京：中国人民大学出版社，2006 年，第 104 页。

[5] 〔美〕保罗·莱文森：《数字麦克卢汉：信息化新千纪指南》第二版，何道宽译，北京：北京师范大学出版社，2014 年，第 108 页。

[6] 〔加〕罗伯特·洛根：《理解新媒介——延伸麦克卢汉》，何道宽译，上海：复旦大学出版社，2012 年，第 229 页。

[7] 〔美〕林文刚编：《媒介环境学：思想沿革与多维视野》，何道宽译，北京：北京大学出版社，2007 年，中文版序，第 4 页。

[8] 同[7]。

[9] 同[7]。

[10] 〔美〕林文刚编：《媒介环境学：思想沿革与多维视野》，何道宽译，北京：北京大学出版社，2007 年，中文版序，第 2-3 页。

[11] 〔加〕菲利普·马尔尚：《麦克卢汉传》第二版，何道宽译，北京：中国人民大学出版社，2015 年，第 171 页。

[12] 〔美〕林文刚编：《媒介环境学：思想沿革与多维视野》，何道宽译，北京：北京大学出版社，2007 年，中文版序，第 114 页。

[13] 〔加〕马歇尔·麦克卢汉著，〔加〕斯蒂芬妮·麦克卢汉、戴维·斯坦斯编：《麦克卢汉如是说：理解我》，何道宽译，北京：中国人民大学出版社，2006 年，第 XX 页。

[14] 〔加〕菲利普·马尔尚：《麦克卢汉传：媒介及信使》第二版，何道宽译，北京：中国人民大学出版社，2015 年，第 137 页。

模糊而有意义——谈谈文字报道体裁的分类与命名

王辰瑶

新闻总是试图用明确的话语来表述世界，然而对其自身的指称却很难谈得上清楚。究竟该如何“表述”一则报道呢？它是深度报道还是特稿？是长消息还是小通讯？是新闻特写还是人物报道？诸如此类的问题并不容易回答，这不仅因为新闻体裁的分类五花八门，指称品种繁多，更因为这众多的类别缺乏科学的分类依据和内在关联。例如，一本讨论新闻文体的专著将新闻体裁分为125种[1]之多，其中包括“拍肩膀新闻”“印象性报道”等明显不够严谨的类别。虽然一些新闻体裁的分类和命名方式因时过境迁被淘汰是难免的，如“九体二十四目划分法”[2]等，但即便是目前仍被众多新闻学著作和新闻写作教材采用的报道体裁，也仍然有许多令人困惑的地方。这就不得不予以重视并进行充分的讨论。

一、令人困惑的报道体裁

像“通讯”“特稿”“特写”这样的报道体裁名称都是被广泛采用的，但细究其实际用法却有许多含糊矛盾的地方。比如，有的研究者认为“通讯”是中国独有的新闻体裁[3]，有的研究者则认为通讯即西方新闻界所称的“特稿”，并且直接用“特稿”去替换“通讯”[4]。可“特稿”在国内有时又被翻译成“特写”，而对“特写”的通行定义，是将其作为一种刻画新闻事件之局部特征的简短文体[5]，类比的是电影中的“特写镜头”（close-up），既不同于西方新闻学中无所不包的“特稿”（feature）概念，也不同于与“消息”相并列的“通讯”。更何况在中国当代新闻史上还出现过“大特写”热潮，大家耳熟能详的张建伟式的全景深度报道一度就被冠以“大特写”之名，但它显然既不是片段刻画式的“特写”，也不是后来兴起的以叙述性见长的“特稿”。所以若是对新闻报道体裁分类和名称术语略作思忖，不是得用且用、一带而过的话，就不免感到处处有问题和矛盾。正如强月新和单波在十几年前就感慨的“使人发昏的五花八门的划分标准”[6]，新闻报道体裁的分类和命名始终困扰着新闻界。

为什么会形成这样的困惑？有两个相互关联的原因。首先是中文书写传统的强文体意识。从《文心雕龙》开始形成的“体大而虑周”的古代文学批评传统（当时把一切文字作品都视为文学)，对当代的新闻领域也不无影响。一个可资对比的现象是：但凡中文的新闻写作教材几乎都是先分文体，而英文的新闻写作教材则很少如此，大多按采写的实际流程来分章节。其次，可能也是更为重要的原因是，对报道体裁的分类和命名是“追认式”的。理论阐述总跟在实践的后面，当一种新闻实践获得关注后，那么它通常也就会得到一个名称。这种命名方式带有“流行”色彩，很少顾及名称与名称之间能否接洽。新闻报道体裁分类和命名的随意，从某种程度上来说，正是新闻学科理论化程度不高的表现。按照一种说法，新闻业本就是一种“理论化不足的实践”(under-theorized practice)，由于要“追赶时间”，绝大部分记者都无法意识到他们在知识场域中扮演的角色。[7]因此如果新闻学对报道体裁问题的研究不能立足于实践而反思实践，仅仅满足于追逐实践的话，那显然是很难令人满意的。由于以上两个原因的共同作用，中国新闻的报道体裁分类和命名问题格外突出，在各种教科书和专著文献里，因为分类标准混乱和命名方式随意而带来的问题比比皆是，迄今没有共识。西方新闻界尽管也是“理论化不足的实践”，但因为一直淡化文体，这方面的问题倒不那么明显。因为西方新闻界一般就是把报道分为消息（狭义的新闻）和特稿（而特稿通常被看做“不是新闻的东西”[8]）两大类，底下虽也有分类但不再作严格的区分了。

二、模糊而有意义的分类

如何对报道体裁进行好的分类和命名，并且将其构建成一个相对稳定的系统？在分析了目前分类和命名方式的问题后，本文认为既需要考虑这个分类体系的“常用”，也需要考虑它的“好用”。所谓“常用”，就是得约定俗成，新闻离不开实践，不能弄出一套科学严密但无人问津的“专名”出来；所谓“好用”，就是得清晰明确，既要能说清楚分类和命名的道理，也要让记者清楚地知道各种体裁之间的区别和联系，以解决“怎么选择及选择什么文体去写”[9]的困惑。

新闻虽然看似简单，却也是一个由多重标准构成的文本。毫无疑问，时间性是新闻文体的一个明显特征。除了时间性外，描述对象本身也构成一个区别的因素，以描述一个事件为主要内容的新闻与那些非事件性的新闻在叙述形式上存在很大的差异。同时，篇幅长短也是一个直观因素，不少新闻体裁实际上就是按篇幅划分的，甚至新闻奖的评定也要用字数来给报道分类。此外，对叙述性的看重程度也是区分新闻文本的重要标准。高度结构化的纯消息和高度强调叙述性的特稿代表了坐标轴的两极，而其他新闻文体则因为对叙述性的强调程度不同而游走在两极之间。总之，时间性、叙述性、篇幅和对象构成了给报道划类的几个主要依据，它们共同作用，决定了一种报道体裁之内的文本大致应该是什么样的。

即便有了这些分类标准，要给报道划类也是困难的。原因在于，首先，区分报道体裁的标准经常是模糊的。一篇 500 字的报道就是短消息，为什么不是 501 字、600 字？报道在多大程度上看重叙述性才能算特稿？其次，新闻的分类不仅依靠一个指标，而是得有多个模糊的指标才能完成。如何把这几类标准统一到一个分类体系中？这两点困难是目前新闻文体的分类方法较少考虑的。有的分类法把 600 字以下的报道称为短消息，有的则把 500 字或 800 字以下的报道称为短消息，这样硬性的字数规定都很难说得上科学。另外，对新闻文体的分类标准也不一致，时而是以时效强弱来分，时而是以内容来分，时而看重叙述，时而以篇幅定夺。这些标准不能统合在一起，构成一个有意义的相互关联的系统。

这样的困境其实并非新闻分类所独有，任何没有精确外延的概念都会出现类似的模糊性。古希腊著名的“秃顶”悖论，说的是一个头发浓密的人开始掉头发，掉多少根头发就可称为“秃顶”的问题。这个问题看似荒谬，因为无论是头发浓密还是秃顶，都是我们在生活中可以一眼指认的事实。但是按照传统逻辑，这个问题竟然无解，因为“头发浓密”和“秃顶”不会因为增加和减少一根头发而改变，这就会导致“连锁推理悖论”，乃至无法分类。

面对此类对象类属边界不清晰和性态不确定的模糊特性，美国控制论学家、逻辑学家洛特非·扎德（Lotfi A.Zadeh）提出了“模糊集合理论”。扎德认为：“模糊集，是一类具有隶属程度连续统的对象，这样的集合，用隶属（特征）函数来阐述，该函数对每一个对象分配一个 0，1 之间的数值为隶属度。”[10]函数值越接近于 1，那么这个对象隶属于该模糊集的程度就越大。比如，一则标题新闻在“篇幅短小”这个模糊类别上的赋值会趋近于 1（因为很少能用比标题更俭省的文字来描述清楚一件事情了），而报道每增加一些字数其赋值就会越趋近于 0，直到我们再也无法用“篇幅短小”来描述。需要注意的是，这时的判断是带有“约定俗成”色彩的，如三五句话的新闻是短小精悍的（靠近 1），数千字的特稿却不能再说其短小（尽管在小说中数千字只是短篇小说的规模，但在新闻的分类中则应是趋近于 0 的），其他报道的篇幅则在这个连续的区间内变化。因而可以看出，扎德的模糊论思想就是通过隶属度来刻画模糊性事物，把某种类质分解为不同的量，用一定的量来描述一定的质，而不是非此即彼。[11]对于需要进行多重模糊集分类的对象，扎德则使用并、交、补等传统逻辑运算的方法来处理。比如，一件衣服隶属于“物美”这个模糊集的函数是 0.8，隶属于“价廉”的函数是 0.5，那么它隶属于“物美价廉”的函数应取小值 0.5，等等。这个隶属函数的赋值既有主观性又有客观性，我们虽然可以随意设定“价廉”的函数式，但一件 100 元的衣服说其“价廉”是比较容易被接受的，而一件 10000 元的衣服就很难界定为“价廉”。

当然，在人文领域运用模糊理论不见得都得换算成函数值，可以用“完全是”“非常是”“比较是”“比较不是”“非常不是”“完全不是”等程度词来完成，它们表达的意思和隶属函数是一致的。

借用这个思路来处理报道分类问题的好处是，它既试图科学地说明报道体裁相区分的各种特征以及在这个特征上的量的变化，又看重分类本身的意义。模糊理论不同于以往分类将精确性放在首位，而是将认识的有意义性放在首位。[12]比如，“篇幅短小”这个模糊表述并不精确，因为无法说明 100 字以内还是 200 字以内才叫短小，但它对记者来说是有意义的。让记者写一篇“篇幅短小”的报道比精确地规定其写一篇 500 字的报道其实要更好操作。由此，按照以上思路，本文对报道体裁（不涉及评论和广播电视部分）进行了分类（如表 1 所示）。

表 1　报道体裁相关分类

		篇幅 （短-长）	时间性 （强-弱）	叙述性 （弱-强）	对象 （事件性/非事件）
消息	简讯	短	强	弱	事件性
	事件性消息	短-较短	强-较强	弱-较弱	事件性
	非事件性消息	短-较长	较强-较弱	较弱-强	非事件性
通讯	特写	较短-较长	较强-较弱	较强-强	事件性/非事件性
	访问记	较长-长	较强-较弱	弱-较弱	非事件性
	深度报道	较长-长	较强-弱	较弱-强	事件性/非事件性
	特稿	较长-长	较强-弱	较强-强	事件性/非事件性

这个分类首先将报道体裁分为消息和通讯两大类别，这两大类的不同在于，消息的主要功能是告知，而通讯的特点在于详述。“通讯”是由“通信”演变而来的，意在与价格高昂而言简意赅的“电讯”新闻区别开来，此后因为电讯价格下降，通信也改由电报传递，所以才称为“通讯”。[13]因此，消息的分类主要看其对告知功能的履行，而通讯的分类则看其如何详述。消息大类下的简讯和事件性消息都是告知事件的发生，但前者的告知往往因极迅速而不完备，后者则相对完备。非事件性消息则是告知某种现象或状态的变化。通讯大类下的特写，按照其常见的定义，指的是对事件和现实生活中某一个片段、场景的形象描绘，是类似特写镜头般的局部再现。深度报道重在对复杂事件或社会现实进行细致披露或解释。特稿则高度强调叙述性，以“故事”来打动读者。这里需要澄清一个常见的混淆问题，即中文新闻教材常根据音译将“特稿”和“特写”混为一谈，但就现实运用而言，“特写”是《漫画孙殿英》《西瓜兄弟》《唉！十四岁的拖拉机手……》

这样的报道，“特稿”则是《凯利太太的妖怪》《回家》《永不抵达的列车》这样的报道，两者的差异显而易见。而且这里所说的“特稿”“特写”尽管名称可能源自美国或苏联，但经过多年发展，已形成了对应于中国新闻生产的特色，无法照搬别处的定义了。至于“访问记”，则可将其视为一种特殊的通讯体裁。之所以说其“特殊”，是因为“访问记”事实上是记者让渡了自己的叙述权利，而直接将采访过程以问答体的方式呈现出来的人物专访。

三、对常见报道分类与命名问题的讨论

本文试图运用模糊理论，对新闻报道体裁提出一个整体性的分类设想。但显然这一分类方式没有容纳以往一些常见的报道名称，如人物报道、会议报道、调查性报道、解释性报道、长新闻、短新闻、现场新闻等。因此，本文还有必要进一步解释这个分类体系的意义。对报道体裁进行分类和命名的目的应该是为了提高新闻生产效率，帮助新闻从业者选择再现事实的文本样式，无需每一篇报道都从头创造其形式。按照这个思路，有很多对新闻报道的指称，实际上无法真正体现文体分类的意义。本文对这类情况以及其他一些容易误读的常见问题进行如下讨论。

首先，题材上的区分不应作为体裁上的分类。有大量教科书运用题材差别对新闻报道进行分类，或者将体裁和题材上的分类混而用之。本文认为这种方式有欠考虑。新闻表述现实，而现实是五光十色、无所不包的。目前新闻学界和业界习惯性地根据报道对象不同，将新闻分为时政新闻、人物新闻、会议新闻、体育新闻、经济新闻、社会新闻、工作通讯、风貌通讯等。但这种分类和命名只是描述了报道的对象，没有表明报道应该具有的呈现方式。比如，体育报道和会议报道既可以是消息，也可以是通讯。只有消息、通讯这样体裁上的分类才能告诉人们应该怎么写，而不是要写什么。但是报道的对象是否是一个事件，这对于文本（尤其是消息文本）形式来说是有重大意义的，因为要描述清楚一个事件就应该具备事实的5W要素，并且一般具有较强的时间性，而非事件性的新闻则不受此规约。因此，本文在进行报道体裁分类时考虑的是报道对象是否具有事件性，而不是对应的具体现实生活领域为何。

其次，记者搜集事实的方式也不宜作为体裁分类的依据。比如，调查性报道作为一种常见指称侧重的是记者“揭露”事实的努力，是关于采访和调查环节的，不是关于如何写的问题。虽然通常经过了此类艰苦调查后写出的报道是可能归为“深度报道”文体范畴的，但“深度”不仅可能通过对某一个事件的深入调查而达到，也可能通过综合分析、理性思辨而达到，如《西部贫困探源》《中国改革的历

史方位》这样的“解释性报道”。还有一些报道是采用或依据社会科学方法做的“精确报道”，它有可能写成文字形式的深度报道，当然也有可能利用新的技术做成文字之外的“可视化新闻”（这应被视为一种网络时代的新兴报道体裁，但不属于本文所讨论的文字报道范畴了）。这里还有一种特殊的情况，即访问记。它是对记者采访行为的“实录”，往往对问答双方都有记录，除了个别口误和问题顺序可以调整外，其他都得“原汁原味”地保留下来。所以这种特殊文体是把“怎么写”的问题前置到采访阶段了，在采访之前就得做好充分的准备（这方面最经典的例子是法拉奇《风云人物采访记》），而访问的过程就是报道的过程。在文字报道中，访问记是比较特殊的一种文体，但在广播电视新闻中，新闻访谈却是运用甚广的体裁。

再次，其他见报文章不宜归入报道体裁。报纸虽然被称为“新闻纸”（newspaper），但实际呈现的文本远不止新闻。随着媒介空间的丰裕，如报纸版面增多、杂志出版周期缩短、超链接技术造就的“无限”网络空间等，新闻实际上只占媒体所刊登文本的一小部分。由于新闻体裁是为了让新闻人提高生产效率的，所以不应试图将新闻体裁的范畴扩展至媒体上所登的一切文本，否则就会模糊新闻的特性。美国新闻界将“特稿”的概念放得极大，甚至包括专栏作者写的“如何品尝葡萄酒”之类的文章，于是不得不把记者自己撰写的新闻性的“特稿”再单辟出来。现在有些网站在“新闻”标签下非要放上“盘点整容失败的十位女星”“宠物最萌的镜头”等内容，这些混淆的“归类”实际上正在慢慢磨损着人们对新闻的观感，进而可能降低新闻的品质。在网络传播时代，这已经成了一个不容小觑的问题。当然，中国新闻传统曾经过分强调报纸的政治性，把文件公报都算作新闻的一种体裁，这同样需要厘清。

总之，对报道体裁进行分类和命名的目的是要向记者提供一个有关新闻文体的类目上的指导，是关于“怎么写”而不是“写什么”的。要让记者意识和体会到不同体裁在时间性、叙述性、篇幅和对象上存在着不同的规约，尽管这种规约可能是模糊的，但仍然是有意义的。因为尽管可能无法说清到底多少字才叫“短小”，运用多少种文学性手法才叫“叙述性强”，但既然同在一个分类体系下，这些模糊的标准就会因为约定俗成的实践而具有相对的、稳定的意义。本文所提供的只是基本分类，完全可以在这个基础上再细分。当然，对报道本身进行有意义的理解不止体裁分类这一种途径，对报道题材、工作方式甚至报道意图进行命名都是常见的，如人物报道、调查性报道和批评性报道等。但它们的意义已经超出了本文所论的体系范畴，也许需要另外撰文来讨论了。

注释

[1] 邓宗岳、王多明：《新闻文体：写作与技巧》，成都：四川大学出版社，1997 年。

[2] 张家恕：《颠覆与建构——新闻写作原理探究》，昆明：云南人民出版社，2002 年，第 311 页。

[3] 何纯：《当代传媒新闻写作教程》，长沙：湖南人民出版社，2008 年，第 258 页。

[4] 高钢：《新闻写作精要》，北京：首都经济贸易大学出版社，2005 年，第 160 页。

[5] 周胜林、尹德刚、梅懿：《当代新闻写作（第二版）》，上海：复旦大学出版社，2013 年，第 27 页。

[6] 强月新、单波：《现代新闻写作》，合肥：安徽人民出版社，2001 年，第 65 页。

[7] Andrew R.Cline，Toward a Field Theory of Journalism，http://rhetorica.net/field_ theory.htm, Retrieved Aug 15, 2019.

[8] 〔英〕苏珊·佩普、休·费瑟斯通：《特稿写作：从入门到精通》，周黎明译，北京：中国人民大学出版社，2011 年，第 2 页。

[9] 强月新、单波：《现代新闻写作》，合肥：安徽人民出版社，2001 年，第 61 页。

[10] 〔美〕洛特非·扎德：《模糊集与模糊信息粒理论》，阮达、黄崇福编译，北京：北京师范大学出版社，2000 年，第 1 页。

[11] 付殿英：《模糊逻辑：现代逻辑应用的一支奇葩》，《重庆工学院学报（社会科学版）》2008 年第 11 期。

[12] 褚毅平、梁俐：《从模糊理论看科学主义和人本主义的认识观》，《南京师大学报（社会科学版）》1998 年第 2 期。

[13] 何纯：《当代传媒新闻写作教程》，长沙：湖南人民出版社，2008 年，第 258 页。

新闻学与传播学名词“参考词库”的构建与思考

季芳芳　贾金玺

2013 年 9 月 25 日，新闻学与传播学名词审定委员会正式成立，新闻学与传播学名词审定工作就此正式拉开帷幕。在此之前，审定委员会筹备小组业已展开相关准备工作，包括系统论证学科名词分支框架、构建新闻学与传播学名词参考词库（以下简称参考词库）等。本文将回顾参考词库的构建过程，以期为名词审定工作的开展与推进提供一些参考。

一、构建“参考词库”的目的与意义

2013 年 7 月，新闻学与传播学名词审定委员会筹备小组组建秘书组。经过必要的学术准备，秘书组的首要任务是对学科名词现状进行先期调研。在筹备组看来，提前构建参考词库主要有三方面的目的与意义。

一是通过构建参考词库，搜集现有学科辞书文献，对当前已有成果进行总结梳理，帮助全国科技名词委各分委员会掌握新闻学与传播学学科名词的发展现状。目前，虽然已出版有百余种与新闻学、传播学学科相关的辞书，但“无论新闻学还是传播学，至今尚无国家授权的公共机构审定公布相应的学科名词通用定名与定义”。[1]而且，现有的辞书在收词范围、体系构建、定名定义上还存在不同程度的差异。这种状况是不利于学科发展的。为了能在今后的审定工作中拿出一套更为科学、系统、规范的学科名词体系供学界和业界使用，势必要对当前的已有成果进行总结梳理，而构建参考词库便是其中重要一环。

二是帮助名词委各分委员会掌握新闻学与传播学学科名词的发展现状，尤其是对于学科核心词汇数量、学科名词分布状况、学科名词概念体系等方面要有所了解，为其建构学科名词总体框架提供辅助资料。为此，我们需要按照全国科技名词委的收词目标了解学科名词的现状与问题。在此认识基础上，我们需依据一定的分类标准对现有学科语汇进行归类和摸底。

三是筛选常用名词术语，为建立学科名词数据库奠定基础。通过构建参考词库，为后续收词、定名、定义工作提供一定的理论支持与证据支持。在构建参考词库的过程中，针对所遇到的一系列问题，我们需要探索出一些相对可行、更加优化的解决之道，这些解决之道可能会对后期的名词审定工作有所裨益；此外，参考词库形成过程中产生的各种数据，包括词条频次、词条定名等，会为后续工作提供强有力的论据支持。

二、“参考词库”的诞生过程

参考词库的构建工作主要分三个阶段：辞书文献的搜集与确定、基础词条录入和词频统计、词条的筛选和分类。

（一）辞书文献的搜集与确定

要构建参考词库，首要任务就是确定词条的来源范围。在新闻学与传播学名词审定委员会副主任王怡红研究员、宋小卫研究员的指导下，我们确定了辞书文献搜集的原则与方法。

在确定检索范围后，我们接下来的工作是锁定检索关键词。完整性的关键词是逐步确定下来的。最初，我们选择“新闻”“传播”这两个关键词与“词典”“辞典”这两个关键词[2]交叉组合进行检索，但随着检索工作的深入，我们发现，除了“词典”“辞典”以外，许多辞书类文献的文献题名是“关键词”“概念”，或是“术语”等，还有些辞书文献的题名是“百科全书”。鉴于这种情况，除了“新闻”与“传播”两个确定下来的关键词外，我们又增加了“媒介”“传媒”“媒体”[3]等关键词，与“百科全书”“词典”“辞典”“关键词”“概念”“术语”等关键词交叉组合检索。因此，最后确定的检索方案是，用“传播”“媒介”“传媒”“媒体”“新闻”等关键词与“百科全书”“词典”“辞典”“关键词”“概念”“术语”等词汇交叉组合进行检索。

英文检索词的确定也经历了类似的过程，最后英文的检索方案是以“encyclopedia”（百科全书）、“dictionary”（词典）、“keywords”（关键词）、“concepts”（概念）与“journalism”“media”“communication”等关键词交叉检索。英文辞书文献包括 Wolfgang Donsbach 编辑的 *The International Encyclopedia of Communication*，以及 James Watson 和 Anne Hill 编辑的 *Dictionary of Media and Communication Studies*，后者已经出到第 8 版。

事实上，检索工作并非就到此为止。随着学科名词框架的进一步明晰，我们也增加了新的关键词，包括“广播电视”“公共关系”“广告学”等。我们将新增加的检索关键词分别与“百科全书”“词典”“辞典”“关键词”“概念”“术语”等关键词交叉组合检索，对检索结果也做了记录，并添加到辞书文献数据库中。添加的文献主要包括《中外广播电视百科全书》《广播电视辞典》《公共关系辞典》

《中国广告词典》等。

除了大陆（内地）出版的辞书文献以外，我们还收录了台湾、香港出版的辞书文献，如彭怀恩主编的《大众传播辞典》和郑翰林编译的《传播理论简明辞典》。我们意识到大陆（内地）与台湾、香港、澳门的术语的翻译可能存在译名不同等问题，但考虑到台湾、香港辞书文献对名词工作具有参考价值，我们依然收录了这两本词典。

需要指出的是，在辞书文献整理过程中，除了冠以新闻学或者传播学或者新闻传播学（新闻学与传播学）等题名的辞书文献外，以新闻学与传播学分支学科进行冠名的学科词典并不多见。就新闻学而言，目前尚没有新闻史、新闻业务类别的专题词典；就传播学而言，人际沟通、组织传播、国际传播、传播与社会发展、媒介经济、传播政策等专题性辞书文献付之阙如，其中一些已经出版的专题性辞书文献也存在年代久远等问题。

通过检索中国社会科学院新闻与传播研究所图书资料室（包括中英文辞书文献，以及教材、手册、年鉴、读本附录的术语表等）、中国社会科学院图书馆馆藏系统、国家图书馆馆藏系统等三大检索系统，我们将所有搜集到的辞书文献信息进行了整理，形成了一个学科名词工具书数据库。我们还检索了几家主要的网络书商，如当当网、京东商城、亚马逊和美国亚马逊（传播研究类别）等，最终确定了一份涵盖 140 余本（卷）参考辞书文献的收词来源名单，建立了学科名词工具书数据库。

鉴于时间、人力资源等方面的原因，我们选取了其中具有代表性的辞书进行收录统计。遵循权威性、专业性、综合性、专题性原则，我们尝试提出如下辞书文献筛选标准：①辞书编撰团队的组织化程度；②辞书编撰者的学术权威性；③辞书收录词条的系统性和专业性程度；④辞书是否具有学科特色，如是否是专业或方向的第一本，是否是专题性辞书文献等；⑤辞书的出版年代。

为了保障新闻学与传播学学科名词收词的完整性，一方面，我们拓展了名词收词的深度，以更全面地搜索业已出版的辞书文献、整理现有名词，另一方面，还要进一步确定词条录入的来源，尽量选取最权威、最完整、最新近的辞书资料。最终确定录入 20 本辞书（见表 2，按出版时间先后排列）收录词条，这也构成了我们参考词库词条来源的主体。

表 2　录入辞书列表

序号	辞书名称	编著（译）者	出版者	出版年份（年）
1	信息知识传播辞典	日本广播出版协会编，蔡振扬、蔡林海译	知识出版社	1988
2	新闻学大辞典	甘惜分主编	河南人民出版社	1993
3	新闻侵权法律辞典	王利明主编	吉林人民出版社	1994
4	中国广告词典	王多明主编	四川大学出版社	1996
5	中国新闻实用大辞典	冯健主编	新华出版社	1996
6	新闻传播百科全书	邱沛篁等主编	四川人民出版社	1998
7	广播电视辞典	赵玉明、王福顺主编	北京广播学院出版社	1999
8	马克思主义新闻学词典	陈力丹著	中国广播电视出版社	2002
9	中国大百科全书·新闻出版	中国大百科全书总编辑委员会编	中国大百科全书出版社	2002
10	公共关系辞典	袁世全主编	汉语大词典出版社	2003
11	传播理论简明辞典	郑翰林编译	风云论坛出版社有限公司	2003
12	关键概念：传播与文化研究辞典	约翰·费斯克等编撰，李彬译注	新华出版社	2004
13	传播学关键术语释读	黄晓钟等主编	四川大学出版社	2005
14	新媒体百科全书	斯蒂夫·琼斯编，熊澄宇、范红译	清华大学出版社	2007
15	新闻学关键概念	鲍勃·富兰克林等著，诸葛蔚东等译	北京大学出版社	2008
16	传播学核心理论与概念	董璐编著	北京大学出版社	2008
17	跨文化传播学关键术语解读	陈国明、安然编著	中国社会科学出版社	2010
18	大众传播词典	彭怀恩主编	风云论坛出版社有限公司	2010
19	符号学-传媒学辞典	胡易容、赵毅衡编	南京大学出版社	2012
20	新闻传播学辞典	程曼丽、乔云霞主编	新华出版社	2012

（二）基础词条录入和词频统计

完成文献检索和辞书筛选工作之后，我们对选定的辞书词条进行全文录入，先对中文辞书文献进行了录入。这主要基于以下考虑：我们编撰的是一本中文辞典，中文资料相对齐全完备；中文词条的录入和整理工作思路相对清晰，编撰目标明确；外文条目录入存在一些潜在困难（如翻译标准不统一等）。但我们并未放弃对外文辞书文献的研究工作。经过仔细研究，我们发现，多数中文版辞书由于出版年份较早，可能存在收词不全或不合理、名词术语老化等问题，如果从外文资料中翻译一部分，可能会弥补上述一些缺陷，或可能解决有关新词空缺的问题（至于相关具体翻译工作，筹备组将视需要再决定是否进行）。我们将选出的 20 本辞书的名词进行全文录入，获得 1.6 万余条术语，筛除重复词条后，共得词条 12822 条，其中出现 2 频次以上的词条为 2089 条（详见表 3）。

表 3　词频统计一览表

出现频次（单位：次）	词条数量（单位：个）
⩾10	10
9	4
8	10
7	15
6	44
5	84
4	210
3	472
2	1240
1	10733
总计	12822

我们的词频统计方法是，首先将表格分成四列，第一列是“词条”，“第二列”是“词条的出处”（我们将每本词典按照字母编号），第三列“首字母页码”是该词条在第一本辞书中出现的页码，第四列“频次”是该词条的频次。以表 4 中的词条“新闻价值”为例，第一列表示我们收录的词条是“新闻价值”（含该词条的英译），第二列表示收录了该词条的辞书文献包括“JACDEFBGOQP”，第三列表示该词条在第一本辞书 J 中出现的页码是“228”，第四列表示该词条出现的频次是“11”次。

表 4　词频统计方法示例

词条	出处	首字母页码	频次（单位：次）
新闻价值 News values	JACDEFBGOQP	228	11
受众 Audience	JHIGBNEDCA	23	10
客观性 Objectivity	BDEFGJOQP	14	9

（三）词条的筛选和分类

《新闻学与传播学名词》拟收录3000余条词条。我们需要对所搜集到的万余条词条进行筛选。需要说明的是，进入被筛选范围的词汇中有一部分词条来源于之前参与名词工作的课题组成员提供的词汇。中国社会科学院新闻与传播研究所在2009年成功申报名词审定项目并承担这个委托项目后，曾组织一些专家学者挑选出部分词条。在筛选前，我们将这部分名词也补充了进来。

要从数量庞大的词库中筛选出参考词库，考验的不光是我们的耐心，更重要的是我们工作的科学性与规范性。在筛词标准确定过程中，我们主要参阅了全国科技名词委《科技名词审定工作手册》中的相关方法，同时结合新闻学与传播学学科特色进行一定的调整，与负责各分支领域名词的老师进行充分交流和讨论，不断总结科学筛词的标准细则。

我们拟定的筛选标准及具体做法主要包括：①剔除非本学科的技术类名词，如“背景投影机”“大型充气模型”“软件”等。②剔除跟新闻学与传播学专业名词无关的名词，如“从人才市场招聘人才”“大学毕业生”“丹田气”等。③剔除图书出版印刷类名词，因新闻出版领域已有自己的名词工作项目。④剔除陈旧的特指词，如“从妖怪到陛下”等。⑤保存诸如“跑情况”这样的本土语词，尽管这类词汇不多。

经筛选后，我们最终获得 7082 条基础词条。接下来，我们将所选名词分别放到各个二级框架分类中去。需要指出的是，我们主要是按照已有辞书的现状和格局对这些词汇进行分类放置。总体而言，已有辞书的分类方式对于我们的词条分类工作来说，具有一定的参考意义，但是在初期分类过程中，我们也产生了不少疑虑。

三、值得关注的问题

在参考词库构建过程中，我们认为有一些问题值得关注和进一步讨论。

第一，新闻学与传播学基础词汇数量偏少。依据我们收词的范围和统计方法，若将出现频次为2次以上的词条算作本学科基础词汇，那么基础词汇仅2089个。与快速发展的新闻学与传播学学科相比，其名词基础词汇的架构及内容并不合适。

第二，分支学科词条数量严重“贫富不均”。依据我们的收录、统计与筛选，不同分支领域囊括的名词数量差距极大，多则上千个，少则区区几个。比如，人际沟通、组织传播、国际传播、传播与社会发展、传播政策与媒介规制这几个分支领域的专门词汇几乎没有或者不多见。即便补充了专家所提供词条之后，传播与社会发展、传播政策与媒介规制的词条数量还是较少。经过专家再次增补，各分支词条收录情况如表 5 所示。这种情况可能意味着两个问题：一是中国现有学科名词框架布局并不均衡，二是有些分支领域的名词研究被忽略。

表 5　各分支学科收录名词情况一览表

序号	分支名称	词条数量（单位：条）	补充调整后数量（单位：条）
1	理论新闻学	750	（+2）752
2	马克思新闻传播思想	248	248
3	历史新闻学	339	339
4	报刊新闻实务	1223	1223
5	广播电视新闻实务	858	858
6	新闻法制与媒介伦理	381	381
7	基础传播学	1173	1173
8	大众传播学	259	259
9	人际沟通学	5	（+94）99
10	组织传播学	19	（+221）240
11	跨文化传播学	58	58
12	国际传播学	58	58
13	网络传播学	191	（+113）304
14	传播与社会发展	5	（+50）55
15	传播政策与媒介规制	3	（+50）53
16	媒介经济学	459	459
17	公共关系学	109	109
18	广告学	821	821

我们认为，名词审定工作除了要考虑如何保证各分支学科收录的词条的均衡性之外，还要从学科发展的角度来观照欠发达的分支学科所存在的问题。

第三，学科名词定名工作迫在眉睫，部分翻译词条缺乏统一规范标准。术语翻译问题不仅是大陆（内地）传播学术界存在的问题，也是台湾、香港、澳门传播学界面临的问题。比如，“message”有“信息”“讯息”“短信”等若干翻译，而“gate keeper”一词对应的中文翻译词汇则有“把关人”“守门人”等几种（其中“守门人”是台湾传播学界的译法）。其中，大陆（内地）和台湾、香港、澳门传播学界的部分术语翻译存在不一致的问题。在郑翰林的《传播理论简明辞典》中，active audience 被译成“主动阅听人”，agenda setting 译成“议题设定”，cyberspace 译成“网际空间”，diffusion of innovations 译成“创新传布”，digital divide

译成“数字落差”，discourse analysis 译成“论述分析”，information society 译成“资讯社会”，internet 译成“国际网路”等。所幸，这本辞典提供了每个术语的外语对应词汇，方便我们将来源相同而译法不同的词汇统计在一起。可见，如何构建起一个统一的翻译标准，仍有待进一步探索。

第四，词条分类以及分支领域词条分类框架的准确性与适用性问题。在词条归类方面，我们一方面参考当时确定的新闻学与传播学的收词分类框架，另一方面着重参考已有辞书的分类，尤其是《新闻学大辞典》等五本综合性新闻传播学类大辞典的分类方式。有些辞书学科分类很清楚，且与我们初拟的学科框架也有重合，如新闻史、新闻业务、传播理论、跨文化传播等，这样就可以把词条放到相应的学科框架中。但我们也发现，这种分类方式的一个弊端是，不同分支学科间词条的数量难以均衡。

至于有些词条该如何分类，尚需要进一步研讨。比如，有些辞书将广播电视词汇区分为“概念”和“业务”，那么“概念”部分词汇该归属传播学的大众传播，抑或归属新闻学的广播电视业务类别？有些辞书的广播电视部分词汇包括广播电视广告，那么这部分内容是否可以归类到广告学中？另外，新闻学辞书中“新闻机构管理”这部分的词汇是否要统一分到传播学的“媒介经济”中？但这么操作仍然有问题，如“报刊经营管理”这一类别下包括“党委领导下的社长负责制”等词汇，但媒体经济类别无法涵盖“新闻事业管理”中这一类型的词汇。其他问题还包括，通讯社业务部分的词汇是该归属报刊业务还是归于广电业务领域？类似问题还涉及新闻法和传播政策这两个分支领域，有两本辞书涉及新闻法的内容，而且词条数目也不少；只有一本辞书涉及媒介法，词条不多，而这两个领域之间的重合颇多。

第五，现有学科语词有老化现象，特别是新媒体得到社会和公众的广泛使用之后，新词数量需要增加。全国科技名词委制定的《科技名词审定工作手册》指出，名词“在收词过程中要紧跟时代发展和科技进步，反映本学科发展的新成果”。[4]因此名词收词需要前瞻性地收入本学科发展的一些新词。新词数量较少，这一方面与我们确定的收词来源有关，另一方面则与本学科某些分支学科发展迅猛的特点有关。

第六，部分人名、机构名、事件名类的名词需要妥善处理。《中华人民共和国国家标准学科分类与代码》（GB/T 13745-2009）中所确立的新闻理论和新闻史的二级学科中，马克思主义新闻理论、新闻史等几个二级学科存在大量的此类词条，如果一概不录这些词条，那么这几个分支学科就会面临几乎无词可录的问题，同时，学科名词分支的完整性也难以保证。在这种情况下，我们认为有必要依靠全国科技名词委老师的专业知识和他们对各自领域名词的了解和爬梳工作，补充录入部分此类词条。这样，就可以在保留学科分支完整性的同时，彰显出各分支学科名词的主要特点。

编撰学科名词是中国加强学术名词标准化、规范化使用的重要工作，也是中国学界的一项创新工程。构建参考词库，只是新闻学与传播学学科名词审定工作浩瀚工程中的一小部分。秘书组愿与新闻学与传播学学科名词委老师一道，为这项奠基性工作作出我们的贡献。也借此机会，向给予我们支持与帮助的全国科技名词委的温昌斌老师和新闻学与传播学名词审定委员会的各位老师致敬。

注释

[1] 唐绪军：《为学科大厦脱坯烧砖》，《新闻与传播研究》2014 年第 7 期。

[2] 根据《辞海》，“词典”作“辞典”，而“辞典”即“词典”，指的是“汇集语言里的词语，按一定方式编排，逐条加以释义或提供有关信息的辞书”。参见辞海编辑委员会：《辞海》，上海：上海辞书出版社，1999 年，第 1115 页、第 5314 页。在传播学专业辞书编纂中，“词典”与“辞典”都为学者所使用，所以我们把这两个词都当作题名的关键词进行检索。

[3] 学界对“媒介”“媒体”“传媒”与“medium”“media”之间的概念关系已经有很多讨论。从辞书文献的搜集情况来看，“传媒”“媒体”“媒介”都为学者所使用，所以我们采纳了这三个关键词，作为检索关键词。

[4] 全国科学技术名词审定委员会：《科技名词审定工作手册（试用稿）》，2012 年印发，第 21 页。

名实溯源：名称规范研究

新闻道德、新闻伦理相关概念的溯源与解析

季为民

新闻道德、新闻伦理是历史悠久的新闻学研究话题。在信息传播高度发达的当今社会，新闻业对现代社会发展的影响越来越大，而一系列职业道德失范、伦理缺失问题推动了学者对这一问题的关注和研究。厘定基本概念，扩大学界共识，对相关研究将有相当的助益。

一、道德与伦理

作为伦理学最基本的概念，一般而言，道德和伦理是可以作为同义词互换的，但从语源、日常用法和历史用法看，二者还是有些差异的。

（一）道德

在中国，“道德”一词古已有之。最初两个字各为一词，各有涵义。

“道”为会意字，从行从首。“道，所行道也。”[1] “道”也指言说（“道可道”）[2]，凸显了体用关系[3]。“道”还被引申为规律和规则。

“德”的最初内涵由征伐杀戮之“值”演变而来，“升也，从彳悳声”[4]，其原始义与“生”相联系，“本义是全生保生厚生”，引申为恩惠德泽，而非“道德”“德行”。初为政治范畴，后扩展为哲学范畴。[5]“德”的内涵，就个体说，应是“有得于天而内具在于己”的“得（德）”，包括道德、智慧才能，是社会发展到一定阶段的一种特殊的人己互动作用关系，是人己不同层次的外得（物质性所得）与内得（心理或精神性所得）的关系状态。[6]

在中国，“道德”一词由“道”和“德”合成。较早将“道”“德”两词合并使用的是《周易·说卦传》：“和顺于道德而理于义，穷理尽性以至于命。”[7]其“道德”是指自然规律，并非现代“道德”之义。和现代意义较为接近的“道德”用法见于管子和荀子的著述。《管子·君臣上》：“道德定而民有轨矣。”[8]《荀子·劝学》：“故学至乎礼而止矣，夫是之谓道德之极。”[9]传统“道德”概念已有了人与人间关系的“原则和规范”之义，但更多偏重于“得道”之意，可理解为“使道（道理、道义、原则）得之于己”的个人美德完善，即在社会生活中形成的个人品

质和处世境界。

到了近代，“道德”才被日本学者用于翻译西方伦理学的“morality”这一概念。[10]从西方的词源涵义看，西方伦理学的“morality”一词，源于拉丁文 mores（风俗），而 mores 则是 mos（意为品性与风俗习惯）的复数。[11]

综合现代伦理学研究，道德可定义为：道德是在一定历史阶段的社会实践中形成并受到公认的调整人与人相互关系的自律性规范，是主要通过社会舆论、风俗习惯和群体约定等形式有效实现文明秩序的非权力约束体系、精神境界和信念。就是说，道德是主观的，与人类特定的历史阶段和社会实践相关；道德是自律的，它的前提是成为人们的内心信念或良知，即“主观的法”[12]；道德是有效的，它是一定范围实现和维护社会文明及社会高效运行的重要工具，通过以不伤害或低伤害等原则的共识标准规范人类行为，从而降低达成社会文明的实现成本，提升达成文明秩序的效率和程度。

（二）伦理

“伦理”也是伦理学的基本概念。中文“伦理”一词，最早出现在《礼记・乐记》：“凡音者，生于人心者也；乐者，通伦理者也。”[13]东汉郑玄注释：“伦，犹类也；理，分也。”[14]许慎则认为：“伦，辈也，从人仑声，一曰道也”“理，治玉也，从玉里声。”[15]也就是说，伦为人伦（如“五伦”“天伦”之说），引申为人与人之间的关系；理为治理、整理，引申为条理、原理和规则。简言之，伦理在中国用来指人与人之间的关系所需要遵循的准则、原则和规定，也引申为人与人之间的人伦关系与社会秩序。[16]

“伦理”对应于英文的 ethic、ethics 或德文的 Ethik，渊源于古希腊语[17]。关于“伦理”的语源，有两种解释，一是风俗、习惯，“伦理德性则是由风俗习惯沿袭而来，因此把‘习惯’（éthos）一词的拼写方法略加改动，就有了‘伦理’（ethikee）这个名称”[18]。二是居住、住所，有学者认为这才是“伦理”的原初涵义。[19]而中国古人对“伦理”的思考也和“安居”有关，如孟子说：“仁，人之安宅也；义，人之正路也。”[20]

关于“伦理”的定义和含义，中外思想家有各种解读，莫衷一是，从不同角度对伦理进行各种自圆其说的解释。例如，黑格尔认为，“伦理就是成为现存世界和自我意识本性的那种自由的概念”，“既有客观环节，又有主观环节”，[21]是绝对精神在客观精神领域的真理性存在。

虽然对“伦理”这一概念难以作出准确统一的解释，但综合各种言说，可将伦理定义为：社会中人际关系事实如何的道理规律及其应当如何的行为规范准则。[22]它是人类社会中处理人与人，人与社会、国家的关系和行为应遵循的道理准则、秩序规范，任何持续影响全社会的团体行为或专业行为都有其内在特殊的伦理的要求，它不仅包含着对人与人、人与社会和人与自然之间关系处理中的行为规范，而且也深刻蕴涵着依照一定原则来规范行为的深刻道理。

（三）道德和伦理

无论中西，许多学者不太在意“道德”和“伦理”的分别，更多主张二者的相同和共性。直到黑格尔才明确地把它们加以区别，前者指社会道德，后者指个人道德。[23]黑格尔认为，道德是主观的，指个体的德性、行为和良心，伦理是主观和客观的统一，是指家庭、社会和国家关系，个体的道德价值只有通过社会、国家才能实现。[24]

1. 涵义的不同

从西方的词源上看，二者虽有共同的源头[25]，但是，伦理（ethic）演化为一定居住区域内的人在人与人、人与自然的长期互动中形成的约定俗成的伦常秩序（风俗习惯），带有社会性；而道德（morality）演化为主体在一定风俗习惯的熏陶下形成的道德观念和品格，带有个体性。[26]后经过近代哲学家，特别是伊曼努尔·康德（Immanuel Kant）、黑格尔的理论演绎，二者有了不同的偏向：“道德”（morality）偏向于个人美德或个体道德，而“伦理”（ethics）更多指向社会普遍道德。[27]黑格尔认为，“道德”是抽象的、主观的，只有“伦理”才是它们的真理，“伦理”比“道德”更高，是抽象客观意志和同样抽象的个人主观意志的统一。也就是说，“伦理”更适合表达规范、理论，而“道德”更适合指称现象、问题。[28]

从中国的词源分析，伦理与道德并不具有共同来源，有各自不同的意义体系。但随着文化传统的浸润和发展，它们相互影响，相互促进，形成了共生互动的关系，道德之“道”与伦理之“理”是统一的，成“德”的前提是得“道”，而得“道”又必先明“理”，“理”则源于特定的人伦关系的领悟，于是，由“伦”生“理”，由“理”成“道”，由“道”化“德”，这就是隐含在伦理与道德间的密不可分的内在共生互动联系。[29]“伦理”与“道德”是本质与现象、内容与形式的关系。相比而言，中国文化可能更能准确把握伦理与道德的内涵和关系，所以，有学者评说：“中文的伦理二字，在字义上，较之希腊文与拉丁文所指的伦理一词，尤为妥贴（帖）恰当。”[30]如图 1 所示。

生　成　化

伦 → 理 = 道 → 德

图 1　伦理道德相生互动示意

2．强调目标的不同

道德更强调个体，伦理更强调关系。道德体现的是单向性的义务，而伦理要求的是双向性的义务。道德强调的是主体的主观精神状态，是自立的原则。“任何道德的规范，都只是一种精神的原则，是主观的要求。”“伦理强调道德主体的实践关系、行为关系”，“是一种总体的、客观的行为方式”。“如果说支配道德规范的是一些人的主观原则，那么，支配伦理规范的则是行为规律，是具有客观性存在形态的人际行为关系。”[31]

3．发生机制的不同

伦理一般是由应有规则系统调整的应有社会关系体系，而道德则是由应有规则系统所决定的原则性、概括性、主观性的实有规范。它们之间存在着“应有”与“实有”、“客观”与“主观”的关系。道德是伦理的主观表现，道德是“主观的法”，即要通过培养人们的价值观念与内心信念的方式来规范人们的行为，而伦理是建立在对人类本性进行深刻研究与探讨的基础上的道德原则总结。

4．作用方式的不同

“道德主体基于个体，而伦理一开始就必须是现实的群体化规范，因而它总是带有社会化规范的外观。”[32]道德主要通过自律发挥作用，而伦理作为共识和常识，通过类似刚性的他律方式发挥作用。

二、职业道德与职业伦理

（一）职业

职业并非是从来就有的，而是社会分工及其发展的结果，是一个历史范畴。职业就是人们由于社会分工和生产内部的劳动分工，而长期从事的具有专门业务和特定职责，并以此作为主要生活来源的社会活动。

（二）职业道德[33]

职业作为人的社会关系的一个重要方面，对人们的道德意识和道德行为，对整个社会的道德风俗和道德传统，产生着重大影响。个人以一定方式从事活动，进行物质生产，因而在一定的物质的及不受他们任意支配的界限、前提和条件下能动地表现着自己的思想、观念、意识，[34]这就形成了一定的职业道德。在社会生活中，“实际上，每一个阶级，甚至每一个行业，都各有各的道德”。[35]长期从事某种职业的人，由于特殊的活动方式，受过特殊的职业训练，往往更具有特殊的职业兴趣、爱好、习惯等心理传统，形成特殊的职业责任心、职业荣誉感和职业纪律，并在此基础上逐步建立起从业人员应遵守的职业道德，体现了一种社会或者制度对某个社会角色扮演的义务附加。“职业道德越发达，它的作用越先进，职业群体自身的组织就越稳定、越合理。”[36]对职业道德可作如下总结。

职业道德应包含道德活动、道德意识和道德规范三个方面的内容。职业道德是相关从业人员在长期职业实践活动中形成的、符合职业特点要求的、调整从业人员之间及与社会相互关系的行业准则、精神情操与素养品质的总和，它既是对从业人员在职业活动中的行为标准的要求，同时又是职业对社会所负的道德责任与义务。[37]

（三）职业伦理

职业道德在强调职业个体意识的同时也更多强调职业的社会背景，关注从业人员对一般社会道德的认知和修养；职业伦理则在强调职业群体性的同时更多强调职业在职业化进程中的特性，关注如何实现职业的成长和完善，并自主处理内部从业人员的道德关系，如确立职业的特定行为准则。“职业伦理的每个分支都是职业群体的产物，那么它们必然带有群体的性质。”[38]两者的相似也体现在职业伦理对一般社会道德的包容上，对职业伦理可作如下解释：职业伦理是特定从业人员基于职业需要和职业逻辑而应当遵循的行为准则。

三、新闻职业道德

新闻职业道德简称新闻道德，“是新闻传播（大众传播）业的行业道德。新闻从业人员或者大众传媒自身，遵循一般的社会公德（新闻职业道德与一般的社会公德联系较为密切）和本行业的专业标准，对其职业行为进行理性的自我约束和自我管理”[39]。可以说，新闻职业道德是新闻从业人员在长期的职业实践中形成的、符合新闻实践特点的、从事新闻活动时调整相互关系的自律行为规范、意识观念和职业素养的总和。

四、新闻伦理、传媒伦理（媒体伦理）和新闻伦理学

“新闻伦理”与“新闻道德”同译自“Journalism Ethics”，新闻伦理的表述出现在 20 世纪 40 年代，[40]最初与新闻道德同义，因当时西方伦理学兴起而被引入，主要指新闻从业人员在长期的职业实践中形成的调整和处理新闻机构内外相互关系的行为规范或准则。因其伦理学色彩而在当时被更多使用[41]。如果要和新闻道德有所区分，新闻伦理更强调新闻从业人员和媒介机构在新闻道德诸因素（道德诫命）发生冲突时的理性抉择原则。新闻伦理的基本原则至少应包含五个方面：一是生命至上原则；二是依法依规原则；三是人文关怀原则；四是公序良俗原则；五是适当适度原则。[42]当前，随着信息技术的发展应用和互联网新媒体的兴起，无论是传统媒体还是新媒体，其传播实践都面临着建构全新传播生态下新闻伦理的挑战。

传媒伦理（媒体伦理）译自 media ethics，属于应用伦理学的研究分支，指系统研究“道德善”的大众传媒“应当如何”履行其职责，大众传媒是否符合它的“应当”以及媒介从业人员在其媒介行为中对“善与恶”“正当与不正当”的认识与抉择等问题的学科。[43]和新闻伦理相比，传媒伦理更多强调传媒所承担的道德责任。

新闻伦理学是研究新闻道德的学科。它既是应用伦理学的分支学科，又是伦理学与新闻学的交叉学科。新闻伦理学是用伦理学的理论和原理来探讨、研究一切新闻领域的新闻道德意识现象、活动现象和关系现象，并揭示其本质和规律，形成新闻道德科学的理论体系。[44]

注释

[1] （汉）许慎撰，（宋）徐铉校定：《说文解字》，北京：中华书局，1963 年，第 42 页。

[2] （春秋）老子：《道德经》，北京：中国文联出版社，2016 年，第 1 页。

[3] 金春峰：《“德”的历史考察》，《陕西师范大学学报（哲学社会科学版）》2007 年第 6 期。

[4] （汉）许慎撰，（宋）徐铉校定：《说文解字》，北京：中华书局，1963 年，第 43 页。

[5] 同[2]。

[6] 阳泽：《德之“外得于人，内得于己”辨》，《成都航空职业技术学院学报》2012 年第 1 期。

[7] 也有说，道德一词提较早见于《周易・说卦传》：“和顺于道德而理于义，穷理尽性以至于命。”意为：和顺于（自然）道德，而调理事物得其宜。穷研物理而尽物性，以至于通晓天命。

[8] （春秋）管仲撰，吴文涛、张善良编：《管子》，北京：北京燕山出版社，1995 年，第

238 页。

[9] （战国）荀子：《荀子》，北京：团结出版社，2017 年，第 7 页。

[10] 万俊人：《寻求普世伦理》，北京：商务印书馆，2001 年，第 120 页。何怀宏：《伦理学是什么》，北京：北京大学出版社，2002 年，第 10 页。

[11] 在古希腊语中没有与道德直接对应的词语，是马库斯•图留斯•西塞罗（Marcus Tullius Cicero）将 ηθικós（ηθική 的形容词格式）翻译为拉丁语的 moralis，我们日常使用的道德一词（英文 morality，德文 Moral）就是源自于此，而 ηθική 一词则来自 ηθος。结合下文可以从语源上看出西方道德与伦理概念的部分渊源。

[12] 〔德〕黑格尔：《法哲学原理》，范扬、张企泰译，北京：商务印书馆，1961 年，第 111 页。

[13] （元）陈澔注：《礼记》，上海：上海古籍出版社，2016 年，第 427 页。

[14] （汉）郑玄注：宋刻本《礼记•乐记》，宋淳熙四年抚州公使库刻本。

[15] （汉）许慎撰，（宋）徐铉校定：《说文解字》，北京：中华书局，1963 年，第 164 页、第 12 页。

[16] 杨玉荣：《“伦理学”的厘定》，《武汉大学学报（人文科学版）》2009 年第 6 期。

[17] 有两个词可与之相对应，其中一个词是“ΕΘΟΣ”（小写为 εθος），其含义为“风俗、习惯、风尚”。另一个词是 ēthos（ηθος），含义有三：①常歇处，居处，住处；（动物的）巢穴，洞，窝，栏，圈等。②风俗，习惯，习气。③性情，性格，性质。见罗念生、水建馥编：《古希腊语汉语词典》，北京：商务印书馆，2004 年，第 236 页、第 368 页。从词义来看，ηθος 的词义比 εθος 要广，除风俗、习惯的含义外，还包含有地域性、民族性以及人们的性情、品格等含义，也更接近现代伦理内涵。

[18] 〔古希腊〕亚里士多德：《尼各马可伦理学》，苗力田译，北京：中国社会科学出版社，1999 年，第 27 页。也有学者认为，此处翻译有误，这段话主要阐述作为德性之一个方面的“优秀习性”不是自然而来的，而是由习惯养成的。邓安庆：《西方伦理学概念溯源——亚里士多德伦理学概念的实存论阐释》，《中国社会科学》 2005 年第 4 期。

[19] 〔德〕马丁•海德格尔：《路标》，孙周兴译，北京：商务印书馆，2000 年，第 420 页。

[20] （战国）孟子撰：《孟子》，万丽华、蓝旭译注，北京：中华书局，2010 年，第 114 页。

[21] 〔德〕黑格尔：《法哲学原理》，范扬、张企泰译，北京：商务印书馆，1961 年，第 164 页、第 173-174 页。

[22] 王海明：《新伦理学》，北京：商务印书馆，2001 年，第 104 页。

[23] 魏英敏、金可溪：《伦理学简明教程》，北京：北京大学出版社，1984 年，第 4 页。

[24] 〔德〕黑格尔：《法哲学原理》，范扬等译，北京：商务印书馆，1961 年，第 14-16 页、第 110 页、第 161-164 页。

[25] ηθος 是“道德”和“伦理”共同的古希腊语来源词。

[26] Anthony Preus，Historical Dictionary of Ancient Greek Philosophy，Scarecrow Press，2007，p.109.转引自刘仁贵：《再论伦理与道德的关系》，《“第二届中国伦理学青年论坛”暨“首届中国伦理学十大杰出青年学者颁奖大会”论文集》（2012 年）。

[27] 万俊人：《寻求普世伦理》，北京：商务印书馆，2001 年，第 120 页。

[28] 何怀宏：《伦理学是什么》，北京：北京大学出版社，2002 年，第 11 页、第 12 页。

[29] 邹顺康：《厘清伦理与道德的关系》，《中国伦理学会会员代表大会暨第 12 届学术讨论会论文汇编》（2004 年）。

[30] 王臣瑞：《伦理学》，台北：台湾学生书局，1970 年，第 2 页。
[31] 任平：《道德哲学：模式变单及趋向——兼论狭义道德主体性模式的缺陷》，《江海学刊》1989 年第 6 期。
[32] 同[31]。
[33] 徐少锦、温克勤主编：《伦理百科辞典》，北京：中国广播电视出版社，1999 年，第 949-950 页。
[34] 〔德〕卡尔·马克思、弗里德里希·恩格斯：《德意志意识形态》（节选），《马克思恩格斯选集》第一卷，北京：人民出版社，1972 年，第 29-30 页。
[35] 〔德〕弗里德里希·恩格斯：《路德维希·费尔巴哈和德国古典哲学的终结》，《马克思恩格斯选集》第四卷，北京：人民出版社，1972 年，第 236 页。
[36] 〔法〕爱弥尔·涂尔干：《职业伦理与公民道德》，梁敬东、付德根译，上海：上海人民出版社，2001 年，第 10 页。
[37] 张海辉：《现代化视域下的当代中国职业道德研究》，华东师范大学 2010 年博士学位论文。
[38] 〔法〕埃米尔·涂尔干：《职业伦理与公民道德》，梁敬东、付德根译，上海：上海人民出版社，2001 年，第 7 页、第 9 页。
[39] 陈力丹：《新闻理论十讲》，上海：复旦大学出版社，2008 年，第 236-237 页。
[40] 蔚平：《新闻伦理论》，《上海记者》1943 年第 6 期。
[41] 鲍蔚萌：《近代“新闻伦理”术语的生成与演变》文稿（武汉大学新闻与传播学院）。
[42] 赵红：《从采写实践看新闻伦理的核心理念与基本原则》，《中国记者》2013 年第 10 期。
[43] 郑根成：《媒介载道——传媒伦理研究》，北京：中央编译出版社，2009 年，第 1 页。
[44] 《中国新闻实用大辞典》编委会编：《中国新闻实用大辞典》，北京：新华出版社，1996 年，第 8 页。

从 newspaper 到“报纸”——兼论近代新闻语词的衍变路径及话语实践

向　芬　刘晓平

1833 年郭士立（Karl Friedlich Gutzlaff）创办的《东西洋考每月统记传》，往往被视为中国本土报刊实践的肇始。经由“传教士办报—国人办报”的演化路径，到新闻学作为学科理论从日本译介而引起注意，直至国人的新闻学著作相继面世，这一过程整体上遵循由“术”到“学”的路线。而“新闻”一词，基本上也随着这一过程成为学科最重要的关键词之一。但这种衍变路径仍囿于不管是对“新闻”词源还是语义的考证，都只是从学科建立的既成事实出发而进行的逆推这一思维定式。此外，由于忽略了“新闻”一词在近代新闻学科建立过程中的古今对接与中外转化，从而使得有关“新闻”一词考证的历史建构过程不够完整。

一、译介的“新闻”：从 news 到“新闻”，从 newspaper 到“新闻纸”

罗伯特·马礼逊（Robert Morrison）自 1808 年开始编译《华英字典》，先后于 1819 年、1820 年和 1823 年印行三部六卷。这部马礼逊尽 15 年心力完成的汉英、英汉辞书，被以后编撰辞书的传教士奉作“圭臬”[1]。在《华英字典》中，马礼逊从古汉语中选择了“新闻、消息、信息”等词语对译 news 一词，并被卫三畏（Samuel Wells Williams）、麦都思（Walter Henry Medhurst）、罗存德（Wilhelm Lobscheid）等人沿用。[2]由此一来，news 与“新闻”开始建立起了稳定的对译关系。

对于 newspaper 与“新闻纸”的对译，费德里科·马西尼（Federico Masini）认为：“此词作为英语 newspaper 的仿译词，始见于叶钟进《英吉利国夷情记略》（1834）一文。此文收于 Haiguo Tuzhi（第 1893 页）。”[3]其实，无论是叶钟进的记略还是《海国图志》中的记载，对于 newspaper 的译用，最早都来自于以马礼逊《华英字典》为代表的传教士的翻译与使用。马礼逊将 newspaper 对译为“京报、京抄、辕门抄”，后来出现卫三畏、罗存德等人厘定的“新闻篇”“新闻纸”

等词。早期传教士在编撰中对 newspaper 做了对译（见表 6）。[4]

表 6 对译表

字典名称	编撰者	出版时间（年）	gazette	newspaper
《华英字典》	马礼逊	1815—1823	京报、邸报、京抄、京字	京抄、邸报、辕门报
《英汉字典》	麦都思	1847—1848	京报、邸报、京抄、邸抄	新闻篇、京抄、邸报、辕门抄、京报
《英华字典》	罗存德	1866—1869	新闻纸、报、宪报、京报、邸报、京抄、香港中外新报等	新闻纸

对此，大致可以从时间轴线上梳理如下：马礼逊最早将 news 与“新闻”对译，并将 newspaper 与 gazette、京报等对译。郭士立则将 newspaper 与“新闻纸”互译，并将“新闻”“新闻纸”有关词语引入报刊实践领域。之后传教士编撰的词典中，出现了 newspaper 与新闻纸、新闻篇、邸报、京报、邸抄等对译混用的现象。这一时期，newspaper 的指称之物主要集中于古代“邸报”一类，暂时还没有衍生出现代“报纸”的含义。

二、互译：不仅是翻译的技巧和方法

news 与“新闻”的对译关系，近两百年来鲜有变化，也正是这一翻译，悄然完成了词语的古今对接与中外转化，展示了近代新闻思想与观念的跨语际实践。针对 news 与“新闻”、newspaper 与“新闻纸”互译中的跨语际实践需要回答以下问题：马礼逊等传教士是怎样通过翻译来使用包括“新闻”及“京报”等在内的一系列语词的？这些语词和以往相关字词有何关联？如何将其与中西方不同背景下的传播实践联系起来？如此互译背后的社会观念语境是怎样的？这些语词的互译与变化对中国新闻观念的演化具有什么意义？

马礼逊或许没有观照过这些问题，而后人由于对 news 与“新闻”、newspaper 与“新闻纸”的互译习以为常。然而，不同语言的互译，并不是从一开始就等值般存在，穿越不同语言的边界不是一个纯粹的语言学或者翻译学的问题，而需要引向思想、文化乃至社会层面，从动态和跨文化中去认知其中的历史关联。

（一）翻译的政治：夷夏之辨、礼仪之争与适应性策略

当中西相遇甚至相冲之时，源自历史传统中的“夷夏之辨”自然成为中国人认识西方和判断西方的现成尺度。西方传教士与中国朝廷间“礼仪之争”的博弈持续了几百年，最终形成所谓“利玛窦规矩”，而其核心在于顺应中国文化传统。

1805 年 2 月 23 日，马礼逊在日记中写道：“我还花费精力研究了‘礼仪之争’。”[5]马礼逊初到中国时，在全面禁教的政治环境中行事谨慎，希望逐渐融入中国的政治与文化中。在 1838 年 8 月第 7 卷第 4 期《中国丛报》中，马礼逊发表的《1838 年 2 月 10 日至 3 月 18 日〈京报〉要闻分析》一文指出：“规范而仔细地阅读《京报》记录可以更好地了解清廷的政策和国家机器之运作。”[6]

进入 19 世纪，英美国家逐步奠定其现代报业基础，相较之下京报等中国“报纸”显得落后，然而在《华英字典》第一部中，马礼逊还是将 gazette、newspaper 与京报、邸报等词对应起来。可以说，适应性传教策略、与其他阶层人士的交往，这些因素促使马礼逊选择“新闻”“京报”与 news、newspaper 对译。

（二）巧妙而又微妙：词与物的对应关系

通过 news 与“新闻”、newspaper 与“京报”等的互译，马礼逊等传教士把 newspaper 所承载的意义与中国文化传统及其语境建立了巧妙并且微妙的联系。

这种巧妙，体现在这些互译自然地将 news、newspaper 纳入中国传统的政治话语体系和文人士大夫的认知语境中。这种微妙，体现在这些互译以微小的、极容易被忽略的，而且时常借由文化互动的表象，让文人士大夫乃至统治阶层接受。在互译过程中，传教士们表面是在把握不同语词的对应关系，实际却是在对方的政治话语中通过语词使用、翻译等，生成隐蔽且有利于自己政治与文化实践目的的“合法意义”。郭士立在一封写给美国劝世书会的信中写道：“倘若是一本向中国人传达思想意识的译著，最好的方法是将所要传达的思想意识通过中国人的表述模式表达出来。否则，这些翻译文字只是一堆亦英亦中的术语。”[7]

（三）附会：翻译的技巧与策略

传教士运用以古证今的办法向士大夫介绍西方事物，的确是必要而且有效的。从 newspaper 到京报、邸报的翻译就是这种附会方法的力证。

马礼逊、卫三畏、麦都思、罗存德等一批词典编纂者，在对译之中透露出了他们编译词典的技巧：一是表述的本土化，选用中国传统早已有之的事物，建立起词与物的对应关系；二是词群丰富，每一个英文的对译后，都罗列了他们理解范围内存在的所有可能的义项。不过，从 newspaper 来看，这样做虽然有助于读者理解，但也在相当程度上模糊了 newspaper 与京报本身存在的区别。

一般而言，词典均被作为权威性的可靠工具来使用，被广泛使用的马礼逊等人的词典，对于词语等值关系的翻译具有初始性质，人们首先接受了它，并随着广泛使用而形成了一种约定俗成的社会共识，即使词语间的对等关系在后来看来并不全然准确，但是改变它已经显得无能为力了——newspaper 与报纸的互译，正好能说明这个问题。

三、“新的标准”的崛起：从 newspaper 到“新闻纸—新报—报纸”

（一）从“新闻纸”到“新报”“报纸”的过渡与竞用

马礼逊和郭士立等人在对译 newspaper 时选取的对译词，基本是为统治阶级和士大夫所接受的。然而，脱离京报、邸报的“新闻纸”一词对于中国文人来说，不免显得陌生而突兀，于是“新报”应运而生。“在报名中嵌上一个‘新’字，与中国原有的邸报划清界线（限）”，堪称中国新闻史和新闻思想史上的一个开天辟地之举。[8]“新报”一诞生，就得以广泛使用，1854 年，美国传教士玛高温（Daniel Jerome Macgowan）创办《中外新报》，在该刊中，“新报”一词既作为报刊刊名，也意指西式报刊。《中国教会新报》1868 年创刊至 1872 年 8 月更名为《教会新报》之前，“新报”在文中出现的次数达 86 次，“新闻纸”出现 15 次，而“报纸”则未曾出现过（见表 7）。

表 7 “新闻纸”“新报”“报纸”关键词检索统计表（1833—1911 年）

报刊名称	新闻纸	新报	报纸
中国教会新报	15	86	0
万国公报	12	45	0
四川官报	1	665	3
东方杂志	1	51	3
……	……	……	……
数据库总统计	102	3496	82

资料来源：笔者根据“晚清期刊全文数据库”统计得来。

19 世纪 70—90 年代，以“新报”为刊名的报刊有 15 种，占当时总报刊数的五分之一。[9]在官方文书和民间报刊中，“新报”与“新闻纸”常常交替使用。在花之安（Ernst Faber）《新闻纸论》一文中，“新闻纸”与“新报”分别出现 15 次和 36 次，他认为：“盖溯西国新报之始，从俗而言之则曰新闻纸，其实言新报则较妥。”[10]值得一提的是，“新报”这一现象，与熊月之所言晚清社会心理之变（夷学—西学—新学）有异曲同工之处。[11]

正是在此混用时期，“报纸”这一用语也出现了。据考证，“报纸”一词始见于 1873 年。[12]此后，“报纸”与“新闻纸”“新报”也经常混用。维新变法期间出现“第一次国人办报高潮”，“报纸”这个名称也逐渐流行起来，“新闻纸”“新报”则逐渐被冷落。

（二）走向变革与保持传统的双重趋向

“新名词一旦产生和流传，对于近代国人思维方式的影响，还表现在它的构成形态本身所带有的某种现代取向的思维诱导性、价值倾向性、连锁反应性和不可逆性上。”[13]“新闻纸”与“新报”“报纸”的竞用，看似只是词语的流行与衰落，但是这背后却隐藏着“对进步的回应”“对侵略的抵抗”等殖民话语。从 newspaper 到“新闻纸”“新报”一直是传教士在主导，而“报纸”的出现、运用乃至流行，则是中国近代知识分子自觉不自觉的一种回应。“报纸”在与“新闻纸”“新报”的竞用中，除却语言学的因素外，更体现了中国近代知识分子“保持传统”与“走向变革”的双重趋向。

“保持传统”体现在“报”的沿用上。“中国是通过使其帝国传统适应 19 世纪中叶的问题进入近代世界的，而不是放弃这一传统。”[14]在报刊实践中沿用“报”字，既将近代中国报刊事业根植在以儒家思想为基础的文化心理结构之中，又将报刊作用归结为“通上下、通民情”“有益于国事”。“走向变革”则从报纸既没有沿用京报、邸报等称呼，也没有完全采用“新闻纸”“新报”这些名称，而是最终选用了“报纸”的衍变过程可见一斑，亦可从中国独立报人的成长、报纸的技术与形式渐趋西化、报刊观念的变革等方面略知一二。

四、互译的影响与意义

“翻译不是一次简单的转换，而是意义创造过程的继续，是意义在文本和社会话语的互相依存的网络中的循环”。[15]对于近代新闻语词的考察，“不仅强调词义的历史源头及演变，而且强调历史的‘现在’风貌——现在意义、暗示与关系”[16]。

从 news 到“新闻”，再到近代新闻学科的建立，“新闻”一词最终从古汉语的语义中凝结出了表征“事实”的义项。在报刊实践中，传教士采取附会、适应性策略，将其新闻观念深植在中国传统文化之中，影响了士大夫对于报刊功能的体认，此后一直将报刊视为政治统治和社会治理的辅助性工具。不过，这种语词的对译难免将 newspaper 在西方的某些意义进行了某种程度的扭曲和变异，也造成后来有关“报”的词汇发展的不稳定现象，以及中国近代报刊思想、观念的复杂嬗变。

注释

[1] （清）容闳：《西学东渐记》，徐凤石、恽铁樵译，长沙：湖南人民出版社，1981 年，第 7 页。

[2] 桂莉、聂长顺：《从早期英汉词典看新闻用语的生成》，《新闻与传播评论》2012 年第 0 期。

[3] 〔意〕费德里科・马西尼：《现代汉语词汇的形成——十九世纪汉语外来词研究》，黄河清译，北京：汉语大词典出版社，1997 年，第 256 页。

[4] 沈国威：《近代中日词汇交流研究：汉字新词的创制、容受与共享》，北京：中华书局，2010 年，第 102 页。

[5] 〔英〕艾丽莎・马礼逊编：《马礼逊回忆录》，北京外国语大学中国海外汉学研究中心翻译组译，郑州：大象出版社，2008 年，第 40 页。

[6] 王海、王乐：《〈京报〉英译活动中的跨文化传播策略与技巧：以〈中国丛报〉文本为例》，《国际新闻界》2014 年第 10 期。

[7] 尹延安：《传教士中文报刊译述中的汉语变迁及影响（1815—1907）》，上海：上海交通大学出版社，2013 年，第 57 页。

[8] 黄旦：《耳目喉舌：旧知识与新交往——基于戊戌变法前后报刊的考察》，《学术月刊》2012 年第 11 期。

[9] 此处统计源自史和、姚福申、叶翠娣编：《中国近代报刊名录》，福州：福建人民出版社，1991 年，第 390-392 页。

[10] 〔德〕花之安：《新闻纸论》，《万国公报》（15），台北：华文书局股份有限公司，1968 年，第 9766 页。转引自李玲：《从刊报未分到刊报两分——以晚清报刊名词考辨为中心》，《近代史研究》2014 年第 3 期。

[11] 熊月之：《西学东渐与晚清社会》，上海：上海人民出版社，1994 年，第 729 页。

[12] 李玲：《从刊报未分到刊报两分——以晚清报刊名词考辨为中心》，《近代史研究》2014 年第 3 期。

[13] 黄兴涛：《近代中国新名词的思想史意义发微——兼谈对于“一般思想史”之认识》，《开放时代》2003 年第 4 期。

[14] 〔美〕费正清：《美国与中国》，张理京译，北京：世界知识出版社，2000 年，第 132 页。

[15] 〔加〕谢莉・西蒙：《翻译理论中的性别》，许宝强、袁伟选编：《语言与翻译的政治》，北京：中央编译出版社，2001 年，第 336 页。

[16] 〔英〕雷蒙・威廉斯：《关键词：文化与社会的词汇》，刘建基译，北京：生活・读书・新知三联书店，2005 年，第 17 页。

海峡两岸新闻传播术语定名探析

黄裕峯[1]

一、缘起

1988年开启的海峡两岸新闻传播学术交流到2017年正好30年，两岸的新闻传播学学科发展有各自的路径与规律，新闻传播学名词的使用存在差异，一定程度影响学科知识的相互交流与学术共同体的建构发展。1993年，具有历史意义的“汪辜会谈”就将探讨两岸科技名词统一的内容纳入共同协议中。1994年，两岸学者就南海问题有关术语取得了统一定名。[2]在海峡两岸关系协会与海峡交流基金会就某些协议进行签署时，双方同意在遇到不同的法律名词时，采取并列的方式处理。1996年，全国科技名词委与台湾李国鼎科技发展基金会确定了合作模式，分别组织学者专家共同开展两岸科技名词的交流活动，很多不一致的名词达成共识，减少与消除了对专业术语的定名背后所隐含意义的陌生感。2002年至今，全国科技名词委已经公布了27个学科领域的海峡两岸名词对照表。不过，两岸对照名词几乎都集中在自然科学范畴，人文社会科学范畴的对照工作相对滞后。实际上，新闻交流是两岸交流的领头羊，两岸交流又离不开信息的相互传播。因此，进行两岸的新闻传播学名词规范及对照工作，既能促进两岸的新闻传播学共同发展、相互理解和有效沟通，又能在维护两岸关系时加强精神纽带作用，增进文化认同。

二、海峡两岸的新闻传播学名词审定工作

1929年，民国政府教育部公布：“教育部为统一全国学术上各种名词起见，于编审处设立译名委员会，专司审译各种名词事宜。”[3]随后进行定期审查工作，准备勘核后公布施行，同时规定中学教科书一律在书后附上中西名词对照表。这是中国近现代较大规模对科技名词进行审定的工作的开端。1949年后，海峡两岸在上述的共同基础上各自发展，大陆学习苏联为主，台湾则以美国为师，在单向交流情况下，科技名词发生了变异。

1985年，全国科技名词委在北京成立，宗旨是：“全面建设科学技术名词体系，推进国家科学技术名词规范化，促进国内外科学技术成果的传播与应用，促

进海峡两岸及港澳地区之间，以及国际科学技术界之间的交流与合作，支撑科学技术发展，为我国的经济社会发展做出基础性贡献。”[4]2013 年 9 月 25 日，新闻学与传播学名词审定委员会成立，主任为唐绪军，副主任为王怡红、宋小卫，目前，委员会由来自全国多所高校和科研机构的 24 位专家学者组成。审定工作分为新闻学名词和传播学名词两大部分，新闻学名词分为 5 个类别，传播学名词分为 16 个类别，最后增加海峡两岸新闻传播对照表。经历了 2009 年和 2013—2017 年的两次启动，在名词编写的学科知识的公共性与学科名词检索的方便性两大原则下，总共收词 3311 条。

台湾地区承袭民国时的审译制度，但未能较好统一译名，到 2010 年才有了较大变动，将台湾编译馆（现台湾教育研究院语文教育及编译研究中心、教科书研究中心）、台湾教育资料馆及台湾教育研究院处合并成立了台湾教育研究院。宗旨是：“负责审阅、修订、译定各类学术领域专有名词，以不断充实台湾学术名词译名之内涵与品质。”[5]该院负责学术名词、工具用书及重要图书编译等事项，并依据学术领域的不同类别，陆续筹设各类常设性学术名词审译会，负责审阅、修订、译定各类学术领域专有名词。新闻传播学名词审译会（原新闻传播学名词审译委员会）在 2008 年 10 月成立，由林东泰担任第 1、2、3、4 届主任委员，审译会分为传播理论组、广播电视组、广告公关组、口语传播组（语艺）、新闻学组、资讯传播组，每组各设一位召集人，负责组织与联系该组专家成员，共 37 位编审委员。2015 年 9 月以电子书形式公布的学术翻译系列丛书之《新闻传播学名词》，前后历时 6 年，于 2014 年完成，为此共召开大会 66 次，分组会议 118 次，完成审译 15213 则名词，是台湾地区较具指标性的新闻传播学领域术语定名工作的成果。2017 年 6 月，审译会组织成立第一届新闻传播学名词重编“国语”辞典修订本专科词小组，由王石番担任召集人。从名词的计量单位“条-则”就可以发现两岸的用词存在差异，名词审定组织的信息如表 8 所示。

表 8　海峡两岸新闻传播学名词审定组织

地区	机构名称	人员	分类	数量
大陆	新闻学与传播学名词审定委员会	24 人	21 类	3311（条）
台湾	新闻传播学名词审译会	37 人	6 类	15213（则）

用 NLPIR 汉语分词系统分析海峡两岸科技名词机构宗旨中的动词可以发现，大陆为“促进、建设、推进、规范化、传播、应用、交流、合作、发展”，台湾为“充实、修订、审阅、负责”。两者的差异在于大陆重视向外推广，希望起到带动

作用；台湾重视内部使用，希望丰富内容。在全国科技名词委的宗旨指导下，综合两方面的要素，两岸新闻传播学名词本着体系建设促进交流，兼顾内涵与质量的目标进行。

三、文献综述

当前文献数据库中未检索到两岸新闻传播术语研究，这可能与两岸较大规模的新闻传播定名工作都是在近年内完成有关，仅在百度搜索发现福建省传播学会2017年会上有“两岸新闻传播术语探究”的主题演讲。不过，比较两岸新闻用语的论文仍有数十篇，研究者有黄榛萱、祝克懿、黄裕峯、张一凡、王茜、许蕾、谢文龙等，但研究集中于通俗的大众化新闻用语，而非学术名词。且主要从社会语言学视角探究异同，大致是基于郑启五《海峡两岸用语差异》的分类去展开与推进。非新闻传播学领域则有较多建树，娄承肇将大陆（内地）与台湾、香港的英文科技术语汉译进行比较；肖宪指出中东名词的差异；盛玉麟自1996—2010年间连续发文汇整海峡两岸同源异形的电脑术语；王存忠与俞卫平专门挑选气象学差异名词分析；黄文珍、江守田与代晓明针对两岸档案科技名词的统一做可行性研究。上述不同领域的相关文献偏向实务经验与名词比较的分析，学者专家们提出许多总结与建议，但较少提供海峡两岸名词对照表的工作步骤及定名过程的逻辑思路。人文社会科学专业术语的定名背后隐含了不同社会语境的意义，这可能包含经济、文化、民俗，也可能涉及意识形态，应该如何两岸社会对语言的理解存在的差异，特别是台湾400年来受到不同文化影响，两岸一段时期内又互不往来，使得两岸在人文社会科学范畴的名词统一工作具有难度。新闻传播学作为人文社会科学的一个分支领域，既是各种意识形态的重要推手，又具备专业主义的学术价值，而且定名工作要考虑内部与外部因素，更具有挑战。

四、海峡两岸新闻传播学名词对照表的逻辑思路

进行海峡两岸新闻传播学名词对照工作前有内部与外部因素需要思考。

1. 内部因素

①用户思考：首先，使用者定位是海峡两岸、海外华侨及少数外国的新闻传播学领域或感兴趣的学生、学者、专家，因此需要考虑到除了大陆简体与台湾繁体外，另外一种能作为简、繁参照的语种，考虑到许多新闻传播理论来自美国，故以英文作为主要参照标准。②效用思考：作为参照工具，对照表选词要有代表性、重要性及实用性，所以选词要讲究科学，要有量化方法，通过计算机计算词

频，也要有定性方法，通过专家直觉和经验评估，两者结合才能取得最佳效果。③周期思考：名词审定工作要经得起当代的推敲和后代的审视，且对照表完成后需要一段时间后才会再进行修改，需要考虑到除了当下之外的未来使用情况，对未来新闻传播学学科发展所侧重领域的名词收录及收录的度都需要把握。

2. 外部因素

①制定标准程序：参与工作的学者和专家平日各有自己的教学科研任务需完成及家庭需要照顾，而全国科技名词委的工作属于国家级课题，在标准和质量要求较高情况下，必须以标准操作程序（Standard Operating Procedure，SOP）来指导与规范，解决因人的差异所产生的问题。对照表全部以书面沟通，避免口头出现的误差，定名由类别负责人主抓，三审三校由两位副主任执行，期间反馈给负责人，最后由主任终审。②符合国家涉台规范：除了参照《中华科学技术大词典》所规范的《人文卷、社科卷收词原则》外，两岸众所周知的情况，涉台工作有一定的规范，使得对照表又不同于一般科学名词定名的工作，具有特殊性质。规范无法详细到每个细节，因此大原则必须把握。在遵守规范的同时又要保持两岸学者都信服的科学性，表述用语的准确恰当必须注意。

3. 讨论与结果

2017 年 10 月，以传播学为例，先小范围完成对照表，根据实际工作中遇到的问题讨论与修正，确定优先选词标准：①两岸新闻传播学中经典、常用、重要的词汇优先；②两岸具有差异的术语优先于相同的术语；③新技术时期的新研究、新理论优先；④台湾特有术语优先；⑤研究方法名词并入选词；⑥考虑虽然是跨学科范畴的术语，但在阅读与撰写论文时均无法回避，加上学术交流目的，所以列入优先选词的范围。综合得出主要任务是把关、审定、罗列出经常使用的具有标准、规范、概念内涵的新闻传播学基础词与常用词。具体脉络如图 2 所示。

重要词：邀请两位台湾教授与一位在大陆高校的台湾省籍副教授根据《新闻传播学名词》以纸本及电子档各选 1000 条重要词，根据所选词的重叠次数加权后以人工排序，共收 1200 条。差异词：通过计算机将新闻学与传播学名词审定委员会完成的 3311 条词条逐一与台湾《新闻传播学名词》15213 条词条对比，共核出 283 条差异词。关键词：由厦门大学 9 位硕士检索 2010—2017 年台湾地区出版的新闻传播学期刊各期、各篇的英文摘要、题目、关键词，以 NVIVO 软件进行整理，再回置重要词、差异词比较，发现关键词几乎分布在重要词涵盖范围内了。特殊词：包含非英文的外文翻译名词、研究方法词、两岸“彼有此无”词，主要是凭借个人积累经验为主，共收 410 条。最后将四组词汇合并，以 Excel 反复排序抓取重复词，并讨论剔除、修改与添加部分词语，完成对照表共 1388 条词条。

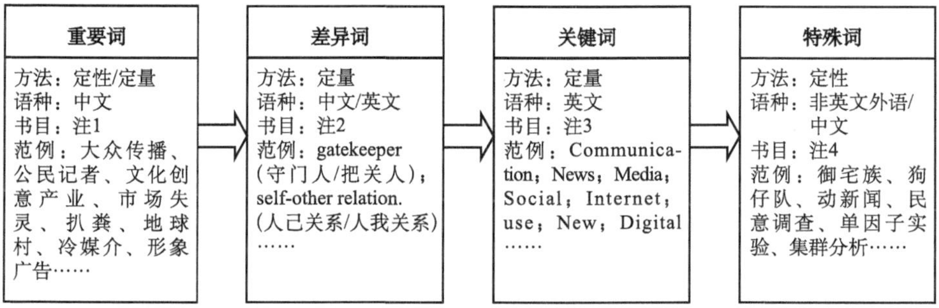

图 2　对照表收词流程图

五、海峡两岸新闻传播学名词对照经验总结

1. 人名、新闻机构名未列入对照表

两岸外语中文译写的标准规范有差异，所以很难统一译名。尤其台湾翻译存在不稳定性，一位外国人有接近 10 个中文名字。例如，法国学者 Michel Foucault 在台湾教育研究院的官网就有“傅柯”与“傅科”两种译名。官网中不同学科还可以检索出：“富可”（电力工程）、“佛科”（机械工程）。加上检索台湾学术期刊的结果，还有“福寇”（王俊三）、“福科”（邱太三；曾長生）的译名。若加上“Michel”一起翻译，尚有“米榭·傅柯”（王文基）、“米歇·傅柯”（黄雅芬）、“米歇尔·傅柯”（吴志鸿）。

2. 浅显易懂，内涵不同

有些字义浅显易懂，较容易了解，但实际内涵上只有近似，无法完全等同。例如，“叩应（Call-In）”是在台湾有线电视兴起年代所出现的节目类型，主要是通过电话交谈参与节目，看英文好理解，看中文则难懂。台湾更多指对政论节目的电话参与，对应到大陆的“听众热线”“广播热线”内涵上可能略所不同。两岸对“报道（大陆）–报导（台湾）”也有不同看法，陆丙甫、荒客曾提出“报导”有主动引导读者和舆论的意思，而“报道”是纯客观的报道，由读者自己去判断价值，词语使用反映的是社会集体意识。

3. 内涵改变，文字修改

随着时代变迁，词语的内涵发生变化，两岸学者根据各自视角将翻译名词作出再译的修正。例如：“受众（大陆）-audience-阅听人（台湾）”，台湾学者根据传播已经到了双向互动时代，故将原来的“受众”更换成“阅听众”，同时，大众传播走向了分众、小众、个人，再次修正为“阅听人”，所以，台湾教育研究院公布 audience 可并列五个中文词：观众；受众；对象；阅听众；阅听人。类似情况还有“受访者”变“与谈人”，是学者认为在研究过程中应该建立起平等关系。

4. 制度不同，彼有此无

“彼有此无”的名词多数与当地社会的传播行为有关，两岸因制度不同延伸出来的政治传播差异词较多。台湾几乎每两年就有大规模的选举活动，学者们会参考各种选举、宣传、辩论等活动来进行研究，加上梳理其他地域类似的选举研究文献，词汇就会变得丰富。由于在政治传播领域台湾学者的研究普遍丰富，因此在国家规范内，词汇优先以台湾翻译为定名参考，如竞选传播、竞选演说。此外，一段时期在台湾发生的媒介生态改变的相关词汇，又是专有名词又是历史名词，也会纳入，如“地下电台”“报禁”“无线三台”“第四台”。“彼有此无”延伸出中国特色的新闻传播词，如“两岸新闻传播”。该词纳入定名主要考虑因素有二：一是厦门大学、台湾政治大学等高校已有设立且持续有相关研究产出，二是两岸暂时分离的特殊现象，值得介绍给全球传播学界关注。不过，这个词因为是中国国情下的术语，需要反向规范对外的翻译工作。面临未来以中文为主体思考的时候，反向翻译英文问题，如百度百科，究竟应该是“baike”、“Baidupedia”，还是“baidu encyclopedia”，随着我国科学话语实力的上升，值得提前思考。

5. 学科分歧，定名归属

原文（通常是英文）在不同学科中出现不同译名的情况较为棘手。例如，E.M.罗杰斯（E.M.Rogers）所提出的创新扩散是传播学的重要经典，中文定名前是否得先英文定名“diffusion of innovations”或“innovation diffusion theory”呢？科学上的假设（Hypothesis）、理论（Theory）、模型（Model）、定律（Law）都有其规范定义，不能互换使用。生物学扩散、化学扩散、物理学扩散，每门学科的扩散都有其意涵，无法一概而论。扩散（diffusion）是物质分子从高浓度区域向低浓度区域转移，直到均匀分布的现象。散布（dispersal）是生物个体或其传布体（如孢子、种子）向其他地域传布的过程。罗杰斯的“扩散”是指创新在特定的时间内，通过特定的渠道，在特定的社群中传播的过程。[6]究竟罗杰斯的创新是“diffusion”的扩散或是“dispersal”的扩散；抑或是“diffusion”的散布或“dispersal”的散布？恐怕看完一本厚厚的书还不容易定名下来，只能是锱铢必较地咬文嚼字，通过翻词典、专著、文献、讨论找出相对确定的答案。

6. 定名趁早，规范对照

新技术要尽早定名，如“数字-Digital-数位”衍生出很多差异词。字义深且出现频率低的词主要来自交叉学科领域应用在本学科，尤其是计算机与统计的术语，造成研究者在文本阅读时的交流障碍。例如，“元分析（大陆）- meta analysis-后设分析（台湾）”“偏相关（大陆）- partial correlation-净关系（台湾）”。两岸的定名工作各有自己的规律，且仍在扩展，当前阶段重要的是各自定名后的规范程度，对照界定才有实际意义。

7. 联系业界，保持学术灵活性

伏案工作习惯自己查找资料，最多询问高校里的同行。有一次，台湾的“干稿”实在寻找不到大陆对照词，结果主持两岸连线节目的厦门卫视的戴小楠提供“干稿”在大陆统称为“口播”。后来就懂得要与两岸在媒体圈工作的朋友保持联系，实时咨询。

六、结论

总体来说，海峡两岸新闻传播学名词对照可以总结为四个步骤与四种工作。四个步骤是：第一、比较名词审定组织机构的目标，确认计划；第二、梳理前人文献，归纳经验，填补空白；第三、设计适合本学科的方法与思路；第四、制定工作标准并在筛选中不断修正。四种工作是：第一种是将两岸对外来的新闻传播学概念词语的翻译体系框架进行相互比较；第二种是将两岸当地对外来的新闻传播学概念词语进行相互修正的校准；第三种是将两岸各自在地化表达的传播术语进行相互介绍，并遵照对方用法来规范本地用法；第四种是向外介绍中国新闻传播语境的抽象概念表达时能较完备地相互补充。本次工作开创了一种两岸科技名词对照表的可操作模式，或可扩展到其他学科。两岸名词定名的统一较难一蹴可几的统一，需要按阶段求同存异，再发展到统一规范，让学术保持百花齐放的活力。对照表有助两岸在共同语言下进行交流，促进学术团结繁荣。

注释

[1] 黄裕峯，厦门大学两岸关系和平发展协同创新中心、新闻传播学院副教授。

[2] 主要对照《新闻传播学名词》，4 本参考书为：陈国明：《简明英汉传播学辞典》，台北：五南图书出版有限公司，2002 年；林东泰：《大众传播理论》，台北：师大书苑，1999 年；李金铨：《大众传播理论》，台北：三民书局股份有限公司，1980 年；翁秀琪：《大众传播理论与实证》，台北：三民书局股份有限公司，1992 年。不过，真正执行时发现这些书因为出版时间较早的缘故，许多翻译名词与今日惯用不相符，书末的词汇对照表参考多于采用。

[3] 国民政府法制局编：《国民政府现行法规（第 2 集）》，北京：商务印书馆，1930 年。

[4] 全国科学技术名词审定委员会：《全国名词委章程》，全国科学技术名词审定委员会官网，http://www.cnctst.cn/jggk/qgmcwzc/201603/t20160307_328025.html，2016 年 3 月 7 日。

[5] 双语词汇、学术名词暨辞书资讯网：审译会，http://terms.naer.edu.tw/committee，2012 年 1 月 1 日。

[6] 见瞿海源等主编：《社会及行为科学研究法（一）：总论与量化研究法》、《社会及行为科学研究法（二）：质性研究法》、《社会及行为科学研究法（三）：资料分析》，台北：台湾东华书局股份有限公司，2013 年；童兵主编：《中国新闻传播学研究最新报告》，上海：复旦大学出版社，2013 年、2014 年、2015 年、2016 年、2017 年，台湾地区内容。

参考文献

1. 陆丙甫、荒客：《“报道”与“报导”的区别》《修辞学习》2004 年第 5 期。
2. 〔美〕E.M.罗杰斯：《创新的扩散》，唐兴通等译，北京：电子工业出版社，2002 年。
3. 新闻学与传播学名词审定学术交流网，http://ex.cssn.cn/zt/zt_xkzt/xwcbxzt/xwxycbx，2018 年 8 月 4 日。
4. 双语词汇、学术名词暨辞书资讯网，http://terms.naer.edu.tw，2017 年 10 月 1 日。
5. 华艺线上图书馆，www.airitilibrary.com，2017 年 10 月 1 日。

论“人际传播”（interpersonal communication）定名

王怡红

本文拟从“人际传播”不同的名称与基本含义入手，对该语词符号所指涉对象及其关系进行语义层面的分析；再从中西词源与该语词的历史构成上，进一步考证和释义，揭示该名称与所指事物之间的指称关联及其特征意义，以此作为考虑该术语定名的基础。所谓定名，是指选择一个更为接近该事物的概念语词，经过辨证，确定其为正名，采取语词溯源与概念考察的方式，使之名实相符、用名规范，这便是所谓的定名。定名的意义不仅在于找到该名称所指涉的对象，建立对该名称约定的用法，更在于形成和确定一个关于人际传播的科学概念，借此来建构相关的人际传播理论。

“人际传播”（interpersonal communication）是个外来语词。汉译名至少有另外三种：“人际沟通”“人际交往”“人际交流”。从规范名的要求看，该术语存在“一词多名”，语言指称不同，指称随语境发生变化，由此形成的概念又产生不同意义的问题。到目前为止，建立在汉译名基础上的人际传播研究从名称到概念的使用都尚未受到质疑，对此也未形成某种争论，一个未经审视与考察的名词术语用在研究领域是非常可疑的。

英语合成词“interpersonal communication”在西方出现历史短暂。1933 年问世的《简明牛津英语历史本源辞典》（*The Shorter Oxford English Dictionary on Historical Principles*）突出对词汇历史演变进行溯源的特点，以词汇出现或演变的具体年代为特征释义，具有特殊的知识地位。至 1973 年，该辞典（第三版）仍未收录“interpersonal communication”这个合成词，只能找到其拉丁语的前缀“inter”，以及拉丁语和法语的“personal”及“communication”的分别释义。在这本辞典里，“inter”是个前缀词，原意为“中间”（between）或“当中”（among）。这种前缀具有限定或描述语的意思，与 personal 结合，意味着交往者的产生及其关系的建立或相互关联。personal（个人的）一词来自拉丁语 personalis，法语 persona，具有被指称对象的特征。该词有 7 种基本含义：①关于个人的或自我的，涉及个人的或自我的，影响个人的或自我的，个体的（individual），私人的（private），自己的（one’s own）。②个人做的，个人制造的，个人表现的，个人持有的等。

1617 年，该词表示“个人表现或个人参与”。③属于或关于某人的身体或形体的（figure)。④特指有关某个特定个人或某人的自我的，主要用在有敌意感或敌意的行为中，用作个人讲话或个人的思考。⑤与某种物体或抽象的概念相对应，表示拥有或关于一个人的本性。⑥ 1544 年开始，该词用于描述个人的财产，如个人土地上的有形动产（chattels）和动产租金（chattel interests)、个人的财产继承。至 1888 年，该词开始与法律用语关联，如源自个人的诉讼（action)、声索或所有权认定（claim)、复得（recovery）或损害（damage）等。⑦进一步溯源，自 1481 年起，在代名词中，该词表示个体交往者的数量，如三个人或有关三人的（of or pertaining to the three persons)。由此，从 interpersonal 这个词汇的基本构成看，personal 是通过前缀 inter 界定的，这意味着从个人到关系的出现。在早期研究人际传播的学者眼中，“人际传播”的定义大都用该语词描述特定的自我，或具有法律保护的个体交往者，将发生在两个人之间的面对面交流视为人际传播。[1]之后又出现与“个体间的”（interpersonal）相对应的“非个体的”（impersonal）一词。从语词的构成上，可以说“两个人之间”和“面对面的沟通”等，代表“人际传播”的根本属性或主要内涵。事实上，这也是作为早期“人际传播”名称和传播概念的一个识别标准。从该词的词源与语义上考察，由于“人际的”指涉了这种“传播”的本质属性和主要特征，可以确定，“人际”一词作为名称的指称范围是准确的。用汉语定名的争论主要应放在实体对象 communication 名称或译名的准确性上。

从 interpersonal communication 的溯源与释义看，受到“人际”修饰的 communication 是一个中世纪的英语词，主要有 9 种含义与用法。该词在 1490 年前后就有明确使用，指交流用的书信或书信的内容。1553 年，该词作为修辞语，表达一种理解。一个说话者假定他的听众是他思想情感的伙伴，会用“我们”（We）而不说“我”（I）或“你们”（Ye)，来表示一种描述和分享。1580 年，该词用作谈话（converse)，指比较正式的（情感）交流或性交（intercouse)。1605 年，该词指口语的交换（interchange)。1610 年，可描述领受圣餐（Holy Communion)，用于宗教典礼或习俗。1684 年，该词指发生在两个人或多人或不同地方之间的见面机会或接触（access）方式。1690 年，（特指）通过口头、书面或符号进行的告知、通知、透露、传授（imparting)、传送、运送、输送、表达（conveying)。1771 年，该词用于表示“共同参与”（common participation)。

interpersonal communication 的演变与基本释义表明，communication 的原初含义与使用并不在器物或人工媒介技术层面，而更偏重于人在亲密关系中的思想情感的交流和分享，包括与神的关系及圣餐的分享等。在口语、书面语或符号

communication 中所蕴含的交通或媒介技术的含义则是在近代科学技术兴起之后出现的。如果进行概括，communication 的本义应该是通过口语、书面语或符号进行的谈话，使思想、情感与知识得以表现、交会与共享。可以说，由“人际”一词修辞和限制的 communication 主要有“言语表达”和“关系交往”的含义，或者说由“人际”修辞的传播概念，带有发生在个性化的个体之间交往的根本属性。

根据 interpersonal communication 这些原初含义，再从其起作用的方式看，该词已构成了一种描述日常人类传播的重要样式和传播研究领域的特定结构，那么将其英文名称确定译为“人际传播”还是“人际沟通”，或者完好保留二者，分别放在不同传播情境的可能世界中使用，成为我们继续考虑如何定名该词的一个问题。刘海龙认为，由于“传播”一词的“翻译已经深入人心”，可采取“对其进行改造”的办法，重新赋予“传播”以“双向互动意义”。他认为“只要明确‘传播’指代的是‘communication’，而不是其字面意思，并不至于在使用中引起混乱”[2]，主张延用“传播”一名。若进一步理解，每个名称都有特定的意义，通过指称在特定语境中产生的意义，来正确指出这个对象或事物的问题。事实上，我们考察的“传播”或“人际传播”的名称，既有描述语境的“人际”（inter）的指称性，也有作为指称常项的“传播”（communication）所指称的对象。换言之，如果“人际”作为描述性指称，已经可以用来确定指称的对象，又能起到名称的作用，那么即便使用上有些许错误，也是一个“约定的错误”，使用者足以通过限定对象的描述语来达到正确的理解。在这层意义上，我也赞同维持使用“人际传播”的名称。然而，事情并非如此解决就令人满意。一旦将使用“人际传播”这个约定的观点放在人际沟通的实践领域，由其名称所造成的误解与困难可能会变大。由于所谓的“人际传播”是一个发生在个体间的、有复杂讯息与多样语言交流形式的沟通过程，这种样式的交流还易受关系交往性质或关系状态的隐含影响，因此，“沟通”这个名称不能等同于从字面理解的简单的“传递信息”的“传播”一词。仔细观察便可发现，人际沟通发生时，沟通者关注的并不都是说话人所传递的信息内容本身，往往还会根据双方关系与交往行为方式的状态进行元信息层面的意义解读，即进行“语义推论”，找出如“有关讯息的讯息”或讯息背后隐含的意义来。如果你笑着对我说这次应该这样做，我可能不在乎你明面上说的应该是些什么内容，我倒是会认为“应该”的言外之意是话里有话，你就是在批评我不应该这样做，因为，在此之前，你曾经批评过我其他事情的做法。这个事例经常会发生在交往层面所形成的语言经验中，谈话里带有很多隐含的讯息和谈话者对讯息意义的多种解读。正因如此，“人际沟通”一词比“人际传播”一词更容易出现在描述日常交往的实践的复杂事物中。事实上，对沟通的日常使用与需求已给出了定名问题的一个答案。对研究者而言，在复杂多变的意义衍生世界中，使用“人际沟通”而非“人际传播”，在研究对象与研究的核心问题上也更具有准确指称的意味。

简而言之，“人际传播”的定名可遵循两个原则：一个是以意义约定为原则，延用“传播”之名指称与 communication 所描述的同一对象的相一致的关系，通过共同所指之物的符合，来建立“传播”与 communication 之间的相互对应。但这种情况仅适用于译名的确定，或者说，这种使用只是通过英汉译名的对应，在汉语称“人际传播”、英语称 interpersonal communication 的符号层面上使用。如果我们的认识仅停留在语词符号的约定层面，还是很容易忽略产生与使用该语词概念及其符号意义的不同文化与社会语境。因此，研究者还需结合考察“人际传播”这个语词概念的历史与社会构成，这便是给“人际传播”定名的第二个原则。也就是：定名需要考察该词在中国社会语境中的实践含义与实际使用的经验情况。我们还需要跳出语义学的有限性分析，将定名再放回到具体的历史、文化与不同的社会语境中去，进行相应的概念考察，通过使“人际传播”的概念化，抵达美国社会学家艾尔•巴比（Earl Babbie）提出的概念的“共识”。[3]除此之外，与“人际传播”概念相关的历史语义学与跨学科特性的考察，也会帮助我们对定名有更贴近的了解。

“人际传播”一词进入中国是从 20 世纪 80 年代初的翻译或译介而来。[4]之后使用的汉译名并不统一，对该语词概念的理解也存有差异。1981 年，居延安将“人际传播”这个英文概念语词较早引进学术领域，并视之为传播学研究创立的基础：“四十年代末，西方，特别是美国，开始对人际传播这种社会现象进行专门化、系统化的研究，创立了传学这门新兴学科。从社会学角度研究人际传播是传学研究的显著特点之一。”[5]除“人际传播”一词较早进入新闻传播学领域外，早期的社会心理学、社会学和哲学领域较多使用“人际交往”，描述社会关系因交往行为而产生不同关系类型的结果。心理学将“人际交往”视为“社会中的人在物质和精神的交往中发生着各种类型的交往关系”[6]。新兴的管理学则较多使用“人际沟通”。所谓“人际沟通”是指提高和调动人的传播能力，以实现对人的管理目标。[7]在这种情况下，“人际传播”成为新闻学与传播学研究的学术基础与一个分支；“人际交往”则为社会学或哲学所用；“人际交流”或“人际沟通”则更多出现在跨文化的语言交际和医患关系沟通的研究中。从不同的意义与理解方面看，这些差别主要来自不同的学科视角或知识场域的不同使用。人际传播的这种跨学科特点也构成了对定名的挑战。美国人际传播学者查尔斯•伯杰（Charles R.Berger）指出，人际传播研究是在第二次世界大战之后几年中得到发展的。从学科知识体系的建构上，人际传播研究主要受到两个领域的影响：一个是战时和战后出现的社会心理学领域，主要研究传播在劝服中的作用与传播的社会影响；另一个是来自群体动力研究领域的影响，主要关注群体中的社会互动问题。[8]20 世纪 60 年代之前，美国人际传播研究学术兴起。社会学家乔治·赫伯特·米德（George Herbert Mead）、欧文·戈夫曼（Erving Goffman），社会心理学家迈克尔·阿盖尔（Michael Argyle），人类学家格雷戈里·贝特森（Gregory Bateson）、雷·博德怀斯特尔（Ray Birdwhistell），传播理论家保罗·瓦兹拉威克（Paul Watzlawick）和伊莱休·卡茨（Elihu Katz）等人都对人际传播研究提出过有洞见的观点。20 世纪 60 年代，美国社会内外动荡，到 70 年代以后，人际传播现象与研究受到美国学界较大关注，出版了一大批人际传播教科书。“interpersonal communication”一词也受到了更多关注。20 世纪 80 年代后期，以收集核心词汇为宗旨的《朗文当代英语词典》（*Longman Dictionary of Contemporary English*）收入了这个合成词，同时，该词典还收有 1855 个新词，如“信息高速公路”（information highway）等，但并未把 interpersonal communication 列为用“星号”表示的常用的 2000 个词汇之一。进入 21 世纪和互联网时代，人际传播研究更偏向于关系交往层面和网络社交媒体的研究。[9]从历史的使用与跨学科视角看，心理学是人际传播的科学基础，这是因为研究者把“人际”看作一种沟通或交流的行为，理解行为必须运用心理学的描述。事实上，人际传播研究的历史也主要以心理学为开端，因为理解传播、交往、交流或沟通的行为需要运用心理学的描述，这构成了人际传播研究的科学基础。尽管如此，我们仍可以在跨学科的意义上这样认识，“人际传播”不仅有心理的意识存在，更具有被传播研究和运用传播建构关系交往、沟通和交流的特质。

当“人际沟通”作为与 interpersonal communication 对应的一个汉译名，其在不同译名的竞争中，已被优先选择时，定名的问题仍尖锐存在。如果刻意按照单义性原则规范人文社会科学名词难免会面临来自经验与实践使用领域的诸种挑战。因为每个名词的指称，都含有不同的使用经验，都会传递不同的信息。如果只作为一个译名来使用，那么“人际传播”便直接从西方的语境被移植到中国语境中来，不仅是作为一种翻译的外来观念得到通行，而且这个语词概念还通过翻译建立起人际传播研究的知识体系，最后成为该研究领域正在使用的核心概念及其理论模式，这正是中国人际传播研究所面对的一种从译本到使用的“跨语际实践”的现实。借助于刘禾对翻译产生的“现代性”意义及其问题的发问与反证，可以说人际传播研究在中国的情形仍处在“一种文化经验服从于另一种文化的表述、翻译或者诠释的状况中”。可以说，interpersonal communication 作为可翻译出来的概念及其使用已使中国学者形成了对该理论语言的依赖性，可能还会造成另外一种外国影响与本土传统的二元对立。因此，中国社会人际传播的经验与概念研究还必须面对跨文化的互补性诠释及中西观念相互作用的碰撞与清理。在这层意义上，术语的定名工作不仅有助于对核心概念的规范名或基础概念的语言指称进行再深入研究，也有利于研究者在知识的有效性方面保持反思的能力。

注释

[1] Peter Hartley，Interpersonal Communication，Routledge，1993，p.5.

[2] 刘海龙：《中国语境下‘传播’概念的演变及其意义》，《新闻与传播研究》2014 年第 8 期。

[3] 〔美〕艾尔·巴比：《社会研究方法》，邱泽奇译，北京：华夏出版社，2005 年，第 118 页。

[4] 王怡红：《中国大陆人际沟通研究与问题探讨》，王怡红、胡翼青主编：《中国传播学 30 年 1978-2008》，北京：中国大百科全书出版社，2010 年，第 312 页。

[5] 居延安：《社会与传播漫谈》，《社会》1981 年创刊号。

[6] 丁昭福：《西方心理学关于人际关系研究的若干问题》，《贵阳师院学报（社会科学版）》1981 年第 4 期。

[7] 谷冠如、常凯：《人力资源开发：介绍德莱赛公司来我国讲授企业管理知识》，《煤炭经济研究》1983 年第 6 期。

[8] Charles R.Berger，Interpersonal communication, in Wolfgang Donsbach (ed.), The International Encyclopedia of Communication，Blackwell Publishing Ltd，2008，p.2473.

[9] Judith S.Trent (ed.)，Communication：Views from the Helm for the 21st Century，1998，Allyn & Bacon a Viacom Company，p.39-41.

软实力（soft power）概念的跨文化语义分析

姜 飞

老子《道德经》云：无名，万物之始，有名，万物之母。王弼注：“凡有皆始於无，故未形无名之时，则为万物之始。”[1]《圣经·创世纪》记载上帝创造世界，亚当为各种动物命名，由此确立世界的秩序。另外，还有诸如“仓颉造字，鬼神哭泣”的神话，也是要凸现“命名”功用，即社会学家艾尔·巴比所说概念化（conceptualization）过程，就是我们指出术语具体含义的过程[2]。

这样的过程有多个途径，相对专业的概念建构方法是：“概念（被定义项）=种差+属”。巴比提出，分类的技术术语是“维度”（dimension）。维度是“概念的一个可指明的方面（facet）”[3]，也是概念的“属”，通过特定的逻辑视角确立特定“维度”限定概念的“类”，即“属”。维度确定后，就和其他维度或者类概念进行比较的过程中，确立概念的具体方面（aspects）或层面（facet），通称为“种差”。

综合看当下中文语境下对于“软实力”（soft power）的认识，争论似乎也聚焦于两个维度：

其一，在某个传播（communication）语境下，对话方共享的“所指”清晰的前提下，“能指”层面出现问题：或者背离所指、或者在所指基本意涵相对稳定坐标下，能指多层面滑动，导致对话方在对能指的理解游移基础上进而对概念所指的语义产生混淆而争论。比如，在一个特定传播语境下，大家都是在谈论 soft power，有的人偏爱用“软实力”，有的人用“软力量”，有的人用“软权力”或者其他的术语（能指多层面滑动），这些汉语名词本身彼此之间的内涵并非完全等价，外延想象边界也模糊，引发语义不清，进而对 soft power 的语义在汉译名词使用上产生混淆；遑论这些能指滑动爱好者在各自偏好基础上再援用不同的哲学视角乃至理论流派去阐释，争论就会再次将焦点从基本的“所指”游离出去。

其二，还是在某个传播语境下，对话方共享的“能指”清晰前提下，“所指”层面出现问题。比如，大家都知道我们在谈论 soft power，甚至主办方为了避免产生歧义，在中文语境下用英文词语 soft power 做会议主题，以便规避在第一种语义使用上的游移。但是，因为对话方知识储备和哲学视角的不同，对于 soft power

的理解在不同的层面上，以至于对于概念的“确切涵义”没有共识，争论由此产生。因为即使是英文 power，也有多种解释，如“力”“力量”“权力”“能力”等，因此，对一个概念的清晰把握和恰切运用，必须进行一番考证和语义分析，对于 soft power 这样一个外来词，还需要一个跨文化的视角。

根据 2000 年牛津大学出版社和商务印书馆出版的英文版《牛津高阶英语词典》（*Oxford Advaced Learner's Dictionary*）第 6 版的注释，power 作为名词，至少有 8 个维度的解释，作为动词，至少有两种解释。

透过 power 作为“名词”的 8 个维度我们逐步把握 soft power 的内涵和外延。

1. 控制（CONTROL）

在这个义项下还有两个维度，其一是对个体或者事情的控制（the ability to control people or things），如“把某人控制在手上”（to have sb in your power = to be able to do what like with sb）；其二是对一个国家或地区的控制（political control of a country or an area），例句比如：“一个党派开始掌权。”（A party came to power.）

在这个义项下我们看“软实力”（soft power），当用一个 soft 修饰 power 的时候，这个义项可以支撑 soft power“软性控制”的部分语义，这个义项是 soft power 的外延部分，即巴比所谓 soft power 的不同理解层面（facet）。

2. 能力（ABILITY）

在这个义项下也有两个维度，第一，作为不可数名词的 power 特指一个人做什么事情的能力或者机会。比如：“我不能帮助你，这在我的能力范围之外。”（It is not within my power to help you.）第二，作为可数名词的 power，powers 特指人身体或者思想的能力。比如：“他失去了演讲的能力。”（He had lost the power of speech.）“他正在他能力的高峰期，在世界上排名第四。”（He is at the height of his powers and ranked fourth in the world.）

在这个义项下我们看“软实力”（soft power），是一种能力，也就是美国等西方设想的能力，借助文明选择和媒介假肢获取的能力。这个义项是 soft power 的内涵部分，“属”。

3. 权威（AUTHORITY）

在这个义项下 power 同时可以做可数名词和不可数名词，在做可数名词的时候，“一般”（Usually）用复数形式。比如：“警察的权威必须清晰界定。”（The powers of the police must be clearly defined.）其他比如法律上的“代理权”（powers of attorney）。

在这个义项下我们看“软实力”（soft power），支撑本文所分析的“文明-野蛮”话语格局下西方积累的历史权威。这个义项是 soft power 外延的核心，概念的“种差”部分。

4. 国家（COUNTRY）

可数名词。这个义项指的是一个国家在世界事务中的影响力，或者有很强的军事实力，如“世界强国”（world powers）、“超级大国”（superpower），词典上对它的界定是“世界上某个具有很强的军事和经济力量及影响的国家，比如美国。”（One of the countries in the world that has very great military or economic power and a lot of influence, for example the US.）

这个义项是 soft power 概念的“种差”部分。在这个义项下我们看“软实力”（soft power），点明了它的“影响”或者“能量”指向，是将一个国家或地区置放到世界地图、世界事务当中，考察其针对另外一个国家或地区的影响而非国内。

5. 影响（INFLUENCE）

不可数名词。有两个维度，第一，针对特定地区或行为的复合性的影响（in compounds）。比如，“军事/经济影响”（military power/economic power），还有“空中影响”特指空军的力量（air power = military strength in the air）。第二，特定事或者群体对社会的影响。比如，“媒体的影响”（the power of media）。

在这个义项下我们看“软实力”（soft power），强调的关键词是“影响”。这个义项是 soft power 概念的内涵，一半是“属”概念部分——不管 soft power 最终落实到“能量”“属”概念，还是“能力”“属”概念，“影响”或者“影响力”都是他们的实质；另一半是“种差”部分，是因为这样的“影响”在种差序列中还需要研判“谁对谁的影响”。

6. 能量（ENERGY）

在这个义项下，在语义上有两个维度，一个是包含在某物当中的“能量”，如“飓风的能量”（power of storm），这个义项更倾向于汉语中的“能力”或者“力量”；另外一个是“能力”，特指能够收集并运用于机械的电力，如“核能”（nuclear power）等，在这个义项下等同于“电力”（electricity）。

这个义项是 soft power 概念的内涵，“属”概念部分。

7. 数学（MATHEMATIC）

指的是数学中的“乘方”或“幂”，如：“4 的三次幂就是 4^3。”（4 to the power of 3 is 4^3.）与此义项类似的还有“倍数”（OF LENGS），特指“透镜的放大倍数”（the amount by which a LENS can make objects appear larger）。

在这个义项下我们看“软实力”（soft power），就嵌入了 power 的乘数效应，是放大倍数的能量。这个义项是 soft power 概念的外延，“种差”部分。

8. 神灵/鬼怪（GOOD/EVIL SPIRIT）

可数名词。特指“能够控制其他人生命的神灵或者鬼怪”（a good or evil spirit that controls the lives of others）。比如，“黑暗的势力”（the powers of darkness = the forces of evil）。

在这个义项下我们看“软实力”（soft power），强调的还是“控制”，不过是更加“属灵”的控制，超越人的能量和影响的控制，其外延朝向虚拟力量甚至想象空间。这个义项是 soft power 概念的外延，“种差”部分。

作为动词的 power 有两个义项。

1. 能量提供（SUPPLY ENERGY）

是名词 power 的含义 6 的动词化，如“给飞行器加油”就表达为 The aircraft is powered by a jet engine.

2. 迅速移动（MOVE QUICKLY）

朝向特定的方向快速移动，如：“他快速穿过这片水。”（He powered through the water.）

这两个义项支撑了 soft power 作为名词本身蕴含的动能，“行动性”或者“行动力”是 soft power 的根本。

综上，soft power 的“属”概念包含“能力”和“能量”。其中“能量”是“能力”的源泉，是后者的“属”概念，但是，是比后者小的“属”概念，所以，“能力”的语义适用范围更广一些。因此，其落脚“属”概念是“能力”（ABILITY）。

同时，也是因为 power 在其英语文化中上述 8 个角度的细分，迫使非英语文化的人群尤其是学者需要慎重使用。比如，针对 soft power 那些偏爱使用“软力量”翻译的，预设前提或者观察视角或为 soft power 的实施层面，即力量

（ENERGY）；那些偏爱使用“软权力”翻译的，预设前提或者观察视角或为 soft power 发出力量的主体，如国家（COUNTRY），同时强调其控制力（CONTROL）和权威性（AUTHORITY）；那些偏爱使用“软实力”翻译的，或是一种综合性思维，观察出发点同时涵盖上述 8 个角度，对 soft power 的定位似乎更加高级一些。总之，各种偏爱都有其观察视角以及对于语词理解的层面，无可厚非。

不管你如何翻译和理解，soft power 都在那里。但是，也并不意味着使用一个术语可以在思维上顺手牵羊，在概念上拿来就用。细致观察发现，soft power “种差”的波动集束在如下这些层面（facet），也由此提示对于 soft power 使用上必要性的阈限。

（1）从“能力”发出主体角度来说，soft power 的“种差”之一是“国家/地区”。从这个意义来看，将“软实力”运用于企业甚至个人，在中文语境下通用，或者说不是不可以，但有限定。说到底是中文名词“实力”惹的祸。因为“实力”在汉语中，一般指“实在的力量”；同时，“实”的含义也是立体的，包含“完全填充、没有空隙”“真实”“事实”“果实”的含义，貌似同时涵盖国家/地区、企业和个人。但是，国际传播、跨文化传播、公共外交等领域的学者，需要务实地把握 soft power 的提出者、由来和适用范围，尤其是经过上述语义分析以后。应该把 soft power 专业化地限定在国家/地区的观照层面，而建议不要将其泛泛地使用到企业甚至个人，比如说，某某人有 soft power——当然，从基本人权角度讲，这样的使用也不是不可以的。

这里还需要深入点明的是，将 soft power 运用于企业、个人等非国家/地区层面的唯一可能性，就是研究者的研究出发点和落脚点是在探索国家/地区 soft power 建设的总体阐述过程中，将企业或者个人等微观层面作为国家/地区宏观层面 soft power 的一个侧面，一个组成部分；而且，这样的一个组成部分是不能单独“计算”的——一个企业的“实力”不能单独被计算为国家/地区 soft power 的独立单位，甚至是国家/地区 soft power 的“代表”。这个不能“单独计算”的含义是指，企业或者集团或者个人的“实力”不能“独立核算”和“独立运营”甚至独立代表国家/地区宏观“软实力”soft power。soft power 自始至终都是跨文化传播中的一个“集体名词”（umbrella term），对它的任何谈论和使用都当且仅当谈论国家/地区（这个地区特指那些因政治原因不被称为国家但拥有自己的独立政府和外交、军事的地区）层面时才适用；否则，要么是不理解基础上的误用——其结果表现可能不仅仅体现在对话层面的穿越上，而是在现实的软实力 soft power 建设方针和方案上出现偏差——要么是理解基础上的戏仿改造，这是另外一个层面上的问题，和 soft power 的概念界定是两回事。

（2）从“能力”发力目标来说，soft power 同时包含“控制”“权威”“影响”层面，三者同时存在，交叉使用，共同指向“达己所愿”这个目标。但是，“权威”体现出了“硬实力”（hard power）的后台威慑，同时强调“吸引力”而非强迫性，“影响”体现出了吸引力的“自然性”而非收买手段获致的“被迫性”或者“胁迫性”。

（3）从概念本身的发散性和影响力来说，soft power 的精密性还体现在，它将 power 数学意义上的“乘方”意义蕴含在其中，体现出对 soft power 这种新型能力的乘数效应的预设或者期待；同时，power 本身带有的“灵性”——或者“属灵”的、或者“属鬼怪”的超越人能力的控制力，又赋予 soft power 无尽的想象空间，朝向“话语神话”打开了窗户。

此时我们再来回顾一下约瑟夫・奈（Joseph Nye）对 soft power 的定义，“软力量是通过吸引而非强迫或收买的手段来达己所愿的能力”，说到这里奈忍不住添加了一句，即针对 soft power 的使用需要特别提醒的是，“它源于一个国家的文化、政治观念和政策的吸引力”，[4]就把 soft power 的“种差”适用性严格限定在了“文化、政治观念和政策”三个维度中。

如此，针对 soft power 的使用就需谨慎了。此外，通过如此貌似复杂的语义分析过程，还清晰展示了这样一个意向：**“软实力”（soft power）概念可谓精心设计、逻辑严密、高度规范的一个术语；它根植于历史和现实，其政治性价值远远超过学者灵感和一时想象的学术价值；它是国际话语格局中的一个精密件，无论是从学术、从哲学、从逻辑还是从现实角度看，都和西方的历史包括思想史高度契合，不可小觑。**

注释

[1] （魏）王弼注，楼宇烈校释：《老子道德经注校释》，北京：中华书局，2008 年。

[2] 〔美〕艾尔・巴比：《社会研究方法》，邱泽奇译，北京：华夏出版社，2005 年，第 120 页。

[3] 〔美〕艾尔・巴比：《社会研究方法》，邱泽奇译，北京：华夏出版社，2005 年，第 121 页。

[4] 〔美〕约瑟夫・奈：《软力量：世界政坛的成功之道》，吴晓辉、钱程译，北京：东方出版社，2005 年，前言。

“媒介经济学”还是“传媒经济学”

丁和根

在中国学术界，虽有研究者于 1995 年就使用过“媒介经济”这一概念，次年又有学者使用了“媒介经济学”的概念[1]，但直到 2002 年之前，这类概念还只是偶有所见，即使计入媒介、媒体、传媒的同义异名现象，情况也不例外。2002 年以后，媒介（传媒）经济、媒介（传媒）经济学的概念在国内逐步普及，它们不仅常被用于论文或专著的题目及关键词，其所指向的各领域议题也得到了广泛的讨论。

一、媒介、媒体、传媒辨析

正像“媒介”“媒体”“传媒”这几个中文概念的使用颇为混乱一样，它们与“经济学”组成的复合概念也常常彼此不分。通过南京大学图书馆检索系统及中国知网的检索，国内学者出版的此类专著和教材已有数十本，题名中直接包含“媒介经济学”这一复合名词的有 12 本，包含“传媒经济学”这一复合名词的有 18 本；发表的论文中，题名中使用了“媒介经济学”的有 34 篇，使用了“传媒经济学”的有 106 篇，此外，使用“媒体经济学”这一名称的也有 4 篇。可见，除少数情况下有人使用“媒体经济学”的说法，“媒介经济学”和“传媒经济学”逐渐成为并行不悖且都较为通行的两个概念。总体上看，学者们在使用这两个概念时比较随意，不太对它们做严格区分，将它们等同或混用也是一种常见现象。虽然学术研究提倡风格多元化，但对于一个分支学科的命名而言，规范性和统一性仍属基本要求，因为不同的用词并不仅仅是个人习惯和偏好的问题，它还可能涉及话语主体对学科内涵的不同体认。本文试对这两个概念的异同及其因由略作考辨，以就教于同道。

中国学者之所以对“媒介经济学”和“传媒经济学”不做区分，一种可能的解释，是觉得它们作为复合词都是英文 Media Economics 的汉译，同出一源，本无异议。这从几本具有代表性的同类译著名称中可以得到佐证。[2]尽管在中国出版第一本名为“传媒经济学”的译著之前[3]，几位本土学者就已出版过类似的专著[4]，此前十多年中，“媒介经济”“传媒经济”“媒体经济”之类的概念也偶被提及，但指认“媒介经济学”和“传媒经济学”这两个以学科为指称对象的概念是Media Economics的意译，应该问题不大。因为美国学者罗伯特·皮卡德（Robert G.Picard）的《媒介经济学：概念与问题》早在1994年就在中国台湾被翻译成了中文，中国大陆最早使用这一概念的展江教授也是一位翻译专家；2002年《新闻记者》集中刊登的几篇介绍国外这方面研究成果的文章，首篇便是《美国媒介经济学专著概览》。考虑到中外及海峡两岸学术交流的实际情况，基本可以认定，“媒介经济学”或“传媒经济学”作为一门分支学科的名称系属英文的汉译。

同一英文名称出现不同的中文译名，可能的原因无外乎三个：一是音译所致，异名之间无意义差别；二是译者的用词偏好所致，不同译名可以同义互换；三是不同译者对英文名称含义具有不同理解，认为需要用不同的译名来表达。针对这里讨论的具体问题，第一种情况可以立即排除，后两种情况则需略作考辨。

先看中文里“媒介”“媒体”“传媒”三词的涵义。这三个词的使用一直比较混乱，有部分学者曾就此做过分析，相对一致的意见是：媒介侧重指称传播的介质、渠道、载体、形态等，它一方面可以指传递信息的手段、方式，如语言、文字、声音和图像等符号，另一方面可指传递信息的载体和样式，如报刊、杂志、广播、电视、互联网络、手机等载体，以及博客、QQ 等样式；媒体侧重指从事信息采集、加工、制作等的社会组织和机构，如报社、电视台、出版社、网站等；传媒则兼有媒介与媒体的双重含义。[5]在汉语中，“媒介”比“媒体”出现的时间早，前者具有相对的客观性和独立性，后者具有相对的主观性和社会性。与这两个已经获得广泛社会认可的概念相比，“传媒”可以说是一个新词，在中文的权威辞书如《辞海》和《现代汉语词典》中，原来都很难找到它的踪影，但《现代汉语词典》（第6版）中已收入该词，其释义有两项：①传播媒介，特指报纸、广播、电视、网络等各种新闻工具；②疾病传染的媒介或途径。[6]其第二项释义与本文无关，第一项释义表明，在日常用语中，“传媒”可以等同于“媒介”。然而，近十多年来，“传媒”这个概念在我国新闻传播学领域的使用越来越普遍。有学者认为：传媒可以被“理解为一个概括性的概念，既包括媒介也包括媒体，既包括大众媒体也包括分众媒体，多种媒介形态和媒体形态并存是当今传媒的重要特征。现在我们使用的传媒概念包括了传统媒体、网络媒体和移动媒体等几大类型的媒体。按照传媒形态来看，传媒则至少包括传统媒体中报纸、广播、电视、书籍、杂志、电影等；网络媒体中的门户网站、搜索引擎、社交媒体、网络游戏、网络视频、电子商务等；移动媒体中的如手机终端、PAD 终端、微博等许多仍在不断变化中的媒体形态。这些统称为传媒”[7]。即使做了这么多的展开，传媒的涵义似乎仍未被穷尽。另有几位学者曾对新闻传播学领域中“媒介”“媒体”“传媒”

三个词的使用情况作了一项实证研究，经多重比较分析后发现：这三个词原本都对应于英文中的 media，含义可谓大同小异，但随着我国新闻学与传播学研究的不断发展，它们已不仅仅局限于辞典或英文的释义，而是在日常使用中逐渐形成了若干约定俗成的搭配组合，其内涵又有了进一步的扩展和延伸。简言之，媒介较多地指称介质或载体，媒体较多地指称机构，而传媒除此之外往往还意指一个行业。研究者认为，人们或许正趋向于这样的共识：“媒介”一词应回归其介质（载体、工具）的本意；“媒体”一词可以负载更多内涵，即除介质之外，还包含机构的意思；让“传媒”一词体现最广泛的含义，代表整个媒体行业。这三个词的关系也可以简单地表示为：媒介<媒体<传媒。[8]当然，此“共识”能否真正获得广泛的认同，还要经受时间的考验，但可以肯定的是，“媒介”和“传媒”这两个名词已不能简单地等而视之，译者对它们的选择也不能只凭个人的用词偏好。

一般认为，英文 medium 对应于中文的“媒介”，media 则对应于“媒体”。如果简单对应，Media Economics 应译成“媒体经济学”，但如前所述，中国学者通常只将其译成“媒介经济学”或“传媒经济学”。“媒介经济学”的译法表明，中国学者将这里的 Media 看成是 Medium 的复数形式，它所对应的是作为媒体的类结合体的媒介，而非单个的组织层面的媒体。从前文的简单统计中也不难发现，无论是在翻译的语境中，还是在中国学者本土化研究的语境中，“传媒经济学”这一固定搭配都越来越受到中国学者的青睐。之所以如此，还得进一步结合西方语境来进行比较分析。

英文中的 Media Economics 是固定搭配，用来表示一个分支学科的名称，在相关文献中并未发现有与其同义异名的现象，也没有发现同类著作或论文对此名称中的 media 有专门的辨析。这说明，西方学者对该名称中 media 的理解是约定俗成的，至少没有明显分歧。既如此，便可以从西方学者对 Media Economics 的界定看出 media 和 economics 两词的基本含义。参与倡议创立并主编过 *Journal of Media Economics* 学术期刊的美国学者皮卡德是这一领域的权威，其撰写的 *Media Economics：Concepts and Issues* 一书对 Media Economics 的界定是：“媒介经济学关注和研究的是形形色色的媒介经营者如何在各种资源非常有限的前提下，满足受众、广告商在社会资讯与娱乐等方面的需求。媒介经济学要考察的问题是：各种媒介产品与服务的生产受哪些因素的影响与制约，而这些产品又在哪些条件下向外分配并供人消费。”[9]该领域另一位权威学者艾伦·B.艾尔巴比（Alan B.Albarran）对 Media Economics 的界定是：“传媒经济学就是将经济理论、概念和原理应用到大众传媒公司和产业的学科。研究的焦点主要有三个领域：宏观经济学、微观经济学和政治经济（批判）。”[10]西方的 Media Economics 研究发轫于

20世纪初，在其前六七十年的发展历程中主要是针对media（如报纸、广播、电信、广告和电视等）的分类研究，这些研究大多是一些经济学者从经济学角度对媒介、媒体及其产业进行的考察和论证。[11]通过梳理同类文献还可以发现，西方学者对这一分支学科概念所指向的研究对象、研究问题和研究方法都是比较确定的。其研究对象是媒介和媒介产业，研究问题是媒介操作者（媒体）如何在有限资源约束下做出满足媒介消费者需求的合理决策，研究方法是微观或宏观的经济学方法。由此可见，这一特定词组中的media是一个概括力很强的多义词，它至少包含两层基本涵义和一种延伸涵义。两层基本涵义，一是作为medium的复数词，对应于中文的媒介，意指传播介质以及传播的方法和手段；二是可直接对应于中文的媒体，意指媒介经营者，即使用一定的传播介质、方法、手段进行信息传播活动的各种组织形式和组织机构。一种延伸涵义是指各种媒介和媒体与市场相关联的经济领域，大致对应于中文通常所说的传媒产业。economics 则是一个单义词，就是指狭义的经济学。不难看出，由这两个单词所构成的复合词 media economics 虽然具有多重涵义，但这些涵义之间存在着很强的关联性，是在统一的语义框架之中呈现的多义性。简言之，Media Economics 就是用经济学方法研究媒介、媒体和传媒产业等各个层次经济现象的一个经济学分支学科。

二、制约话语实践的延伸考察

由此便不难理解，中国的部分学者之所以喜欢用“传媒”来翻译 Media Economics 中的 media，是因为“媒介”和“媒体”这两个汉语词汇中无论哪一个都无法涵盖上述三层涵义，只有“传媒”这个词差强人意，既可以将其理解为传播媒介或传播媒体的简称，同时又兼有一定的媒介（体）产业层面的涵义，故此“传媒经济学”这一概念无论是用于翻译还是自我表述，都可谓顺时因势的产物。

语言使用从来就不是率性随意的行为，而是一种有意味的话语实践。不同的语言本来就有各自的语义逻辑，同一语言中的不同词汇之间也会有语义上的差别。特定词汇（即使是同义词）的选择总是受到特定语境（上下文、社会文化惯习和学术传统等）的制约，可以显示出话语主体对词汇内涵认知的意义指向。一个有趣的现象是，中国学者出版的专著或教材，不管是采用“媒介经济学”，抑或“传媒经济学”，作者对它们本身的定义并没有超越西方学者对 Media Economics 从属于经济学范畴的基本认知，但在研究的实际操作过程中，不少作者却有意或无意地加入了突出媒介特性和传播功能研究的相关内容，这其实也是导致相当一部分学者更喜欢使用传媒经济学这一名称的深层次原因。笔者认为，“传媒”一词在中文里确实具有比“媒介”和“媒体”更大的语义弹性，它无疑正好满足了中国学者对 Media Economics 这个新兴研究领域的学术想象，进而有意或无意地扩大了西方学者对其学科边界的划定，使之与中国的现实语境顺利对接。但这样做的直接结果是，Media Economics 作为一个分支学科的研究范围在中国被无限放大了，它将传媒领域的经济、经营、管理、营销甚至是新闻媒体属性和功能的研究等大量议题全都囊括其中，成为一个只是与采写编评等传统的新闻业务研究有明显区隔的无所不包的研究领域，也因此导致了 Media Economics 学科归属、研究范式和研究进路等问题的争议。这其实无助于 Media Economics 在中国的发展，反而可能因为学科边界极其模糊而使其失去应有的特色，并最终导致其丧失独有的存在价值。

如再稍作延伸考察，制约话语实践的语境除了语义学因素外，还有社会条件、学术发展以及话语主体等因素。从历时的角度说，美国等西方发达国家早在 19 世纪末就开启了传媒产业化发展的历程，中国在这方面晚了大约一个世纪，而美国的 Media Economics 与中国的同类研究也与此时间表基本步调一致。这一方面说明，一个国家只有传媒业发展到一定程度，才能为传媒经济的研究提供必要条件和坚实的基础；另一方面也显示，中国的传媒经济研究与美国等西方发达国家相比还存在一定的差距。而从共时性角度来看，中国已经成为世界上最具活力的新兴大国，全球化趋势加深和新媒介技术兴起为国内传媒业发展提供了难得的机遇，在此情境激发下，中国学者希望于较短时间内迅速改变传媒经济研究的落后状况，就是一件不难理解的事了。另一个值得重视的因素，是这一领域中研究者的背景。西方 Media Economics 的孕育和发展最先建立在一批经济学者对传媒和传媒市场关注的基础上，保罗 • A 萨缪尔森（Paul A.Samuelson）、诺贝尔经济学奖得主肯尼斯 • 约瑟夫 • 阿罗（Kenneth J.Arrow）、布坎南（Buchanan J.B）、罗纳德 • 哈里 • 科斯（Ronald H.Coase）等一批著名经济学家也纷纷涉足其中，他们对这一研究领域的发展也做出了重要贡献。[12]但他们的研究与新闻传播学学者明显不同，因为"早期的传统传媒学研究主要关注传媒对社会的作用、功能与影响。传媒企业更多地被看做是典型的社会机构，研究重心也只停留在传媒对社会、政治、法律和技术的影响上"[13]。20 世纪后半期，Media Economics 研究曾一度转向由新闻传播学学者主导，但晚近的研究又呈现向经济学回归的倾向，并且在此过程中始终活跃着经济学学者的身影。中国的情况则大为不同，在短短 20 多年的传媒经济研究历程中，很少有经济学者在该领域流连徘徊，究其缘由，可能与中国特定的传媒生态以及产业规模局限有关。对传媒经济研究的强烈现实需求与经济学研究在该领域供给的极度短缺，形成了一种巨大的反差，施以援手的只能是本来就活跃在传媒研究领域的一批学者。应该说，上述因素都导致中国学者对 Media Economics 的理解与西方学者不同，并且有意无意将其学术边界不断扩大化。

综上分析，笔者认为“媒介经济学”和“传媒经济学”作为两个指称同一研究领域的分支学科名称，本来源自英文 Media Economics 的汉译，现在都已成为中国学者本土化研究的常用概念。在翻译的特定语境中，“媒介经济学”侧重于词形的直接对应，“传媒经济学”更讲究词义的贴近性。在本土化研究的语境中，中国学者之所以越来越倾向于使用“传媒经济学”的表述，当是在“媒介”“媒体”“传媒”几个概念的意义演化，以及中国传媒业研究的历史背景和现实状况等诸多因素共同作用下的必然结果。如果要遴选对应于 Media Economics 这一分支学科的汉语定名，“传媒经济学”无疑最为合适，“媒介经济学”也可以看成约定俗成的一种“又称”。需要强调的是，若使用“媒介经济学”的表述，在实际研究中应注意“媒介”一词的内涵和外延都在逐步收缩的事实，不能因名废实而带来不必要的局限；若使用“传媒经济学”的名称，则要把握好经济学的边界，不可因“传媒”一词的意义弹性而任意扩大这一分支学科的内涵和外延。比较合理的处置方案是：将传媒经济学研究的范围、问题和方法较为严格地限定在经济学范畴之内，将媒介经营和管理的内容归入媒介管理学（Media Management）的范畴，将媒介和媒体的特性和功能的研究归入新闻学和传播学范畴。

注释

[1] 分别见唐绪军：《八十年代意大利的媒介经济》，《新闻与传播研究》1995 年第 1 期；展江：《略论美国新闻媒介运行机制》，《中国青年社会科学》1996 年第 4 期。

[2] 例如：美国学者 Robert G.Picard 所著的 *Media Economics*：*Concepts and Issues*；Alison Alexander 等编著的 *Media Economics*：*Theory and Practice*；Alan B.Albarran 所著的 *Media Economics*：*Understanding Markets，Industries and Concepts*，以及他主编的 *Handbook of Media Management and Economics*；加拿大学者 Colin Hoskins 等所著 *Media Economics*：*Applying Economics to New and Traditional Media* 等。这些著作中的 Media Economics 或被译成“媒介经济学”，或被译成“传媒经济学”，两种译法几乎平分秋色。

[3] 这本译著是：〔美〕布赖恩・卡欣、哈尔・瓦里安编著：《传媒经济学：数字信息经济学与知识产权》，常玉田等译，北京：中信出版社，2003 年。

[4] 例如：周鸿铎、胡传林、邢建毅：《传媒经济》，北京：北京广播学院出版社，1997 年；唐绪军：《报业经济与报业经营》，北京：新华出版社，1999 年；金碚：《报业经济学》，北京：经济管理出版社，2002 年。

[5] 赵炎秋：《媒介与媒体：传媒的两种涵义及其区分》，《湖南社会科学》2009 年第 5 期。李玮、谢娟：《“媒介”、“媒体”及其延伸概念的辨析与规范》，《武汉理工大学学报（社会科学版）》2011 年第 5 期。

[6] 中国社会科学院语言研究所词典编辑室编：《现代汉语词典》第 6 版，北京：商务印书

馆，2012 年，第 200 页。

[7] 崔保国：《传媒经济学研究的理论范式》，《新闻与传播研究》2012 年第 4 期。

[8] 张忠民、阳欣哲、张国良：《新闻传播学领域对“媒介”、“媒体”、“传媒”三词使用现状分析——以文献计量方法对四种专业核心期刊的研究》，《新闻记者》2010 年第 12 期。

[9] 〔美〕罗伯特 • G.皮卡德：《媒介经济学：概念与问题》，赵丽颖译，北京：中国人民大学出版社，2005 年，第 1 页。

[10] 〔美〕艾伦 • B.艾尔巴兰：《传媒经济学研究：方法论的探索和未来的发展领域》，昝廷全主编：《中国传媒经济》第二辑，北京：科学出版社，2005 年，第 7 页。

[11] 陈中原：《传媒经济学研究的简要回顾》，《新闻大学》2005 年第 1 期。

[12] 同[11]。

[13] 洪浚浩、杭敏：《传媒经济学》，鲁曙明、洪浚浩主编：《传播学》，北京：中国人民大学出版社，2007 年，第 135 页。

论“computer-mediated communication”的中译定名问题——基于学术史与技术史的考察

张 放

“computer-mediated communication”（CMC）在网络传播研究领域具有非常核心的地位，学术期刊 *Journal of Computer-Mediated Communication*（JCMC）即以此命名。但长期以来其中文译名却并不统一，先后有“计算机（电脑）中介传播”[1]、“以计算机（电脑）为媒介的传播”[2]、“以计算机为中介的传播”[3]、“网络传播”[4]、“网络传播沟通”[5]、“网络人际传播”[6]、“计算机辅助传播”[7]等译法。

尽管中英文文献中关于 CMC[8]的论著不少，但其界定却相当模糊。例如，《CMC 系统：地位与评价》（*Computer-mediated Communication Systems: Status and Evaluation*）仅提及 CMC 意味着可以使用计算机来保持连续的传播和信息交换[9]。《CMC：社会互动与互联网》（*Computer-mediated Communication: Social Interaction and the Internet*）也是只说 CMC……至少从 1960 年代早期第一次有记载的原始形态电子邮件出现之时就已经付诸现实了[10]。《CMC：计算机化世界中人与人的关系》（*Computer-mediated Communication: Human Relationships in a Computerized World*）[11]和《CMC 情境》（*Contexts of Computer-mediated Communication*）[12]两书更是通篇未对 CMC 做出界定。

国内学界情况也是如此。吴筱玫只提到中介系统从最初的电子邮件、电子布告栏、泥巴，到近期流行的博客、实时通讯，甚至行动手机[13]。夏云将之定义为“运用计算机网络进行人与人之间的交流沟通”[14]。胡春阳则称“以计算机为中介的传播互动成为人类越来越普遍的经验，似乎为人际传播带来前所未有的多种可能性和选择灵活性”[15]。

这种界定模糊导致组成该名词的三个单词在翻译上均有分歧。这使得其中译定名成为一个值得厘清且必须厘清的问题。

一、“computer-mediated communication”的起源及“communication”的含义

学界公认的 CMC 奠基之作是斯塔尔·希尔茨（Starr Roxanne Hiltz）和莫雷·图洛夫（Murray Turoff）于 1978 年出版的《网的国度：通过计算机进行的人类传播》（*The Network Nation: Human Communication Via Computer*）。该著作在序言中提到，在美国，其通常被称为计算机化会议（computerized conferencing），而在加拿大，则被称之为“computer-mediated interaction”。[16]而后于第一章中正式提出了“computer-mediated communication”一词。[17]

可见，要了解“computer-mediated communication”的原初含义，就必须了解什么是计算机化会议。《网的国度：通过计算机进行的人类传播》一书认为计算机化会议以电子信息交换系统（Electronic Information Exchange System，EIES）技术为基础，主要功能包括讯息、会议、笔记和公告[18]。其中“笔记”是指共享工作文本甚至共同编辑的功能，而公告功能类似于后来的 BBS。不难发现，这四大功能都带有明显的交流属性。因此，笔者认为计算机化会议是一种以交流为目的的技术工具，属于典型的人际传播形态。对这一观点可提供两个佐证：一是电子信息交换系统其名称中所包含的“信息交换”一词明显体现了互动性和对称性；二是前文所提到的，计算机化会议在加拿大被称之为“computer-mediated interaction”，直接使用了“interaction”而不是“communication”。当然，更直接的证据是，“虚拟社区”一词的提出者霍华德·莱茵戈德（Howard Rheingold）就曾说过 CMC 就是一种联系另一个人的方式[19]；学者梅里尔·莫里斯（Merrill Morris）也在其论文中指出 CMC 首先来说是类似于人际传播的[20]。

根据以上分析可以得出：至少在问世之初，“computer-mediated communication”中的“communication”有强调“交流”和“互动”，或者说，“人际传播”的含义。

二、“computer-mediated communication”中“mediated”的含义

从构词法的角度而言，“mediated”是“mediate”的分词形式，后者是“居间、调停”之义，对应的名词形式是“mediation”而非“media”，所以其内涵本身就更接近“中介”。若将“mediated”解释为“以……为媒介”，显然不如采用更能体现对称和互动色彩的“以……为中介”恰当。也正因如此，非对称的、单向性的大众媒介如电视、广播、报纸等，通常就不会使用“mediated”与之搭配。

使用 EBSCO 以“mediated-communication”为检索词对题名进行检索，可以发现绝大部分与之搭配的都是“computer”；极少数例外包括“technology”“video”

“Internet”“blog”“web”“avatar”“ICT”“electronically（e）”“digitally”。需要注意的是，这里的视频（video）是特指视频会议[21]。不难发现，除“technology”之外，所有搭配都是数字时代的产物。

对此，著名人际传播学者朱迪 • 伯贡（Judee K. Burgoon）认为，虽然“mediated communication”在理论上可以通过电话、电报甚至纸笔等方式来进行，但在研究实践中它主要是针对计算机而言的。[22]事实上“mediated communication”本身即为诞生于人机互动（Hnman-Computer Interaction，HCI）研究传统的一个概念，该传统特别关注电子信息环境对“人对人传播”（human-to-human communication）过程与效果的影响，并将之聚焦为两个相互关联又略有区别的关键词——“mediation”和“propinquity”；其中前者即指某种电子媒介或机械媒介对交流者之间讯息传递的介入程度[23]，可译为“中介性”。

以上分析说明，“computer-mediated communication”中的“mediated”只能是“以……为中介”之义。

三、“computer-mediated communication”中“computer”的含义

尽管文顿 • 瑟夫（Vinton G. Cerf）等早在 1974 年就首次使用了“internet”[24]的概念，[25]但此时的“internet”只是计算机专业术语“internetwork”也即“互联网络”的简写，是指使用特定的通信协议将不同的计算机网络（computer network）相互联结而形成的更大规模的计算机网络。直到 1991 年，才正式将作为专有名词的首字母大写的“Internet”与首字母小写的“internet”区分开来，指由大型国家主干网和遍布世界的无数区域性和局域性的校园网共同组成的世界上最大的互联网（internet）。[26]因此，计算机领域一般将“internet”译为“互联网”，而将专指跨国尺度互联网的“Internet”译为“因特网”或“国际互联网”。[27]这就意味着，当学界 1978 年提出“computer-mediated communication”之时，还并不存在“Internet”一说；直到“因特网”概念问世，才出现了“Internet communication”的搭配，但其与 CMC 并非同义词。如有学者曾说，直到近期，大众传播研究者们才开始检视整个 CMC 领域而不仅仅只是因特网“internet”，本文将因特网而非 CMC 视为一个整体。[28]

从技术史角度来看，“computer network”一词尽管出现时间不可确考，但绝不会晚于前文所述的“internet”问世的 1974 年，因为“internet”是“computer network”的技术基础和概念基础。也就是说，“computer-mediated communication”在社科界文献中出现时，科技界已有“computer network”的说法，同时也惯于将其简称为“network”[29]。从技术本身来看，最基本的网络由两台计算机组成。[30]

在这一定义下，显然一切基于“computer-mediated”的传播都是网络传播。因此从语义层面而言，用“computer”而弃“network”并无充分理由。

笔者就这一问题直接请教了《网的国度：通过计算机进行的人类传播》一书的作者希尔茨和图洛夫。希尔茨表示，较完整的表达应当是“computer network-mediated communication”，然而由于该词太长未被采用，之所以最终保留“computer”，是因为“计算机扮演了更为积极主动的角色”[31]。图洛夫认为，“网络化运行”（network operation）是一种“类似老式座机电话（old black phone）的工作模式”，真正凸显技术进步的是计算机——“正是计算机使得人们可以针对特定的问题和此时群体传播的性质来调整交流过程”[32]。由此看到，在该名词提出者眼中，如果不是计算机之间的互联，而仅仅以传统的电话或广播电视进行互联（即电信网或广电网），是毫无新奇之处的，因而这一新的传播方式以“computer”为核心词就是应有之义。

以上分析的结论是：“computer-mediated”是“computer network-mediated”的简洁表达，只是基于计算机所起的作用更为核心而省略了“network”，其内涵与中文名词“网络传播”中的“网络”基本等同。

四、“computer-mediated communication”内涵的变迁

一个名词的内涵很难保持一成不变，尤其是技术不断发展与变革中的传播学名词更是如此。那么，“computer-mediated communication”的内涵究竟有无变化？对于该名词的准确定名而言，这是非常有必要回答的问题。

要厘清这一点，需对有关 CMC 的主要学术论著进行考察。在所有相关论著中，最具代表性的当属学术期刊 JCMC。JCMC 于 1995 年创刊，至 2015 年为止先后出版 20 卷[33]。由于 JCMC 刊载论文在 EBSCO 数据库中未全部收入，故笔者选择使用其出版方 Wiley 的数据库进行检索；但后者的缺点是无法通过主题语进行查询，遂代之以对标题中含有“computer-mediated communication”和“CMC”的论文进行检索，获得论文 25 篇。对于这 25 篇论文中 CMC 所指的传播方式，主要目标是考察其属于何种计算机网络尺度及何种传播形态，因此只需构建两个类目：一是计算机网络尺度，包括“国际互联网（因特网）”“国际互联网以下尺度网络”“单一计算机（非网络）”3 种编码情形。若某一论文中 CMC 所指传播方式必须依靠计算机网络实现且仅能在国际互联网（因特网）尺度上实现，则归为“国际互联网（因特网）”，否则归为“国际互联网以下尺度网络”；若仅在单机上即可实现者，归为“单一计算机（非网络）”。二是传播形态，包括人际传播、大众传播、混合形态 3 种情形。其中，人际传播指包括群体传播在内的广义的人际

传播；混合形态则是指无法明晰判断属于人际传播还是大众传播的传播形态。统计结果如表 9 所示。

可以看到，在计算机网络尺度这一维度上，“computer-mediated communication”的内涵确实要比“Internet communication”更为宽泛，并且能够涵盖后者；不仅如此，其所包含的对象中，并不存在通过单一计算机即可实现的情况，验证了希尔茨和图洛夫所说的“computer-mediated”源于“computer network-mediated”之简化的结论。而对传播形态的频数分析，则显示出尽管 CMC 仍然以人际传播为主，但也开始涵盖部分大众传播。

表 9　JCMC 中标题含有 CMC 论文的内容分析

类目	编码	频数（单位：次）/百分比（单位：%）
计算机网络尺度	国际互联网（因特网）	12/48
	国际互联网以下尺度网络	13/52
	单一计算机（非网络）	0/0
传播形态	人际传播	20/80
	大众传播	1/4
	混合形态	4/16

以上内容分析的结果说明，近 20 年来“computer-mediated communication”的内涵确实发生了变化：一是因特网研究在其中所占比例大幅度上升；二是从最初仅指人际传播形态演变为以人际传播为主同时兼含大众传播的形态。

五、结论

通过上述辨析，可对现有的各种译名做出大致评判：“以计算机为媒介的传播”和“计算机辅助传播”未能准确把握“mediated”一词的含义，严格来说属于错译；“计算机中介传播”的译法中规中矩，完全按照原文逐字对译，但不太符合汉语表达习惯，略显生硬拗口；“以计算机为中介的传播”既符合原意，也符合汉语表达习惯，然而又不够简洁。以上三种译名属于直译。而意译的几种情况似乎也不能完全令人满意：“网络人际传播”将大众传播排除在外，忽略了名词内涵发展变化的趋势；“网络传播沟通”将“传播”与“沟通”并列，虽涵盖完整，但在“传播”本身即包含双向含义的情况下稍嫌冗余；译为“网络传播”，与原文内涵相吻合，同时也包含了原初意义和发展变化趋势，又符合汉语表达习惯，指涉对象清晰明确，但问题是无法体现该名词产生的历史、文化和技术背景。

在这样的情况下，中译定名既要准确体现其内涵和不断变化的语境，又要符合汉语表达习惯，二者显然难以兼顾。笔者认为，作为一个专业名词，两相权衡，准确体现内涵和语境比之符合语言表达习惯更为重要。尤其是在如今常常对西方理论不加批判审视即照搬的风气之下，在定名时要充分考虑原始语境的呈现，这是一条必要的原则。因此，笔者建议一律采用直译“计算机中介传播”，既相对简洁，又足以体现该名词产生的特定历史、文化和技术背景。当然，考虑到 CMC 与网络传播的内涵基本相同，那么中文论著中所提及的“网络传播”，若要译为英文则可以采用“computer-mediated communication”的译名，以便与西方学界更好地对话。例如，国内新闻传播学界著名学术集刊《中国网络传播研究》的英文刊名即为 *China Computer-Mediated Communication Studies*。

注释

[1] 张咏：《美国电子报纸的发展及展望》，《国际新闻界》1997 年第 6 期。吴筱玫：《计算机中介传播：理论与回顾》，杜骏飞、黄煜主编：《中国网络传播研究》（总）第一卷第一辑，上海：复旦大学出版社，2007 年，第 35-61 页。〔美〕Crispin Thurlow、Laura Lengel、Alice Tomic：《电脑中介传播：人际互动与网际网路》，谢光萍、吴怡萱译，台北：韦伯文化事业出版社，2006 年。

[2] 〔美〕约瑟夫•B.瓦尔特：《以电脑为媒介的传播：非人际性、人际性和超人际性的互动》，〔美〕奥格尔斯等：《大众传播学：影响研究范式》，关世杰等译，北京：中国社会科学出版社，2000 年，第 408-459 页。茅丽娜：《从传统人际传播角度观瞻 CMC 人际传播》，《国际新闻界》2000 年第 3 期。谢新洲：《“沉默的螺旋”假说在互联网环境下的实证研究》，《现代传播》2003 年第 6 期。

[3] 胡春阳：《西方人际传播研究的问题系及其由来》，《新闻大学》2007 年夏季号。王怡红：《论“人际传播”的定名与定义问题》，《新闻与传播研究》2015 年第 7 期。

[4] 杜骏飞、黄煜主编：《中国网络传播研究》（总）第一卷第一辑，上海：复旦大学出版社，2007 年，封面。

[5] 夏云：《网络传播沟通学》，鲁曙明主编：《沟通交际学》，北京：中国人民大学出版社，2008 年，第 301-327 页。

[6] 张放：《网络人际传播效果研究的基本框架、主导范式与多学科传统》，《四川大学学报（哲学社会科学版）》2010 年第 2 期。

[7] 徐敬宏、张为杰、李玲：《西方新闻传播学关于社交网络中隐私侵权问题的研究现状》，《国际新闻界》2014 年第 10 期。戴佳：《2014 年国际新媒体研究综述》，《全球传媒学刊》2015 年第 1 期。

[8] 为行文方便起见，在得出最终结论之前，本文中所有涉及的应将“computer-mediated communication”译为中文之处均用 CMC 暂代。

[9] Elain B. Kerr & Starr Roxanne Hiltz，Computer-mediated Communication Systems：Status and Evaluation，Academic Press，1982，p.ix.

[10] Crispin Thurlow，Laura Lengel & Alice Tomic，Computer-mediated Communication：Social Interaction and the Internet，Sage，2004，p.14.

[11] James W. Chesebro & Donald G. Bonsall，Computer-mediated Communication：Human Relationships in a Computerized World，The University of Alabama Press，1989.

[12] Martin Lea（ed.），Contexts of Computer-mediated Communication，Harvester Wheatsheaf，1992.

[13] 吴筱玫：《计算机中介传播：理论与回顾》，杜骏飞、黄煜主编：《中国网络传播研究》（总）第一卷第一辑，上海：复旦大学出版社，2007 年，第 35-61 页。

[14] 同[5]。

[15] 胡春阳：《经由社交媒体的人际传播研究述评——以 EBSCO 传播学全文数据库相关文献为样本》，《新闻与传播研究》2015 年 11 期。

[16] Starr Roxanne Hiltz & Murray Turoff，The Network Nation：Human Communication Via Computer，Addison-Wesley，1978，p.xxix.

[17] Starr Roxanne Hiltz & Murray Turoff，The Network Nation：Human Communication Via Computer，Addison-Wesley，1978，p.26.

[18] Starr Roxanne Hiltz & Murray Turoff，The Network Nation：Human Communication Via Computer，Addison-Wesley，1978，p.21.

[19] Howard Rheingold，The Virtual Community：Finding Connection in a Computerized World，Secker and Warburg，1994，p.147.

[20] Merrill Morris, Christine Ogan, The Internet as mass medium, Journal of Communication, Vol.46，No.1，1996.

[21] Brid O'Connail，Steve Whittaker，Sylvia Wilbur，Conversations over video conferences：An evaluation of the spoken aspects of video-mediated communication，Human-Computer Interaction，Vol.8，No.4，1993.

[22] Judee K. Burgoon，Joseph A. Bonito，Artemio Ramirez，Jr.，Norah E. Dunbar，Karadeen Kam&Jenna Fischer，Testing the interactivity principle：Effects of mediation，propinquity，and verbal and nonverbal modalities in interpersonal interaction，Journal of Communication，Vol.52，No.3，2002.

[23] 同[22]。

[24] Vinton Cerf，Yogen Dalal & Carl Sunshine，Specification of internet transmission control program，Request for Comments，Vol.675，1974.

[25] Barry M. Leiner，Vinton G. Cerf，David D. Clark，Robert E. Kahn，Leonard Kleinrock，Daniel C. Lynch，Jon Postel，Larry G. Roberts & Stephen Wolff，Brief history of the Internet，http://www.internetsociety.org/internet/what-internet/history-internet/brief-history-internet ，Retrieved Mar 2，2016.

[26] Jacobsen，O. & Lynch，D.，A glossary of networking terms，Request for Comments，Vol.1208，1991.

[27] 例如：〔荷〕Andrew S.Tannenbaum、〔美〕David J. Wetherall：《计算机网络》第 5 版，严伟、潘爱民译，北京：清华大学出版社，2011 年，第 50 页；〔美〕June Jamrich Parsons、Dan Oja：《计算机文化》第 13 版，吕云翔、傅尔也译，北京：机械工业出版社，2011

年，第186页；谢希仁编著：《计算机网络》第6版，北京：电子工业出版社，2013年，第4页。然而国内新闻传播学界对此少有区分，如李彬就提出“因特网（Internet）即互联网”，见李彬：《全球新闻传播史（公元 1500—2000 年）》，北京：清华大学出版社，2005年，第424页；《新闻传播学辞典》中也将该词条写为“互联网（因特网）”，见程曼丽、乔云霞主编：《新闻传播学辞典》，北京：新华出版社，2012年，第268页；彭兰也提到“互联网（Internet）是目前世界上最大的国际性互联网络”，见彭兰：《网络传播概论》第2版，北京：中国人民大学出版社，2009年，第7页。

[28] 同[20]。

[29] 例如：Andrew S. Tannenbaum & David J. Wetherall，Computer Networks，Pearson Education，2011. James F. Kurose & Keith W. Ross，Computer Networking：A Top-down Approach，Pearson Education，2010.

[30] 〔美〕Greg Tomsho 等编著：《计算机网络教程》第4版，冉晓旻、郭炎等译，北京：清华大学出版社，2005年，第1页。

[31] 希尔茨发给笔者的邮件，2016年6月12日。

[32] 图洛夫发给笔者的邮件，2016年6月16日。

[33] 由于该期刊系网络出版，故与大多数期刊每年一卷不同，部分年份的期刊存在跨卷的情况。

简明契合：定义规范研究

名词定义试拟：被遗忘权（Right to Be Forgotten）

吴　飞

“被遗忘权”（Right to Be Forgotten）也被称为“删除的权利”（The Right to Erasure），是隐私权在互联网时代延伸出来的一种新的权利类型。

最早关注到这一方面问题的是著名记者、隐私权专家万斯奥克利·帕卡德（Vance Packard），1967 年 1 月他在《纽约时报》发表的文章《不能告诉计算机》中写道：“当政府把我们每一个人的信息和日常生活的细节都放置于某个中央级的数据银行，我们便会受控于坐在电脑机器前面的那个人和他的按钮。这令人不安，这是一种危险。”[1]

随着网络传播的推进与社交媒体的迅速发展，这一问题受到更多人的关注。例如，美国著名的计算机专家约翰·迪博德（John Diebold）曾分析说，当你在银行存钱、提款的时候，你留下的信息绝不仅仅是一笔银行交易，其实你还告诉了银行，某一时刻你所处的地理位置。这些信息，很可能会成为你的其他行为的解释，从而透露你的隐私。例如，这个提款记录，如果和你当天的通讯、消费、旅行等其他数据记录整合起来，你当天的行踪和作为，就不会有太多的秘密可言。迪博德进一步总结说，在信息时代，计算机内的每一个数据、每一个字节，都是构成一个人隐私的血肉。信息加总和数据整合，对隐私的穿透力不仅仅是“1+1=2”的，很多时候，是大于 2 的。[2]《基督教科学箴言报》曾报道了卡内基梅隆大学数据隐私专家的观点：“即使没有姓名、没有社会安全号，只要通过性别、生日和邮编 3 个数据项，数据挖掘的技术就能够成功地识别全美 87%的人口。”[3]

欧盟是最早从立法的层面考虑对公民被遗忘权的保护的。从 1995 年开始，欧盟议会与理事会陆续通过了《关于个人数据处理保护与自由流动指令》（95/46/EC）、《隐私和电子通信指令》（2002/58/EC）（有关个人数据处理和电子通信领域隐私保护的指令）、《与第三方国家进行个人数据转移的标准合同条款》（委员会决定 decision2004/915/EC）、《欧共体机构与团体实施的数据保护》欧盟条例（45/2001）等立法与规范性文件加强对个人数据的保护。2009 年 12 月，欧盟通过了电信领域的《更好规制指令》与《公民权利指令》，在个人数据保护方面强调了运营商数据侵权强制通知义务及用户终端存储信息同意原则（如 cookie）。[4]

2012 年 1 月 25 日，欧盟委员会公布了《关于涉及个人数据处理的个人保护以及此类数据自由流动的第 2012/72、73 号草案》（以下简称《2012 年欧盟草案》），对 1995 年出台的《关于涉及个人数据处理的个人保护以及此类数据自由流动的第 95/46/EC 号指令》进行修订。《2012 年欧盟草案》中最具争议性的议案是提出数据主体应享有“被遗忘权”（Right to Be Forgotten）。2018 年，《欧盟数据保护通用条例》（General Data Protection Regulation，GDPR）正式生效适用，该条例第 17 条规定了“被遗忘权”的行使要件及限制条件。不过，这一条款仍然引发了广泛的争议。

中国首例“被遗忘权”案是任某诉百度案，这是“被遗忘权”首次在中国司法案例中出现。在该案中，任某曾在无锡陶氏生物科技有限公司从事过相关教育工作，后与该公司解除劳动关系。任某通过百度搜索自己名字，发现有和陶氏教育的相关搜索，任某认为陶氏教育在业界名声不好，遂主张“被遗忘权”，要求百度删除其关于陶氏教育的相关搜索。法院经审理认为任某主张的被遗忘权不具有正当性和受法律保护的必要性，不应成为侵权保护的正当权益，驳回任某的诉讼请求。[5]不过，这并不意味着中国不保护个人的数据自主权。2012 年《全国人民代表大会常务委员会关于加强网络信息保护的决定》第八条规定：“公民发现泄露个人身份、散布个人隐私等侵害其合法权益的网络信息，或者受到商业性电子信息侵扰的，有权要求网络服务提供者删除有关信息或者采取其他必要措施予以制止。”2017 年 6 月《中华人民共和国网络安全法》第四十三条规定：“个人发现网络运营者违反法律、行政法规的规定或者双方的约定收集、使用其个人信息的，有权要求网络运营者删除其个人信息；发现网络运营者收集、存储的其个人信息有错误的，有权要求网络运营者予以更正。网络运营者应当采取措施予以删除或者更正。”2017 年 3 月《中华人民共和国民法总则》新增个人信息权，第一百一十一条规定：“自然人的个人信息受法律保护。任何组织和个人需要获取他人个人信息的，应当依法取得并确保信息安全，不得非法收集、使用、加工、传输他人个人信息，不得非法买卖、提供或者公开他人个人信息。”《中华人民共和国民法总则》第一百一十一条虽然没有将“被遗忘权”明确列为个人信息权，但该条文的解释提到了公民的个人信息权包括个人信息自决权、个人信息选择权、个人信息删除权等。可见，中国出台的相关法律法规的立法价值取向和西方人讨论的“被遗忘权”的权益指向是一致的，都是对公民个人信息进行保护，因此，都主张禁止非法收集、使用个人信息或隐私，如有侵权，应予以删除或更正。

欧盟负责基本权利和公民权利的司法专员维维亚娜 • 雷丁（Viviane Reding）指出，该项权利对青少年权利保护很有意义，因为他们可能会披露一些日后会后悔的信息。她阐明“被遗忘权”的核心条款是，如果个人不再希望自己的个人数据被数据控制商加工或储存，且数据控制商没有继续占有该数据的合法理由，那么，此数据就应该从系统中清除。雷丁认为，网站应该能够让使用者更好地控制自己的数据，人们应该享有他们想要在网站上处理其数据的意愿收回权利，而不仅仅是可能性[6]。欧洲人的坚持，是有他们的社会基础的。据《卫报》报道，欧洲的隐私权游说团体 Big Brother Watch 在 2013 年 2 月发布的一项调查中称，68%的英国民众对自己在网络上的隐私感到担忧，其中 22%的调查者表示“非常担忧”。

法国的数据保护监管者“国家信息和自由委员会”（Commission Nationale de I'information et des Libertes，CNIL）已加入其他欧洲机构的行列，支持欧洲的数据保护新运动。该委员会正处理着日益增长的从法国网站删除个人数据的诉求，大部分经过谈判都已经成功被删除。CNIL 总裁伊莎贝尔·法尔克-佩罗廷（Isabelle Falque-Pierrotin）说：“我们受理了越来越多的有关‘被遗忘权’的投诉。2012 年总共有 6000 宗投诉，其中有超过 1000 宗或多或少地与‘被遗忘权’相关。在法国，这已经是个很大的问题了，此类投诉在一年间上升了 42%。”[7]

谷歌公司的隐私权首席法律顾问彼得·弗莱舍（Peter Fleischer）分析说，欧洲所讨论的“被遗忘权”涵盖了三个不同的层面：第一个层面：“如果我在线发帖，我有权再次删帖吗？”这项权利似乎没有太多争议，因为大多数社交网站已经允许网民这么做了，如微信、微博、博客，我们都可以自由删除自己发布的任何信息。第二个层面涉及的是数据删除权。比如我自己发布了一张搞怪的照片，但后来感觉不好便将它删除了，可这张照片已经被他人转贴了，我能否要求对方或者相关的网络平台删除这张照片呢？根据欧洲提出的被遗忘权，答案自然是肯定的。法律规定，当某人要求清除其个人数据时，互联网服务提供商“必须清除并且立即执行”。除非该数据的继续保留因为涉及“表达自由”而显得是“必要的”。不过，该规定为数据清除创造了一个豁免义务，即当个人数据的处理仅用于新闻目的，或者仅出于文学艺术表达之需。最后，弗莱舍提出的请求删除的第三个层面是：“如果某人发布了关于我的帖子，我有权删除吗？”当然，这是表达自由最为关切的问题。美国最高法院判定，各州不得通过法律，限制媒体传播真实但令人尴尬的信息——如强奸案受害者的姓名——只要该信息是合法取得的。

欧盟将“被遗忘权”定义为：数据主体有权要求数据控制者永久删除有关数据主体的个人数据，有权被互联网所遗忘，除非数据的保留有合法的理由。

一些学者认为：“被遗忘权”已经被认为是一项法定权利，而且是一种值得受到法定保护的价值或利益。这一权利被归类为一种隐私主张，即使它被应用于至少在某种程度上公开的信息。它代表着“信息的自我决定”和以控制为基础的隐私定义，并且试图将个人信息从公共领域转移到私人领域。[8]这一权利暗示着个人对自己的个人信息的控制权利。个人决定这些信息将会怎样，并且即使“离开其掌控”，也保持着对它的控制。[9]因此有学者将“被遗忘权”定义为：如果一个人不再想让他的个人信息被信息控制者加工或者存储，并且如果没有保持这些信息的合法基础，这些数据应该从他们的系统中被删除。[10]“被遗忘权”也被称为“删除的权利”（The Right to Erasure），这一权利对于那些网络用户控制谁能获取他们的个人信息至关重要。根据这个规定，个人数据被广义地界定为“任何与一个信息主体有关的信息”。信息主体提出要求后，网站操作者被要求“不加延迟地实施删除”，除非对数据的保存为践行欧盟成员国的法律规定的“言论自由”所必需。

根据欧盟提案，在以下四种条件下，权利主体有权要求信息控制者删除与其有关的所有信息或停止此类信息的进一步传播：①此类信息已没有被收集或处理的必要；②权利主体通过声明或行动表示不再允许其信息为实现一个或多个具体目的被收集，或被收集的信息存储期已经过期，且法律上已没有处理该信息的必要性；③权利主体根据自身情况在任何时候都可以反对其个人信息的收集和处理，除非对该信息的处理对于维护信息主体的基本权利至关重要，或是为了维持公共利益的正常运作所必需的，或属于信息控制者既定的官方权利范围之内，或信息收集者对于该个人信息的处理有着超越保护个人信息自由的无可抗拒的立场；④对于权利主体个人信息的处理违反个人信息保护的改革方案（欧盟个人信息保护的改革方案）。[11]

综上，“被遗忘权”是一项法定权利，而且是一种值得受到法定保护的价值或利益。权利主体有权要求数据存储方删除自己或他人放置到互联网上的、令其尴尬的照片或者其他数据信息，除非数据的保存和使用为法律规定的维持公共利益的正常运作所必需。

注释

[1] Vance Packard，Don’t tell it to the computer，New York Time Magazine，January 8，1967.

[2] 转引自涂子沛：《大数据》，桂林：广西师范大学出版社，2012 年，第 162 页。

[3] Mark Clayton，US plans massive data sweep，The Christian Science Monitor，Vol.98，No.52，2006.

[4] 蔡雄山：《网络世界里如何被遗忘——欧盟网络环境下个人数据保护最新进展及对网规的启示》，《网络法律评论》2012 年第 2 期。

[5] 参见北京市第一中级人民法院（2015）一中民终字第 09558 号判决书。

[6] Viviane Reding，The EU data protection reform 2012：Making Europe the standard setter for

modern data protection rules in the digital age，http: //europa.eu/rapid/pressReleasesAction.do?reference=SPEECH/12/26&format=PDF，Retrieved May 22，2012.

[7] 财新网：《卫报：我能删帖吗？》，梅花网，http://www.meihua.info/a/36161，2013 年 4 月 13 日。

[8] Meg Leta Ambrose& Jef Ausloos，The right to be forgotten across the pond，Journal of Information Policy，Vol.3，2013.

[9] Jef Ausloos，The“Right to be Forgotten”-Worth remembering？Computer Law and Security Review，Vol.28，No.2，2012.

[10] Sanna Kulevska，The future of your past：A right to be forgotten online？http://www.chillingeffects.org/weather.cgi?WeatherID=769，Retrieved June 24，2013.

[11] 转引自邵国松：《“被遗忘的权利”：个人信息保护的新问题及对策》，《南京社会科学》2013 年第 2 期。

名词定义试拟：交往、世界交往（Verkehr、Weltverkehr）

陈力丹

交往 Verkehr，是马克思和恩格斯著作中涉及传播的特有概念。该词的使用频率高、含义广泛，法文对应词马克思明确为 commerce，英文对应词他使用的是 intercourse。它既指物质意义上的商业贸易、交通运输，也指精神意义上的各种信息的传通，还指男女间的性爱。他们使用这个概念时，总体上包括了以上的全部含义。在他们的著作中，Kommunikation（即英文 communication）一词也经常出现，含义几乎与 Verkehr 等同，如《共产党宣言》便是这样。

世界交往 Weltverkehr，是马克思和恩格斯关于人类宏观传播的表述。他们认为，只有当交往成为世界交往，并以大工业为基础的时候，只有当一切民族都卷入竞争斗争的时候，保持已创造出来的生产力才有了保障。人的精神财富，决定于世界交往的发展，决定于他和他所生活的地区在这种交往中所处的地位。世界交往以全人类互相依赖为基础。

人类的精神交往手段经历了漫长的发展过程，现代信息交往是古代歌谣、传说、史诗等精神交往形态的发展。那么，远古的精神交往是怎样走过来的，它的发展动因何在？精神交往的各种形态怎样运作？马克思和恩格斯用历史唯物主义都予以了科学的论证。但是，这些论证分散在他们浩瀚的著作之中。从他们创立历史唯物主义的第一部著作《德意志意识形态》中，可以寻找到较为清晰的线索。

在这部著作以及后来他们的著作、笔记、书信中，有一个使用频率很高、含义很广的德文词“der Verkehr”（交往）。1846 年，马克思在使用法文写信时，特别对这个词作了说明，写道：“我在这里使用‘commerce’一词是就它的最广泛的意义而言，就像在德文中使用‘Verkehr’一词那样。”[1]马克思和恩格斯在英文著作中均使用 intercourse 一词作为 Verkehr 的对应词。例如，马克思在《不列颠在印度统治的未来结果》中所讲的“世界交往”、恩格斯在《致大不列颠工人阶级》中所讲的“和普通工人交往”，所使用的“交往”一词，即是 intercourse。[2]德文、法文、英文中的这三个词意思是很相近的，既指物质意义上的商业贸易、交通运输，也指精神意义上的信息传通，还指男女间的性爱。从马克思和恩格斯使用“交往”这个概念论证的问题看，它包含了这个词的全部含义，指个人、社会团体、民族、国家间的物质交往和精神传通。因而，这是一个宏观的社会性概念。

恩格斯晚年讲了这样一句话：“……依靠了现代的交往方法，即依靠铁路、电报、巨大的工业城市、报刊和有组织的人民集会。”[3]其中“交往方法”（das Verkehrsmittel）这个带有“Verkehr”词根的概念，就包含了后面讲的5项内容。

弄清楚马克思和恩格斯使用“交往”概念的情况后，可以发现，他们许多关于交往的论述，不仅是物质意义上的，同时也是在宏观上论证精神交往，以及这种交往与物质活动的关系。而这一点，恰恰被人们忽略了。例如，他们谈到一些买卖语言时说：“commerce，Verkehr……等等。所有这些字眼既意味着商业关系，也意味着作为个人自身的特性和相互关系。”[4]在这里，很难将物质交往与精神交往完全分开，却表明了二者的相互关系。用他们有关“交往”的论述来考察人类的各种精神交往现象，处处感到他们思想的深邃，并且有一种巨大的历史感。

社会心理学家A.列昂节夫（M.Andreyeva A.Leon Festival）、Г.安德烈耶娃（Г.Andreyeva）等人，也注意到马克思使用的Verkehr这个概念，但却说马克思没有使用过communication（传播、交通）这个词。我国近年出版的一些论著中，也有把这种说法照搬过来的。安德烈耶娃写道：“马克思在描述交往现象时使用了德语术语Verkehr，而没有使用英语词communication，这不是偶然的。马克思想强调交往同人类社会关系之间的联系，而Verkehr这个词比communication更能说明这一点。”[5]的确，马克思和恩格斯强调交往的更广泛的社会意义，但他们都同时大量使用了现代传播学的基本概念communication这个词（德文是Kommunikation）。这些学者由于没有去查对原著文字而轻率地下了这个不正确的结论。

在马克思和恩格斯的著作里，Kommunikation这个词的含义与Verkehr几乎等同，经常在一段话里交替使用，只是Kommunikation的使用，相比较而言，指具体的物质与精神交往多一些。例如，中译本《共产党宣言》中的“交通”，即Kommunikation。现行的马克思恩格斯著作中译本，将许多带有Verkehr或Kommunikation词根的词，都译为“交通××”，而实际上这两个词都不是作狭义的“交通”解。如前面引证的恩格斯的话“依靠了现代的交往方法”，原中译文是“交通工具”，而这个词所包含的报刊、集会、大城市、电报等，无论如何都不是狭义的“交通工具”。

再如马克思的一段话：“交往工业（die Kommunikationsindustrie），它或是真正的货客运输业，或者只是消息、书信、电报等等的传递。”[6]其中“交往工业”

的中译文原为“交通工业”，这显然不能涵盖后面的全部内容。有时译文含糊，将Kommunikation的意思淹没了，如Trasport（运输）与Kommunikation连用时（Kommunikation-und Trasportmittele或Trasport-und Kommunikationsmittele），中译文一概译为“交通运输工具”，看不出是否使用了Kommunikation一词。其实这里的Kommunikation，主要指的是“通讯”，已经很接近现代传播学的含义。而马克思恩格斯著作现行中译本中的中文“传播”一词，原词却几乎都不是Kommunikation，而是多个不同的词，如ausbreiten（散布）、Ausdehung（扩散），或只是个介词zu（相当于英语to）。

做如此繁琐的考证是要说明，在现代传播学形成以前，马克思和恩格斯就在一个更为宏观的角度上，用历史唯物主义的新世界观，研究了人类的物质交往和精神交往的各种现象。特别是涉及精神交往（geistiger Verkehr，他们多次单独使用过这个概念）的论述，对用马克思主义指导现代传播学的研究，有重大的指导意义。

他们至少在以下几个方面谈到交往的社会作用：首先，交往在一定范围内形成一种社会凝聚力，它本身是一个部落或民族独立存在的黏合剂。这种现象在人类早期的活动中更为明显。其次，不同社会形态之间的交流，缩短了社会发展的进程，增强了社会的活力。平日孤立状态下需要几十、几百年才能充分表现出来的社会矛盾，由于交往打破了孤立状态而往往很快暴露出来，从而使人们产生一种改革的需要。最后，交往一旦展开，就会冲破阻力，最终发展为世界的普遍交往，使各个民族的交往日逐同步化。马克思和恩格斯的“交往”概念，丰富了对社会发展的理解，他们经常从这个较高的视角，考察各种人类的精神交往现象，特别是新闻传播现象。

然而，美国传播学的创始人施拉姆似乎完全不知道马克思论述过传播现象，他在《报刊的四种理论》中写道：“马克思几乎从来没有谈过公众通讯工具问题。”[7]倒是日本学者比较认真，在有的著作中专章介绍了马克思关于精神交往的论述，以及其与现代大众传播理论的关系。例如，秋元春朝1981年出版的《现代大众传播批判》。

马克思很重视从总体上对社会交往进行研究，他曾称赞法国人“在当前交往的一切范围和形式上，指出了现代生活的矛盾和反常现象”，特别是“傅立叶对当前交往[Verkehr]的批判性论述”。[8]在许多具体的研究中，他都意识到交往作为一种社会力量的存在。1868年，他在考证两个德文词内涵的演变过程后，兴奋地对恩格斯说：“原来逻辑范畴还是产生于‘我们的交往’！”[9]

马克思和恩格斯创立历史唯物主义的时候，论证了从民族交往到世界交往这一涉及人类历史发展的重要侧面。他们认为，世界的物质交往和精神交往正循着从狭隘到广泛的道路发展，世界交往必然要替代局部的民族交往，成为现代交往的主旋律；民族交往必然会冲破以往的种种藩篱而成为世界交往的一部分。这为我们从宏观角度考察人类精神交往的发展趋势，提供了指导性的线索。

关于民族间的交往，马克思和恩格斯提出了三个相互制约的决定性因素，即生产力的发展水平、分工状况和内部的交往发展程度。他们说："各民族之间的相互关系取决于每一个民族的生产力、分工和内部交往的发展程度。这个原理是公认的。然而不仅一个民族与其他民族的关系，而且一个民族本身的整个内部结构都取决于它的生产以及内部和外部的交往的发展程度。"[10]在这里，生产力的水平由分工的状况来表现。首先是两性间的分工，接着是工商业与农业的分工、城市与乡村的分工、物质劳动与精神劳动的分工，最后是每一个生产部门内部的分工等。分工的每一个阶段都产生更广泛的人们之间的物质交往和精神交往，社会的信息需求量逐步增大，同时，交往的发展水平也制约和推动着生产力和分工的发展。

一个民族内部交往的进化程度，不仅取决于同外部交往的水平，还取决于该民族从历史中继承下来的交往水平。一般地说，历史上的交往水平对新的交往方式的发展是一种制约因素，原因就如恩格斯所说："传统是一种巨大的阻力，是历史的惰性力。"[11]而在几乎没有历史传统的地方，外来的移民最容易迅速融合为新的民族，建立起交往水平较高的社会，如北美，马克思和恩格斯认为："这些国家在开始发展的时候就拥有古老国家的最进步的个人，因而也就拥有与这些个人相适应的、在古老的国家里还没有能够确立起来的最发达的交往形式。"[12]

"世界"取得真正现代的意义，开始于18世纪，它的标志是法国哲学家丹尼斯·狄德罗（Denis Diderot）组织编纂的《百科全书》和瑞典博物学家卡尔·冯·林耐（Carl von Linné）提出的动植物种属分类法。到了19世纪，"世界"在广度和深度上得到了巨大发展。这个时代的特点在于：人类社会结束了相互隔绝的状态，开始意识到一切民族无不以某种方式同其他所有民族相联系。马克思和恩格斯的唯物史观便诞生在这一大背景下。他们指出了历史发展成为世界历史的趋势，写道："各个相互影响的活动范围在这个发展进程中愈来愈扩大，各民族的原始闭关自守状态则由于日益完善的生产方式、交往以及因此自发地发展起来的各民族之间的分工而消灭得愈来愈彻底，历史就在愈来愈大的程度上成为全世界的历史。"[13]

古代社会，由于各民族之间的隔绝，几乎每一种发明在到了另一个地方都必须重新开始。落后民族在入侵和战争后，尽管他们接受了被征服者的语言和文化，但也足以使一个具有发达生产力的国家处于一切从头开始的境地。生活在现代工业革命完成时期的马克思和恩格斯，意识到历史上这种对生产力发展的破坏，到了开始结束的时刻。他们认为："只有在交往具有世界性质，并以大工业为基础的时候，只有在一切民族都卷入竞争的时候，保存住已创造出来的生产力才有了保障。"[14]在这个意义上，他们提出了"世界交往"的概念，这是对 19 世纪的物质交往、精神交往程度和特点的一个基本认识，也是他们考察各种精神交往现象的最高视角。

当时的"世界"比现在小得多，但欧洲与世界各大洲的航路已经开通，电报开始使用，这些情况足以使眼光敏锐的马克思和恩格斯感觉到世界交往的形成，并且以世界交往为新的标准看待一个人真正的精神财富。他们指出：一个人的"特性怎样发展为多方面的或是地方性的，它们超越地方的局限性还是仍然受地方局限性的拘束，……决定于世界交往的发展，决定于他和他所生活的地区在这种交往中所处的地位"。"他被隔绝在整个的世界交往系统之外，因而得不到任何教育，结果就成了一个目光短浅的、孤陋寡闻的动物。""每一个单独的个人的解放的程度是与历史完全转变为世界历史的程度一致的。至于个人的真正的精神财富完全取决于他的现实关系的财富。"[15]换句话说，只有人们能够得到世界范围的最大量的信息，获得的才是真正的精神财富，并得到精神解放。

马克思认为，资产阶级负有"造成以全人类互相依赖为基础的世界交往，以及进行这种交往的工具"的使命。[16]在这个意义上，他和恩格斯称赞资产阶级所起到"非常革命的作用"，这种作用包括使乡村屈服于城市，从而使很大一部分人脱离了乡村的愚昧状态；使一切民族卷入文明中来，从而使民族交往转变为世界交往。在精神方面，他们则提出了"世界文学"的概念。

现代世界交往的形成，为结束先进的精神交往手段只为少数人独享的历史提供了条件。生产力的高度发展，使精神交往的现代手段（当时指电报、铁路等）成为人类的手创造出来的人类头脑的器官、物化的知识力量。每个人都必须卷入世界交往中才能生存，因而产生了马克思所说的新情况："少数人的非劳动不再是发展人类头脑的一般能力的条件。"[17]由于社会分工的根本变化，与大工业同时产生的现代工人阶级便不同于历史上的奴隶、农奴，他们具有积极参与最先进的精神交往活动的本能意识。思想的闪电一旦射入这块没有触动过的人民园地，他们就成为现代世界交往中继土地贵族、资产阶级之后的第三个战士，成为群众的主体。马克思有一段著名的话："历史活动是群众的事业，随着历史活动的深入，必将是群众队伍的扩大。"[18]它常常被用来说明人民在历史中的作用，其实讲的不是这个意思。马克思是要说明，人类历史活动（包括精神交往）的主体，是随着社会发展而壮大的。

19 世纪仅仅是世界交往体系形成的世纪，马克思和恩格斯就预见到世界交往对人类精神交往发展的重大意义。160 多年来的历史证明了他们的预见。特别是两次世界大战，它们使人们深深地意识到整个世界的联系，大战的结局完成了把全世界联结在一起的过程。于是，人们开始学习如何生活在一个世界之中。人们已经相当清楚地认识到："人们再也不能互相回避或坚持闭关自守的孤立主义政策。不断增强的流动性，现代化的交通电讯技术的发展，以及对全球范围的共同问题的意识，似乎在迅速地打破不同文化间的时空关系。""低效率的交往和沟通，或缺乏相互的理解，可能意味着世界末日的降临。这些关于人类末日的预言，比起一般的学说，无疑更能令人猛醒顿悟。"[19]

当然，正如世界文化与发展委员会的报告所说："文化全球化的过程并非被一个国家所控制，既非美国，也非'西方'或'北方'。来自孟买、里约热内卢、瓦加杜古、首尔的文学、艺术和音乐，与来自纽约、伦敦、利物浦和巴黎的艺术一样流行世界。"[20]

注释

[1] 《马克思恩格斯全集》第 27 卷，北京：人民出版社，1972 年，第 478 页。

[2] 《马克思恩格斯全集》第 9 卷，北京：人民出版社，1961 年，第 252 页。《马克思恩格斯全集》第 2 卷，北京：人民出版社，1957 年，第 275 页。

[3] 《马克思恩格斯全集》第 22 卷，北京：人民出版社，1965 年，第 537 页。

[4] 《马克思恩格斯全集》第 3 卷，北京：人民出版社，1960 年，第 255 页。

[5] 〔苏〕Г.安德烈耶娃：《社会心理学》，天津：南开大学出版社，1975 年，第 75 页。

[6] 《马克思恩格斯全集》第 24 卷，北京：人民出版社，1972 年，第 65 页。

[7] 〔美〕威尔伯·施拉姆等：《报刊的四种理论》，北京：新华出版社，1980 年，132 页。

[8] 《马克思恩格斯全集》第 42 卷，北京：人民出版社，1979 年，第 300 页。

[9] 《马克思恩格斯全集》第 32 卷，北京：人民出版社，1974 年，第 53 页。

[10] 《马克思恩格斯全集》第 3 卷，北京：人民出版社，1960 年，第 24 页。

[11] 《马克思恩格斯全集》第 22 卷，北京：人民出版社，1965 年，第 360 页。

[12] 《马克思恩格斯全集》第 3 卷，北京：人民出版社，1960 年，第 82 页。

[13] 《马克思恩格斯全集》第 3 卷，北京：人民出版社，1960 年，第 51 页。

[14] 《马克思恩格斯全集》第 3 卷，北京：人民出版社，1960 年，第 61-62 页。

[15] 《马克思恩格斯全集》第 3 卷，北京：人民出版社，1960 年，第 297、第 468 页、第 42 页。

[16] 《马克思恩格斯全集》第 9 卷，北京：人民出版社，1961 年，第 252 页。

[17] 《马克思恩格斯全集》第 46 卷下册，北京：人民出版社，1980 年，第 218 页。

[18] 《马克思恩格斯全集》第 2 卷，北京：人民出版社，1957 年，104 页。

[19] 〔美〕拉里・A.萨姆瓦等：《跨文化传通》，陈南等译，北京：生活・读书・新知三联书店，1988 年，第 2 页、第 5 页。

[20] 联合国教科文组织、世界文化与发展委员会编：《文化多样性与人类全面发展——世界文化与发展委员会报告》，广州：广东人民出版社，2006 年，第 2 页。

“新媒体”概念界定的三条线索

彭　兰

“新媒体”在今天是一个使用广泛的词，也是最难界定的模糊概念之一。面对新媒体的众多变化，几乎无法取得一个既标准又一劳永逸的定义，但是，出于严谨研究与规范使用的需要，对该词做出阶段性定义仍是必要的。笔者认为这种界定可以三条线索为依据：“新媒体”概念的演变过程，新媒体相对稳定的基本特征，以及该概念使用的不同情境及具体指向。

一、“新媒体”及其相关概念的演变

新媒体概念的起源，一种说法是出自加拿大传播学家麦克卢汉。

1959 年 3 月 3 日，麦克卢汉在芝加哥参加美国高等教育学会举办的会议时，发表了题为《电子革命：新媒体的革命影响》的演讲。在演讲中，麦克卢汉指出：“从长远的观点来看问题，媒介即是讯息。所以社会靠集体行动开发出一种新媒介（比如印刷术、电报、照片和广播）时，它就赢得了表达新讯息的权利。……今天，印刷术的君王统治结束了，新媒介的寡头政治篡夺了印刷术长达 500 年的君王统治。寡头政治中，每一种新媒介都具有印刷术一样的实力，传递着一样的讯息……”[1]

虽然麦克卢汉使用了新媒介（new media 中文也译作“新媒体”）这种表述，但是，他所说的新媒介并不是一个具有特定含义的概念。其中的“新”，只是相对“旧”而言。因此，我们现在所用的“新媒体”一词出自麦克卢汉的说法，并不能成立。

我们现在使用的“新媒体”概念出现于 20 世纪 60 年代。美国哥伦比亚广播公司（Columbia Broadcasting System，CBS）技术研究所所长、NTSC 电视制式的发明者 P.戈尔德马克（P.Goldmark）在 1967 年发表的一份关于开发电子录像商品的计划中提出了“New Media”（新媒体）这个概念。1969 年，美国传播政策总统特委会主席 E.罗斯托（E.Rostow）在提交给尼克松总统的报告中也多处使用了“New Media”这个概念。[2]那个时候，新媒体一词更多指向电子媒体中的创新性应用。

20 世纪 80 年代，伴随计算机技术的发展，“新媒体”一词开始广泛普及。

该词被引入中国，也在这个阶段，而很多中国研究者对新媒体的最初了解，主要来自日本。从“知网”检索到的数据看（2016 年 3 月检索），国内学术期刊发表的与新媒体相关的论文最早出现在 1986 年。这一年有 3 篇论文的主题为新媒体，其中 2 篇与教育技术相关（包括一篇译文，原文作者是日本人），另一篇《新技术革命对日本经济的影响》由中国社会科学院日本研究所的冯昭奎撰写。该文较详细地说明了新媒体的主要表现形式及特征，这或许是国内对新媒体最早的界定之一。

该文写道：“新媒体就是新的传播信息的媒体、工具，包括卫星通信、光纤图像通信、传真、计算机网络、双方向有线电视、文字广播等等，这些传播信息的新工具具有十分灵活而多样的功能，其中有些功能是跨越‘传统媒体’的分类的‘多重功能’。例如双方向有线电视兼有广播与通信的功能（收看广播的观众可以直接与广播台对话），传真报纸兼有通信和出版的功能，文字广播则可认为是利用电波的出版业。”[3]

该文还指出：“过去人们往往把‘信息化’看作是‘计算机化’的同义词，但是现在人们开始公认计算机与通信的结合才是信息化的基础。近年来在日本报刊上经常出现的‘新媒体’这个词，正是通信技术丰富多彩的新发展的反映。”[4]

这位研究者注意到了新媒体具有传统媒体所不具备的“功能复合性”（这也是媒介融合的基础），以及互动性，同时还指出了新媒体与计算机技术、通信技术、信息化之间的关联。由此来看，该文对新媒体的界定与今天我们普遍使用的“新媒体”已经很吻合了。

20 世纪 90 年代前期，CD-ROM 在中国被普遍称为“新媒体”，而 1995 年后，随着中国全面接入互联网，新媒体与互联网有了越来越多的关联。

1999 年，国内新闻传播领域较早涉及新媒体研究的著作是《信息高速公路与大众传播》。明安香指出，新媒体包括光纤电缆通信网、图文电视、计算机通信网及互联网、大型电脑数据库通信系统、通信卫星和卫星直播电视系统、高清电视等。[5]

1994 年到 2000 年间，另一个与新媒体相关的词在中国也非常流行，那就是“信息高速公路”。它源自美国，原义指国家信息基础设施的信息高速公路。该词在中国更多地被当作互联网的代名词。

20 世纪 90 年代末，与“新媒体”一词形成与发展有关的“网络媒体”概念开始流行。下面是在 2000 年左右国内关于“网络媒体”概念较有代表性的几种定义：

（1）计算机信息网络在传播新闻和信息方面具有媒体的性质和功能，故称为网络媒体，目前主要指全球最大最普及的计算机信息网络——互联网。[6]

（2）网络媒体从广义上说通常指互联网，从狭义上说是基于互联网这一传播平台进行新闻信息传播的网站。[7]

（3）在实践层面，曾有人用“网络媒体”一词特指像千龙网、东方网这样不是直接产生于传统媒体的媒体。当然，前述界定过于狭窄，后来基本形成的共识是，在传播机构层面，网络媒体特指以网络为渠道与手段从事新闻与其他信息传播的机构。

在 Web1.0 时代，很多人眼里的新媒体就是网络媒体，“新媒体”一词在当时使用频率要远远低于“网络媒体”。

Web2.0 兴起后，一些新的社会化媒体应用形式，如微博、微信，其传播模式显著异于网站，因此，也被一些人称为“新媒体”。

手机短信的兴起，带来了人们眼中的“手机媒体”，当时一些人把手机短信当作手机媒体的全部，甚至有“手机短信媒体”的说法，但后来的发展证明，手机媒体绝不仅仅建立在短信技术之上，今天短信应用也逐渐式微。尽管手机并非只有媒体属性，但无疑它已成为一种重要媒体。这意味着新媒体等同于网络媒体的认识受到挑战，于是，新媒体作为一个可以将网络与手机两者包含进去的概念，其使用频率开始增多。

在手机通信技术开始进入 3G 时代，功能手机向智能手机转变时，移动互联网曙光初现。相对于网站而言，客户端（APP）这种新的传播形式也是“新媒体”，新闻网站或门户网站则被打入了“传统媒体”阵营。但即便如此，将网站称为“传统媒体”更多是一种情绪上的表达，而非学术化使用。

在国内，还有一种说法叫“新兴媒体”。严格地说，新兴媒体不是一个学术性的概念，“新兴”是一个修饰性的形容词。所谓新兴媒体更多的是从时间角度来界定的，也没有对应的英文概念。虽然在实践中使用它不成问题，但是，不宜把它作为一个学术性概念来对待。

从新媒体的发展轨迹看，其经历了一定的演变过程，在不同阶段它指向不同技术。在做“新媒体”这个名词定义时，我们要关照其源流及演变过程，但试图用一个定义将不同阶段的“新媒体”都包揽进去，也是不现实的。从名词定义要服务于严谨研究与规范使用的目标来说，我们当下更重要的任务是将目前这个阶段的新媒体概念界定清楚，并在一定程度上兼容未来发展。因此，笔者主张定义应更多地建基于 20 世纪 80 年代后的“新媒体”。从那时以来的新媒体，虽然具体技术和形态有些变化，但其基本特征是较为稳定的。

二、“新媒体”的主要特征

显然，“新媒体”不同于“新出现的媒体”。“新媒体”不能仅仅从时间上加以界定。只有对“新媒体”的特征进行辨析，才能对这个概念做出更准确的定义。

从学界和业界的共识来看，对“新媒体”概念特征的概括主要集中在如下四个方面。

（一）数字化

尽管“新媒体”一词刚出现时，它所对应的电子录像等并非采用了数字技术，但是，当“新媒体”这个词开始真正普及时，人类已经进入计算机时代。计算机技术实现了信息的数字化存储、加工、传播与呈现。而数字化信息的传播介质，就是新媒体。

显然，今天的数字技术也渗透到传统媒体的生产环节中，如报纸出版中的激光照排技术、电视编辑中的非线性编辑技术等，这些技术是传统媒体向新媒体延伸或转型的前提。但仅有这些技术并不意味着传统媒体就变成了新媒体。我们所说的数字化，更多的是指最终传播介质的数字化。

（二）融合性

数字化会带来一个延伸性的特征，那就是媒介的融合性。

美国麻省理工学院教授伊契尔·索勒·浦尔（Ithiel de Sola Pool）在他1983年出版的著作《自由的技术》（*Technology of Freedom*）中指出：一个称为形态融合的过程正在使各种媒介之间的界限变得模糊……一种单一的媒介，无论它是电话线、电缆还是无线电波，将承载过去需要多种媒介才能承载的服务。另一方面，任何一种过去只能通过单一媒介提供的服务，例如广播、报纸、电话，现在都可以由多种媒介来提供。由此，过去在媒介与它所提供的服务之间存在的一对一的关系正在被侵蚀。[8]浦尔之言被视作“媒介融合”的最早界定之一，由此看出，他所说的形态融合是发生在传播介质的新媒体化这一基础上的，也就是说，新媒体时代，传播渠道与功能的融合不可避免。

而这种媒介形态的融合，还体现在大众传播、人际传播、群体传播、组织传播的媒介融合方面。浦尔所说的融合，已包含了大众传播与人际传播的渠道的融合，而后来新媒体的发展，将群体传播与组织传播也融合进来了。

除了媒介形态的融合外，新媒体的融合，还表现为手段的融合。多媒体传播被认为是新媒体传播的典型特征。

（三）互动性

前文提到的《新技术革命对日本经济的影响》一文指出，计算机与通信的结合才是信息化的基础。对于新媒体而言，也正是如此。而通信技术意味着，媒介的信息传播可以成为双向的，这也使得传受方面的双向交流成为可能，这种双向交流的能力也往往被人们称为“互动性”。

尽管传统媒体也有一定的受众反馈机制，但与新媒体相比，那种反馈是被动而微弱的，因此，互动性成为区分传统媒体与新媒体的主要特征之一。

（四）网络化

计算机与通信技术的结合，也意味着网络化。在新媒体语境下，网络化指的是信息终端之间的联网。尽管在新媒体早期网络化还没实现，但是，网络化是推动新媒体普及与发展的重要因素。而今天，网络化也成为新媒体的基本特质。

三、“新媒体”一词使用的几种情境及指向

定义“新媒体”这个概念时，我们还需要注意它使用的不同情境。在不同情境下，这个词对应的含义有所不同。

“新媒体”一词使用的情境主要包括以下层面。

（一）传播介质层面

“新媒体”一词最早出现时，是强调新的介质，一直到今天，这个层面的含义仍是新媒体一词的重要指向。在这个层面上，新媒体似乎更应该称为“新媒介”。尽管“媒体”与“媒介”这两个词有时可以通用，但是，它们的含义还是有所不同的。“媒介”一词在使用时更强调传播介质这一属性，而在新闻传播领域，“媒体”一词通常有两种用法：一种用法强调的是传播主体，即传播机构；另一种用法则强调介质的大众传播属性。

但是在现实中，人们似乎更偏向使用“新媒体”这个词，这种定名也主要是约定俗成的，似乎并无特别原因。在新闻传播领域，人们也常常把相类似的“互联网”称为“网络媒体”，把“手机”称为“手机媒体”。

（二）传播形式与传播手段层面

当我们今天说到要“应用新媒体”时，常常也会指新媒体中的各种手段。从互联网诞生以来，其传播形式和手段就在不断演进，从早期的新闻组、BBS 到后

来的WWW网站、电子邮件、搜索引擎等，再到博客、SNS、微博、微信、APP，作为传播形式与手段的“新媒体”处于不断变化之中。

可以说，传播介质、传播形式、传播手段等，共同构成了新媒体的传播形态。

（三）传播机构层面

在很多时候，我们所称的“新媒体”，也指基于新媒体渠道、平台提供信息服务的传播机构，特别是大众传播的机构。

在中国，“新媒体机构”这个概念还隐含了一定的资质限制与要求。

根据2017年5月2日国家互联网信息办公室发布的《互联网新闻信息服务管理规定》，通过互联网站、应用程序、论坛、博客、微博客、公众账号、即时通信工具、网络直播等形式向社会公众提供互联网新闻信息服务，应当取得互联网新闻信息服务许可，禁止未经许可或超越许可范围开展互联网新闻信息服务活动。申请互联网新闻信息服务许可，应当具备下列条件：在中华人民共和国境内依法设立的法人；主要负责人、总编辑是中国公民；有与服务相适应的专职新闻编辑人员、内容审核人员和技术保障人员；有健全的互联网新闻信息服务管理制度；有健全的信息安全管理制度和安全可控的技术保障措施；有与服务相适应的场所、设施和资金。

因此，在中国，从管理层面所说的新媒体机构，是具有相应资质的、与新闻信息服务相关的机构。

虽然传统媒体今天也在普遍利用新媒体渠道与平台，但是其主要产品与服务还是基于传统渠道。为了对新媒体机构作出更清晰的界定，需要强调，主要基于新媒体渠道和平台来提供信息和服务的机构才能称为新媒体。

（四）平台层面

随着互联网的发展，新媒体越来越不局限于“媒体”的属性，而是具有了综合“平台”的属性。作为平台，新媒体既是传播平台，也是经营平台，同时还是人们的工作、生活、社交平台，这也意味着人们的现实空间与虚拟空间界限的模糊。

在非媒体领域人们所说的新媒体，常常也指这样一种综合性的平台。从未来发展来看，将新媒体定义成一种“平台”，也是必要的。

综合以上分析，笔者个人主张，“新媒体”这一名词概念的定义可以表述为：

“新媒体”主要指基于数字技术、网络技术及其他现代信息技术或通信技术的，具有互动性、融合性的媒介形态和平台。在现阶段，新媒体主要包括网络媒体、手机媒体及其两者融合形成的移动互联网，以及其他具有互动性的数字媒体形式。

同时，"新媒体"也常常指主要基于上述媒介从事新闻与其他信息服务的机构。

注释

[1] 〔加〕马歇尔·麦克卢汉：《麦克卢汉如是说：理解我》，北京：中国人民大学出版社，2006 年，第 3 页。

[2] 明安香主编：《信息高速公路与大众传播》，北京：华夏出版社，1999 年，第 72 页。

[3] 冯昭奎：《新技术革命对日本经济的影响》，《机械与电子》1986 年第 5 期。

[4] 同[3]。

[5] 明安香主编：《信息高速公路与大众传播》，北京：华夏出版社，1999 年，第 73 页。

[6] 闵大洪：《数字传媒概要》，上海：复旦大学出版社，2003 年，第 71 页。

[7] 钱伟刚：《第四媒体的定义和特征》，《新闻实践》2000 年第 C1 期。

[8] Henry Jenkins，Convergence Culture，New York University Press，2006，p.10.

“公共关系”再定义

刘志明

“公共关系”一词是由英文“Public Relations”翻译而来的，在香港、台湾地区又称“公众关系”，简称 PR 或公关。在传媒高度发达的信息化社会，“公共关系”已成为被人们广泛使用和熟知的词汇。但有关公共关系的定义则一直没有形成统一的共识。由于每个人的认识角度不同，对公共关系内涵的理解也各异，于是就形成了许许多多的公共关系定义。在中国，早在 20 年前，学者就“已给公共关系下了几十条定义”[1]。但由于没有一个为学术界普遍接受的定义，“它仍有赖于学术研究的深化和发展”[2]。

公共关系之所以难以形成公认的统一定义，其原因是多方面的。

首先，历史短，公共关系一词虽然在 1807 年美国的《韦氏新九版大学辞典》中就已出现，但作为一个行业和学科的形成与成熟则是在进入 20 世纪以后。1923 年，爱德华·伯内斯（Edward L. Bernays）出版了《舆论之凝结》一书，这本著作的出版被西方社会视为公共关系理论正式诞生的标志，因此公共关系的发展到现在也只有百年历史。在中国，则只有 30 年左右的历史，同其他成熟的社会学科相比，公共关系学还依然处在“少年时代”。

其次，该词汇是个多义词，具有多重含义，作为动词，可以指状态、活动，作为名词，则可以指思想、学科、职业、方法等。因此对公共关系含义的理解和定义必然是多层次的。

再次，作为一门新兴的、应用性很强的边缘性学科，公共关系学在理论上还是个综合性、交叉性、多维性的学科。公共关系学科的本体知识并不算丰富，但其学科外延极其广泛，涉及的学科可以划分为四大部分：背景学科（如哲学）、基础学科（如管理学）、交叉学科（如营销学）和技术学科（如演讲学）。理论与理论之间的相互渗透也就决定了公共关系存在学科偏向的多种定义，便形成了管理职能说、传播沟通说、咨询说、关系说、协调说等多种学说。在很长一个时期，有关公共关系的定义中管理职能说一直占据突出地位。

1952 年，美国学者斯科特·卡特里普（Scott M.Cutlip）等在《有效的公共关系》一书中，将公共关系定义为“一种管理职能，它用以建立和维持社会组织与其公众的互利关系”[3]。

1975 年，当时的美国公共关系研究与教育基金会主席雷克斯·哈罗（Rex L.Harlow）博士，组织各方专家对公共关系的定义做了全面分析后指出，公共关系是一种独特的管理职能。它帮助在一个组织与其公众之间建立和保持互相沟通、了解、接受与合作的渠道，参与问题和纠纷的处理；将公众的意见传递给管理部门并作出反应，明确与加强为公众利益服务的管理责任；它还作为监视预警系统，帮助管理部门预先做好应变准备，与社会动向保持一致并有效地加以利用。它以调查研究和正确的并合乎道德的沟通技术作为主要工具。

国际公共关系协会同样认为公共关系是一种管理职能，其定义是：公共关系是一种管理功能，它具有连续性和计划性。

此后，则是传播沟通说有了越来越广泛的影响。比较有代表性的是英国著名的公共关系学专家弗兰克·杰夫金斯（Frank Jefkins）和美国学者约翰·马斯顿（John Marston）。

杰夫金斯认为，公共关系就是一个组织为了达到与它的公众之间相互了解的确定目标，而有计划地采用一切内向和外向的传播方式的总和。马斯顿则认为公关就是运用有说服力的传播去影响重要的公众。

《不列颠百科全书》的定义是：公共关系是旨在传递有关个人、公司、政府机构或其他组织的信息，并改善公众对其态度的种种政策或行动。公共关系是通过传播大量有说服力的材料，发展邻里的相互交往和估价公众的反应，从而促进个人、公司或机构同他人、各种公众以及社区之间的亲善友好关系。[4]

中国是从 20 世纪 80 年代中期开始引进公共关系学说的。与美国等西方国家往往从管理学、社会学或传播学等多重角度研究公共关系学相比，从最开始，中国就是把公共关系作为传播学的一个分支来引进的，这也注定了传播沟通说的公共关系定义在中国成为主流。

其中，具有代表性的如：“一个企业或组织，为了增进内部及社会公众的信任与支持，为自身事业发展创造最佳的社会环境，在分析与处理自身面临的各种内部、外部关系时，采取的一系列科学的政策与行动”。[5]“公共关系是一个社会组织用传播的手段使自己与公众相互了解和相互适应的一种活动或职能”。[6]“一个组织运用各种传播手段，在组织同社会公众之间建立相互了解和信赖的关系，并通过双向的信息交流，在社会公众中树立起良好的形象和声誉，以取得理解、支持和合作，从而有利于促进组织本身目标的实现”[7]等。

由此可见，在公共关系三要素（主体、客体、中介）中，迄今为止的多数的公共关系定义往往是认为社会组织是公共关系的主体，个人无法具备公关主体的地位，即使出现，也应是法人的面目。这是因为，作为一个行业或者学科，公共关系的诞生与发展与大众传播媒介的兴起密不可分。在大众媒体占据绝对优势的传播格局中，往往只有社会组织才有能力开展有效的社会传播活动。

而进入网络时代，不仅公共关系中的主客体发生了变化，传播中介也出现了多种多样的媒体形式。互联网等新数字媒体的普及极大改变了媒体和传播的生态，使传统媒体占据绝对优势的传播格局出现了前所未有的变化。在网络传播中，每一个人既是受众，又可以成为传播者。依托电商平台和各类社交媒体，涌现出无数个人品牌和自媒体。这种变化既为企业的营销传播带来了前所未有的方便和机会，同时，也带来了巨大的挑战。任何一个企业或个人都处于复杂多样的社会网络中，一方面，需要利用各种传播手段去建立和改善自身形象，另一方面，则需要采取措施来避免网络形象危机。

随着全球化、多元化和新媒体技术的发展，传统的主、客体论将逐渐被“离心”之势取代，主体呈多元化趋势，公共关系也迎来主体多元化时代，全员公关的局面正逐渐形成。

在这种大背景下，公共关系具有了新的、更丰富的涵义。

综上所述，“公共关系”的定义可做如下概括：

公共关系是各类组织、个人，为达到创造最佳社会关系环境的目的，利用各种传播手段与公众或他人之间进行有计划的、持续沟通交流的行动或职能。

注释

[1] 许昭晖主编：《中国公共关系百科全书》，北京：文化艺术出版社，1991 年，第 1-3 页。

[2] 袁世全主编：《公共关系辞典》，上海：汉语大词典出版社，2003 年。

[3] 〔美〕格伦・布鲁姆、艾伦・森特、斯科特・卡特里普：《有效的公共关系》，明安香译，北京：华夏出版社，2002 年，第 8 页。

[4] 1981 年版《不列颠百科全书》。

[5] 中国社会科学院新闻研究所公共关系课题组编著：《公共关系学概论》，北京：科学普及出版社，1986 年，第 12 页。

[6] 居延安等编著：《公共关系学》，上海：复旦大学出版社，1989 年，第 48 页。

[7] 毛经权主编：《公共关系学》，杭州：浙江教育出版社，1987 年，第 7 页。

舆情、舆论、民意：词的定义与变迁

杨斌艳

当前，“舆情”“舆论”“民意”这三个词的使用频率非常高，学界大部分关于这三个词的研究和辨析都会溯源到同一个英文词“Public Opinion”，而国内学界常见的对于“Public Opinion”的翻译和使用还不仅仅限于这三个词，“公众意见、公共意见、公众舆论”等也比较常见。三个词能否以新闻传播学学科基本名词进行概念建构和明确定义，能否通过学科名词的定义为三词的规范使用建立标准，本文认为还需要讨论语词背后更多的词源历史和惯用实践。

一、词义渊源与惯用实践

近几年，舆情、舆论研究再度升温，相关讨论成果显著。多数研究者认为台湾和香港使用的“民意”一词更为流行和普遍，不少港台学者坚持把“Public Opinion”译作“民意”而非其他语词。[1]在大陆（内地）学者看来，“民意”、“舆论”或“舆情”的使用较为混淆。从整体而言，更多人喜欢使用“舆论”“公众舆论”这样的表达，而把“民意”多对应于民意调查、民意测验。新闻传播研究领域，更喜欢用“舆论”“公众舆论”。“舆情”一词虽然古已有之，但是随着近几年网络舆情监测开始流行，一般的词典中还未有将其作为词条进行规范的定义和详细解释。

以《中国大百科全书》为例来看“舆情”“舆论”“民意”三词的词条收入和定义，会发现其中只有“舆论”一词，没有“舆情”“民意”这两个词条，但是收有“民意测验”。该书第一版和第二版中都有“舆论”，在《中国大百科全书》第一版中，“舆论”作为词条出现两次，分别在心理学卷和新闻出版卷。新闻学卷“舆论”词条的作者是甘惜分，他给出的该词的定义是“公众的意见或言论”，紧随定义之后的是2500多字的关于“舆论”的解释和阐述。甘先生从“舆”字开始，说文解字：“舆”字的本义为车厢或轿，又可以解释为众、众人或众人的……“舆论”作为一个词组，最早见于《三国志·魏·王朗传》……其中“舆论”即公众的言论，或公众的意见。[2]甘先生通过中国古代和欧洲古代的历史说明舆论的观念在中西古已有之。2009年出版的《中国大百科全书》第二版直接按照字母排序，并没有对词条进行学科归属的划分，其中明确将舆论与媒体相关联：“舆论通常指在一定范围内的多数人的意见；有时也特指大众传播媒体发表的意见，人们常把媒体视为舆论的承载者。”[3]

笔者查阅了10多部辞典，发现将“民意”作为独立词条的比较少见[4]。较为典型的是：1986年丘晓等主编的《政治学辞典》对“民意”的解释如下：“指社会大多数人对于某一事件或某项政策表现出的带有共同倾向性的态度和愿望。它是一种自发的、不系统的、不定型的社会意识。”[5]1992年刘建明主编的《宣传舆论学大辞典》指出“民意又称公意、公言、民心。人民整体意志的象征，全体人民的追求所凝成的力量。一种笼罩整个社会的表层意识。是人民意识、精神、愿望和意志的总括，是社会舆论这一意识现象的主导部分。”[6]另有1988年时蓉华的《社会心理学词典》、1992年孔祥军的《公共关系大辞典》和刘建明等主编的《应用写作大百科》中也出现了“民意”词条。一些学者把民意、舆论与公共关系联系在一起，比如：1989年孟小平的《揭示公共关系的奥秘——舆论学》、1992年孔祥军的《公共关系大辞典》中收入有“民意”词条。孔祥军以公共关系视角对于民意的定义是：“社会成员对其关心的政治、经济、社会问题所持有的态度和意见。是国家实行的大政方针和政策在一定社会成员中的悉知、理解、影响的反映，既是国家调整政策的基础，也是国家作出新的决策的前提和根据。”[7]

从以上的各类大辞典词条回顾来看，“舆情”作为词条，在辞典中几乎看不到，“民意”被更多视为是台湾和香港学者对“Public Opinion”使用的一种习惯，在大陆（内地）的传统和习惯下，其较少作为一个独立的词条出现，而多以“民意调查”“民意测验”的复合词形式出现。而“舆论”一词则较为普遍地出现在多种辞典词条中，而且已经形成较明确的所指和内涵，舆论学也成为新闻传播领域的重要话题之一，被广泛研究和讨论。作者认为，“民意”和“舆论”不仅是一个台湾和香港和大陆（内地）使用习惯的问题，港台学者将“Public Opinion”翻译成民意使用的内涵，其实也不同于大陆（内地）使用“舆论”的内涵，所以这也不仅仅是一个不同翻译习惯的问题。

二、“舆情”作为流行词的再现

2008年中国开始流行网络舆情监测，很快网络舆情监测和研究成为一个专门的行业在国内迅速普及，“网络舆情”“舆情”也演变成一个流行词汇和专门词汇。天津社会科学院舆情研究所王来华等人，则在更早的几年就开始关注舆情方面的理论研究，他们对于“舆情”“民意”“舆论”三个词做了一些从词源开始的回溯和辨析。他们研究指出：“‘舆’‘情’两字的连用，最初应是指百姓的情感、情绪。在现在的《新华字典》中，也采用了这个解释。在《辞源》中，则把‘舆情’解释为‘民众的意愿’。”[8]他们研究了关于“舆情”一词起源的古文献，指出，据现有文字记载，“舆情”一词的最早使用在中国唐朝，出自《全唐诗》中唐诗人李中所作《献乔侍郎》一诗：“格论思名士，舆情渴直臣。”[9]并研究指出，古人关于“舆情”一词的使用，基本含义指民众的意愿。

当前“舆情”一词不仅是社会流行语，而且在研究领域也被广泛使用。以国家社科基金立项项目为例，2005 年至 2019 年立项有关舆情项目 152 项。“舆情”“社会舆情”“网络舆情”“微博舆情”等都直接出现在研究项目的题目中。同时，“舆论”“网络舆论”“微博舆论”这些词汇也广泛出现在国家社科基金的项目题目名称中，有关舆论的研究题目从 1992 年持续到 2019 年。[10]2005 年开始，尤其是 2008 年以后，随着“舆情”“网络舆情”等以舆情为组词的相关词汇在中国的普及和广泛使用，引发了学界关于“舆情”“舆论”“民意”词义的重新辨析和思考。[11]

当我们通过考证和研究，认同古人提出的舆情是指民众的意愿的基本内涵时，我们更不能忽视当前网络舆情行业的实践。现在绝大部分的网络舆情和舆情研究机构主要依托搜索引擎技术在互联网上抓取目标信息，然后对其分析。这样就出现了一个新的问题：舆情监测软件抓取的信息一般被视为舆情，但是在互联网传播深度渗透，各种传播媒介高度融合的今天，互动、社交、自我表达已经成为深度潜入传播过程和互联网运用的各个层面和各个信息扩散过程中的习惯行为，在人人都可以参与和表达的媒介环境下，我们其实很难区分媒体意见和普通公众意见。作为原有定义的“舆论”（主要指媒体意见）和“舆情”（主要指民众的意愿）其实已经交融在一起，并互相渗透。所以现在通常所称的“网络舆情”是代表舆论还是代表民意，其实已经成为一个非常复杂的问题。

三、词定义的重新审视

简而言之，“民意”一词在各类词典中出现频率极低，定义较为笼统。“舆情”一词只用于学术讨论，没有被作为词条。“舆论”一词在新闻传播学中已有较广泛的定义和使用，但是其定义也有不同侧重和表述。

“舆论”一词虽然在各类辞典中都比较普遍，但是也没有统一的定义，从两版《中国大百科全书》的定义来看，第一版甘惜分的定义，比较偏重于公众意见这样的广义，更靠近社会学、政治学的定义，将新闻传播、大众媒介只视为反映舆论，形成舆论和引导舆论的工具，“舆论是新闻报道的重要内容，新闻报道是舆论传播的主要方式”[12]。在详细的阐释中，甘先生集中了比较常见的关于“舆论”的 5 种定义，最后总结道：“有多种关于舆论的定义。……虽然众说纷纭，但有以下共同点：①舆论是一种公众的意见；②这些意见涉及多数人普遍关心的重要问题；③表达这些意见的人们具有共同的利益。”[13]而在第二版的《中国大百科全书》中则将“舆论”分为了广义的公众意见和狭义的媒体意见，并对何种公众意见才能称为“舆论”给了“七要素”[14]判定方式。当前，新闻传播学界对舆论一词给予较为细致全面定义的是陈力丹，他的定义为：“舆论是公众关于现实社会以及社会中的各种现象、问题所表达的信念、态度、意见和情绪表现的总和，具有相对的一致性、强烈程度和持续性，对社会发展及有关事态的进程产生影响，其中混杂着理智和非理智的成分。”[15]这一定义融入了“舆论七要素”，对于公众意见进行了限定性的定义。

“舆情”的概念还不明确，用法更为多样。王来华等在研究了“舆情”“舆论”“民意”三者的概念差异后，认为“舆情”的政治指向性更为明确，更关注意见背后的社会学、政治学变化的过程，而“舆论”则更关注传播过程和传播学变化的构造和后果；“舆情”更多是民众的社会政治态度，“舆论”不仅包括公众的“声音”，而且包含了国家或政府的“声音”，以及媒体自身的“声音”。王来华对于“舆情”的概念曾做过如下定义：舆情是指在一定的社会空间内，围绕中介性社会事项的发生、发展和变化，作为主体的民众对作为客体的国家管理者产生和持有的社会政治态度。[16]对这一定义的客体进行了较为明确的限定，即“国家管理者”，而其他定义对舆情的客体定义没有确切的界定，泛指现实社会，以及各种社会现象、问题等，即“公众议论的对象”[17]。

就当前中国舆情实践来看，其实“现实社会，以及社会中的各种现象、问题”这样的客体研究界定更为准确些，也就是通常所说的公共事件为主。王来华认为，“舆论”更关注传播学变化方面，“舆情”更关注社会学、政治学变化方面。[18]

四、思考与讨论

以“Public Opinion”进入中国后的发展路径作为一种观察视角，可以看到，在“Public Opinion”的概念最初进入中国时，新闻传播学领域对“Public Opinion”进行的相关跟进和研究比较多，当时传统媒体在中国处于意见领袖的强势地位，所以在一定时期形成了传播学、新闻学和舆论学密切相关的发展现实。而互联网传播发展起来后，中国民众发表言论和参与公共事件讨论的机会越来越多，针对中国社会的急剧变革，慢慢生成了网络舆情。所以，现在对于“舆情”一词的使用其实是新时代对于旧词的重新挖掘和赋意。虽然学者引经据典能够找到“舆论”“舆情”二词的共同发源，但是人们对于“舆情”和“舆论”两个词还是存在较为明显的内涵理解上的差异：舆情更贴近于民意，是从普通民众中挖掘的意见和声音，在当前中国，人们更容易把基于互联网的各种民众自生产内容（论坛、博客、微博、微信等平台的内容）视为舆情，认为是民意的方便和直接的反映；而将舆论更多地视为媒体机构、媒体组织的意见和声音。

当下对“舆情”“舆论”“民意”的使用较为混乱，存在众多的误解和误用。尤其是对于舆情，经常是不做定义。或者直接将舆情与舆论对等，进而将网络舆情等同于舆情；或者将舆情等同于民意，进而将民意等同舆论；或者将舆情等同于媒体舆论，进而将这个媒体默认为互联网；甚至有一些将舆情直接对等于媒体（尤其是互联网）上的负面信息、批评意见或突发事件等。对于舆论和民意的使用，虽然已有很多年的中国传统和西方舆论学理论的影响，但是其使用仍非常模糊，最常见的是将舆论等同于媒体，将舆论等同于民意。就以上常见混淆使用，从以下三个方面进行简单辨析。

首先，网络舆情不等于民意。虽然截至 2018 年 12 月，中国网民规模已经超过 8 亿，但是并不是所有网民都热衷于在网上交流和发表意见，而且在网上交流和讨论的内容不一定都是公共事务，因此，将网络舆情等同于民意，存在较大偏差。其次，舆论不等于媒体意见。在中国舆论学研究的传统中，虽然有将舆论狭义地等同于媒体意见的定义，但是，更多的是将舆论视为一种满足一些特殊条件后的公众意见或大多数人的意见，“舆论七要素”判别法，就是通常所用的判断何种公众意见可以成为舆论的基本条件。但是大众传播媒体意见并不包括在七要素中，将媒体视为舆论的载体更合适。关于媒体意见与舆论的关系，在英文“Public Opinion”的解释和定义中，也有较为明确的表述。自 1984 年起出版的《媒介与传播研究词典》（*Dictionary of Media and Communication Studies*）已经出版到第九版，在第五版中对于“Public Opinion”有一个 500 多字的解释，直接就追溯到古希腊，其词条的作者指出对于媒体而言，主要是如何更好地表达和传播公众意见，如何更好地塑造公众，只是从 19 世纪中期开始报纸成为了公众意见的主导。[19]可见，媒体更多是舆论的载体，在报纸发展鼎盛时期，报纸是公众意见的主导，随着媒体形态的发展，广播、电视等也可能在某时期成为公众意见的主导，现在互联网一定程度上可以主导公众意见，但是任何一种媒体都不是舆论。最后，舆论不等于民意。在“舆论七要素”中对于何种公众意见能够成为舆论有详细的限定，所以舆论和公众意见不能简单画等号。一些学者对民意与舆论的关系进行了表述，“当民意由小到大，发展到比较自觉、比较系统、比较定型时，就会成为公众舆论”[20]，民意是社会舆论这一意识现象的主导部分。[21]可见，网络舆情不等于民意，网络舆情也不等于舆论。

此时，让我们再次回到“Public Opinion”的定义。大英百科官网对于“Public Opinion”的解释可以翻译为：（Public Opinion）是通过特定社区或群体对个体就某一特定话题的看法、态度和理念的整体表达。[22]其在进一步的阐释中给出的也是社会学家和政治学家的定义和解释。从英文本义上看，“Public Opinion”译成“民意”简单易懂，译成“舆论”雅致、有内涵。而“舆情”一词虽然古已有之，但是近些年这一词语再次流行，却是因为互联网传播在中国的影响力与日俱增。当我们再次广泛使用舆情一词时，我们是在互联网传播的新的环境下，我们不得不仔细地思考时代和生活实践赋予词汇的新意。

舆情调查行业近几年飞速发展。舆情一词现在应用很广，已经远远超越了学者按照古义“舆情”给出的狭义的民众对管理者或公共事务的意见的定义，大数据挖掘等技术也进入舆情研究和实践领域，在很多时候，舆情服务机构、舆情研究行业其实把舆情等同于基于互联网搜索技术的数据挖掘，因此舆情抓取和研究的对象，远远超出了社会科学研究领域所谓的社会现象、社会问题、政府管理机构和管理者等，而包括了行业数据、消费者数据、用户数据等。

鉴于以上回顾和讨论，笔者建议在定义时，应考虑以下几方面的关系：①词汇在古文中原有意思和使用习惯与社会发展变化后对于同样的词赋予的新意和新用法；②英文词汇在中国的多种翻译与不同使用偏好；③学术理论圈的表述与社会大众的差异；④对应的英文词汇本身词义的变化和拓展。

基于以上，对于“民意”“舆论”“舆情”三词的定义建议如下：

（1）“舆论”。已经形成了广泛接受和较为普遍的定义和翻译，认可度和统一度较高。建议基于原来的定义进行微调。

（2）“舆情”。中国古代关于舆情的使用和表义已经与当前时代舆情实践和现实发展差异太大。如果用古义的概念来框定舆情，既不符合当前舆情发展的实际，也容易把舆情限制在一个狭小的发展圈，更不能反映互联网时代的搜索、大数据挖掘技术等对于舆情研究和中国社会民意研究的变革。而且，狭义的舆情与民意概念区分度太低，所以笔者建议应该重新讨论舆情的定义。

（3）“民意”。从以往研究来看，将民意作为独立词条的极少。字典和已有的词条定义比较偏重用“大多数人的意见”“全体人民的意志”这样的概念。但是有学者认为民意应该按照“民”所代表的群体不同而分不同层次，未必是大多数人的意见，可以是少数民意、个别民意。

注释

[1] 锴书锴：《“公众舆论”还是“公众意见”？——兼论对 Public Opinion 术语不同翻译的商榷》，《国际新闻界》2009 年第 10 期。

[2] 中国大百科全书总编辑委员会编：《中国大百科全书·新闻出版》，北京：中国大百科

全书出版社，1990 年，第 457 页。中国大百科全书总编辑委员会编：《中国大百科全书 •心理学》，北京：中国大百科全书出版社，1991 年，第 524 页。
[3] 中国大百科全书总编辑委员会编：《中国大百科全书》第 27 卷，北京：中国大百科全书出版社，2009 年，第 210 页。中国大百科全书部编辑委员会编：《中国大百科全书》第 16 卷，北京：中国大百科全书出版社，2009 年，第 110 页。
[4] 查阅《中国大百科全书》第一版、第二版，《新闻学大辞典》，《新闻传播百科全书》，以及几个版本的社会学辞典，几个版本的公共关系辞典都没有“民意”这一词条。
[5] 丘晓等主编：《政治学辞典》，成都：四川人民出版社，1986 年，第 168 页。
[6] 刘建明主编：《宣传舆论学大辞典》，北京：经济日报出版社，1992 年，第 336-337 页。
[7] 孔祥军主编：《公共关系大辞典》，太原：希望出版社，1992 年，第 74 页。
[8] 王来华、林竹、毕宏音：《对舆情、民意和舆论三概念异同的初步辨析》，《新视野》2004 年第 5 期。
[9] 同[8]。
[10] 通过国家社科基金项目数据库检索，以“舆情”“网络舆情”“舆论”等为关键词进行检索的结果。http://fz.people.com.cn/skygb/sk/index.php/Index/seach.
[11] 王来华、林竹、毕宏音：《对舆情、民意和舆论三概念异同的初步辨析》，《新视野》2004 年第 5 期。李昌昊：《民意之概念检讨及其价值探寻》，《中共南京市委党校学报》2009 年第 1 期。张元龙：《关于“舆情”及相关概念的界定与辨析》，《浙江学刊》2009 年第 3 期。王来华、冯希莹：《舆情概念认识中的两个基本问题》，《天津社会科学》2012 年第 6 期。
[12] 中国大百科全书总编辑委员会编：《中国大百科全书 • 新闻出版》，北京：中国大百科全书出版社，1990 年，第 457 页。
[13] 同[12]。
[14] 舆论形成七要素：①舆论主体；②舆论客体；③舆论自身；④舆论需要有一定量的边界（主导意见达到三分之二）；⑤舆论总要有一定的强烈程度；⑥舆论一经形成，总要持续一段时间，少到数小时，多至数年；⑦任何被称为舆论的意见，总要对舆论客体产生各种形式或大或小的影响。参见中国大百科全书总编辑委员会编：《中国大百科全书》第 27 卷，北京：中国大百科全书出版社，2009 年，第 210 页。
[15] 陈力丹：《新闻理论十讲》，上海：复旦大学出版社，2008 年，第 304 页。
[16] 王来华：《“舆情”问题研究论略》，《天津社会科学》2004 年第 2 期。
[17] 中国大百科全书总编辑委员会编：《中国大百科全书》第 27 卷，北京：中国大百科全书出版社，2009 年，第 210 页。
[18] 同[16]。
[19] James Watson & Anne Hill，Dictionary of Media and Communication Studies（fifth Edition），Arnold，A Member of the Hodder Headline Group，2000，p. 254-255.
[20] 时蓉华主编：《社会心理学词典》，成都：四川人民出版社，1988 年，第 189 页。
[21] 刘建明主编：《宣传舆论学大辞典》，北京：经济日报出版社，1992 年，第 336-337 页。刘建明、张明根主编：《应用写作大百科》，北京：中央民族大学出版社，1994 年，第 233 页。
[22] 大英百科官网（Encyclopaedia Britannica），https://www.britannica.com/topic/public-opinion.

义理求通：理论框架中的概念定位

中国语境下“传播”概念的演变及意义

刘海龙

“传播”一词在中国古籍中曾经出现过，然而目前汉语中的“传播”一词却是从英语中“communication”一词转译而来。它大致诞生于20世纪70年代末，是一个相当晚近的外来词。在古汉语中，“传播”一词只是偶然出现，并不是一个常用词。20世纪初编撰、20世纪80年代修订完成的大型辞书《辞海》甚至未收录该词。在希腊文中，communication源于两个词根——cum和munus，前者指与别人建立一种关系，后者意味着产品、作品、功能、服务、利益等。古罗马时期的马库斯·图留斯·西塞罗（Marcus Tullius Cicero）把communication定义为把握一件事情或者与别人建立一种关系。[1]按照英国学者威廉斯的解释，communication的词源是拉丁文communis，意指“普遍”。因此communicate是指“普及于大众”“传授”的动作。[2]但在实际使用中，不同的学者往往对传播的核心含义有完全不同的理解。[3]

虽然“传播”一词在今天已经深入人心，但是它与communication相对应的历史并不长，大致从20世纪70年代末开始。在20世纪初，美国尚处于萌芽时期的传播研究便已经进入中国。在当时，communication被译作“交通”。与今天不同，此“交通”并非单纯词（联合构成整体，单个字并没有意义），而是一个由“交”与“通”构成的合成词。此翻译属古词新用，如陶渊明在《桃花源记》中便有“阡陌交通，鸡犬相闻”的用法。与目前使用的“传播”一词相比，20世纪初所使用的“交通”一词具有交流沟通的意思，突出了双向性，更接近communication的原意。而当时汉语中“传播”的意义则与今天有明显不同，指的是“扩散”“传布”等由中心向四周单向传递信息的意思。[4]

“文革”结束之后，中国新闻学界恢复了与国际学术界的交流，西方传播研究的成果再次进入中国大陆（内地）。“传播”“媒体”“受众”“信息”等新概念陆续进入，而当时的学术界还未形成统一的翻译。communication曾被翻译成“（思想）交通”（郑北渭译）、“通讯”（张隆栋译）。[5]这一现象不仅出现在大陆（内地），更早引进传播研究的中国台湾和香港学术界对这些概念的翻译也不统一。比如，施拉姆的学生、香港中文大学的教授余也鲁是华人地区传播学的引进者之一，他便将 communication 译为“传”或“传通”。[6]但是早期的传播学概念的中文名称，基本还是来自于香港和台湾地区。

1978 年后，复旦大学的郑北渭、陈韵昭与中国人民大学的张隆栋在介绍西方传播研究时，开始改变过去的译法，将 communication 译为“传播”。[7]1982 年 11 月，在中国社会科学院新闻研究所召开了第一次西方传播学研究座谈会，会后提出将“系统了解”西方传播学作为中国传播学发展的一项任务。[8]在此次会上还总结了一份油印的传播学中英文概念对照表，初步统一了传播学关键概念的中文译名，communication 正式被译为“传播”。[9]其后新华社李启等人翻译了施拉姆和波特所著的《传播学概论》，在此书正文之前附了一个《传播学名词介绍》，将 communication 正式译为“传播”和“传播学”。[10]

关于“communication”译为“传播”是否恰当，学术界一直存在争议。因为从字义上来看，“传”与“播”皆含有单向的意义。例如，《说文解字》将“传”与“遽”互训，二者均指“驿车”；《说文解字》中，“播”的本义为“种”（播种），引申为“布”（传布）或《广韵》所说的“扬”（分散）。因此，“传”与“播”二者连用并不能准确地传达英语中双向互动的意思。一些研究者认为，“交流”“沟通”“交际”能够更贴切地表达出双向的意思，尤其是在人际沟通（曾译作人际传播）、跨文化传播等强调传受方双向互动的领域，不少研究者放弃了“传播”一词。[11]在传播学科以外，如哲学领域，communication 一词经常被译为“交往”而不是“传播”。比如，德语的 kommunikation 在哲学领域内便约定俗成译作“交往”，如尤尔根·哈贝马斯（Jürgen Habermas）提出的“交往行为理论”。[12]马克思更是在一般意义上使用这个词，它既包括特质方面的流动，也包括精神方面的流动，因此陈力丹便将其中与现代意义上的传播相关的部分称之为“精神交往”。[13]

在传播与传播学已经深入人心的今天，是否要放弃“传播”这一概念，还有待学术界进一步讨论。不过从建构主义和实用主义的角度来看，语言只是一个表意工具，从“交通”到“传播”，符号能指虽有变化，但其指代的对象却都与 communication 这个英语词高度重合。尽管从字面上看，“传播”具有单向意义，考虑到此翻译已经深入人心，未尝不可在使用中逐渐对其进行改造，重新赋予这个传统的词汇以新双向互动意义。在外来词的引进过程中，这样的例子比比皆是，如“革命”“民主”这样的外来词，虽然古已有之，但今天的意义已经与传统文献完全不同，被赋予新的外来的含义。[14]只要明确“传播”指代的是“communication”，而不是其字面意思，并不至于在使用中引起混乱。

与翻译的措词相比，更重要的问题还是对传播概念的诠释。不仅中国面临这个问题，西方学术界也被这一问题所困扰。凯瑞曾援引约翰·杜威（John Dewey）

的著作，对“传播”做了一个著名的诠释。他使用了“传递”与“仪式”来比喻两种不同的传播观念。前者“将传播视为一种出于控制的目的传递远处讯息的过程，于是，传播的典型情形是劝服、态度变化、行为变化，通过信息传递、影响或调节达到社会化或个体对什么或看什么的选择”。而后者则“把传播看成是创造、修改和转变一个共享文化的过程”。它并非指讯息在空间的扩散，而是指时间上对一个社会的维系；不是指分享信息的行为，而是共享信息的表征。[15]

凯瑞的划分提供了想象传播概念的新空间，然而这一划分还是过于笼统。他所说的传递观是指建立在信息论和控制论基础上的实证主义传播观。该观念将传播从具体的社会关系和文化中抽离出来，将其简化为传播者意义的传通或意图的实现。正如诺伯特•维纳（Norbert Wiener）在控制论中所阐明的那样，传播的核心功能是对社会运转状况的监控，通过反馈这一信息交换过程，为控制者提供行为的参考。[16]凯瑞对传播的传递观颇有微词，认为它将传播从文化中孤立出来，将其视为一个简单的信息和影响传递过程。他所主张的仪式观中的“仪式”并不是人类学意义上的集体行为，而仅仅是一个隐喻，为了说明传播就像仪式（而不是真正的仪式过程）一样会造成共享的文化。[17]值得注意的是，凯瑞有意将权力排除在传播之外，和反对传递观的理由一样，他要强调的是传播超越功利的、非目的性的一面。换句话来说，他突出了传播对于社群共享世界的建构，这是一种基于人文传统的观点。

凯瑞的出发点值得肯定，但是传播的文化观却失之过泛。首先它强调长时段的传播后果，将短期与中期的考察全部留给了“传递观”[18]，这种过于超脱的做法对于传播的现实社会结构却缺乏关注。它的背后潜藏着达尔文进化论的影子。我们不禁要问：这究竟是谁的文化？如何保证其像自然界一样在无人干预的情况下自然演化？其次，这一观念主要关注宏观的群体和社会，忽略了传播对微观层面个体的意义。对于以个人为中心的新媒体时代而言，仅仅从宏观角度考虑传播的影响就显得不够，个人参与传播的动机、条件、影响也值得关注。

除凯瑞外，对传播概念本身的讨论还有不少。比如，约翰•D.彼得斯（John D.Peters）的名著《交流的无奈：传播思想史》对西方的传播观念做了梳理，并从中提炼出了“爱欲”与“撒播”两个传统，并提出了身体缺席是否可以传播的问题。2006 年，Sage 出版公司出了一本名为《传播是什么：理论的多重视角》（*Communication as…：Perspectives on Theory*）的书，该书的导论从 27 个观念出发讨论传播的意义。如果要发散开来，传播的意义必然无法穷尽。但是鉴于目前中国传播学的现状与时代精神，本文重点提出三个重新思考传播概念的维度：关系、知识与权力。

第一个思考传播的维度是“关系”。新媒体的传播观念对中国传播研究最大的冲击是打破了以大众传播代替传播的思维方式。1978年后，中国传播研究主要由新闻学界引进，很自然地把传播与新闻等大众传播现象结合在一起。因此，在中国的语境下，严格来说“传播”一词对应的并不是“communication”，而是“mass communication”。[19]比如，引进的传播学教材多数是大众传播的教材，而且在译名上有意无意地省略了“大众”（mass），给人的印象仿佛是传播学研究的主要是大众传播问题。沃纳·J.赛佛林（Werenr J.Severin）和小詹姆士·W.卡德博士（James W.Tankard Jr.）所著的《传播理论：起源、方法及在大众传播中的应用》（*Communication Theories: Origins, Methods and Uses in the Mass Media*）一书1985年首次在翻译成中文时，书名便被简化成了《传播学的起源、研究与应用》。[20]这导致在中国的传播研究中，大部分成果集中于新闻与其他大众传播现象，人际沟通、群体传播、组织传播、跨文化传播、修辞学等领域则长期门庭冷落。

人际沟通的兴起有助于我们在关系的维度重新审视传播的观念。人际沟通的核心是关系，任何传播活动均在一定的关系下发生，传播过程潜在地巩固或改变着人与人之间或人与世界之间的关系。按照结构主义语言学的理论，符号本身就标志着某种关系，“大”因“小”的存在而有意义。指示现实的符号也在表达着思想与现实之间的关系。20世纪50年代，哥伦比亚学派在调查人际影响时，有很大一部分工作是在使隐形的人际关系与影响具有可见性。[21]而今天在社交媒体中，人际关系与人际影响的流动可以形象地展现在关注、转载、评论等功能之中。新媒体不仅使得人们之间的关系的可识别性提高，而且其本身还在促进新型关系的形成。人类的传播既是关系的产物，也会反作用于关系。如果不能在关系层面重新思考传播，就很难理解今天的传播现象。

在对传播的理解上，另一个值得关注的新维度是“知识”。在传播研究与社会学还不分彼此的传播社会学时期（20世纪50年代以前），传播研究与知识社会学被认为属于一个学术传统。芝加哥学派的罗伯特·帕克（Robert E.Park）便将新闻视为是一种介于正式知识和非正式知识之间的知识[22]，罗伯特·K.默顿（Robert K.Merton）在《社会理论和社会结构》一书中则将传播研究与知识社会学放在同一标题之下，并专门对比了二者的异同[23]。开创多伦多学派的伊尼斯则关注媒介技术对于知识分配的影响。[24]在早期的研究者看来，这两个领域均研究知识的扩散规律，只不过后来传播研究日渐专业化，走向实证主义，遂与知识社会学渐行渐远。但是这里所讨论的知识，并不是研究知识扩散规律的实证取向的知识社会学传统所关注的知识，而是涂尔干、马克思、弗里德里希·威廉·尼采（Friedrich Wilhelm Nietzscne）、马克斯·舍勒（Max Scheler）、阿尔弗雷德·舒尔茨（Alfred Scheler）、卡尔·曼海姆（Karl Mannheim）、莫里斯·哈布瓦赫（Maurice Halbwachs）、彼得·伯格（Peter Berger）等人所定义的知识，从建构主义和批判的视角，思考社会如何生产和分配知识，个人如何获取知识，这些知识如何建构了个人关于现实的想象以及群体的集体记忆，这些个人想象与集体记忆又是如何形成文化并反作用于世界的等问题。

这里所说的“知识”不是自然科学中的那些关于世界的客观描述，而是由社会建构起来的关于世界的叙事，它处于事实与信仰之间。知识是连接个体与生活世界的中介，是个人对生活世界进行想象、行动的起点。知识是通过传播获得，它既包括来自学校课本的知识，更重要的是从大众传媒、新媒体、群体传播、组织传播、人际沟通等获得的日常知识，是了解的而不是学习的知识。这些知识既可能是通过传播渠道获得，也可能是通过实践习得的社会规则，甚至是安东尼·吉登斯（Antheny Giddens）所说的无法用语言表达的惯例或皮埃尔·布尔迪厄（Pierre Bourdieu）所说的那种沉淀于身体中的惯习。通过“知识”的观念，传播研究者有望摆脱将传播概念与自然科学观念下“信息”简单捆绑在一起的传统（该传统长期以来束缚了传播研究的学术想象力），恢复传播研究曾经与社会理论、人文学科之间的联系，从更开阔的社会视角深刻地理解传播行为对于个人和社会的意义。

理解“传播”概念时第三个值得关注的维度是权力。凯瑞在作为仪式的传播观中，有意将权力排除在外，追求超越世俗权力与控制之外的解释。但遗憾的是，离开了权力，把传播抽象为一种康德、席勒意义上的游戏，或者是齐奥尔格·西美尔（Georg Simmel）所讨论的形式化的“社交性”，作为社会科学的传播研究便走向哲学研究，对于现实传播现象的解释力便大为降低。

权力关系是社会关系的一种，但是权力却不仅源自社会关系，还有结构性的一面。这里说的权力并不仅指马克斯·韦伯（Max Weber）所定义的人与人之间的强制关系，而且还包括批判学派所关注的经济与文化结构的不平等而导致的不公以及福柯所说的弥散性的、具有话语生产能力的知识/权力。传播权利的不平等是权力分配结构的产物，与此同时，传播也是权力的载体乃至塑造者。法兰克福学派、政治经济学派、文化研究学派、女性主义者等研究者已经在这一维度上进行过许多经典研究。

中国社会正处于转型时期，社会矛盾与冲突加剧，传播研究者有责任做出自己的贡献。当然，这里所讨论的贡献不仅是社会管理者角度的如何对冲突进行控制，更有必要的是站在传播权受损的一方，对不平等的传播体制进行批判，使其暴露，促进问题的解决。中国传播研究的批判学派曾经一度缺席，从知识社会学的角度看，这背后有复杂的原因。[25]最近几年本土的批判研究初露端倪，但是在结合中国语境方面还任重道远。

总结起来，中文的“传播”系外来词，对应英语中的 communication 一词。本文作者主张仍然沿用“传播”一词，但在今后的使用中应超越单向的意义，赋予其双向沟通的内涵。在对传播的理解上，应关注关系、知识、权力三个维度。对于传播，本文暂时给出的概念说明为：传播是一定社会结构与社会关系中的信息传递与知识共享行为。

近年来，随着 VR、AI 等未来媒体的兴起，后人类主义所论述的人机合一与机器的主体性问题越来越具有现实意义。在虚拟世界里无身体的主体之间是否可以超越面对面传播建立新的传播方式与形态？人与机器结合的赛博格（cyborg）将如何改变传播方式？人与没有肉身的机器或程序之间是否可以实现传播、如何相互理解？传统的传播关系和传播伦理是否仍然适用？身体究竟在传播中扮演什么角色？[26]……技术的改变可能会导致原有的局限在人与人之间、以面对面肉身传播为理想的传播的定义被颠覆，拓宽传播研究的视界。因此，传播的定义始终是开放的，这也导致传播研究永远面向未来。

注释

[1] 陈卫星：《传播的观念》，北京：人民出版社，2004 年，第 1 页。

[2] 〔英〕雷蒙•威廉斯：《关键词：文化与社会的词汇》，刘建基译，北京：生活•读书•新知三联书店，2005 年，第 73 页。

[3] 刘海龙：《大众传播理论：范式与流派》，北京：中国人民大学出版社，2008 年。

[4] 刘海龙：《中国传播研究的史前史》，《新闻与传播研究》2014 年第 1 期。

[5] 王怡红、胡翼青主编：《中国传播学 30 年》，北京：中国大百科全书出版社，2010 年，第 4 页。

[6] 〔美〕W.宣伟伯：《传媒、信息与人：传学概论》，余也鲁译述，香港：海天书楼，1983 年。

[7] 20 世纪 50 年代郑北渭曾将 communication 译为“思想交通”，但 20 世纪 70 年代末已经改成“传播”，见〔美〕华伦•K.艾吉等：《公众传播工具概论》《美国资产阶级新闻学：公众传播》，《外国新闻事业资料》1978 年第 1 期。张隆栋于 20 世纪 50 年代末将 communication 译为“通讯”，20 世纪 80 年代初改为“传播”，见张隆栋：《美国大众传播学简述》上、中、下，《国际新闻界》1982 年第 2 期、第 3 期、第 4 期。陈韵昭对 communication 的理解与余也鲁相似，强调传播结果与传者目的吻合，见陈韵昭：《“传”务求“通”》，《新闻大学》1982 年第 3 期。

[8] 王怡红：《从历史到现实：“16 字方针”的意义阐释》，《新闻与传播研究》2007 年第 4 期。

[9] 来源于陈力丹教授收藏的资料原件。

[10] 〔美〕威尔伯•施拉姆、威廉•波特：《传播学概论》，陈亮、周立方、李启译，北京：新华出版社，1984 年，第 1 页。

[11] 例如：关世杰：《跨文化交流学：提高涉外交流能力的学问》，北京：北京大学出版社，1995 年；《新闻学与传播学二级分类框架》，新闻学与传播学名词审定委员会内部文件，2013 年 9 月。

[12] 〔德〕尤尔根·哈贝马斯：《交往和行为理论》第一卷，曹卫东译，上海：上海人民出版社，2004 年，第 94-95 页。

[13] 陈力丹：《精神交往论：马克思恩格斯的传播观》，北京：开明出版社，2002 年。

[14] 陈建华：《“革命”的现代性：中国革命话语考论》，上海：上海古籍出版社，2000 年。刘禾：《跨语际实践——文学，民族文化与被译介的现代性（中国，1900—1937）》，宋伟杰等译，北京：生活·读书·新知三联书店，2002 年。

[15] 〔美〕詹姆斯·凯瑞：《作为文化的传播：“媒介与社会”论文集》，丁未译，北京：华夏出版社，2005 年，第 4-7 页、第 27-28 页。

[16] 〔美〕N.维纳：《人有人的用处：控制论和社会》，陈步译，北京：商务印书馆，1978 年。

[17] 郭建斌：《如何理解“媒介事件”和“传播的仪式观”——兼评〈媒介事件〉和〈作为文化的传播〉》，《国际新闻界》2014 年第 4 期。

[18] 传播仪式观并不否定传递观，而是强调不能局限于传递观，在它之外还有更值得关注的问题，见〔美〕詹姆斯·凯瑞：《作为文化的传播：“媒介与社会”论文集》，丁未译，北京：华夏出版社，2005 年，第 10 页。

[19] 黄旦：《传播的想象：兼评中国内地传播学本土化之路径》，冯应谦、黄懿慧编：《华人传播想象》，香港：香港中文大学出版社，2012 年，第 75-98 页。

[20] 刘海龙：《被经验的中介和被中介的经验——从传播理论教材的译介看传播学在中国》，《国际新闻界》2006 年第 5 期。

[21] Elihu Katz & Paul F. Lazarsfeld，Personal Influence：The Part Played by People in the Flow of Mass Communication，The Free Press，1955.

[22] Robert E. Park，News as a form of knowledge：A chapter in the sociology of knowledge，The American Journal of Sociology，Vol.45，No.5，1940.

[23] 〔美〕罗伯特·K.默顿：《社会理论和社会结构》，唐少杰、齐心等译，南京：译林出版社，2006 年，第 661-681 页。

[24] 〔加〕哈罗德·伊尼斯：《传播的偏向》，何道宽译，北京：中国人民大学出版社，2003 年。

[25] 刘海龙：《“传播学”引进中的“失踪者”：从 1978 年-1989 年批判学派的引介看中国早期的传播学观念》，《新闻与传播研究》2007 年第 4 期。胡翼青：《双重学术标准的形成：对批判学派“夭折”的反思》，《国际新闻界》2008 年第 7 期。

[26] 刘海龙：《传播中的身体问题与传播研究的未来》，《国际新闻界》2018 年第 2 期。

元传播：概念、意指与功能

王金礼

元传播（metacommunication）的“元”（meta），表示概念的进一步抽象，即“关于”（about）。格里高利·贝特森（Gregory Bateson）1951年创造这一概念，意为“关于传播的传播”，也就是人际互动中与传播相关的各种传播现象，包括“所有被交换的涉及编码（codification）及传播者之间相互关系的暗示和命题”[1]。在这一界定的基础上，保罗·瓦兹拉维克（Paul Watzlawick）等人于1967年发展出元传播的五条公理，使该概念的意指更为丰满。基于讯息的多层级结构，元传播为理解、解释人际传播提供了一个富于启发性的思考路径，也拓展了大众传播、网络传播研究的想象力。

一、概念的提出：作为认识论基点的传播

“元传播”这一概念的提出，体现了贝特森与同时期多数传播研究者迥然不同的知识立场。例如，施拉姆理解的传播不过是观念、态度的“协调一致”（tuned together）过程，传播研究就是调查传播过程的构成要素和传者对受者的影响。[2]相反，贝特森的传播研究却“发展了一种普遍认识论”，试图“对所有生物整合信息——组织与重组信息——并向外传播的能力给予综合描述”[3]，从而使传播成为理解人类行为、社会构成等重要问题的关节点。从“编码的性质”“信息的整合方式”等问题的“哲学思考”开始，贝特森就将“我们生活于其中的现实的性质以及我们关于现实的知识的性质”[4]等认识论问题当作了传播研究的基本命题。

贝特森说，“我们都是传播过程的产物，受到环境的影响和多种方式的纠正与确认”[5]。尽管贝特森最初只是在生物学意义上强调任何有机体就遗传而言都是染色体携带讯息的复杂编组，但他实际上也论证了个体意识的形成、社会关系的建立等过程同样都是传播过程的观点。他认为，“外显的传播是内在心理生活的编码，而接受传播则是在接受另一个人心理生活的精致产品”[6]。个体通过编码将外在世界转变为内在讯息并通过讯息与他人互动，以建立起与自己、与他人、与世界的关系；相互关联的人们通过编码和传播处理人际间关系，形成群体和社会。正是在这样的“哲学思考”中，元传播成为一个重要的解释性概念。

贝特森发现，传播一旦在人际间展开，其中总会出现一些特殊的讯息。这些讯息或者是提示某一讯息是由传播双方之外的其他人发出，或者是请求对方重复某一讯息、表示未能成功接收某一讯息、表示某一讯息流中的停顿等，并不“映射”传播者的“内在心理生活”，而仅仅是就讯息交换过程所做的说明，或者说是对编码了的讯息的再度编码。这种“关于讯息编码的讯息”，贝特森称之为“元讯息”（metamessage）。交换元讯息的传播，被贝特森称为“元传播”。[7]

元传播和元讯息等概念体现了对人际互动的深层次理解。互动不仅涉及讯息的接受、理解、反馈，更涉及互动发生的语境、互动者的相互关系，以及就互动展开的互动。由于元传播从多个层面指向传播的“暗示与命题”，传播研究因而能够更深入地理解和描述人及其生活于其中的世界。

二、概念的意指：传播的层级性结构

理解元传播，困难之处在于任何讯息之中都可能含有元讯息成分，任何传播活动都可能具有元传播性质，因而很难在形态上区分传播与元传播。贝特森的追随者瓦兹拉维克等人曾将元传播类比为数学思维中的算术运算、棋类或球类的游戏规则，但他们也承认，类比并不能帮助我们识别元传播。[8]唯有深入讯息的意指结构，才能够更好地理解元传播的内涵。

这一意指结构的要点是讯息的意义二重性。贝特森认为，讯息既是报告（report），描述一个事件或状态；同时又是命令（command），从而刺激下一个的事件发生。[9]如交谈中一方说，“猫在毯子上”。作为讯息，这个句子既“报告”一种状态（一个有毛的四足生物处于特定的时空之中），也传达着说话者对说话对象的态度，并促使听者在特定的方向作出反应（我告诉你在哪里能找到猫，表示友好），从而成为“命令”。对此，瓦兹拉维克等人进一步指出，报告与命令分别是指传播的内容和传播者之间的关系。讯息的报告意义涉及传输信息，讯息的命令意义则涉及讯息的归属类型，最终会涉及传播者之间的关系。[10]他们还认为，在讯息意义的两个层级中，关系分类或架构内容。因此，它就是元传播，即“关于传播的传播”（这一观点被瓦兹拉维克等人称为元传播第二公理）。

将关系意义界定为元传播，意味着关系先于传播。瓦兹拉维克等人的元传播第一公理说，“人不能不传播”[11]，这里的传播指的就是元传播。只要两个人相遇，即使相互间没有交谈、没有互动，他们都建立了一定的关系，进行着没有内容意义的元传播。正是由于元传播的观念，关系传播理论所持的关系必须由传播建构、“我们并不是先有关系然后才交谈，而是在交谈中建立关系”[12]等观点才是可以理解的：建构关系的，并不是传递讯息内容意义的传播，而是交换讯息关系意义的元传播。元传播这一概念所要解决的，正是在关系之中讨论关系并由传递关系意义的元传播建立关系的问题。当然，这在形式逻辑里构成了自我指涉的“悖论”（paradox）。

在家庭关系研究中，美国社会学者默顿·珀尔马特（Morton Perlmutter）发现，元传播具有两种类型。一种是伴随内容意义传递无意识进行的元传播，这种元传播涉及关系，但常常只是一般传播行为的背景，并不以关系为主题；另一种是有意识地就相互关系进行的元传播，主要是谈论传播者的个性、习惯，彼此在关系中的角色、地位等关系属性。珀尔马特称前者为过程性（process）元传播，称后者为意向性的（intentional）元传播，并认为后者是亲密关系的必要条件。[13]不过，在日常人际传播中，意向性元传播经常会被忽视，本应处理关系层级事务的元传播往往被理解为内容层级上的一般传播，从而无法就关系达成共识，甚至使关系不断恶化。就讨论关系的元传播而言，不同的语言形式具有不同的表现能力。瓦兹拉维克等人认为，这些语言形式主要有数字式（digital）与模拟式（analogical）两种类型（元传播第五公理）。以计算机语言为代表的数字语言具有复杂而富于表现力的句法（syntax）逻辑，但缺乏关系领域恰当的语义表现；以表情等为代表的模拟语言虽然具有语义表现能力却没有明确界定关系性质的恰当句法规则。瓦兹拉维克等人认为，将模拟语言转译为数字语言有利于改善谈论关系中的困境。

关系需要通过关系与传播的互构来界定，瓦兹拉维克等人为此提出了元传播的第三公理：关系的性质取决于“事件序列中的停顿”[14]。这一公理表明，关系同时具有共时性、历时性双重特征。作为共时性范畴，瓦兹拉维克等人用对称性（symmetrical）和补充性（complementary）描述了关系的两种互动模式——两种模式分别是指互动中关系的对等或不对等性（元传播第四公理）。作为历时性范畴，关系的实质是传播涉及的一系列往昔互动事件，传播者在交谈中对往昔事件流的特定停顿、提取，产生了特定性质的关系。

元传播概念表明，作为高级智慧生物的人类并不仅仅依据简单的形式逻辑开展互动交往。尽管元传播使人的交往经常充满困扰，但正如贝特森所说，没有了元传播的这些悖论，生命就会变成一场没完没了的格式化讯息交换，一场僵硬规则下的游戏，无法通过变化或幽默获得解放。[15]

三、概念的使用：作为传播研究工具的元传播

作为工具性概念，元传播有其描述和解释人的自我、人际关系，以及人类群体生活等的独特视角。人类传播中总是充满了诸如隐喻、戏谑、幽默、艺术性表达，以及表情、姿态等意义并不明晰的传播，讯息的内容意义与关系意义相互缠

绕。识别元传播、读解关系意义就成了参与日常社会交往的必备技能。另外，社会研究也可以通过元传播的视角洞悉人的内在心理和人际交往的复杂过程获得理论想象与知识创生能力。

作为精神病理学者，贝特森和瓦兹拉维克等人经常将元传播运用于精神病理现象的解释中。他们主张将精神病归结为传播尤其是元传播的认知与协调问题，并强调通过元传播的改进实现精神治疗。例如精神分裂症，贝特森认为不过是对一种他称之为“双重束缚”（double bind）的特殊传播模式的反应障碍。与元传播一样，双重束缚涉及讯息的层级问题，其要点是不同层次讯息的互斥性。虽然普通人也会处于双重束缚的交往情境中，但通过元传播指明讯息的矛盾，就可以摆脱这一情境。精神分裂症患者由于无法辨识讯息的字面意义与元传播意义——也就是内容意义与关系意义，没有能力进行元传播，只能陷入“不得不作出反应但无论作出何种反应都不合适”的语用学困境。实际上，瓦兹拉维克等人的五条元传播公理都可能产生交流障碍，也正是如此，他们的研究常常被称为“病理传播学”（Pathological Communication）。

人际交往是建立在人际直接互动基础上的强关系传播，关系意义的元传播主要是通过个性化编码的讯息完成。大众传播则是经过媒介化的中间过程，由于互动性减弱，编码的社会属性增强，元传播更多地体现为凝结在编码中的社会关系。克劳斯•延森（Klaus Jensen）认为，大众传播的元传播基本手段是体裁（genre），“依托不同的体裁，大众传播建立起与不在场的对象之间的传播关系”[16]。所谓体裁，延森将其解释为表达和体验特定主题事件的话语惯例，包括主题类型、形式构成和言说模式（mode of address）三个方面。就新闻而言，元传播主要表现为以公共生活为主题类型、以描述性报道为基本形式等体裁特征，并以公共事务为中心建立起传播者与受众的关系。

在互联网和移动互联网成为主流传播形式的今天，元传播的功能性意义更加凸显。借助元传播这一概念，潘忠党分析了互联网新媒介条件下新闻的结构性转型。[17]他认为，大众媒介条件下，新闻的元传播受新闻从业者、新闻机构主导和垄断，公众经常只能处于元传播的旁观者位置，只能通过“口碑”、通过评价新闻是否与他们的生活相关及是否可信等，参与新闻的编码与传播关系的形塑。进入新媒介时代，公众凭借技术赋权获得了协商元传播的能力，新闻的言说模式正在从职业人士的“独白”和“宣讲”转变为开放、多声调和非正式的“谈话”，职业人士依赖体制权威册封“事实性”的新闻操作，日益受到了“众声喧哗”（heteroglossia）式真相形成模式的挑战。不过，在延森看来，网络媒介的元传播转型远不止如此。网络搜索引擎、各种数字软件的使用，以及文本与语境的跨时空传递等网络使用，都在重构数字与互联网条件下的元传播。从人际交往到大众传播再到互联网与移动互联网使用，元传播经历了“强关系-弱关系-新型强关系”的螺旋式演进。

注释

[1] Gregory Bateson，Conventions of communication：Where validity depends upon belief，in Jurgen Ruesch & Gregory Bateson，Communication：The Social Matrix of Psychiatry，Norton & Company，1951，p.209.

[2] Wilbur Schramm，How communication works，in K. J. McGarry（eds.），Mass Communications：Selected Readings for Librarians，Clive Bingley，1972，p.20.

[3] Robert W.Rieber，In search of the impertinent question：An overview of Bateson's theory of communication，in Robert Rieber（eds.），The Individual，Communication，and Society：Essays in Memory of Gregory Bateson，Cambridge University Press，1989，p.1.

[4] Gregory Bateson，Conventions of communication：Where validity depends upon belief，in Jurgen Ruesch & Gregory Bateson，Communication：The Social Matrix of Psychiatry，Norton & Company，1951，p.226-227.

[5] Gregory Bateson，The group dynamics of schizophrenia，in Gregory Bateson，Steps to an Ecology of Mind：Collected Essays in Anthropology，Psychiatry，Evolution，and Epistemology，Jason Aronson，Inc.，1987，p.173.

[6] Gregory Bateson，Conventions of communication：Where validity depends upon belief，in Jurgen Ruesch & Gregory Bateson，Communication：The Social Matrix of Psychiatry，Norton & Company，1951，p.206.

[7] Gregory Bateson，Mind and Nature：A Necessary Unity，E.P.Dutton，1979，p.115-116.

[8] Paul Watzlawick，Janet B.Bavelas & Don Jackson，Pragmatics of Human Communication：A Study of Interactional Patterns，Pathologies，and Paradoxes，Norton & Company，Inc.，2011，p.22.

[9] Gregory Bateson，Information and codification：A philosophical approach，in Jurgen Ruesch & Gregory Bateson，Communication：The Social Matrix of Psychiatry，Norton & Company，1951，p.179.

[10] Paul Watzlawick，Janet B. Bavelas & Don Jackson，Pragmatics of Human Communication：A Study of Interactional Patterns，Pathologies，and Paradoxes，Norton & Company，Inc.，2011，p.32.

[11] Paul Watzlawick，Janet B.Bavelas & Don Jackson，Pragmatics of Human Communication：A Study of Interactional Patterns，Pathologies，and Paradoxes，Norton & Company，Inc.，2011，p.33.

[12] Hugh D. Duncan，The search for a social theory of communication in American sociology，in Frank Dance（eds.），Human Communication Theory，Hot，Rinehart & Winston，1967，p.249.

[13] Morton Perlmutter & Elaine Hatfield，Intimacy，intentional metacommunication，and second

order chance，American Journal of Family Therapy，Vol.8，No.1，1980.

[14] Paul Watzlawick，Janet B.Bavelas & Don Jackson，Pragmatics of Human Communication：A Study of Interactional Patterns，Pathologies，and Paradoxes，Norton & Company，Inc.，2011，p.40.

[15] Gregory Bateson，A theory of play and fantasy，in Gregory Bateson，Step to an Ecology of Mind：Collected Essays in Anthropology，Psychiatry，Evolution，and Epistemology，Jason Aronson, Inc.，1987，p.148.

[16] 〔丹麦〕克劳斯・布鲁恩・延森：《媒介融合：网络传播、大众传播和人际传播的三重维度》，刘君译，上海：复旦大学出版社，2014 年，第 100 页。

[17] 潘忠党：《新闻变迁的核心问题》，《中国社会科学报》2016 年 7 月 7 日。

传播伦理概念研究的中西方视野与数字化背景

张咏华　贾　楠

对于“传播伦理”概念，中西方学界尚无统一的定义。经过对定义的一般性梳理，发现它们大致可分为广义和狭义两大类。广义的概念将所有传播范畴涵盖进去，如“所谓传播伦理，就是传播过程中或传播行为所涉及的道德关系，传播道德……它不仅包括传播主体的道德品质和道德修养，同时还包括传播的道德观念、道德准则、道德行为、道德评价等等”[1]。狭义的概念则仅涵盖传媒业的传播范畴，常称“媒介/媒体伦理”或“新闻伦理”。例如，“媒介伦理是关于职业传播者在他们的行为可能对他人产生消极影响的情况下，应该如何行动的指导方针或者道德的规则”[2]。此外，概念整理还发现，由于传播伦理的理念最初形成于新闻传播领域，狭义的概念长期以来主导了对于传播伦理内涵的认识。然而，在数字化背景下，传播伦理的内涵，不仅应涵盖传统的新闻职业伦理，也应注重将当今普通公民作为传播主体在网上自主公开传播中的伦理纳入其中，使传播伦理概念内涵发生大的拓展，新闻职业伦理和公民的传播伦理共同构成传播伦理概念内涵的两大基石。

一、来自伦理学的思想渊源：传播伦理概念的生成及变迁发展

在西方，公元前300多年前，亚里士多德撰写的《尼各马可伦理学》是西方哲学史上首部系统阐述伦理学的专著，人们普遍将它的问世视为西方伦理学的诞生。亚里士多德以“善”为主题，提出“人的每种实践与选择，都以某种善为目的”[3]。他把“幸福”视为“至善”，认为至善是人们在行为领域所追求的目的中根本的或最高的目的。他还曾在其《修辞学》中，将“言者之品德”视为讲演能有效劝服的必备条件之一，并强调诚实的品德。可以说他的《修辞学》中多少含有将德性伦理用于讲演这种传播活动的思想萌芽。哲学意义上的伦理学探索，还可追溯到苏格拉底和柏拉图。苏格拉底提出“德性就是知识”的伦理思想，倡导以理性限制欲望、摆脱物欲的诱惑。[4]柏拉图的伦理思想把“善”的理念视为道德的唯一根源，将智慧、勇敢、节制和正义视为四大主要美德，进行了阐述。

自古希腊哲学家开创伦理学研究以来，西方文明史上许多思想家都为伦理学

的发展留下宝贵的遗产。其中，查理·路易·孟德斯鸠（Baron de Montesquieu）、约翰·洛克（John Locke）、让-雅克卢梭（Jean-Jacques Rousseau）、约翰·弥尔顿（John Milton）等人的学说中的伦理学思想，均与奠定现代西方传媒体制与实践的理论基石有较大关联度。而从传播伦理概念生成和发展的角度来看，以下学者的贡献，似尤其值得一提：德国哲学家康德被看作西方伦理学史上“诸个伟大的分界点”之一的代表。[5]其伦理学思想主张建立真正的“自律伦理学”，认为“意志自律”（autonomy）是道德的最高原则。[6]其“自律”说对传播主体道德自律概念影响深远。英国思想家约翰·穆勒（John S.Mill）的功能主义学说，蕴含以“为最大多数人寻求最大的幸福”为道德判断标准的思想，有学者将之列为“五个伦理学准则”之一。[7]美国哲学家约翰·罗尔斯（John B.Rawls）的《正义论》中的伦理学思想以公平正义为核心，创新了“正义”概念的内涵，使之具有了要求制度设计保护弱小一方的含义。这些学者的伦理思想的主要内涵是倡导人的权利、自由平等、民主、公平正义、道德自律等原则，从而为现代西方传媒概念的基本内涵——追求真相、新闻/信息自由、多样性、服务于民主和公共利益、公平、尊重隐私权、实行道德自律等，提供了理论基础。此外，法国社会学家埃米尔·迪尔凯姆（Emile Durkheim）的道德社会学思想，强调职业伦理的公共精神及作用、职业活动的伦理必要性等，这些与研究媒体伦理之内涵，也明显具有相关性。

在伦理思想的发展史上，马克思主义的经典作家阐述了马克思主义的伦理学思想，将道德作为社会历史现象加以研究，揭示出道德发展受社会存在制约的规律，并强调了道德实践在伦理学理论中的意义。

中国有关伦理道德的思想源远流长。有国际学者认为孔子和亚里士多德伦理思想均是“德性伦理学”（virtue ethics）。[8]但中国传统文化注重宏观思考，故长期未把伦理学作为独立的学科。早在殷商时期，就已出现诸如要求王者“敬德保民”这类带有伦理性质的理念，以及“孝”“悌”“敬”等道德范畴。到春秋战国时期，围绕人性的善恶、道德的起源、原则和评价等道德哲学基本问题，不同的思想流派提出了各自的伦理观点。其中，有道家主张“无为而治”，强调“返璞归真”的思想，有儒家突出强调“仁”“义”“礼”“智”“信”的思想，有墨家提倡“兼爱”的思想，等等。重视以礼仪道德制约人的行为是中国古代伦理思想留给后世的遗产。但只有摒弃其中的封建意蕴、等级观念，才能有益于现代社会的伦理学建设。

二、新闻职业伦理：奠基“传播伦理”概念的重要基石

“从人类文明历史的发展来看，伦理学的研究总是同人类社会的精神文明建

设密切相关的。”[9]作为伦理学一部分的传播伦理学的兴起同传媒业的崛起密切相关。传媒业的职业行为覆盖社会各部门、涉及各种利益关系，从而把一系列伦理道德问题，提上社会研究的议程。因而，新闻职业伦理成为“传播伦理”概念发展的第一块基石。

根据美国学者克利福德 • G.克里斯蒂安（Clifford G. Christians）的观点，传媒伦理的研究始于 19 世纪 90 年代[10]，他认为，“传媒伦理开始关注理论研究的时候，也正是实践本身变得颇受质疑的时候”[11]。在 19 世纪末 20 世纪初，美国曾因传统自由主义体制下的传媒“过度放纵”，出现一些如黄色新闻泛滥等的乱象，引发公众的不满。“而政府则扬言加以管束。为了防止政府借口‘治理’实施政治控制，……美国新闻界便积极倡导专业主义的内部规范和自我约束。于是，媒介伦理以自律的方式发展起来。”[12]再追溯历史，在廉价报刊时期，一些报人和学者就曾开始强调报纸的独立性，体现出初步的新闻职业理念。

1874 年，首个倡导传播伦理的行业团体——瑞典宣传家俱乐部（The Publicists' Club）成立。它旨在建立报业的职业标准，以便维护新闻业的尊严，使之恪守其责任。1889 年威廉 • 塞缪尔 • 利利（William Samuel Lilly）发表《新闻业的伦理》，将对报业的批评直接与伦理原则联系起来。[13]传播伦理进入学界的研究视野。步入 20 世纪后，越来越多的业界及学界专家论述传播伦理，体现伦理观念的信条纷纷出现。在这些早期的相关论述和信条中，已包含西方传媒伦理的一些基本理念，包括对新闻从业者的职业操守要求，对传媒业的责任界说（承担公共责任、发扬民主、启迪民众、推进公正等），对新闻自由、公正公平等的价值追求。

传播伦理思想和概念的发展，离不开规范性的传媒理论。从理论上系统地表述新闻职业伦理的，是问世于 20 世纪 40 年代末的“社会责任论”。根据英文版《传播学国际大百科全书》（*The International Encyclopedia of Communication*，2008 年）中的“新闻伦理学”条目，“民主国家新闻伦理学的最普遍的形式是社会责任论”[14]。社会责任论认为新闻自由是附有义务的道德权利，它必须同公民的个人权利和社会公益相平衡，传媒业主与从业人员有义务“确保所有值得公众倾听的意见必须让公众倾听”[15]。由此，“新闻自由”的内涵明确地与道德义务联系在一起。社会责任论还提出了“积极自由”的概念，这可说是在提请社会关注弱小方小人物难以使用到传媒从而难以使用其表达自由行动权限的现实。随着社会责任论的传播，西方开始把“社会责任”的理念深深嵌入传播伦理之中。

20 世纪 60—70 年代，电视业在世界上迅速发展，大众传媒对社会的影响日益加大，与此同时，传媒之间竞争加剧，商业利益与社会利益的冲突日益激烈，媒体面临的道德伦理困境逐渐增多，促使人们更多地关注传媒伦理、传媒业自律。

订立行为规范的传媒机构随之增多。20 世纪 80 年代以来，传播伦理的研究范畴和概念均得到更新与拓展。在美国，克里斯蒂安把这一时期看作传媒伦理学的复兴时期。[16]在世界范围内，联合国教科文组织发布《多种声音，一个世界》的报告（1980 年），倡导公平、文化多样性、民主、自由等信息流通理念，将对传播伦理的认识置于全球的、跨文化的视野下。在欧洲，欧盟的传媒政策追求传媒多元主义，其背后的价值观也与传媒伦理不谋而合。在这一阶段，女性主义伦理学研究的发展、网络传播伦理的兴起也拓展了传媒伦理的概念。

由于历史原因，中华人民共和国成立后系统的传播伦理研究兴起于改革开放时期。但是，早在 19 世纪晚期，中国就已开始出现对传播伦理的探索。当初，不少有识之士自办报刊，传播伦理开始被视为一种职业伦理逐渐得到关注，一些报人、学者（如王韬、梁启超等人）发表了对新闻职业道德伦理的看法。五四运动前后，一些新闻学者（徐宝璜、邵飘萍、任白涛等）开始在专著中用部分文字或章节对传播伦理进行论述，显示出求真、求独立，崇尚公共性，权利与义务相伴随等伦理理念。

中华人民共和国成立后，规范性的新闻理论长期强调为人民服务、新闻报道真实性等新闻伦理的相关理念，但系统的传播伦理研究的兴起并成为专门的学科领域，则发生在改革开放时期。据考证，1979 年复旦大学《外国新闻事业资料》上的译文《新闻道德的准则》，“首次将新闻职业道德引入我国新闻学研究中”。[17] 20 世纪 80 年代，出现了一批关于新闻伦理的文章，以及一系列收纳新闻/媒体伦理学词条的工具书。进入 20 世纪 90 年代后，中国学界对传播伦理的理论研究快速发展，出现了从中国历史中和马克思主义思想宝库中挖掘新闻伦理思想的著述，也出现了系统的、综合研究的著作。

由于传播伦理学的规范性特征，总体说来，中国传播伦理学研究中，以建立传媒业和网络传播道德自律体系为归依的研究居多。进入 21 世纪以来，中国传播伦理以全新的态势发展，不仅研究增多而且议题、思路多样化，认识深化。传播伦理开始在不同的领域内被中国研究界探讨，包括广告伦理、商务传播伦理、健康传播伦理、网络伦理等，显示出概念涵盖内容的拓展。为适应改革开放形势下新闻工作发展的需要，《记者守则》（草案）（1981 年）和《中国新闻工作者职业道德准则》（1991 年）相继出台。《中国新闻工作者职业道德准则》后又几经修订。新近的 2009 年 11 月修订版共七条。这七条准则表明中国新闻伦理原则除了世界范围内共享的坚持新闻真实性，强调传媒人品德修养、遵纪守法和重视新闻同行交流合作外，还具有明显的带有中国特色的原则：将坚持正确的舆论导向视为新闻传播者的重要社会职责。而首重全心全意为人民服务，凸显传播党的主张与反映人民心声统一起来的理念，说明中国传播伦理原则的优先秩序与西方明显不同。可见，传播伦理概念除了有人类普遍共享的一面外，还有因不同的社会文化背景而异的一面。

三、数字化背景下的公民传播伦理

在传播伦理概念兴起的百余年间，其概念的内涵逐渐得到充实、更新。时代在发展，“当‘互联网星系’的发展使‘大众自传播’成为数字化时代社会公开传播中的突出现象时，人类社会很快观察和关注到了网络传播这一新兴的信息传播业中出现和隐伏的问题和失范危机”[18]。传播伦理概念获得进一步更新。

在西方，步入20世纪90年代后，学界逐渐增进了对公民自主传播中的伦理道德的重视。公民新闻学、社区新闻学的兴起进一步拓展了新闻伦理概念的内容，将倡导公民的更多参与和更加健康的公共生活包含在内。此外，“信息传播伦理”“社交媒体伦理”“赛博/网络伦理学”等新的概念纷纷被提出并纳入传播伦理的总概念中。传播伦理学中的“平等权利”概念拓展到了包含网络空间的平等权利，如倡导普遍接入/获得，反对全球数字化差距/鸿沟等[19]。另外，对渗透到不同的社会领域的传播活动中的伦理的研究，如“健康传播伦理”“商务传播伦理”等，推动了传播伦理概念的深化。

在中国，社会公开传播的行为主体由传媒业及从业人员扩大到广大公民，这一现实使学界也注意到公民的传播伦理的重要性。例如，陈昌凤的《互联网时代的传播伦理：从专业伦理向公民道德拓展——〈媒介伦理：案例与道德推理〉第9版读后感》一文提出了传播伦理的概念向公民道德拓展的论点，郭镇之的《公民参与时代的新闻专业主义与媒介伦理：中国的问题》一文结合中国的现实探讨了新的时代背景下传媒伦理的坚守与更新问题。

中外传播伦理研究的这些新发展，说明传播伦理正在新闻职业伦理的基础上向包含宽广的公民传播伦理的方向发展，公民伦理成为“传播伦理”概念发展的另一块基石。

长期以来，传播伦理概念的内涵主要指向和表述为传媒职业伦理。传播伦理的应有之义，本就比新闻/传播伦理宽泛得多。但是，时代在变化。当今数字化时代，面向社会公开进行传播者不再仅局限于专业的新闻人，公众也开始利用手中便捷的社交媒体和电子设备进行“大众自传播”，这一新现象也在一定程度上带来了新的传播伦理问题。

传播伦理学发展到今天，仅仅突出职业伦理的一面已经不足以为破解数字化时代的传播道德难题提供有效指导。当今的传播伦理学，有必要在新的高度向普通伦理学回归，将公民也作为道德主体纳入研究的范畴，不仅讨论职业媒体工作者在数字化背景下应该负有哪些道德责任和秉持怎样的伦理信念及原则，而且也探讨现已成为社会信息传播主体的公众怎样利用手中的“传播权”，呼吁公众规范自身的传播行为，倡导社会传播领域中公民的伦理道德建设。

注释

[1] 陈汝东：《传播伦理学》，北京：北京大学出版社，2006年，第8页。

[2] 〔美〕约瑟夫·斯特劳巴哈、罗伯特·拉罗斯：《今日媒介：信息时代的传播媒介》，熊澄宇等译，北京：清华大学出版社，2002年，第431页。

[3] 〔古希腊〕亚里士多德：《尼各马可伦理学》，廖申白译注，北京：商务印书馆，2003年，第3页。

[4] 〔美〕阿拉斯代尔·麦金太尔：《伦理学简史》，龚群译，北京：商务印书馆，2014年，第59页。中国大百科全书总编辑委员会：《中国大百科全书（精粹本）》，北京：中国大百科全书出版社，2002年，第1366页。

[5] 〔美〕阿拉斯代尔·麦金太尔：《伦理学简史》，龚群译，北京：商务印书馆，2014年，第190页。

[6] 张咏华、黄挽澜、魏永征：《新闻传媒业的他律与自律》，上海：上海外语教育出版社，2007年，第1页。

[7] 〔美〕克利福德·G.克里斯蒂安等：《媒体伦理学：案例与道德论据》，张晓辉等译，北京：华夏出版社，2000年，第15页。

[8] Robert S.Fortner & P.Mark Fackler（eds.），The Handbook of Global Communication and Media Ethics Volume I，Wiley-Blakwell，2011，p.3.

[9] 罗国杰：《伦理学》，北京：人民出版社，1989年。转引自李鹏涛：《改革开放以来我国媒介伦理的研究及其反思》，《伦理学研究》2007年第5期。

[10] 〔美〕克利福德·G·克里斯蒂安等：《媒体伦理学：案例与道德论据》，张晓辉等译，北京：华夏出版社，2000年，第12-20页。

[11] Glifford G.Christians，Review essay：Current trends in media ethics，European Journal of Communication，Vol.10，No.4，1995.

[12] 郭镇之：《公民参与时代的新闻专业主义与媒介伦理：中国的问题》，《国际新闻界》2014年第6期。

[13] 郑根成：《国内外传媒伦理研究的比较与启示》，《哲学动态》2009年第7期。

[14] Wolfgang Donsbach(ed.)，The International Encyclopedia of Communication，John Wiley & Sons，Ltd.，2008.

[15] Fred S.Siebert et al.Four Theories of the Press：The Authoritarian，Libertarian，Social Responsibility and Soviet Communist Concepts of What the Press Should Be and Do，University of Illinois Press，1963，p.100-101.

[16] 〔美〕菲利普·帕特森、李·威尔金斯：《媒介伦理学：问题与案例》第4版，李青藜译，北京：中国人民大学出版社，2006年，第2页。

[17] 郑保卫、樊亚平、舒纾：《我国新闻职业道德研究的历史与现状述评》，《新闻界》2008

年第 2 期。
[18] 张咏华：《传播伦理：互联网治理中至关重要的机制》，《全球传媒学刊》2015 年第 2 期。
[19] Cees J.Hamelink，The Ethics of Cyberspace，Sage，2000.

空间与关系的转换：在多维话语中理解“传播全球化”

杨瑞明

在传播学纷繁庞杂的语词丛中，“传播全球化”这一术语[1]，是研究者们在全球化语境下描述信息传播方式或发展态势，以及阐释社会空间与社会关系时广泛使用的一个概念。

自 20 世纪中后期以来，随着全球化研究渗透到人文社会科学的各个领域，全球化问题也进入了传播学的视野。尤其在国际传播、发展传播和跨文化传播等领域，“全球化”不仅是学者们关切的学术热点，也成为重要的研究议题和研究语境，催生了新的研究范式与学科术语。“传播全球化”这一术语和概念即出现在这一风起云涌的学术浪潮中[2]，并逐渐被吸收到人文社会科学的诸多领域。

从语言学的视角来看，中文“传播全球化”一词的构成，包含了“传播”与“全球化”两个语义单位，意为“传播的全球化”。由此，我们对“传播全球化”概念的界定与分析，可以从确定“传播”与“全球化”这两个概念的语义与内涵开始。

由于传播学是跨学科研究的产物，基于不同的研究取向和研究范式，不同的传播理论对于“传播”的本质和内涵有着不同的阐释。因此，半个多世纪以来，在传播学体系中还没有一个统一认同的对于“传播”这一核心概念的定义。比如，美国著名社会学家查尔斯·霍顿·库利（Charles Horton Cooley）认为传播是“人类关系赖以存在和发展的机制，是一切心灵符号及其在空间上传递、在时间上保存的手段”[3]。中国学者把传播的内涵界定为：“传播是一定社会结构与社会关系中的信息传递与知识共享行为。”[4]

而“全球化”一词，也同样是一个众说纷纭的概念，迄今在国内外学界还没有一个普遍认可的定义。英国社会学家吉登斯是较早提出“全球化”概念的学者之一，他推动了国际学界对“全球化”问题的广泛讨论，还促使“全球化”成为 20 世纪末期以来全球最为流行的一个术语。人们也常引用吉登斯早期对“全球化”的一个界定，即：“全球化可以被定义为，世界范围内的社会关系的强化，这种关系以这样一种方式将彼此相距遥远的地域连接起来，即此地所发生的事件可能是由许多英里以外的异地事件而引起，反之亦然。”[5]

然而，即使我们找到了上面几个比较恰切而权威的关于“传播”与“全球化”的定义，但由于这两个术语内涵的丰富性与复杂性，按照语言学的方法，我们依然很难仅仅通过把二者简单地综合或联结起来，就得到一个清晰地揭示“传播全球化”语义及其内涵的界定。

于是，我们试图从词源上追溯“传播全球化”一词的形成以挖掘概念的涵义。我们发现，如同建构传播学基础理论的许多核心概念一样，“传播全球化”这一术语也并非是传播学者“原创”，而是源自社会学、政治学和经济学等领域的社会科学家们对于“全球化”问题的探讨。这意味着“传播全球化”是一个与全球化思想相伴而生的概念。

同时，虽然在近 10 年国内外吐故纳新的传播与全球化著述中，我们尚未发现获得普遍采用的或权威性的有关“传播全球化”概念的定义。但沿着社会科学的历史脉络，梳理不同学科领域关于传播、媒介与全球化的思想、观念和表达，我们可以发现不同视角或不同理论框架下有关“传播全球化”的多元话语，并在这些话语中寻找对这一概念的理解与诠释。

20 世纪 70 年代末，“全球化”思想出现在西方经济学、政治学和社会学的视野，并逐渐漫延至整个人文社会科学领域。[6]应该说，20 世纪末西方的社会学及其“全球化”理论，成为最早产生“传播全球化”思维的“摇篮”。尤其以著名社会学家吉登斯、约翰 • B.汤普森（John B. Thompson）和曼纽尔 • 卡斯特（Manuel Castells）为代表，他们先后把传播和媒介纳入现代性反思及对于“全球化”和“网络社会”的考量中，形成了“传播是全球化重要动力”的理论话语，对传播学等领域的相关研究产生了重要的影响。

作为研究全球化的剑桥大学社会学家，吉登斯在 20 世纪 90 年代论述全球化问题时，虽没有具体提到传播和媒介，但在他对“全球化”含义的解释中，已隐含了对传播作用的认识。吉登斯认为：“世界范围内社会关系的改变显然是通过它们而得到强化的。”[7]在后来多次修订再版的《社会学》等著述中，他都专门从社会学的视角阐释了传播、媒介与全球化关系。[8]吉登斯敏锐地看到媒介在全球社会相互依赖关系中的角色，坚定地认为传播与媒介在全球化进程中“发挥了关键的作用”或“根本性的作用”[9]。当然，这不意味着吉登斯把传播视为人类社会连续更替或全球化浪潮的唯一动力，他强调传播和媒介是全球化进程中超越经济的力量，其意义在于说明传播是带来新的世界性社会关系变化、即“社会关系和社会制度的在时间和空间的重新定序”的关键因素。[10]

同为剑桥大学社会学教授的汤普森，也紧随吉登斯探究传播和媒介与现代性和全球化的关系。汤普森在 1995 年出版了《媒介与现代性：媒介的社会理论》（*The*

Media and Modernity: A Social Theory of the Media）一书，是较早把“传播”与“全球化”两个概念结合在一起、明确提出“传播全球化”（Globalization of Communication）这一概念[11]的学者。在这本著述中，汤普森指出：“在现代世界，传播的一个最显著的特征即是它发生的规模日益全球化。”[12] 他延续吉登斯现代性的全球化思想，认为现代媒介重塑了时间和空间，是促进全球化的一个重要力量，提出了“媒介化的全球化”的观点，即“全球化是一个过程，在这个过程中，世界范围内的经济、政治、文化和社会关系越来越多地超越时空的束缚而媒介化”[13]。

卡斯特是当代极富创见的社会学家之一，1996 年他推出的《网络社会的崛起》一书，以敏锐的思想、深刻的见解，得到了吉登斯的高度评价。卡斯特认为 21 世纪是一个由网络构建的具有全新意义的信息社会，其变迁的核心是信息技术革命带来了社会的重组，形成了复杂性、全球性的新形态的“网络社会”。而“网络社会是建立于信息和传播技术与社会整体之间的互动。网络社会是全球的”[14]。并且，信息的网络化的即时传递，改变了传统的时间和空间概念，“永恒的时间”和“流动的空间”是全球化在时间和空间上的表征。

对于传播与全球化这一复杂的历史现象的认识及其多元性的理论研究，今天依然处于不断深入的思考与争论中。虽然还有法国传播思想家阿芒·马特拉（Armand Mattelart）等认为传播全球化思想可以追溯到提出“地球村”思想的麦克卢汉、美国政治学家兹比格涅夫·卡济米尔兹·布热津斯基（Zbigniew Kazimierz Brzezinski）及“管理学之父”彼得·德鲁克（Peter Drucker）。[15] 但一些研究者则认为，经济全球化理论对传播与全球化研究也产生了较大的影响。全球化思想于 20 世纪中期出现“依附理论”，以及对世界经济贸易一体化问题的研究。他们认为所谓“全球化”，最重要的内容就是资本跨越任何障碍的自由流动，而所有的全球性的生产消费与文化传播都附着在全球化的资本运动之上。[16]

在传播政治经济学及传播政策领域的话语体系中，学者们认为在经济全球化的推动下，资本全球化和产品全球化带动了传播全球化的扩张，形成了“垄断性媒介产业和资本的跨国运动”[17]，如加拿大著名的传播政治经济学者文森特·莫斯科（Vincent Mosco）所指出的：“全球化指的是资本的空间聚集，它由跨国产业与国家主导，转换了资源与商品（包括传播和信息）的流动空间。”[18]而在国际传播、发展传播和跨文化传播领域，“全球化”是学者们最为关切的核心议题和研究语境，宏观性的批判学派思想再度获得重视。基于对跨国资本与全球传媒和信息流动影响的分析，以及面对全球化和新技术革命并未完全改变世界传播秩序不平衡的状况，对于“传播全球化”的批判性话语几乎占据了主导地位。学者们担忧西方传媒主导全球传播格局、大型跨国传媒的商业利益威胁着全球传播构建的“公共空间”，[19]并质疑传播全球化可能带来的文化冲突与文化“同质化”的后果。

此外，我们还发现，早在20世纪70年代中期，国际传播研究者的有关论文就使用了“全球传播”（Global Communication）这一概念讨论全球化对大众文化的影响。[20]虽然传播全球化并不是当时的主导性话语，但这一术语的出现，至少表明当时在社会科学领域“崭露头角”的全球化思维，也在传播研究领域泛起了涟漪。

进入网络数字化时代，全球传播空间的重构，推动着政治全球化的扩展[21]，改变了政治组织的本质和形态，将各团体的互动在全新的框架中连接起来，使远距离组织政治活动和实施政治权力的行为成为可能，并延伸了国际法律规则和国际法律机制的应用。[22]同时，国家政府纷纷制订全球传播战略，参与全球传播竞争的较量，展开世界政治“软权力”的博弈，并通过调整政策和规制，控制传播和信息的流动，争夺全球传播与舆论市场。为此，传播与国家的相互依存及其权力关系，呈现为描述和分析世界政治与全球传播秩序的核心话语。

由于互联网等传播技术促进了全球文化日趋多元、开放与共享，传播全球化的批判性话语正趋于平缓[23]，而文化与全球化的讨论则走向了纵深。其中达成共识的是：传播全球化带来的文化多元与文化冲突也是文化变革的动力，文化在开放、比较和竞争中将得到新的发展。在文化研究、人类学和历史学及考古学等的跨学科视野下，揭示全球化、媒介与文化身份认同的相互关系与变化[24]，也正在成为传播全球化一种新的叙事话语。

纵观以上对“传播全球化”的话语梳理，我们看到，传播全球化的过程和影响，牵动了社会、经济、政治与文化等诸多层面的变化。为此，学者们对传播与全球化的关系有不同视角的理解与阐释。如果说话语是概念、思想及其相应历史的语言表达，透过这些多维视野的话语表述，我们发现，传播所带来的各个社会层面的全球性变化具有多重性与交叉性，并关涉全球空间和社会关系乃至人际关系的变迁。于是，我们大致可以对“传播全球化”概念的内涵做这样一个界定：传播全球化是指人们在相互依存与相互制约的全球社会空间，进行信息传递和信息共享的互动过程及其不断超越时空限制的整体趋向。

注释

[1] 这里指中文“传播全球化”这一概念的词组，而不涉及英文Globalization of Communication词组的构成。

[2] 同时出现的同类术语还有：“全球化传播”“全球传播”“媒介全球化”“信息传播全球化”等。

[3] 〔美〕斯蒂芬·李特约翰：《人类传播理论》，史安斌译，北京：清华大学出版社，2004年，第7页、第13页。〔美〕威尔伯·施拉姆、威廉·波特：《传播学概论》第二版，何道宽译，北京：中国人民大学出版社，2010年，第3页。

[4] 刘海龙：《中国语境下“传播”概念的演变及意义》，《新闻与传播研究》2014年第8期。

[5] 〔英〕安东尼•吉登斯：《现代性与自我认同：现代晚期的自我与社会》，赵旭东、方文译，北京：生活·读书·新知三联书店，1998年，第154页。

[6] 〔法〕阿芒·马特拉、陈卫星译：《传播全球化思想的由来》，《国际新闻界》2000年第4期。

[7] 〔英〕戴维·赫尔德等：《全球大变革：全球化时代的政治，经济与文化》，杨冬雪等译，北京：社会科学文献出版社，2001年，第1页。

[8] 〔英〕安东尼·吉登斯：《社会学》第五版，李康译，北京：北京大学出版社 ，2009年，第488页、第508-509页。

[9] 陈韬文等编：《与国际传播学大师对话》，北京：中国人民大学出版社，2011 年，第60页。

[10] 陈韬文等编：《与国际传播学大师对话》，北京：中国人民大学出版社，2011 年，第55页、第56页。

[11] John Brookshire Thompson，The Media and Modernity：A Social Theory of the Media，Stanford University Press，1995，p.149.

[12] 〔美〕特希·兰塔能著：《媒介与全球化》，章宏译，北京：中国传媒大学出版社，2013年，第21页。

[13] 陈韬文等编：《与国际传播学大师对话》，北京：中国人民大学出版社，2011 年，第20页。

[14] 同[6]。

[15] 杨金海：《全球化研究的历史、现状和热点问题》，《哲学研究》1999年第11期。

[16] 杨瑞明：《传播全球化：西方资本大规模的跨国运动》，《国际新闻界》2001年第2期。

[17] 陈卫星：《传播全球化的象征秩序》，《中国传媒报告》，邵培仁主编，2004年第5期。

[18] 〔加〕文森特·莫斯科著：《传播政治经济学》，胡正荣等译，北京：华夏出版社，2000年，第199页。〔美〕理查德·A.格申：《跨国传媒公司与全球竞争的经济学》，〔美〕叶海亚·珈摩利珀编著：《全球传播》，尹宏毅译，北京：清华大学出版社，2003年，第35页。〔美〕爱尔弗丽德·弗林茨：《公司扩张、文本扩张：传播的商品化模式》，金冠军等主编：《国际传媒政策新视野》，上海：上海三联书店，2005年，第85页。

[19] 鲁曙明、洪浚浩主编：《传播学》，北京：中国人民大学出版社，2007年，第488页。

[20] Hidetoshi Kato，Global instantaneousness and instant globalism—the significance of popular culture in developing countries，in Wilbur Schramm & Daniel Lerner（eds.），Communication and Change：The Last Ten Years and the Next University Press of Hawaii，1976，p.253.

[21] 〔美〕门罗·E.普莱斯：《媒介与主权》，麻争旗等译，北京：中国传媒大学出版社，2008年，第3页。

[22] 杨瑞明：《全球化时代的传播与国家权力》，《国际新闻界》2002年第6期。

[23] 洪浚浩主编：《传播学新趋势》，北京：清华大学出版社，2014 年，第 166 页。

[24] 贾英健：《全球化研究的文化转向及逻辑意蕴——论罗伯森的全球文化系统理论》，《石油大学学报·社会科学版》2004 年第 5 期。〔美〕特希·兰塔能：《媒介与全球化》，章宏译，北京：中国传媒大学出版社，2013 年，第 25 页。

建构与消解：“批判学派”概念的变迁

胡翼青　陈如歌

当前在各种传播学教材或专著上，“批判学派”的“出镜率”相当高。就研究风格和学术出发点而言，传播学相对地被人们划分为经验学派（Empirical School）与批判学派（Critical School）两大类，似乎已经有了一定的共识。但即使这样，“批判学派”这个名词的内涵与外延也并非那么容易准确表述。事实上，在中国传播学的发展进程中，这个概念一直处于不断地变迁之中。

如果回到发生学的语境，那么“批判学派”当然与“批判”一词是有关的。Critical 一词源自古希腊语 Krinein，即分开或分辨，并没有负面批判或批评的意思。在现代英语中，有 5 种常见的解释：①表达相反或不赞成的评论或判断；②对文艺、音乐或艺术作品的优缺点进行分析评论；③（环境或问题）有潜在的危险，危急关头；④数学或物理学术语：从一种态势向另一种态势转化的状态，即临界状态；⑤（核反应或燃料）维持自持链式反应。[1]其中前两种均与“批判学派”相关联。

一般认为，在学术上使用“批判理论”一词的是法兰克福学派，是这个词使法兰克福学派及其他西方马克思主义理论被看作是批判学派。1937 年，霍克海默在《传统理论与批判理论》一文中第一次使用了“批判理论”这一概念。在霍克海默看来，传统理论和批判理论的最大差别在于，前者是一种肯定性和顺从性的理论，而后者是一种否定性的理论。霍克海默宣称“人类的未来依赖于现存的批判态度”，因此“真正的理论更多的是批判性的，而不是肯定性的”[2]。然而将批判理论与批判研究这个说法发扬光大并获得真正认同的是拉扎斯菲尔德。1941 年，他在法兰克福学派的杂志《哲学与社会科学研究》上发表了《论管理的和批判的传播研究》，行政研究与批判研究二元对立的格局就此逐渐成形。对于这篇文章，尽管许多学者认为拉扎斯菲尔德的主要用意是强调批判研究的价值，强调两种研究传统相互补充，“具体地说，就是用批判学派的眼光提出课题，用管理学派的逻辑加以证明”[3]，但传播学二元对立的学科结构却因此奠定。“批判学派”就此成为一种观念上的存在。从此，那些以马克思主义社会批判理论为指针，以否定当前传播格局、传播秩序与传播技术的合法性为旨归的研究学派均被称为批判学派。该学派被用来指称以达拉斯·斯麦兹（Dallas W. Smythe）、席勒为代表的北美传播政治经济学和以赫伯特·马尔库塞（Herbert Marcuse）、列奥·洛文塔尔（Leo Lowenthal）、弗兰茨·纽曼（Franz Newman）为代表的留在美国的法兰克福学派成员。

对于马克思主义理论主导的中国而言，批判学派的被认知是一个艰难而漫长的过程。尽管在改革开放后不久，席勒等学者的研究已经被相当系统地介绍到了中国，但对于这些研究在传播学史上的意义，中国学者在当时并不太了解。林珊是中国第一位翻译传播学批判学派作品的学者。1979 年，《国际新闻界》第一期第一篇就刊登了林珊摘译的美国传播学批判学派学者席勒的《新闻工具与美帝国》；除此之外，林珊还组织中国人民大学新闻系师生于 1986 年翻译了《传播媒介的垄断——一个触目惊心的报告：五十家大公司怎样控制美国的所见所闻》一书。但很显然，林珊等并没有凸显或强调这是传播学批判学派的研究。当时有一部分学者认为席勒等人所做的研究就是我们在中华人民共和国成立以后一直在做的马克思主义新闻学研究。“批判学派”在当时的中国既没有“名”，也没有“型”。对此，刘海龙用“失踪”一词概括了 20 世纪传播学引进中国的第一个 10 年批判学派隐蔽的学术形态。[4]

20 世纪 80 年代中期以后，在张黎、郭庆光和王志兴等学者的文章中，开始出现“批判学派”这一概念。但在此时，“批判学派”就是指西欧的传播研究，以对应美国传播研究。在《美国和西欧传播研究的现状》一文中，张黎详细研究了 20 世纪 60 年代以后西欧的大众传播研究，认为它的特点是：主张用整体化的方法研究传播学；更喜欢采用多种方法相结合的研究路径；较少对读者调查进行连贯和积累的研究。在文章开篇，张黎就将西欧传播研究分成四个流派：法兰克福学派、政治经济学派、垄断理论学派和社会-文化学派。不过随着行文的深入，张黎开始将这四个学派统为一体：“上述四个学派研究的侧重点不同，但总的来说，都属于马克思主义的批判传播学派，思想倾向上有共同之处。”因此，她认为：“国际范围内传播研究大体上分为两大学派，一派是以美国为基地的传统传播学派，他们自称为经验学派，认为自己的研究注重经验和实证，是站得住脚的。批判学派称他们为行政学派，认为他们是维护当前行政当局的统治的。另一派是以西欧为主要基地的批判学派。”[5]王志兴在《欧洲批判学派与美国传统学派的分歧》一文中指出：“所谓欧美学派的分歧，确切地说应该称为‘批判学派’与‘传统学派’的分歧。欧洲大陆是批判学派的发源地和主要基地，但批判学派并不限于欧洲。在加拿大、日本、澳大利亚等国家，批判学派也很有势力。美国学者中也有一些批判学派。所谓‘传统学派’，又称‘经验学派’‘经营管理学派’‘正统学派’等，是相对批判学派而言的，指美国占支配地位的传播学研究流派。为了理解的方便，本文采用欧洲批判学派和美国传统学派的提法。"[6]直到李彬 2003 年写的《传播学引论（增补版）》，还采用这样的表述："除了经验学派，传播学领域还有一大学派，那就是以欧洲为典型的批判学派（Critical School）。20 世纪 60 年代以前，传播学的研究一直都是经验学派一统天下。后来，欧洲的批判学派异军突起，才打破了这种一枝独秀的局面，形成了两家分庭抗礼之势。"[7]他们都没有注意到美国的批判传统和欧洲的经验传播学研究，更没有注意到不同批判理论之间不可逾越的鸿沟。

批判学派在当时被简单地理解为对美国主流传播学进行否定和攻击的传播思想。现代汉语中，"批判"一词最常见的释义是，对被认为是错误的思想或言行批驳否定。若将"批判"与"学派"连用，就很容易地被人们认作是"对错误思想进行批驳否定的学术流派"。因此"批判学派"的内涵中暗示着这类研究的攻击性和揭露性，一种反美国话语霸权和知识霸权的立场。1989 年，林珊为《权力的媒介》一书中文版作序时指出："我认为，这本书是近年来西方新闻传播学批判学派的一部较好的著作，……他们注重资本主义现实问题，批判资本主义制度的'缺陷'，剖析资本主义社会的'病情'，并提出一些比较具体的'医治处方'；……坦率承认现存的弊病，并加以揭露和批判，比起那些维护资本主义社会的'正统学者'来说，他们独树一帜，重'破'轻'立'，尖锐有力，因而更加发人深省。"[8]从《新闻工具与美帝国》到《权力的媒介》，可以看出，林珊一开始引介这一系列批判学派作品的目的是揭露美国所谓客观公正的新闻制度事实上是美帝国的政治工具。她对"批判学派"的理解是从中国的政治立场出发的，在对西方资本主义制度进行抨击的同时，赋予了"批判学派"某种"左"的意识形态色彩。

然而，不管是林珊这样的资本主义新闻学的批判者，还是张黎这样有过美国访学经历的美国主流传播学的拥护者，他们都没有意识到对批判学派的介绍是一个简单化和标签化的过程。批判学派就这样以美国主流传播学的欧洲批评者的形象进入了中国学界。爱德华·沃第尔·萨义德（Edward Wadie Said）曾经说过："观念一旦因其显而易见的效用和力量流布开来之后，就完全可能在它的旅行过程当中被简化，被编码，被制度化。"[9]萨义德对观念流变的阐述恰好也适用于形容"批判学派"这一话语在中国学界登陆后发生的一切。这个概念在 20 世纪 80 年代简化成这样的内涵：与美国经验学派有着不同研究问题、研究方法和对立意识形态的欧洲传播学，通常以美国传播学为批判对象。

20 世纪 90 年代，批判学派是经验学派的对立面和批判者逐渐成为中国传播学者这一知识共同体的共识。与此同时，随着接触到越来越多的国外文献和国外学者，他们开始意识到，批判学派似乎是由很多学派构成的，而且还不仅仅在欧洲，在北美也有分布。其实早在 1986 年，王志兴就指出："所谓欧洲批判学派，其实也不是一个简单的整体。它实际上包括各种尝试、各种方法。也可以说派中有派。简单地把批判学派统统视为是源于法兰克福学派，是错误的。"[10]此后，在一系列代表性的教材中，批判学派被当作一个筐子，放入了各种传播研究学说。张隆栋在其编写的《大众传播学总论》中将批判学派分为：法兰克福学派；以彼得•戈尔丁、G.默多克等为代表的英国政治经济学派；以格雷姆斯希（葛兰西）、奥丢赛（阿尔都塞）等为代表的"思想统治"理论学派；以霍尔为代表的社会文化学派；以 C.赖特•米尔斯为代表的社会科学学派；以麦克卢汉、伊尼斯为代表的多伦多学派。[11]而段京肃则在《基础传播学》中将批判学派的主要派别阐述为：法兰克福学派；政治经济学派；垄断学派；社会-文化学派。[12]郭庆光在《传播学教程》中为读者介绍批判学派时，重点提及了批判学派中的以 G.默多克等为代表的政治经济学派，S.霍尔、D.莫利为代表的文化研究学派，A.葛兰西为代表的意识形态"霸权"理论，以及以法兰克福学派第二代旗手哈贝马斯为代表的批判理论。[13]

李彬是一个特别有代表性的例子。在 10 年中，他对批判学派的理解经历了从无到有并且逐渐具有结构性与历史性的过程。他在 1993 年的《传播学引论》中几乎没有提及批判学派。但自 1994 年以后，他先后发表了一系列有关批判学派的论文。早在 1994 年，他便认定了传播政治学和文化研究属于批判学派："60 年代的英国曾有两股学术势力，最早酝酿了传播研究中的这场翻天覆地的革命：一是累斯特大学所属大众传播学研究中心，以 G.默多克和 P.戈尔丁为代表的一批学者；一是伯明翰大学所属现代文化研究中心，以 S.霍尔为代表的一批学者。"[14]到 2003 年对《传播学引论》进行修订时，他用了两章的篇幅介绍各种批判学派的知识地图及他们的师承与系谱。该书的封底介绍了增补情况："'批判学派'——这也是增补的主要部分。批判学派与经验学派是传播学的两大学派，而第一版大多为经验学派的内容，对批判学派涉猎较少，增补版弥补了这方面的欠缺。"[15]

毫无疑问，20 世纪 90 年代中国学者对批判学派的理解变得更加深入，意识到它的多元性和差异性，尽管这并没有动摇经验学派与批判学派二元对立的话语秩序。然而，困惑也就由此产生：为什么一个学派之下还有那么多不太相干的子学派？批判学派有许多不同流派，那为什么还是一个批判学派？这些流派讨论问题的视角和方法大相径庭，为什么还会被归入一个学派？指称对象如此千差万别，批判学派这个概念真的可以成立吗？

随着 21 世纪信息革命的到来及互联网的普及，"批判学派"与"经验学派"

二元对立的学科版图开始被解构。20 世纪的话语遗留问题——批判学派中的各种学派取向的划分归类是否准确合理，受到了更多的质疑。实际上，后者与前者是紧密相连的，若是打破对学派或学科范式的划分规则框架，那么"批判学派"也就可以从话语秩序的牢笼中解放出来了。

2004 年，陈卫星的专著《传播的观念》问世，将传播学划分为经验-功能、控制论、结构主义方法论三个学派。[16]就在同一年，胡翼青在《传播学：学科危机与范式革命》一书中指出了技术主义范式正在崛起，并将传播学划分为经验主义、技术主义、批判主义三种研究范式。[17]一年后，陈力丹在其论文中也发表了不同于以往的声音：斟酌用词，"批判学派"之说，难以显示出所指学派的方法论特征，概括得过于笼统；"结构主义方法论"，体现不出该学派的另一个共同特征，即追究表象背后的权力因素。"经验主义"亦没有完整地表现出这个学派的方法论特征。技术主义的理论来源可以追溯到"三论"，特别是控制论。……使用"经验-功能""技术控制论""结构主义符号-权力"这样的表述，从方法论角度将传播学研究划分为三个学派。[18]这一新观点随后也在 2007 年成为其书稿《传播学纲要》中的一部分。

在二元对立的过程中，解构"批判学派"这一概念的声音变得越来越大：广义的批判学派包括许多不同派别，许多学术思想自成一家，无法为其命名，如果都将其归类为"批判学派"确实有失偏颇了。刘海龙认为，用"批判学派"这样一个大而化之的名称来指称众多理论，本身存在着不严谨之处，这个名称只是一个大致的区分，用来区别实证主义取向的经验学派。[19]胡翼青则陆续发表了一系列试图解构传播学二元对立的论文，明确地指出 20 世纪末学者们对"批判学派"概念建构的短板："正如我们不能轻率地把一个群体称为'官二代'或'富二代'一样，我们也不能把一群在研究角度和研究取向都不同的学者简单地称为一个'批判学派'，否则就会有贴标签之嫌。"[20]

"批判学派"这个名词的意义会因此被消解吗？这不好说。反正欧洲学者从来没有人在书写传播思想史时将欧洲的传播学称为批判学派。这是美国传播学话语霸权时代生产出来的名词，体现了美国传播学主流学派的傲慢与偏见，甚至有着冷战的色彩。当我们不再笼统地宣称批判学派，而只是说文化研究、传播政治经济学时，我们对传播理论的结构与历史会有更为清晰和准确的认识。但从另一个方面来看，"批判学派"又有其独特的生命力，因为它已然和必然是有助于书写中国传播学术史的重要名词。必须承认的是，在书写中国传播学走过的道路时，"批判学派"将是一个不可能被忘却的名词。

注释

[1] 牛津在线词典（Oxford Dictionaries），http://www.oxforddictionaries.com/definition/english/critical?q=critical.

[2] 〔德〕马克斯·霍克海默：《批判理论》，李小兵等译，重庆：重庆出版社，1989 年，第 229 页。

[3] 刘海龙：《传播研究的哥伦比亚学派及其批评者》，《国际新闻界》2010 年第 4 期。

[4] 刘海龙：《“传播学”引进中的“失踪者”：从 1978 年-1989 年批判学派的引介看中国早期的传播学观念》，《新闻与传播研究》2007 年第 4 期。

[5] 张黎：《美国和西欧传播研究的现状》，《新闻学刊》1986 年第 4 期。

[6] 王志兴：《欧洲批判学派与美国批判学派的分歧》，《新闻学刊》1986 年第 6 期。

[7] 李彬：《传播学引论（增补版）》，北京：新华出版社，2003 年，第 39 页。

[8] 〔美〕J.赫伯特·阿特休尔：《权力的媒介》，黄煜、裘志康译，北京：华夏出版社，1989 年，第 1 页。

[9] 〔美〕爱德华·沃第尔·赛义德：《赛义德自选集》，谢少波、韩刚等译，北京：中国社会科学出版社，1999 年，第 151 页。Edward Wadie Said，有萨义德、赛义德等多种译法。

[10] 同[6]。

[11] 张隆栋主编：《大众传播学总论》，北京：中国人民大学出版社，1993 年。

[12] 段京肃、罗锐：《基础传播学》，兰州：兰州大学出版社，1996 年。

[13] 郭庆光：《传播学教程》，北京：中国人民大学出版社，1999 年。

[14] 李彬：《略论批判学派的产生与发展》，《郑州大学学报（哲学社会科学版）》1994 年第 1 期。

[15] 李彬：《传播学引论（增补版）》，北京：新华出版社，2003 年，封底。

[16] 陈卫星：《传播的观念》，北京：人民出版社，2004 年。

[17] 胡翼青：《传播学：学科危机与范式革命》，北京：首都师范大学出版社，2004 年。

[18] 陈力丹：《试论传播学方法论的三个学派》，《新闻与传播研究》2005 年第 2 期。

[19] 刘海龙：《大众传播理论：范式与流派》，北京：中国人民大学出版社，2008 年，第 298 页。

[20] 胡翼青、吴雷：《谁是批判学派：对传播研究范式二元框架的批判》，《当代传播》2012 年第 3 期。

词语演变中的“大众传播”：从神话的建构到解构

胡翼青　梁　鹏

讨论新闻传播学名词，“大众传播”（mass communication）肯定是个绕不过去的概念。在中国传播学发展的30多年间，它和与之相关的“大众传播学”几乎成为这门学科最重要的概念，关于大众传播的研究一度就是传播研究的代名词。根据笔者对中国20本常用的传播学教材（包括被广泛采用的本国学者编写的教材与翻译引进的国外教材）所做的一项与大众传播相关关键词的统计，“大众传播”一词共出现2206次，仅逊色于“受众”的4547次和“媒介”的3425次。可见该词在传播学中的重要地位，它可以被看作传播学中最有显示度的核心概念之一。

与多数概念缺乏起码共识不同，“大众传播”自出现以来，在其描述性定义上并不存在太大分歧。“大众传播”一词源于“洛克菲勒研讨班”，据说1939年它第一次出现在洛克菲勒基金会社科部主管约翰・马歇尔（John Marshall）写给拉斯韦尔的信中，前者想用这个概念来统摄“洛克菲勒研讨班”研究的主题，并得到认同。此后，拉斯韦尔用“5W”模式分解了这个概念的组成部分，即传播者、传播内容、传播渠道、受众与传播效果。在总结了前人的观点以后，丹尼斯・麦奎尔（Denis McQuail）曾经给“大众传播”定义：“由专业化的机构和技术组成，利用技术设备为大量的、异质的、广泛分散的受众来传播象征性内容的活动。”[1]而在另一本被广泛认同的教材上，沃纳・赛弗林（Werner J. Severn）等人对大众传播的描述性定义进行了如下的陈述：“大众传播（mass communication）可以三项特征来确定：①它针对较大数量的、异质的和匿名的受众。②消息是公开传播的，安排消息传播的时间，通常是以同时到达大多数受众为目的，而且其特征是稍纵即逝的。③传播者一般是复杂的组织，或在复杂的机构中运作，因而可能需要庞大的开支。”[2]由此可见，对于大众传播是什么，美国学者的分歧似乎不大。中国也有大量学者为这个概念下过描述性定义，可以说是大同小异，没有本质的区别，可以看出他们之间的共识。在中国的各种教材中，大家普遍认为大众传播是一种信息传递的现象或过程，其传播主体应当是专业的传播机构，渠道通常是现代传播技术，传播的受体应当是不确定的为数众多的社会个体。

然而对一个词的内涵而言，描述性定义并不是全部。对于作为一种阐释性研究的人文社会科学，对于某个概念性质、功能和意义的把握才是研究的真正起点。如果从这个角度来说，大众传播这个概念大概是中国传播学30多年的发展历程中，演变最为迅速的概念之一。词语的演变过程，快慢不一，这与这个词所处的社会环境密切相关。正如威廉斯所说：“在某些情况里，这种演变过程的确是非常缓慢的。它需要几世纪的时间累积，才能蓬勃发展，表现出积极活力。在其他的情况下，这种过程可能非常快速，尤其是在某些重要的领域里面。在一个具有规模且活跃的大学里，以及在一个大变动的时期（譬如说，战争），这种过程可能异常快速并且极易被察觉。”[3]

“大众传播”一词在改革开放后不久正式登陆中国的学术界。当然在此之前，曾经以别的译名出现过，如1958年大众传播第一次被引入中国时翻译为“群众思想交通”[4]，但显然没有引起关注，“在20世纪上半叶和中叶，传播学曾经两次敲响中国学界的大门。由于传播学与当时中国社会的知识环境不太吻合，致使这两次引进意义上的波荡均没有形成显著的学术影响力”[5]。不过，当时的译名并不叫“大众传播”，而是叫“公众传播”。郑北渭在1978年第1期《外国新闻事业资料》上刊登文章《美国资产阶级新闻学：公众传播（mass communication）》；陈韵昭发表的编译文章《公众传播的研究》同样将大众传播译为“公众传播”，她在1981年曾经提到过“大众传播”：“在‘传’字后面还得加个‘播’字。在英语里，叫这做Mass Communication，也有人把它译作为‘大众传播’或‘公众通讯’的。”[6]而张隆栋在当时则把这个概念翻译成了“公众通讯”，在译介希伯特文章《公共通讯的过程、制度和效果》所作的序言中提到：“20世纪30年代以来，美国新闻界开始把报纸、杂志、广播、电视等统称为‘公众通讯工具’（mass communication也有人译为‘公众传播工具’‘公众宣传工具’‘公众交流工具’等等）。”[7]然而到了1982年以后，几乎所有学者都开始使用“大众传播”这一概念。根据刘卫东在1982年第一次全国传播学研讨会上所记的笔记，当时与会的不少学者已经在发言中广泛使用“大众传播”这个词。[8]张隆栋在1982年的《国际新闻界》杂志上还连续发表了题为《美国大众传播学简述》的文章，较为系统地向中国学界介绍了美国大众传播学研究。1983年，肖月发表了《大众传播定义》一文，并明确指出：“大众传播是职业传播者使用机械媒介，广泛地、迅速地、连续地传播信息，以期在大量的、各种各样的受众中唤起传者预期达到的意念，并试图在各个方面影响受众的一个过程。”[9]“大众传播”的称谓就此被广泛认可。

上述文献体现了当时中国学界对大众传播内涵的理解。正如张隆栋所言：“‘公众通讯工具’一词，已成为资本主义国家各种宣传工具的通称，也是掩盖报纸、杂志、广播、电视等的阶级性的，最流行的资产阶级新闻观点。”[10]在张隆栋看来，大众传播是“西方资产阶级新闻事业的新发展”。有趣的是，无论是张先生的同事林珊、姜克安，还是中国社会科学院的沈如钢和徐耀魁，抑或是复旦大学的郑北渭和陈韵昭，他们好像都非常赞成这个说法。

1982 年施拉姆访华后，这种观念又被再次强化。在北京的演讲中，施拉姆开篇就说：“这一次我们不是来作演讲，或是作什么报告，我们只是来同大家座谈。谈谈在西方世界传学研究是怎样开始的，是怎样同新闻学研究连在一起的。”[11]他强调在四大奠基人的时代过去以后，新闻学取向的传播研究是传学发展的第二个阶段：“这就是传学发展的第二阶段。总的来说，就是许多新闻系或广播系为了扩大研究范围，建立了和他们教学的系平等的研究所，以这些所为中心扩大对新闻的研究。……我要强调一点，这些研究所其实都是从新闻系或者新闻学院里派生出来的，而且做研究工作的人也都是原来研究新闻的学生。换句话说，支持这些研究所的力量还是新闻系和新闻学院。”[12]施拉姆论说的主题当然不是大众传播而是大众传播学，但他的演讲毫无疑问地强化了中国学者对大众传播的既有认识，即大众传播学的研究对象是美国的新闻业。

作为西方资产阶级新闻事业的大众传播观直接导致了两个后果，这两个后果很快就显现了出来：

第一个后果是奠定了以后整个新闻传播一级学科的名称和走向。在此观点的基础上，当时的学者创造出了一个概念叫“新闻传播学”。1986 年第二次全国传播学学术讨论会的主要成果便是确定了今后的工作任务：“努力建立中国式传播学理论体系。”由于考虑到大众传播学的提法难以被接受，就将之称为新闻传播学。“新闻传播学”的概念由此大肆流行，而“大众传播”的提法在国内却很少见；[13]同时，即使在观念转变后的今天，还有很多人把大众传播等同于新闻事业。在新闻学框架下对大众传播的介绍，使大众传播沦为新闻学的一个分支，从而使大众传播的内涵和外延越发狭小。

另一个后果可能有些沉重，当时曲线引介的策略之举，为后来传播学的曲折命运埋下伏笔。由于大众传播是西方的新闻事业，因此对它的研究就是一种资产阶级自由化意识形态的表现。在 1989 年以后，“‘大众传播学’，被明明确确地注上是‘资产阶级的学说’”[14]而受到公开指责和批判，一度曾导致相关研究完全停滞。好在这个沉重的后果在 1992 年邓小平南方谈话后便渐渐告一段落。

资产阶级自由化的批判使学者们更加严谨审慎地对待大众传播的研究，他们意识到学科独立性的重要意义。然而，在一切谋求学科独立的努力中，学科政治合法性的建构显得尤其重要。这就要求传播研究者放弃大众传播是资产阶级新闻事业的看法，不谈姓社姓资的问题，而是将大众传播的普遍性呈现出来。于是，对大众传播研究的去政治化成为当时学者们的主要工作，一种大众传播的“普适范式”渐渐浮出水面。这一过程在20世纪90年代中期以后随着一大批传播学教材的面世而完成。

在这些教材中，大众传播从“资产阶级新闻事业”变成了信息传播的一般形态，成为现代社会的必需要素。大众传播不再是“文化他者”，而是全人类日常生活中最主要的传播行为。这些定义甚至暗示：大众传播甚至“从来”都是人类最主要的传播行为。西方关于大众传播的“科学理论”，也完全可以应用于我国。大众传播学的评价也由“资产阶级新闻学”变成了一门研究大众传媒的普适性科学，从“批判吸收”到“无论是它贯穿的科学方法论，还是它所贡（供）奉的众多科学结论，都有很强的普适性”，甚至“西方传播学在世界观和方法论上，在诸多研究结论中，总有其不尽科学的成份（分）……这是不足为奇的现象，不能成为把传播学视为‘资产阶级货色’而弃之门外的理由”。[15]大众传播作为传播学最主要研究对象的地位一旦确立，大众传播学作为一门科学的普适神话便自然而然地被建构起来。

在此基础上，大众传播研究的本土化问题被提上了议事日程。无论是稍早的以孙旭培为代表研究中国古代传播现象的华夏传播论还是稍后的以张国良为代表的通过实证方法在中国当代验证西方传播理论假说的主张，都在事实上希望将中国的传播现象或者说传播经验纳入美国大众传播学的研究框架，使之成为价值中立的科学研究。张国良曾将孙旭培的本土化传播研究主张称之为“回到过去”的研究取向，对于该研究取向中的一些具体内容并不苟同：“中国传统文化中的一些内容已过时，例如大臣对皇帝委婉说话的技巧，那其实是古人在一种扭曲状态下的生存术，如今的中国已走上了社会主义民主和法制的道路，封建时代的政治和文化残余不应再有立足之地了。”[16]今天看来，更多人在用自己的实际行动支持和赞成张国良而不是孙旭培的路径。

仔细想来，如果从概念观和前提预设来看，张国良是默认了这样一个事实，即今天中国的新闻传播事业就是西方的大众传播，没有本质差别。而孙旭培的观念中，中国古代的传播现象与西方资产阶级新闻事业并不是一回事。因此从二者思想的碰撞中可以看出，大众传播已经从20世纪80年代学者头脑中“文化他者”自然而然地过渡为20世纪90年代传播学者头脑中人类传播的“普适范式”。不过吊诡的是，当学界在谈论一种所谓本土化的研究时，总是建立在文化多元主义的立场上，因为只有后者才能支撑其所谓的本土化的合法性。然而，中国传播学的本土化恰恰相反，它的提出建立在西方传播学普适性和文化一元化立场之上，是所谓的西方理论，中国经验。所以，这种奇怪的逻辑一直在阻碍着中国传播学的发展。

多元意义之下的传播本土化研究恰恰建立在大众传播的普适性概念基础之上。

这种逻辑显然不可能得到学界的长期认同，所以，关于大众传播是一种普适范式的神话一旦生成便面临着消解。与此同时，互联网的兴起提供了大家反思大众传播的起点。重新反思大众传播的内涵与边界立刻成为传播研究的新起点。21世纪以来的中国传播学术界全面展开了对大众传播内涵的反思，这些基于时间向度与空间向度的反思，已经基本解构了大众传播的普适性神话，并开始重新理解和建构大众传播的历史与空间边界。

在思想史的层面，研究者们基本在时间的维度上解构了传播生来就是大众传播的神话。大家开始意识到大众传播只不过是现代性发展史上意识形态国家机器社会控制的工具之一，它的产生与资产阶级意识形态统治紧密联系在一起，而且是一种生来具有“原罪”的社会控制技术。以美国为例，在进步主义时代，国内社会秩序解体，大众传播成为重塑统治秩序的社会控制工具，与之相伴随的是以自由为先导的民治主义思想的衰落；在两次世界大战期间，美国需要在世界范围内伸张自身的诉求，形成有利于美国国家发展的世界秩序，而大众传播又成为建构和维系不平等世界信息秩序的技术手段。美国的大众传播说到底就是战争和冷战的产物，也是维系这种观念的工具。正如单波指出的，美国大众传播研究不是“对人类传播现象的反映和概括”，而是当时美国学者“对人类传播实践的设计和开拓”。[17]

在理论结构层面，随着对互联网群体传播研究的逐步深入，学者们开始意识到大众传播只是一种特定社会结构与意识形态的产物，在不同的社会结构与意识形态中，传播可能有完全不同的样貌。随着社交化媒体的兴起，研究者们终于意识到大众传播只能存在于与之相互建构的政治、经济和法律的结构之中，它只能适应于社会控制的意识形态。以社交化媒体的传播来反观大众传播，可以清楚地看到大众传播的边界。与社交化媒体所实现的互联网群体传播相比，大众传播大概可以这样被描述：它有较为保守的意识形态取向，专业化大众传媒与国家有着千丝万缕的利益纠葛，它与主流意识形态或显在或潜在地具有一致性；它天然地建构一种二元对立的社会关系并因此造成下层社群对主流意识形态或积极或消极的反抗；它把传播简化为了效果问题。

有距离感地静观一个词语的变迁，实在是一项有趣的思想史研究。经过30多年的引进和学习，中国学者对大众传播的认识和理解始终因中国社会和文化环境的不断改变而改变。从受批判的“美国资产阶级新闻学理论的新发展”到脱去意识形态外衣的“过程”和“控制”，再到如今反思传播学中对其历史和社会边界的重新建构，大众传播的神话正在渐渐消散。但作为传播学曾经的核心概念，它依然是传播研究需要关注和研究的重点。

注释

[1] 〔英〕丹尼斯·麦奎尔：《麦奎尔大众传播理论》第5版，崔保国、李琨译，北京：清华大学出版社，2010年，第45-46页。

[2] 〔美〕沃纳·赛弗林、小詹姆斯·坦卡德：《传播理论：起源、方法与应用》，郭镇之等译，北京：华夏出版社，2000年，第4页。

[3] 〔英〕雷蒙·威廉斯：《关键词：文化与社会的词汇》，刘建基译，北京：生活·读书·新知三联书店，2005年，导论，第2页。

[4] 刘海龙：《中国传播研究的史前史》，《新闻与传播研究》2014年第1期。

[5] 王怡红、胡翼青主编：《中国传播学30年》，北京：中国大百科全书出版社，2010年，第3页。

[6] 陈韵昭：《传与传播》，《新闻大学》1982年第1期。

[7] 张隆栋：《公共通讯的过程、制度和效果（一）》，《国际新闻界》1979年第1期。

[8] 王怡红、胡翼青主编：《中国传播学30年》，北京：中国大百科全书出版社，2010年，第34-37页。

[9] 肖月：《大众传播定义》，《北京广播学院学报》1983年第1期。

[10] 同[7]。

[11] 宣伟伯：《传学的发展概况》，《新闻学会通讯》1982年第14期。

[12] 同[11]。

[13] 伍静：《中美传播学早期的建制史与反思》，济南：山东人民出版社，2011年，第121页。

[14] 童兵：《童兵自选集——新闻科学：观察与思考》，上海：复旦大学出版社，2004年，第70页。

[15] 项德生：《序言》，李彬：《传播学引论》，北京：新华出版社，1993年，第1-2页。

[16] 张国良：《中国传播学的兴起、发展与趋势》，张国良：《社会转型与媒介生态实证研究》，上海：上海交通大学出版社，2007年，第318页。

[17] 单波：《如何表现中国传播研究的智慧？》，《新闻大学》2008年第2期。

互联网治理：概念、演变及建构

章晓英　苗伟山

互联网治理，作为一个外来词，全球语境下它的概念是什么？它是怎么演化而来的？我们如何在中国与世界的互动关系中建构互联网治理体系？这些都是当前急需澄清的问题。

一、什么是互联网治理

“互联网治理”来自英文“Internet Governance”。该词常被误译为“网络治理”，易与“Network Governance”混淆。后者是公共政策领域的热词，指建立在资源相互依赖基础上的一种新的公共管理模式。“Network Governance”的正确理解应该是“Governing by Network”或“Network-based Cooperation”，相对应的中文翻译是“网络化治理”或“基于网络的合作”。

什么是互联网？美国互联网研究学者给予的定义是：互联网是全球数据通讯能力，这种通讯通过互联网协议（Internet Protocal，IP）、传输控制协议（Transfer Control Protocol，TCP）、域名系统（Domain Name System，DNS）和数据包路由协议把公共和私营通讯网络连接起来得以实现。[1]万维网的发明者蒂姆•伯纳斯-李（Tim Berners-Lee）于1990年把许多独立存在的计算机系统和操作平台结合起来，形成一个统一平台，本意是希望建立一个人们能够共享内容和相互协作的网络世界。然而，这个美好愿景遇到重重阻碍。有学者认为，信息资本主义驱动下的企业集中化是一大阻碍因素。[2]另有学者则认为，互联网牵涉“多方利益相关者”（Stakeholders），比如，在发送者层面，包括电子商务公司、软件制造商、电子媒介、大学和网民等；在内容层面，包括政府审查者、传媒界、公民自由主义者、通讯公司、金融服务公司、互联网服务供应商；在接收者层面，包括用户群体、学生和研究人员、非政府组织，发展中国家政府。这导致很多政策问题难以仅靠一方来解决，尤其是牵涉国际层面的问题，比如，发展中国家的网络入口、网络歧视、服务商竞争、真实性、域名登记、商标、内容规范条例、版权、传输标准和协议、付费政策、基础设施投资、治理权、互动等。国内政策问题可依靠政府统一管控，但国际层面的问题就需要通过“治理”来解决。[3]

什么是治理？加拿大互联网研究学者唐·麦克林（Don MacLean）对“治理”一词做如下阐述：在英语语言里，“治理”是一个古老的词汇，就像“公民社会”，曾经销声匿迹，但又死灰复燃，被赋予新的意义，并且广为传播。像“统治”（government）和“统治者”（governor）一样，该词源自拉丁文“gubernare”（掌舵）。把 governance 理解成“掌舵，而不是划船”反映了古罗马文化之根。[4]国际关系理论研究者认可“掌握”和“划船”这个区分，并进而发展了“国际体制理论”。国际体制指：在国际关系某一特定领域，符合国际角色一致期待的一系列或明或隐的原则、规范、规则和决策程序。[5]根据“国际体制理论”（International Regime Theory），由于互联网的无国界性质并牵涉多方相关利益者，互联网只能被“治理”（governanced），而不是被“统治”（governed）。互联网治理起到三个作用：一是技术标准化；二是资源分配和处置；三是公共政策的制定。[6]其最终目的是确保互联网以有序方式合理运作，造福大众。[7]

在中文语境中，“治理”有其独特含义。根据顾建平《汉字图解字典》的解释，“治”是个会意字。左边是形符“水”，表示治水，右边是声符“怡”，表示愉快。水得到治理令人愉快。本义是治理水，泛指治理、管理。[8]“理”是形声字。左边表意，表示治玉，右边表声，“里”是人们聚居之地，多依地形而建居，表示对玉加工也需依玉的纹理进行雕琢。本义是治玉，引申为纹理，根据纹理管理、办理。[9]

什么是互联网治理？2004 年，在日内瓦召开的信息社会世界高峰会议（World Summit on the Information Society，WSIS）制定的《日内瓦行动计划》第 6 章 13 条中规定：要求联合国秘书长成立互联网治理工作小组，制定出互联网治理的概念。[10]在这样的背景下，该小组制定了一个“几乎所有此类主题的研究论文都会引用的概念”[11]：

互联网治理是政府、私营部门和民间社会根据各自的作用制定和实施旨在规范互联网发展和使用的共同原则、准则、规则、决策程序和方案。[12]

尽管这是目前全球普遍接受的概念，但仍然有三点值得关注。第一，联合国互联网治理工作小组在界定这个概念时就明确指出，这是一个“工作概念”（a working definition），但学者认为其表述方式和核心内容上都与“国际体制理论”基本一致，仍以国家为中心，追求自我利益。[13]因此，有学者判定其是一个政治化的定义（a political definition）。[14]第二，此概念较为宽泛，似乎任何问题都能放进“互联网治理”这个框中。在这个界定中，互联网治理已经超越了基础设施层面，而旨在解决法律、经济、发展和社会文化等更加宏大的问题。[15]从深层次的角度探析，概念外延的拓展也体现了从互联网治理的思路、从技术社区之路径到公民社会路径的转变。[16]第三，从参与主体、行动目的和行为方式上看，此概念直接体现了“多方利益相关者治理模式”，[17]强调“共同原则、准则、规则、决策程序和方案”，即更倾向于协商沟通中所达成的共识，而非法律、法规、政策等强制性力量。

二、互联网治理的历史演变

互联网治理是一个发展变化的领域，将其看作动态的演变过程有助于从宏观层面把握整体的历史脉络。参照以往的研究，[18]本文将互联网治理分为建设期、推动期、普及期和治理期四个阶段。

第一，军事和政治背景下的建设期。互联网的起源具有浓厚的冷战背景，[19]1957 年苏联第一颗人造卫星 Sputnik 的成功发射，极大地刺激了美国。次年，美国国防部就成立了高等研究计划局（Defense Advanced Research Projects Agency，DARPA），设计由链接的指挥点建构的系统。1969 年，阿帕网（Advanced Research Projects Agency Network，ARPANet）诞生，并迅速扩充节点。1973 年英国和挪威的节点接入，标志着国际网络的产生。

基础设置建成后，注意力进一步转移到网络之间信息传递的标准和规则上。1974 年 DARPA 的罗伯特•凯恩（Robert Kane）和斯坦福大学的文顿•瑟夫（Vinton G.Cerf）提出了“TCP/IP 协议”，定义了在电脑网络之间传送报文的方法。1983 年，阿帕网各站点统一采用 TCP/IP 协议，这被视为是全球因特网诞生的标志。

第二，科技和教育的接棒推动期。20 世纪 80 年代中期，美国各大高校和研究机构为满足研究的需要，陆续建立超级计算机中心。1986 年，美国国家科学基金会（National Science Foundation，NSF）组建了链接这些计算机中心的主干网络，以便于研究人员查找信息和分享成果，这就有了 NSFNet。

最早的 NSFNet 采取三级结构的广域网络，各个主机通过校园网、地区网和主干网，继而通过信息高速公路与 ARPANet 链接。随着 NSF 的大力投资，各大高校、科技机构及商业机构的研发部门纷纷将局域网并入 NSFNet。1989 年 ARPANet 关闭，NSFNet 成为互联网的主干网络。

第三，商业逻辑驱动的普及期。20 世纪 90 年代以后，商业力量的触角逐渐延展到这个领域。1991 年，美国的三家公司开始运行私营网络，向社会大众提供商业用途的互联网。1995 年，NSFNet 宣布停止运作，转为研究性网络，代替它运行互联网骨干网的是经美国政府指定的三家私营公司，这标志着互联网的商业化正式拉开序幕。

在商业化的过程中，资源的管理分配是核心逻辑。DNS 的管理过程充分体现了政治和商业的博弈，1994 年美国国家科学基金会将 DNS 委托给商业公司管理，遭到强烈反对。1997 年，美国政府出面，正式将 DNS 交予美国商务部。1998 年，这场争议以互联网名称与数字地址分配机构（The Internet Company for Assigned Names and Numbers，ICANN）的成立而暂时告一段落。

第四，社会发展中的治理阶段。在商业化力量的推动下，互联网深深嵌入了社会生活的方方面面。由此带来的问题远非政府或者单个组织能解决，这需要社会各方的协商合作。这个阶段标志性的事件就是 WSIS 的成立。

尽管 WSIS 致力于建设一个以人为本、具有包容性和面向发展的信息社会，但其本身也是一个折中的产物。一方面它致力于推进多方利益相关者的协商，如倡导成立互联网治理论坛。另一方面，它的主要负责人又由联合国互联网治理工作小组的秘书长直接任命并向其汇报，后者在很大程度上受制于美国。总体来说，WSIS 在很大程度上是对以美国为代表的 ICANN 的牵制和制约。

通过这样的历史回顾，学者们发现，过去“治理”被直接等同于“统治”，[20]互联网治理曾被认为是国家和传统政策机构所负责的事务，[21]而将之理解成多元主体协商仅是近期才出现的。

在互联网治理的发展过程中，我们可以看到各种力量以或明或隐的方式进行着动态博弈，这其中的竞争、冲突、妥协与合作体现了以互联网为核心的社会权力的复杂性和丰富性。

三、建构互联网治理体系

互联网治理关涉以下基础问题：什么内容（what-issues）：这个领域哪些议题是大家关心和讨论的？哪些主体（who-actors）：哪些行动主体参与了互联网治理？相互关系是什么？如何行动（how-processes）：如何展开行动，其原则或模式是什么？在哪里行动（where-scopes）：行动应该在哪个范围和区域内展开？

（一）治理议题

正如前文指出的，联合国互联网治理工作小组对互联网治理做了一个相当宽泛的界定，将其变成一个无所不包的大海绵。因此，接下来的问题就从“什么样的议题属于互联网治理”转移到了“以什么样的方式来组织这些议题”，或者说，我们应该设计一个什么样的框架来“放置”这些议题，从而建构互联网治理的全景图。

这个问题的重要性不亚于对于议题的甄别，这种整体性框架的架构体现了统筹思维，反映了研究者将以什么样的方式将这些议题勾连、整理和归类，从而建构出不同的研究路径。目前的研究大多采取分层模式，将互联网治理的议题归置到基础设置、标准、内容和社会等几个层面中（见表 10）。

表 10　互联网治理的议题层次

社会层面	国家信息安全、网络赋权、网络空间人权、网络隐私、网络犯罪、电子政府、数码鸿沟……
内容层面	电子知识产权、网络图书馆、垃圾邮件、网络视频、社交网络、移动互联网、网络交易……
技术层面	互联网名称和数字地址、互联网域名系统、网络数据交换规则、根服务器运作与管理、云计算……
基础设施层面	光纤宽带、ADSL 宽带、无线网络、全球移动通信系统、通信卫星……

这样的分类一目了然但过于简单，潜藏着一些逻辑陷阱。例如，不同问题之间没有明显的界线和区分，正如 ICANN 的董事会成员沃夫岗·科纳沃茨特（Wolfgang Kleinwachter）教授指出的，技术问题也有政治影响，政治议题也存在技术背景。[22]因此，这种光谱式井然有序的排序方式并不完全符合实际情况。同时，同一个问题可以从不同层面进行研究。因此，未来的研究不是议题的简单罗列和分类，而应思考将问题放置在什么样的框架中，从什么样的学术视角和理论路径去理解与分析。

（二）治理主体

面临如此纷繁杂乱的议题，涉及的主体都有哪些？真正参与治理的又是哪些？进入治理过程的主体是否拥有同等的话语权？政府应该在其中扮演什么样的角色？新加坡南洋理工大学的汪炳华教授强调“Internet Governance”不等于“Internet Government”。[23]政府是否应该成为互联网治理主体中的核心角色，这并非一个不证自明的问题。主体的合法性和资格是这个领域的基础问题之一。[24]如果抛开这个问题，这个领域的研究就会陷入为政府加强互联网管控而背书的立场困境中。[25]

正如前文所述，在互联网的建设和完善阶段，政府起到了很大的推动作用。随着其商业化和社会化的发展，越来越多的相关方卷入其中。参考时任 ICANN 提名委员会主席乔治·萨多斯基（George Sadowsky）2014 年在 WSIS 上的发言，[26]见图 3。我们可以看到，政府在其中仅仅扮演了一部分角色。

（三）治理行为

目前国际上运行的是多方利益相关者治理模式（a Multi-Stakeholder Governance Model），旨在促进政府、商业、社会、国际组织、区域性组织、技术群体等利益

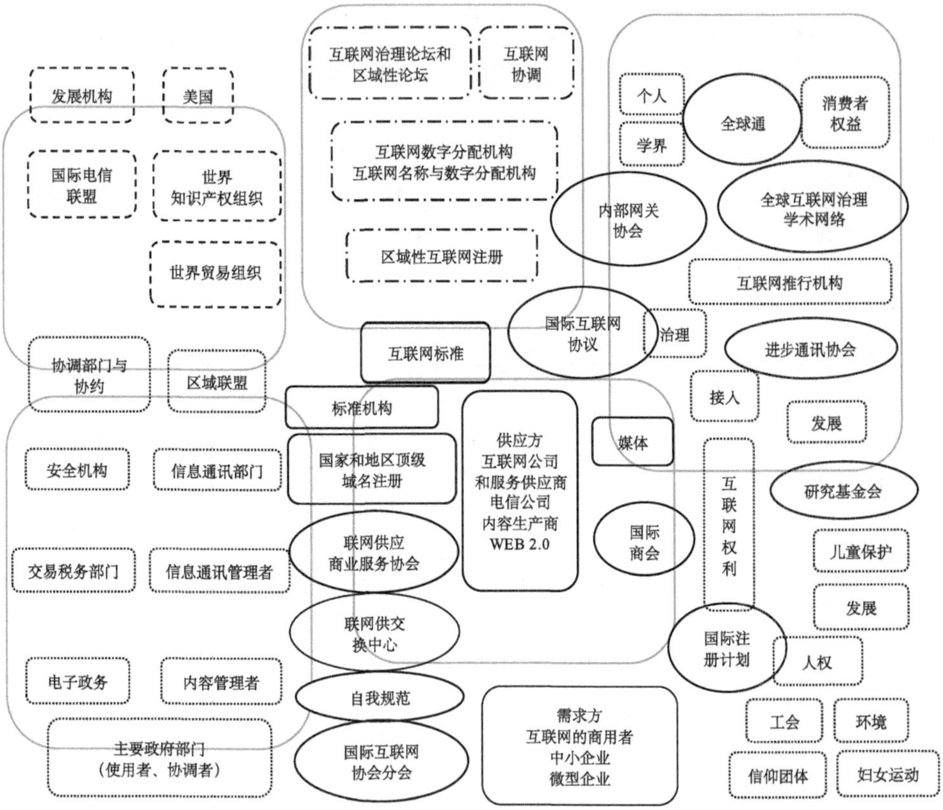

图 3　互联网治理中的各主体

关联者一起治理互联网中出现的问题，这有助于打破某种力量独大和霸权的局面。相关国际组织也纷纷采取不同方式，来保证这个模式的落实和运作，如联合国互联网治理论坛（Internet Governance Forum，IGF）专门成立了多方利益相关方专家组（Multi-stakeholder Advisory Group，MAG），互联网治理的中心机构之一 ICANN 称其多方利益相关治理模式是其组织架构的指导原则，见图 4。

尽管多方利益相关者治理模式是目前全球倡导的主流模式，但这个模式在具体的实践中也遭遇重重困境。正如汪炳华教授指出的，在互联网治理的过程中，所有国家都是平等的，但是一些国家比其他国家更加平等。[27]在实际运行中，话语权还是很大程度上被某些强权国家、商业组织等所左右。

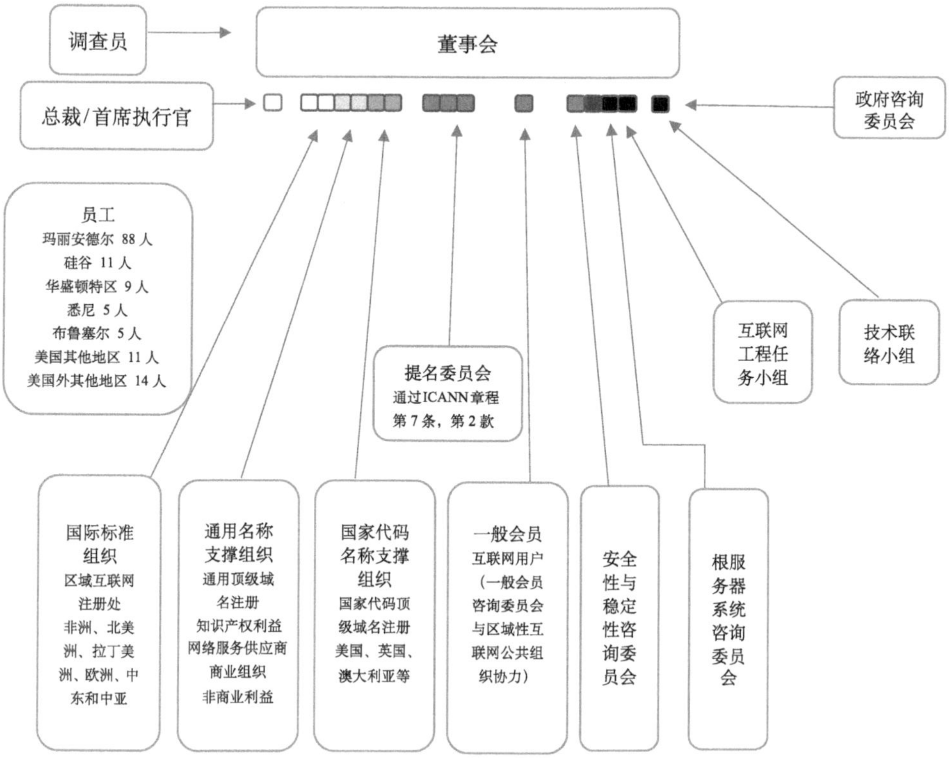

图 4　互联网名称与数字分配机构的“多利益相关者治理模式”[28]

（四）治理范围

互联网治理中遇到的种种问题应该在全球、区域、全国、本土哪个层面展开？这在地理纬度层面也是很有争议的。[29]争议的一方认为，互联网的本质是超越国界彼此连接的，在此基础上其治理应该超越传统的国家模型（nation-state model），因此提倡去国家化的全球治理。[30]

不同于这种自由主义的路径，争议的另一方则认为，当我们在不同的地理层面之间相互切换时，必须要考虑到诸如不同机构的准备程度、当地的实际情况、信息传播技术的使用等具体的问题。[31]

这种争议造成了多重矛盾。例如，发达国家和发展中国家，源于不同的现实国情和社会情景，虽然同样面对纷繁复杂的互联网问题，但是议题优先级并不相同。正如有研究指出的，互联网治理领域“总体呈现热闹景象，但缺乏共同、具体的目标，缺乏就‘关键问题’主动协调立场，达成共识”[32]。

全球化和本土化之间的张力在中国的现实语境中显得尤为突出，知名学者弥尔顿·米勒（Milton Mueller）用“两难境地”（a tiger by the tail）形容中国在互联网治理中的困境：全球化和互联网使得整个世界呈现出相互依存的现状，参与全球重要互联网资源共享共治的强烈愿望，对抗互联网去国家化自由主义（denationalized liberalism）的努力。[33]

全球化、区域化、全国和本土化，这个维度增加了互联网治理的复杂性，也提醒我们既要理解并不存在适合所有国家的治理方案，也不要陷入一国一议的极端情况中。

四、结语

本文以概念联结经验与理论，通过演变过程描摹历史脉络，最终建构出互联网治理的分析框架，以期中国能够携手世界各国，开启互联网共治的新时代，成为国际互联网治理体系的建设者、维护者和贡献者。在全球互联网秩序的变革之际，中国不仅应逐步将互联网治理常规化和制度化，更应该积极主动地与世界对话，分享经验，共筑未来。

注释

[1] John Mathiason，Internet Governance：The New Frontier of Global Institutions，Routledge，2009，p. xiv，6-23.

[2] Peter Golding&Grahan Murdock，Digital divides：Communications policy and its contradictions，New Economy，Vol.8，No.2，2001.

[3] 同[1]。

[4] Don McLean，Herding Schr dinger's cats：Some conceptual tools for thinking about internet governance，in Don Maclean（ed.），Internet Governance：A Grand Collaboration，UN ICT Task Force，2004，p.79-80.

[5] Stephen D. Krasner，Structural causes and regime consequences：Regimes as intervening variables，International Organization，Vol.36，No.2，1982.

[6] 同[1]。

[7] Milton Mueller，John Mathiason&Lee Warren McKnight，Making sense of “Internet Governance”：Defining principles and norms in a policy context，in Don Maclean（ed.），A Grand Collaboration，United Nations，2004，p.100-121.

[8] 顾建平：《汉字图解字典》，上海：东方出版社，2008年，第975页。

[9] 顾建平：《汉字图解字典》，上海：东方出版社，2008年，第1053页。

[10] WSIS，Plan of action，https://www.itu.int/dms_pub/itu-s/md/03/wsis/doc/S03-WSIS-DOC-0005!!PDF-E.pdf，Retrieved Dec 12，2014.

[11] Jeanette Hofmann，Christian Katzenbach&Kirsten Gollatz，Between coordination and regulation：Conceptualizing governance in internet governance，http://ssrn.com/abstract=2484463，Retrieved Dec 29，2014.

[12] Château de Bossey，Report of the working group on internet governance，http: //www.wgig.org/docs/WGIGREPORT.pdf，Retrieved Dec 12，2014.

[13] Jovan Kurbalija，An Introduction to Internet Governance，DiploFoundation，2010，p.5，30.

[14] 同[11]。

[15] 同[13]。

[16] Eric Brousseau&Marzouki Marzouki，Internet governance：Old issues，new framings，uncertain implications，in Eric Brousseau，Meryem Marzouki&Cécile Méadel（eds.），Governance，Regulation and Power on the Internet，Cambridge University Press，2012，p.368-397.

[17] Jean-Marie Chenou，Roxana Radu，Global internet policy：A fifteen-year long debate，in Roxana Radu，Jean-Marie Chenou&Rolf H. Weber（eds.），The Evolution of Global Internet Governance：Principles and Policies in the Making，2014，Springer，p.3-22.

[18] Kleinw chter W，The history of internet governance，http://african-ig-school.events.apc.org/wp-content/uploads/sites/2/2013/06/Durban.pdf，Retrieved Apr 4，2015.

[19] 同[1]。

[20] Gerry Stoker，Governance as theory：Five propositions，International Social Science Journal，Vol.50，No.155，1998.

[21] DeNardis L.，The emerging field of internet governance，in William Dutton（ed.），Oxford Handbook of Internet Studies，Oxford University Press，2013，p.555-575.

[22] Kleinw W.chter，WSIS and internet governance：Towards a multistakeholder approach，https://www.itu.int/osg/spu/forum/intgov04/contributions/kleinwachter-contribution.pdf，Retrieved May 24，2015.

[23] Peng Hwa Ang，The history of internet governance，http://2015.rigf.asia/wp-content/uploads/2015/07/APrIGF2015-APILP-1-PengHwa.pdf，Retrieved Jun 12，2015.

[24] 同[21]。

[25] David R. Johnson，Susan P. Crawford&John G. Palfrey，The accountable internet：Peer production of internet governance，the Virginia Journal of Law and Technology，Vol.9，No.9，2004，p.2-33.

[26] George Sadowsky，Internet governance：Challenges，issues and roles-a taxonomy disscussion，http://www.itu.int/wsis/implementation/2014/forum/agenda/session_docs/170/Sadowsky_Presentation_WSIS_2014_TaxonomyDiscussion.pdf，Retrieved May 21，2015.

[27] 同[23]。

[28] 本图根据互联网名称与数字地址分配机构（ICANN）官方网站中的机构设置和相关材料翻译绘制，https://www.icann.org/，2015 年 5 月 20 日。

[29] 同[16]。

[30] Milton L. Mueller，Networks and States：The Global Politics of Internet Governance，MIT Press，2010.

[31] George Sadowsky，Raul Zambrano&Pierre Dandjinou，Internet governance：A discussion document， in Don Maclean（ed.），Internet Governance：A Grand Collaboration，United Nations，2004，p.183-219.

[32] 李艳：《对互联网治理热潮的观察与思考》，《中国信息安全》2014 年第 9 期。

[33] Milton L. Mueller，China and global internet governance：A tiger by the tail，in Ronald Deibert，John Palfrey，Rafal Rohozinski&Jonathan Zittrain（eds.），Access Contested：Security，Identity and Resistance in Asian Cyberspace，MIT Press，2011，p.177-194.

框架效应

杜骏飞

框架效应是传播研究中产生歧义最多的关键词之一。20 多年来，研究者或致力于建立一种体系完备的“框架理论”（frame theory），或将框架分析视为一种研究范式（paradigm），或视之为一种研究视角。但对于“框架是什么”“框架分析是一种怎样的研究方法”等问题，学界仍然无法达成共识。

本文旨在揭橥“框架”（frame）这一概念的理论价值，及其进入传播学领域后的演化路径。

一、框架理论的起源与发展

“框架”这一概念源自 1974 年社会学家戈夫曼基于微观社会学角度的论述：对一个情境的定义，是建立在支配事件的组织原则与对事件的主观参与相一致的前提下。他用框架一词指称这些他能够识别的基本元素。[1]

根据戈夫曼在《框架分析：论经验的组织》一书中的论述，“框架”作为一种基础的认知结构能引导人们感知和重现现实。这一概念十分接近认知心理学中的“解读图式”（schema of interpretation），即人们对事物的理解和分析是以大脑中的已有观念和既有价值倾向为基础的。为了进行分析，戈夫曼使用经验/活动截片（strips of experience/activity）来描述被框架化的经验（framed experience）。[2]经验/活动截片指活动流中的一个自然或人为的片段、部分，能从参与事件的主体的视角中察觉到。

作为符号互动论的代表人物之一，戈夫曼的“框架”概念与其拟剧论（dramaturgical theory）的思想逻辑息息相关。拟剧论亦从符号互动论中发展而来，它认为，社会和人生是一个舞台，社会成员作为表演者致力于在众多的观众前塑造良好形象，这种过程被戈夫曼称为“印象管理”，而那些社会大舞台表演的依据或脚本就是表演框架。

戈夫曼强调框架的情景定义——人们依据习得的经验对情境进行定义并采取行动。从传播学的角度来看，框架是一个人际传播的媒介环境，主体的信息在通过这一媒介时被社会的规范所把关，而对话者所传递的信息会被这一媒介部分过滤。[3]戈夫曼所讲的“框架”实际上来自内化了的社会规范，一种自我化的情境定义。

在戈夫曼的启发下，框架学说在管理和组织研究、社会运动研究、媒介研究等方向上不断获得发展。[4]管理和组织领域的代表丹尼尔·卡尼曼（Daniel Kahneman）和阿莫斯·特沃斯基（Amos Tversky）关注不同架构下的行为影响。社会运动研究领域的代表戴维·斯诺（David A. Snow）把戈夫曼的框架整合（frame alignment）概念运用于社会运动微观动员过程的分析。[5]在本文中，我们将重点讨论与媒介和传播研究相关的框架分析（如图 5）。

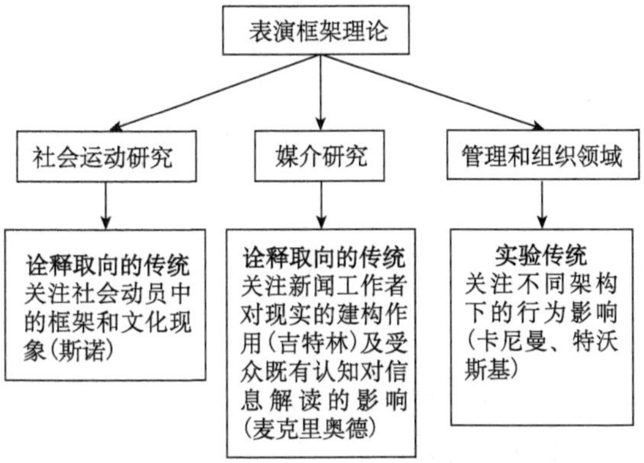

图 5 框架理论在不同学科中的发展

二、媒介框架与个体框架

（一）媒介框架

框架概念在传播研究领域主要沿着两条路径发展。第一条路径是关注新闻工作者在组织新闻文本时，其自身所蕴含的一系列准则。相关研究虽聚焦新闻文本，但实则关注文本背后的社会权力关系，即迪特拉姆·薛佛乐（Dietram A.Scheufele）所指的媒介框架（media frames）。

例如，托德·吉特林（Todd Gitlin）承接戈夫曼的思想，认为：框架是选择、强调和呈现的准则，它是由几乎毫无暗示的，关于存在着什么、发生了什么和有什么意义这些问题上进行选择、强调和表现时所使用的原则组成。[6]他分析了新闻报道中隐藏的框架对受众的影响。“当一新闻记者在选取信息、制定新闻角度、撰写报道时，无形中为此事件设定了框架。这个理论通常论述新闻事件的显著性（salience），记者在建构一篇报道时，会尽力显现事件的重要性，……这个过程也影响了受众对此事件的认知和判断，根据此理论，框架是一连串建构受众对社会认知的规则。”[7]

吉特林所用的“显著性”只涉及媒介框架的部分维度，实际上新闻记者所采用的价值准绳是一种全维度“框架集”，包括：新闻的接近性、易读性、戏剧化与叙事修辞、案例聚类与互文化、时新性、可视性、互动性等。而威廉•甘姆森（William A. Gamson）和安德烈 • 莫迪利亚尼（Andre Modigliani）则把被吉特林称为“几乎毫无暗示的”原则加以明确，把框架视为“集中组织的、能提供意义的构思或故事情节”。[8]

罗伯特 • 恩特曼（Robert M.Entman）把框架定义为：从一个感知到的事实中选取若干方面，并把它们在传播文本中凸显出来，以此来促成对某一问题的定义、因果说明、道德评价和（或）对描述项目的处理建议。[9]之后他又对框架概念加以补充：从可知的现实中选择一些要素，并且组织一种强调这些要素的叙事，以促成某种特别理解的过程。成熟的框架典型地表现出四种作用：问题界定、原因分析、道德判断及补救推进。[10]

（二）个体框架

框架概念发展的第二条路径是关注个体既有心理模式对信息接收的影响。恩特曼认为要重视受众对新闻文本的多元解读。[11]薛佛乐将这种聚焦个人认知维度的框架称为个体框架（individual frames）。约翰 • 麦克里奥德（John McLeod）等人把个体框架定义为：作为不从属于特定阶层的分类，这些分类充当着如大标题式的框架——以后任何新闻内容都可以归档其中。[12]

个体框架反映出传者框架与受众框架的差异。因此，研究者不仅关注受众个体认知框架对信息接受产生的影响，还关注新闻工作者的个体认知对传播过程的影响。薛佛乐指出，作为受众的新闻工作者（journalist as audience）个体框架的形成也会受到来自社会结构、意识形态及自身因素的影响。因此，在多重变量影响下形成的新闻工作者的个体框架也是重要的研究对象。

此类个体框架研究意义主要在受众，它与媒介框架研究共同构成了一个问题的两面。分工不一的媒体人既是传播者，也是受众，他们不仅仅以总和构成了媒介，而且他们甚至也是意识形态本身。若要进一步发掘传播者个体框架研究的意义，重点不在于媒介框架与个体框架的相互影响，而在于媒介生产社会学中的群体动力机制研究。

三、框架分析的传播学范畴

传播学框架分析主要关注人对媒介和信息的既有认知与外部环境之间如何

相互作用，包括传者与受者、文本与社会之间的紧张关系。

学者们归纳了框架研究涉及的不同领域。恩特曼认为，框架至少存在于传播过程中的传播者、文本、接收者和文化中。框架使用突出的要素来组织有关问题及其原因、评价和解决方法的论述。[13]传播者、文本、接收者的框架主要受文化影响，文化是“普遍框架”的集合。但笔者以为，影响框架的应是政治、历史、文化、社会、科技、经济等宏观意义上的“媒介生态”(media ecology)。

薛佛乐也提出了框架研究的四个关联领域：框架建立（frame building)、框架设置（frame setting)、个人层面的框架效果（individual-level effects of framing)、将记者视为受众中的一员（journalist as audience)。[14]前两项属于宏观层面，后两项归于微观层面。

潘忠党立足建构主义，指出框架研究有三大范畴：话语、话语的建构及话语的接收。[15]

总体来看，框架研究的范畴可从实然（图6）和应然（图7）两个维度去考察。

<table>
<tr><th></th><th>宏观</th><th>微观</th></tr>
<tr><td>过程</td><td>1.社会结构、意识形态等如何内化为媒体框架
2.媒体框架如何作用于受众</td><td>1.受众的既有框架如何影响信息接收，及态度和行为的改变
2.新闻工作者如何形成自身框架</td></tr>
<tr><td>结构</td><td>1.传播者以增进受众共鸣的方式来提供信息
2.能为新闻文本流通提供场景的文化构成</td><td>人们通过组织印象呈现了某一议题的哪些特征</td></tr>
</table>

图6 框架研究的实然范畴

<table>
<tr><td colspan="2" rowspan="2">旨趣 主体
行为</td><td colspan="6">基于媒介生态</td></tr>
<tr><td>新闻生产者</td><td>新闻媒体</td><td>新闻产品</td><td>新闻用户</td><td>新闻市场</td><td>媒介社会</td></tr>
<tr><td rowspan="4">框架过程</td><td>形成框架</td><td rowspan="4">传播者研究，个体与群体机制</td><td rowspan="4">传播者研究，个体与群体机制</td><td rowspan="4">信息与符号研究，文本、技术、社群心理的混合机制</td><td rowspan="4">受众研究，个体与群体机制</td><td rowspan="4">受众研究，群体机制</td><td rowspan="4">传播者与受众混合研究，宏观机制</td></tr>
<tr><td>设置框架</td></tr>
<tr><td>接受框架</td></tr>
<tr><td>迭代框架</td></tr>
</table>

图7 框架研究的应然范畴

四、框架研究的主要成果

（一）文本框架研究

恩特曼对美国主流媒体关于两起空难事件报道的分析是新闻文本框架研究

的经典案例。恩特曼指出，框架通过重复指向某些观念的词语或图像，最终达到强调的效果。[16]他同时指出文本和受众之间存在互动关系。[17]

对新闻文本的框架分析是从传播者的角度分析媒介内容背后的社会紧张关系及对受众的影响，强调追踪组成新闻叙事所必需的元素，[18]具有符号学特征和社会建构论色彩。新闻框架本身也包含媒介“对特定一组事件、文化价值和政府中的政治权力关系的回应”[19]。

那么，新闻文本包含哪些框架？贤托・阿岩伽（Shanto Iyengar）区分出“主体式框架”和“片段式框架”。另一些学者采用“策略框架”和“议题框架”的划分方法。[20]但由于框架概念本身的不确定性，以及研究者在理论视角和实践方法上的差异，目前的研究仍没有产生一种被普遍接纳的体系。

（二）个体框架研究

对新闻工作者个体框架的研究往往在分析文本框架的基础上，触及新闻工作者特征与编码行为之间的因果联系。例如，关于香港回归报道的国际新闻“驯化”研究：来自不同国家的新闻记者依赖他们所在国家的政治权威、主流意识形态和文化背景等驯化因素来制作国际新闻。[21]

对受众接受过程的研究主要关注个体水平因素如何影响人们对媒体内容作出反应，如伊里调查、迪凯特研究等。框架分析也是如此，不过它更强调个体已有认知所发挥的作用。

近年来，不少受众框架研究致力于为个体建立认知处理模型（cognitive processing model）。较之于新闻文本框架和传播者框架分析的诠释视角，受众框架分析更凸显实证主义思路，它遵循的是因果分析的研究路径。

（三）框架效应与其他理论的关系研究

马克斯韦尔・麦库姆斯（Maxwell McCombs）认为，框架效应可以看作传统议程设置理论的一个延伸。

他把议程设置延伸为两个层面：关注公众注意力指向何处的“客体议程”[22]和关注如何充实客体特征与特性的“属性议程”。后者影响受众的思考方式。[23]正是在这一层面上，议程设置与框架建立了联系：框架建构是指在媒介议程上谈论某个客体时对一些具体属性的选择与强调。而受众也可以建构客体框架，在思考或谈论人物、公众议题时强调某些属性。

框架建构与属性议程设置都要求我们关注传播者与受众如何描绘新闻中的话题……通过强调特定属性在信息中的特殊地位，框架理论与属性议程设置概念共同促进了对媒介效果的理解。[24]

这样，框架效应就被看作是议程设置效果的进一步放大。而后，随着对启动效应（priming effect）（指由于之前受某一刺激的影响而使得之后对同一刺激的知觉和加工变得容易的心理现象）研究的不断发展，不少人倾向于把框架效应和启动效应一同视为议程设置效果的延伸作用。

但并非所有学者都赞同于此。薛佛乐等人指出，议程设置与启动效应是一种可获得性效果（accessibility effects），通过人们信息处理的记忆模型来影响人们的态度和评价标准。而框架效应则是一种应用性效果（applicability effects），如果媒介内容暗示了两个概念之间的某种联系，受众就会倾向于接受这种联系。框架效应的强度取决于议题框架与受众已有知识中的框架或信息的适应度。[25]

此外，上述三种效果是否存在明显的界限也不断遭到质疑。此前理论强调媒介引导人“想什么”和“如何想”是两个不同的范畴。然而，越来越多的学者认为这两个过程不能完全脱离对方而存在。这实质上挑战了框架效应作为属性议程设置的观点。一些研究表明这两种效果共同作用，影响特定情境下的媒介建构。[26]

五、框架分析的研究方法

如上文所述，框架概念仍不甚清晰，学术体系也不成熟，自然无法形成独特的方法。目前不少“框架分析”的方法聚焦新闻文本分析，而文本只是框架分析的一个范畴。因此，作为研究方法的框架分析更多地是指一种以洞察媒介与个体框架过程为效能的混合方法。以下，我们重点讨论框架分析领域常用的方法及其利弊得失。

（一）文本、内容分析

文本（text）是由符号或符码组成的信息结构体。对新闻文本的框架分析，意在追踪语言、修辞、语料运用的策略。恩特曼指出：新闻框架是由新闻叙事中所强调的关键词、隐喻、概念、符号和视觉图像来构造和体现的。[27]不少研究者也认同恩特曼的观点，指出媒体通过对象征符号和表意元素的使用来建构新闻框架。[28]

这种分析方法的主要步骤是：

（1）选择某一议题或事件，搜索相关媒体报道。

（2）提炼出目标表意元素。

（3）根据表意元素的差异，归纳不同报道的框架策略，并揭示其社会动因。

从计算机信息处理的原理出发，文本分析的核心在于内容分析（content

analysis)：将非定量的文献材料转化为定量的数据，在数据分析后，做出关于事实的判断和推论。

作为准定量框架研究方法的内容分析并不排斥解释，但是当研究者得出一组说明传播内容特征的数据后，需要有联系媒介生态作判断性的数据解释的能力。从已有的研究来看，新闻框架研究应着重分析和解释具体表意元素的意指过程。

无论是借助量化方式来分析显性内容，还是运用定性的方法来分析文本的隐性元素，研究者都需找到文本符号与媒介生态之间可能的架构联系。总体而言，以定量研究为辅助，精准地探入定性的问题中，或是一个比较稳健的路径。

（二）访谈、实验研究

访谈（interview）也是框架分析常用的方法，包括面对面交谈、结构化访谈、问卷等。由于不同访谈员的个人特征可能影响到研究的信度，访谈也常与文本框架分析相结合，文本分析的结果往往影响访谈提纲的拟定。访谈员的价值观、态度和立场也会影响访谈结果。

还有一些研究使用实验法来模拟和控制受众接触的信息环境，以测量不同变量之间的关系。例如，通过在线实验的方式，研究美国总统候选人辩论节目报道框架和受众个体因素间的相互作用。[29]

六、框架效应研究的局限与趋向

框架是一个由社会学、心理学、传播学等多学科发展而来的“重叠”（overlapping）概念。[30]这种多学科特征为框架分析的发展提供了多维度可能，但也给理论体系的清晰完整化造成阻碍。

作为一个社会学概念，正如吉特林和甘姆森等人所述，框架是从属于公共话语中更大单元的核心组件，是一套包含了多种策略立场（policy positions）的象征工具（symbolic devices），即薛佛乐所言的媒介框架。而作为一个心理学概念，框架关注个体的认知过程，即薛佛乐所指的个体框架。

保罗·迪·安吉洛（Paul D’Angelo）认为框架包含心理学范式、批判范式和建构主义范式。[31]在心理学范式下，框架是在个体图式中建立语义联系的关键。在批判范式下，框架是新闻工作者在日常采集新闻、选择议题的过程的结果呈现，是霸权运作的结果。在建构主义范式下，框架被看成“工具箱”（tool kit），公众能够从中提取出相应的元素来构成他们对某一议题的意见。新闻工作者生产了“解释包”（interpretive package），并增加了某一话题的“议题文化”（issue culture）。

一些学者认为框架的多元属性激发了传播研究的新进展。恩特曼表示：“框架”的思想恰好提供了其所赞同的进行散落的概念化（scattered conceptualization）的个案研究（的方法）。……分析这个概念意味着传播学可能在某些方面做出独特贡献：整合一个关键概念的不同用法，展示它们是如何始终包含在传播之中，以及为它们建构一个连贯的理论。[32]

但是其他学者认为，框架概念及其相关理论不甚清晰，而整合散落在不同学科的理论也绝非易事。甘姆森等人指出框架概念存在不少含混之处：首先，虽然大部分研究者从“结构”的角度来理解框架，但也有学者把框架解读为“界限”；其次，存在多个层次的框架，包括特定事件和报道的框架，以及更大范围的框架，对此，学界尚未达成共识；最后，就研究意义的建构过程而言，目前使用的框架概念显得过于静态。[33]

从方法思维来考察，甘姆森的批评有两层含义，其一，目前的框架研究聚焦于单调的静态测量而非互动化的动力过程；其二，准定量式的框架分析缺少公认有效的分析单位（units of analysis）。

现有的研究成果也存在一些局限：其一，已有的一些研究只停留在对现象的简单描述上，缺乏对研究对象深层次的剖析；其二，当下框架研究集中于短期性分析，框选效果只能解释大众传播的短期效果[34]，缺乏变迁的研究视角；其三，框架概念的模糊引发了一系列理论规范性问题。

尽管面对种种难题，框架效应研究还在继续。近年来，框架效应研究主要关注：框架效应与议程设置、启动效应之间关系的研究；社会运动领域的框架研究与传播研究的渗透；通过话语实践分析“议题文化”在社会运动中的作用等。

麦库姆斯认为，理论的发展通常需要许多人的多年探索。[35]框架效应研究自戈夫曼提出概念后一直在争议中不断寻求突破，至今仍未成长为成熟理论。不过，也许在这种疑问和争议的状态下，更可能蕴藏着重大的理论发展空间。我们终将以更具革命性的思维审视框架效应，以探寻真正有意义的终极发现。

注释

[1] Erving Goffman，Frame Analysis：An Essay on the Organization of Experience，Harper & Row，1974，p.10.

[2] Erving Goffman，Frame Analysis：An Essay on the Organization of Experience，Harper & Row，1974，p.10，84，564.

[3] 胡翼青：《再度发言：论社会学芝加哥学派传播学思想》，北京：中国大百科全书出版社，2007年，第215页。

[4] 赵鼎新：《社会与政治运动讲义》，北京：社会科学文献出版社，2006年，第608-620页。

[5] 赵鼎新：《社会与政治运动讲义》，北京：社会科学文献出版社，2006年，第211-216页。

[6] Todd Gitlin，The Whole World is Watching：Mass Media in the Making and Unmaking of the New Left，University of California Press，2003，p.6.
[7] 鲁曙明、洪浚浩主编：《传播学》，北京：中国人民大学出版社，2007 年，第 456 页。
[8] William A.Gamson & Andre Modigliani，Media discourse and public opinion on nuclear power：A constructionist approach，American Journal of Sociology，Vol.95，No.1，1989.
[9] Robert M.Entman，Framing：Toward clarification of a fractured paradigm，Journal of Communzcation，Antumn，Vol.43，No.4，1993.
[10] Robert M.Entman，Framing bias：“Media in the distribution of power”，Journal of Communication，Vol.57，No.1，2007.
[11] 同[9]。
[12] Dietram A.Scheufele & Donald Tewksbury，Framing，agenda setting，and priming：The evolution of three media effects models，Journal of Communication，Vol.57，No.1，2007.
[13] 同[9]。
[14] Dietram A.Scheufele：Framing as a theory of media effects，Journal of Communication，Vol.49，No.1，1999.转引自陈阳：《大众传播学研究方法导论》，北京：中国人民大学出版社，2007 年，第 315 页。
[15] 潘忠党：《架构分析：一个亟需理论澄清的领域》，《传播与社会学刊》（香港）2006 年第 1 期。
[16] Robert M.Entman，Framing US Coverage of International news：Contrasts in narratives of the KAL and Iraq Air Incidents，Journal of Communication，Vol.41，No.4，1991.
[17] 同[16]。
[18] 李艳红：《政治新闻的模糊表述：从中国大陆两家报纸对克林顿访华的报道看市场化的影响》，《新闻学研究》（台湾）2003 年第 2 期。
[19] W.Lance Bennett，Regina G.Lawrence & Steven Livingston，None dare call it torture：indexing and the limits of press independence in the Abu Ghraib Scandal，Journal of Communication，Vol.56，No.3，2006.
[20] 同[15]。
[21] 陈韬文、李金铨、潘忠党、苏钥机：《国际新闻的“驯化”：香港回归报道比较研究》，《新闻学研究》（台湾）2002 年第 3 期。
[22] 〔美〕马克斯韦尔·麦库姆斯：《议程设置：大众媒介与舆论》，郭镇之、徐培喜译，北京：北京大学出版社，2008 年，第 83 页。
[23] 〔美〕马克斯韦尔·麦库姆斯：《议程设置：大众媒介与舆论》，郭镇之、徐培喜译，北京：北京大学出版社，2008 年，第 84 页。
[24] 〔美〕马克斯韦尔·麦库姆斯：《议程设置：大众媒介与舆论》，郭镇之、徐培喜译，北京：北京大学出版社，2008 年，第 106 页。
[25] 同[12]。
[26] V.Price & Donald Tewksbury，News values and public opinion：A theoretical account of media priming and framing，in G.A.Barnett&F.J.Boster，Advances in Persuasion，Ablex，1997，p.173-212.
[27] 同[16]。

[28] 陈阳：《大众传播学研究方法导论》，北京：中国人民大学出版社，2007 年，第 317 页。

[29] Hyunseo Hwang，Melissa R.Gotlieb，Seungahn Nah & Douglas M.McLeod，Applying a cognitive-processing model to presidential debate effects：Postdebate news analysis and primed reflection，Journal of Communication，Vol.57，No.1，2007.

[30] Pan Zhongdang & Gerald M.Kosicki，Framing analysis：An approach to new discourse，Political Communication Research，Vol.10，No.1，1993.

[31] 同[15]。

[32] 同[9]。

[33] William A.Gamson，David Croteau，William Hoynes & Theodore Sasson，Media images and the social construction of reality，Annual Review of Sociology，Vol.18，1992.

[34] 欧亚：《试析框选效果研究的现状、问题和出路》，《国际新闻界》2008 年第 3 期。

[35] 〔美〕马克斯韦尔・麦库姆斯：《议程设置：大众媒介与舆论》，郭镇之、徐培喜译，北京：北京大学出版社，2008 年，第 2 页。

“传播环境”还是“环境传播”——环境传播的学术起源与意义框架

刘 涛

1972 年，吉斯•斯塔姆（Keith R.Stamm）在《大众传播研究的前沿视角》中提出了一个新兴的研究领域——“环境与传播”（environment and communication）。[1] 2009 年，斯蒂文•李特约翰（Stephen W.Littlejohn）和卡伦•福兹（Karen A.Foss）在他们合编的《传播学理论百科全书》中收录了“环境传播”这一词条，认为“环境传播是传播学科的一个分支领域，同时也是一个跨学科的元领域（mata-field）”[2]。

一、环境传播的学术起源与概念确立

纵观 20 世纪 60 年代以来的环境传播研究学术史，环境传播最初是一个范畴性的概念——大凡人类传播的类型或议题涉及环境问题，就是环境传播。20 世纪 70 年代，环境传播概念首次进入公众视野，经过 40 多年的沉淀和发展，环境传播目前已经得到了学界普遍认可，并且成为一个相对成熟的学科领域。[3]环境传播的学术发展与成熟，离不开学术史上 6 部代表性的学术文献——《环境传播的兴起》（1972）[4]、《解释环境问题：环保传播研究与发展》（1973）[5]、《环境传播研究与评论的文献注释（1969-1979）》（1979）[6]、《生态传播》（1989）[7]、《生态社会学视角与环境传播研究》（1995）[8]、《环境传播与公共领域》（2006）[9]。

环境传播研究什么？罗伯特•考克斯（Robert Cox）将环境传播划分为七大学术领域——环境修辞和话语研究、媒介与环境新闻研究、环境决策与公共参与研究、社会营销与环境动员研究、环境合作与冲突应对研究、风险沟通研究、流行文化与环境表征研究。[10]安德斯•汉森（Anders Hansen）概括了环境传播关注对象的演变过程：最初关注的是环境作为一个问题（problems）或议题（issues）相关的信念和知识，后来进一步延伸到个体、文化和社会范畴，深刻地指向我们认识、感知、评价、解释环境的方式。[11]可见，从环境问题到社会语境，从议题表征到认知方式，环境传播的认知框架发生了巨大的转变。

从“环境与传播”到“环境传播”的概念确立，离不开近 30 年来环境传播领域极为重要的机构实践。1991 年，一个专门聚焦环境传播的全球学术组织——

“传播与环境会议”（The Conference on Communication and the Environment，COCE）正式启动。1996 年，全美传播学会（NCA）批准成立了环境传播研究委员会，下设环境传播分论坛。2007 年，COCE 创办了全球第一本专注环境传播的学术期刊《环境传播：自然与文化学刊》，目前已经成为环境传播领域最具学术识别性、最有影响力的学术阵地。[12]2011 年，经过 COCE 长达 20 年的沉淀与积累，国际环境传播学会（International Environmental Communication Association，IECA）在此基础上成立。从 COCE 到 IECA，名称上从“传播与环境”转变为“环境传播”，这一微妙变化反映了环境传播的学术进化史。如果说“传播与环境”揭示的是两个学术范畴/术语之间的关系问题，那么“环境传播”拓展的是一种系统的学术领域和可能建构出来的学科体系。

环境传播作为一个合法的概念形态进入学术领域，同样离不开一系列理论探索工程。20 世纪 80 年代以后，代表性的理论包括戴维・巴克斯（David Backes）的生态社会学理论（biosocial theory）[13]、安东尼・唐斯（Anthony Downs）的“议题关注周期理论”（the issue attention cycle）[14]、唐纳德・阿普尔亚德（Donald Appleyard）的环境行动与认知理论（environmental action and perception）[15]、威廉・甘姆森（William A.Gamson）和安德・烈莫迪利亚尼（Andre Modigliani）的话语包理论（discursive package）[16]、凯文・迪卢卡（Kevin M.Deluca）的图像政治理论（image politics）[17]……

总之，基于一系列重要的学术事件、机构实践和理论探索，环境传播的关注议题不断拓展，其概念内涵不断发展。在学科属性认知层面上，考克斯将环境传播定义为一种旨在构建良性环境系统和培育健康伦理观念的危机学科（crisis disciplines）。[18]其他一些学者则更倾向于将环境传播视为一种跨学科的学科[19]，认为环境传播还承载着超越危机学科的更大的学术使命——公民社会重建、协商民主、社会学习、协作管理、共同保护、社区功能建设、生态管理、可持续性社区……[20]

二、“传播环境”还是“环境传播”？

如何认识和把握“环境”与“传播”的“结合方式”，当前的学术话语给出了两种不同的诠释话语，分别是“传播环境观”（communicating environment）和“环境传播观”（environmental communication）。概括来说，“传播环境”和“环境传播”提供了两种不同的概念框架，前者关注环境传播的媒介实践，后者指向环境传播的意义世界。两种认知观念体现了环境传播从狭义走向广义、从“媒介”走向“沟通”、从“问题”走向“语境”、从环境议题走向环境生态、从环境表达走向环境民主、从“功能主义”走向“建构主义”的社会实践和意义实践。

（一）传播环境观

“传播环境观”聚焦环境传播的媒介实践，强调对环境问题的呈现、表达与传播行为。茱莉亚·科贝特（Julia B.Corbett）指出，环境传播是“我们用以表达自然世界的一切传播方式”。[21]人们之所以要表达自然世界，根本上是因为弥散在社会各个角落的环境风险已经制造了空前的认知困境。[22]如何表征和传递环境风险信息，这是环境传播最为关心的一种信息形式。[23]因此，环境风险信息成为环境传播的主要信息形态，而大众媒介的功能就是对风险信息进行有效表征和呈现，以回应人们在环境风险面前的认知困境。

“传播环境观”视域下的环境传播，实际上被赋予了环境保护的公共使命，“环境”和“传播”最终在实用主义维度上形成“对话”。按照勒妮·吉列尔雷（Renee Guillierie）和克莱·舍费尔（Clay Schoenfeld）的观点，为了达到环境保护与环境改善的目的，环境传播者（environmental communicator）应该采取一系列个体或群体行动，以帮助人们提高最基本的环境意识和环境义务。[24]正因为强调在传播维度上编织环境议题的应对方案，环境传播被赋予了浓郁的实用主义功能内涵，即环境传播的基本使命就是促进环境保护问题的有效解决。中国较早开展环境传播研究的学者最初直接使用“环保传播”这一概念。环保传播意为关于环境保护问题的信息传播活动，而信息内容主要包括生态环境问题、生态环保知识和生态环保现象三个维度。[25]从微观视角看，环保传播被定义为“利用大众传媒进行的具体的有关环境问题、环境事实的报道反映”。[26]

（二）环境传播观

“环境传播观”关注一种总体性的生态秩序与社会文化生态，强调在广义的传播维度上回应人类的生存危机和认知困境。具体来说，环境被置于厚重的社会、政治和文化语境中，其意义系统也承受着不同话语的修辞入侵和权力塑造[27]，最终呈现为一种经由现实建构的社会符号（social symbol）[28]、一种通往环境民主与环境政治的空间媒介（spatial medium）[29]、一种识别并接近社会正义的实践文本[30]、一种公共议题表征与生成的修辞资源（rhetorical resource）[31]、一种重构现实秩序的话语方式（discursive approach）[32]……正因为环境被赋予了如此丰富而多元的意义系统和话语框架，所以环境传播关注的是意义，是秩序，是立足于环境议题但又超越环境认知范畴的一种普遍的社会观念和话语系统。如果说“传播环境观”在媒介维度上编织环境信息传播蓝图，“环境传播观”则暗含着一种巨大的社会抱负，那就是通过“环境”来认识社会。[33]在风险社会语境下，由于环境风险成为“风险社会”最基本的风险形态，在“环境”维度上来接近风险社会的逻辑、机制与趋势，这一逻辑起点不仅是可能的，而且是现实的。因为环境传播场域中存在多种参与主体和话语观念[34]，环境传播尝试在传播维度上接近这种复杂状态，进而把握“环境”背后的社会问题与传播生态。

三、考察环境传播概念的三种意义框架

纵观 20 世纪 60 年代以来的环境传播实践与研究，总体上延续了三种认知取向——环境新闻意义框架、功能主义意义框架、社会建构意义框架。在三种不同的意义框架中，环境传播的概念内涵和指涉范畴存在明显差异。

首先，在环境新闻意义框架中，环境传播主要是从大众传播的角度来研究环境议题，更多地关注环境新闻的生产与研究。20 世纪 70 年代，环境传播体现为大众媒介的环境信息表征与传达，环境新闻（environmental journalism）占据了环境传播研究的主体位置，甚至成为环境传播的代名词。[35]环境新闻研究逐渐形成了相对比较稳定的实践形态和研究理念，主要关注环境信息呈现[36]、环境框架分析[37]、环境议题设置[38]、环境信源选择[39]、环境文本编码[40]、环境报道效果[41]、环境文本形态分析[42]、环境新闻生产机制等[43]。诚然，这些研究并没有超越传统的媒介与传播研究框架，相应的理论话语也没有超越大众传播的经典理论资源和分析框架。在环境新闻意义范式中，环境传播的研究对象聚焦于新闻报道，并且特别强调大众媒介对环境风险话语中不确定性的专业化表达与呈现。[44]相应地，环境传播被界定为一个探究环境报道的信息特征、生产机制和传播规律的学术领域。

其次，在功能主义意义框架中，环境传播被视为一种认知途径和干预手段。功能主义意义范式上的环境传播，更多地强调一种能够有效介入社会生活的行动方式，“从而培育公民的环保意识，以利于环境冲突的根本改善”。[45]需要特别强调的是，在环境传播的诸多形式和途径中，媒介被推向了履行伦理使命的核心角色。[46]总之，环境传播具有明显的实用主义取向，具体体现为在制度实践上传播专业的环境信息与知识[47]，应对可能的环境风险与危机[48]，促进公众对环境问题的公共关注[49]，推动环境决策中的公共参与和环境民主[50]，从而帮助人们更好地回应环境风险笼罩下的生存困境。

最后，在社会建构意义框架中，环境传播关注的是环境议题建构的修辞行为与话语实践。在环境传播领域，人们不得不回应这样一个问题：为什么有些环境

议题被建构为公众的关注焦点，而另一些看似同样重要或严重的环境议题却巧妙地游离于媒介议程和公众视线之外？[51]其实，我们之所以形成有关环境的知识、认知、判断和秩序，并不是环境本身传递的，而是修辞学意义上人为构造的结果。换言之，环境的意义是被建构，而意义往往是修辞建构的产物。修辞研究离不开特定的文本形态，除了传统的环境新闻文本，环境传播的本文形态还延伸到一切流行文化文本。因此，在社会建构意义范式中，“环境传播是指以生态环境为基本话语出发点，不同社会主体围绕环境议题而展开的文本表征、话语生产与意义争夺实践。”[52]

概括而言，基于环境传播研究的跨学科趋势、环境传播观念的两种话语取向、环境传播认知的三种意义框架，本文对环境传播做出如下定义：环境传播是围绕环境问题所展开的信息处理、议题建构与社会互动过程。信息处理强调环境传播实践中信息的生产、表征、传递与共享行为；议题建构强调人们感知、理解、回应环境问题的话语实践；社会互动强调多学科对话所带来的整体互动，既包括不同社会主体之间的话语互动与交往实践，也包括环境信息/知识与社会文化之间的联系与互动。

注释

[1] Keith R.Stamm，Environment and communication，in F.Gerald Kline & Phillip J.Tichenor（eds.），Current Perspectives in Mass Communication Research，Sage，1972，p.265-294.

[2] Tema Milstein， Environmental communication theories，in Stephen W. Littlejohn & Karen Foss（eds.），Encyclopedia of Communication Theory，Thousand Oaks，Sage，2009，p.344.

[3] Steve Schwarze，Environmental communication as a discipline of crisis，Environmental Communication，Vol.1，No.1，2007.

[4] Clay Schoenfeld， Irruption in Environmental Communications，American Forests，October，1972，p.20-22，52-55.

[5] Clarence A. Schoenfeld，Interpreting Environmental Issues：Research and Development in Conservation Communications，Dembar Educational Research Services，1972.

[6] Renee Guillierie &A.Clay Schoenfeld，An Annotated Bibliography of Environmental Communication Research and Commentary：1969-1979，ERIC，1979.

[7] Niklas Luhmann，Ecological Communication，University of Chicago Press，1989.

[8] David Backes，The biosocial perspective and environmental communication research，Journal of Communication，Vol.45，No.3，1995.

[9] Robert Cox，Environmental Communication and Public Sphere，Sage，2006.

[10] 同[9]。

[11] Anders Hansen，Communication，media and environment：Towards reconnecting research on the production，content and social implications of environmental communication，

International Communication Gazette，Vol.73，No.1-2，2011.
[12] 《环境传播：自然与文化学刊》由 Taylor & Francis 出版，其前身是 COCE 负责人于 2004 年创办的《环境传播年刊》。2013 年，《环境传播：自然与文化学刊》改名为《环境传播》，同时被收录进 Web of Science 数据库。
[13] 同[8]。
[14] Anthony Downs， Up and down with ecology：The issue attention cycle，The Public Interest，Vol.28，No.3，1972.
[15] Donald Appleyard，The environment as a social symbol：Within a theory of environmental action and perception，Journal of the American Planning Association，Vol.45，No.2，1979.
[16] William A.Gamson & Anfre Modigliani，Media discourse and public opinion on nuclear power：A constructionist approach，American Journal of Sociology，Vol.95，No.1，1989.
[17] Kevin Michael Deluca，Image Politics：The New Rhetoric of Environmental Activism，The Guilford Press，1999.
[18] Robert Cox，Nature’s “Crisis disciplines”：Does environmental communication have an ethical duty?Environmental Communication，Vol.1，No.1，2007.
[19] Alison Anderson，Reflections on environmental communication and the challenges of a new research agenda，Environmental Communication，Vol.9，No.3，2015.
[20] Susan L.Senecah，Impetus，mission，and future of the environmental communication commission/division：Are we still on track? Were we ever? Environmental Communication，Vol.1，No.1，2007.
[21] Julia B.Corbett，Communicating Nature：How We Create and Understand Environmental Messages，Island Press，2006，p.2.
[22] J.Arjan Wardekker，Jeroen P.Van der Sluijs，Peter H.M.Janssen，Penny Kloprogge& Arthur C.Petersen，Uncertainty communication in environmental assessments：Views from the dutch science-policy interface，Environmental Science & Policy，Vol.11，No.7，2008.
[23] Peter M.Sandman，Mass Media and Environmental Risk：Seven Principles，Risk，1994，p.251-260.
[24] Renee Guillierie & A.Clay Schoenfeld，A.C.，An Annotated Bibliography of Environmental Communication Research and Commentary：1969—1979，ERIC，1979，p.5.
[25] 王莉丽：《绿媒体：中国环保传播研究》，北京：清华大学出版社，2005 年，第 53 页。
[26] 贾广惠：《中国环保传播的公共性构建研究》，北京：中国社会科学出版社，2011 年，第 33 页。
[27] Anders Hansen，Promising directions for environmental communication research，Environmental Communication，Vol.9，No.3，2015.
[28] 同[15]。
[29] Richard Hafrichter，Toxic Struggles：The Theory and Practice of Environmental Justice，Philadelphia，New Society Publishers，1993.
[30] Ronald Sandler & Phaedra C.Pezzullo，Environmental Justice and Environmentalism：The Social Justice Challenge to the Environmental Movement，MIT press，2007.
[31] Jeffrey T.Grabill & W.Michele Simmons，Toward a critical rhetoric of risk communication：

producing citizens and the role of technical communicators，Technical Communication Quarterly，Vol.7，No.4，1998.
[32] William J.Kinsella，One Hundred Years of Nuclear Discourse：Four Master Themes and Their Implications for Environmental Communication，Environmental Communication Yearbook（vol.2），Routledge，2005，p.49-72.
[33] 同[11]。
[34] Robert Cox， Environmental Communication and Public Sphere（2nd edition），Sage，2010，p.22.
[35] Michael Keating，Covering The Environment：A Handbook on Environmental Journalism（vol.10），National Round Table，1993.
[36] Allan Mazur，Nuclear power，chemical hazards，and the quantity of reporting，Minerva，Vol.28，No.3，1990.
[37] Allan Mazur&Jinling Lee，Sounding the global alarm：Environmental issues in the US national news，Social Studies of Science，Vol.23，No.4，1993.
[38] William Solesbury，The environmental agenda，Public Administration，Vol.54，No.4，1976.
[39] Justin Matthew Wren Lewis，Andy Williams & Robert Franklin，A compromised fourth estate? UK news journalism，public relations and news sources，Journalism Studies，Vol.9，No.1，2008.
[40] Jacquelin Burgess，The production and consumption of environmental meanings in the mass media：A research agenda for the 1990s，Transactions of the Institute of British Geographers，Vol. 15，No.2，1990.
[41] 同[40]。
[42] David B.Sachsman，James Simon & JoAnn M.Valenti，Regional issues，national norms：A four-region analysis of US environment reporters，Science Communication，Vol.28，No.1，2006.
[43] David B. Sachsman，Public relations influence on coverage of environment in San Francisco area，Journalism Quarterly，Vol.53，No.1，1976.
[44] 同[22]。
[45] 戴佳、曾繁旭：《环境传播：议题、风险与行动》，北京：清华大学出版社，2016 年，第 2 页。
[46] Clay Schoenfeld，The changing role of mass communication in environmental education，The Journal of Environmental Education，Vol.8，No.3，1977.
[47] Robert G.Healy&William Ascher，Knowledge in the policy process：Incorporating new environmental information in natural resources policy making，Policy Sciences，Vol.28，No.1，1995.
[48] Michael Boyle&David Holtgrave，Communicating environmental health risks：Using the doctor-patient model，Environmental Science & Technology，Vol.23，No.11，1989.
[49] Arvin W.Murch，Public concern for environmental pollution，The Public Opinion Quarterly，Vol.35，No.1，1971.
[50] Robert J.Brulle，From environmental campaigns to advancing the public dialog：

Environmental communication for civic engagement，Environmental Communication，Vol.4，No.1，2010.

[51] 同[11]。

[52] 刘涛：《环境传播：话语、修辞与政治》，北京：北京大学出版社，2011 年，第 10 页。

新闻和娱乐之间：概念群的出现及变迁

殷　乐

新闻和娱乐的关系一直众说纷纭，不同语境下出自不同的立场视角各有其拥趸者。历时来看，在新闻与娱乐之间形成了一个庞杂的概念群，既有若干仅在一定时间一定范围使用且现时已被碾压于历史车轮下的概念，如轻新闻（newszak）、快乐谈话（happy talk）等，又有若干历经社会和媒介变迁后依然保持了勃勃生机的名词术语，如小报（tabloid）、小报化（tabloidization）、硬新闻（hard news）、软新闻（soft news）、信息娱乐（infotainment）等，同时还有在新技术环境中不断涌现的新概念，如新闻游戏（newsgame）、沉浸式新闻（immersive journalism）等。整体观之，这一概念群呈现出模糊性、流动性、普适性并存的特质。模糊性体现在定义含混上，不仅业界各有判断，各国学者在这些概念上也很难达成一致。流动性体现在两个层面，其一是这一概念群中出现了几个过渡性表述，以此展现一种流动的态势，如小报化、娱乐化等；其二则是一些概念在发展中内涵和外延有所衍变。而普适性则在于这一概念应为全球各国业界、学界和民众在多种语境下均得以普遍使用，较之常规所言的专业术语，这一概念群的门槛较低，这也与新闻和娱乐与实践和民众的紧密关联有关。一个模糊的领域中一群模棱两可的概念在被广泛地使用着、赞美着抑或批判着。这一现象并不鲜见，且多发于研究领域的边缘地带，一定程度上也反映出该领域的不稳定性或曰丰富性、复杂性。新闻和娱乐的结合就是这样的一种边缘地带。

词语演变的背后是社会关系变革的过程，新闻和娱乐之间的语词演变可以说是映照着媒介和社会变革过程的一滴水。在印刷媒介、电子媒介和数字媒介时代分别产生了一些相应的概念群，但其中一些概念的使用又超越了其诞生的环境，由此也折射出新闻与市场、政治和娱乐、公共领域和私人领域、科技与人文之间错综复杂的交织关系。在今天的媒介和社会语境中加以回看，其价值不仅在于梳理词源及辨析脉络，亦在于为我们在大变革中观望传播格局和新闻未来提供一个别样的视角。

一、印刷媒体语境中的二分概念：小报／大报，软新闻／硬新闻

此两组概念出现的时间虽有数十年之别，所指涉的对象也有所差异，但二者之间颇有承继关系，而且从概念的提出方到释义方再到意图来看，亦有可并提之处：两组概念均为媒体运营者或新闻生产者率先使用，换言之是基于传播者视角的媒介塑造和类型建构，也是这一领域中市场和媒体技术针对大众的第一次合谋。

就词源而言，小报（tabloid）一词原指药片，其概念的形成可以分为三个重叠并递进的阶段。第一个阶段是用以指称尺寸较常规报纸为小的报纸版式。小报版面的大小是对开大报（broadsheet）的一半，19 世纪末 20 世纪初流行于英美报业。小报概念在这一层面是作为媒介形式或媒介类型出现的。第二阶段则在小报面世后，通过对其内容、呈现方式等方面的总结，以此概念代指内容通俗、图片标题醒目的大众化报纸，典型代表即为英国的《每日镜报》，美国的《纽约每日新闻报》等。这类报纸在内容上关注娱乐人物、事件及社会生活趣事，甚至是性、暴力、丑闻，形式上注重大幅图片和醒目标题的运用，版面小，易于随身携带。这种类型的报纸因为迎合了普通读者的需要，很快风靡全球。“小报”一词的出现与现代报业的发展相并行，同时其生命力又不止于印刷媒体环境，在广播电视乃至今天的新媒体环境中，“小报”一词持续使用并衍生出诸多相近词汇，如煽情新闻（sensationalism）、通俗新闻（popular journalism）、八卦新闻（gossip journalism）等；在中国新闻语境中，除却翻译而来的概念，在本土传统中，亦有社会新闻、新闻花絮、花边新闻等相近的表述；在中国香港和台湾的语境中则有“煽性腥”新闻，官能新闻等多种概念。但“小报”一词使用的广度、频度和深度远超此领域中的其他概念，由此也进入了“小报”一词的第三阶段：指称特定内容和风格的媒体或新闻。对于这一特定内容和风格的具体界定一直处于争论中。一些学者结合报纸的发展实践对这一概念进行了梳理分析，并试图在新闻学理论体系中为其找到适当的位置。

小报作为一种媒介形式的出现，意味着两个层面的突破：一是受众关系的突破，小报将视野放至全社会，是对受众结构变化的回应，其所开拓的巨大市场体现了对受众心理的把握；二是新闻观念的突破，小报提供了新闻选择和呈现方式的新形式，其以个人化的案例讲述的正是更普通的社会问题，对版式、版面、标题、内容等的变革，对趣味性的强调，均是对既有新闻和娱乐关系的尝试和突破。然而，“小报”一词有其特殊的产生和应用背景，小报风格是代表了民众的真实的愿望和声音还是反映了公众低俗化的一面，是市场化的产物还是人性的释放，一直是研究者争论的焦点所在。但小报的巨大发行量对市场的分化，对大报新闻的

注意力分散等都对既有的新闻生产理念产生了冲击，加之在诸多小报实践中由于人们对利润的极度追求而出现的对性、暴力、丑闻的过度关注和放大，由此引发了对新闻重要性、媒体责任乃至对民主和政治参与的威胁的担忧等。词语的使用亦有其惯性和刻板印象，虽然不能否认小报的革新价值和多层次意蕴，但也难以去除其概念中的负面价值判断属性。

与小报／大报这一分类相对应的另一组概念即为软新闻／硬新闻。有论者称软新闻／硬新闻的概念起源并非来自科学论证，其具体出现时间也不可考，可以确定的是此组概念被美国新闻记者用于对不同新闻进行分类，此后逐步进入学术视野并广为使用。[1]20 世纪 40 年代以来出现了一系列有关这一组概念的相关研究，大多集中在几个方面：一是软硬新闻的定义及应用，二是对软硬新闻背后的市场驱动力的分析和批判，三是软硬新闻的传播效果，尤其是对政治、公共议题的报道和对民众参与政治讨论和公共议题的影响等。也恰缘于此，软硬新闻也成为政治传播研究中的重要概念，由此也再度强调了新闻和娱乐的交汇处实则也是政治和娱乐的博弈场。对欧美这一软硬新闻的区分，中国新闻界亦不乏关注及回应。

值得注意的是，在这些概念的发展变迁中，尽管在趣味性的名义下受众需求被不断强调，但依然是由掌握了内容生产权力的少数“精英”团体进行着媒介塑造和类型建构。受众被提出是传播者基于自身传播意图欲求扩大市场的视野下沉，或曰市场驱动带来了对受众的视角转向，但无法改变传播权力依然集中在传播之一端的事实，并未脱离新闻与娱乐的二元对立。同时，在这两组对立概念的提出和争论中亦可看到公共空间与私人空间、严肃新闻和通俗新闻、政治传播和休闲娱乐，精英文化和大众文化等的关系建构与重构之势。

二、电子媒介语境中的融合与混杂：小报化、信息娱乐与新闻娱乐化

二分概念之下的清晰版图并未持续太久，伴随着媒体商业化的加剧，媒体规制的放松和内容市场竞争的持续深入，20 世纪 80 年代以来在新闻和娱乐之间集中出现过数个形容态势的概念。由此也进入了市场和传媒技术的第二次合谋，信息和娱乐之间的界限趋于模糊，小报在此阶段演化出“小报化”一词，并成为在“小报”基础上衍生出的最具影响力的一个概念，迄今可见广泛使用。

如何界定“小报化”在很长一段时间里成为新闻学者关注的热点，虽然并无统一定论，但综合各家所言来看，可以达成共识的是“小报化”指涉新闻内容和风格的变化态势，尤其是通俗化、娱乐化态势。尽管有诸多学者试图从多层面给予“小报化”一个更为中性的发展的解读，但小报化一词在媒体和日常使用中依

然承续了其母词的贬义。同时结合我们对不同时代背景不同典型事件的随机语义分析来看，“小报化”的贬义已近乎成为其固定标签。

究其原因，概念的起源与概念群中的近义词语密度和结构均有一定的相关性。同期出现了若干概念，但其中同样流传甚广且颇具社会影响力的莫过于“信息娱乐”（infotainment）。该词由“信息”（information）和“娱乐”（entertainment）混合而成，意指一种信息和娱乐两种成分混合再生而成的新类型。在这一生造词中，新闻概念退隐于幕后，而涉及范围更广的信息一词占据了主体，以信息获取娱乐，意蕴鲜明但又回避了易引发纷争的新闻概念。同期亦有论者针对这一态势提出“新闻娱乐化”（entertainmentization of news）概念，[2]但并未得到广泛使用。“信息娱乐”概念的出现是对新闻和娱乐相互渗透交融进入新阶段的体察，与此同时，政治传播学者则开始担心“信息娱乐化”对民主政治的影响。[3]有学者以新闻作为娱乐为题，以“全球信息娱乐空间”（global infotainment sphere）提法指涉随着新技术与新媒体而渐渐浮现的多种新闻实践彼此竞争的场域，并提出全球化“信息娱乐”的崛起，意指一种美国式的收视率驱动的电视新闻的全球化，着重于私人领域的软新闻。[4] 这一担忧也成为此后数十年间的主流观点。但随着时间的推移，正向的观点也逐渐增多，2007年有学者在研究中把这种娱乐化的形式称为“非常规的再现”，认为可以使媒体内容更容易被理解。[5]亦有学者提出较之于有负面含义的“小报化”，用“通俗化”（popularization）来形容信息和娱乐的交融更妥帖，认为从市场角度来看，媒体采用通俗化策略，重新定位产品，扩展顾客层面，并不一定是坏事。[6]有学者从心理学角度论证娱乐有助于社会议题的公共参与，[7]也有学者从更为细分的领域来探讨这一融合的价值。

正负观点交锋之下，“小报化”逐渐分担了同类倾向中的负面部分，而“信息娱乐”一词中道德判断的意蕴趋于弱化。“信息娱乐”的产物能不能被称之为新闻并不为人所关注，有学者在《传播学国际大百科全书》中就直接将“信息娱乐”定义为模糊了信息类和娱乐类节目传统界限的一系列节目类型，称其为公共信息、政治传播和民主话语提供了一个复杂的混杂节目谱系。[8]

对于这一轮新闻与娱乐的融合及概念的演变，学者多从市场驱动新闻学视角加以解读，市场竞争加剧了对趣味性的追求，由此也在一定程度上解释了政治传播中的娱乐需求。

电子媒介尤其是电视的发展推进了这一娱乐化的进程。电视诉之于感官的传播属性已然在形式上全线超越了小报的追求，声色皆备，而率先在美国出现的各类混杂模式（hybrid formats）新闻节目，如娱乐资讯节目、新闻杂志节目、谈话节目等，更加速了新闻的娱乐化倾向。不仅美国，这种混杂新闻和娱乐元素的电视节目在全球形成收视风潮，只是在如何混杂方面各国各有不同。

中国亦然，只是在时间段上比欧美各国及日本、韩国有所延后。20 世纪 90 年代后期，在晚报、周末报、都市报纷起，各级电视频道纷纷扛起娱乐大旗等业界实践经历了一段积淀之后，中国学界也集中出现了一批对新闻和娱乐关系问题探讨的研究文章。但在相关概念的引进、界定和使用的过程中，由于强烈的价值判断倾向，加之翻译造成的词语含义上的微妙差异，以及媒介环境和语言使用的惯例，在这一类别多概念的使用上没有出现并用的情况，如软硬新闻作为新闻分类的一种方式尚时见提及，而“信息娱乐”则甚少使用，最终不约而同汇聚成一个动态化的名词：娱乐化。“新闻娱乐化”通常涵盖了“小报化”“信息娱乐”“新闻软化”等语义，以此指称新闻和娱乐的混合之势。值得注意的是，“新闻娱乐化”描述的是一种过渡性状态，将成型而未成型是这种状态的典型特征，其中蕴含的困惑、犹疑及有意无意间的良苦用心令人感慨。这一新闻和娱乐的交叠现象在中国也始终是以动态性的、模糊化的面目出现，在学界保持了一定的关注度。

三、数字媒介语境下的泛娱乐化：新闻游戏与沉浸式新闻

进入数字媒介时代，技术的影响趋于显化，最直接的便是伴随社交媒体的发展，软性表达成为一种常态。与新媒介技术发展相携行，在新闻和娱乐之间的概念群也出现了多重变化：一是新概念频起频落，其缔造者和使用者呈现多元化；二是价值判断的中立化；三是技术性因素鲜明，强调个体的参与、体验及感受。在某种程度上我们可以说，当前已经进入了技术驱动的新闻学语境。在这一语境中，以游戏、体验和个体化为特征的泛娱乐化成为这一领域概念群演变的整体态势，“新闻游戏”和“沉浸式新闻”就是其中比较有代表性的两个概念。

“新闻游戏”一词是乌拉圭游戏设计师恭扎罗·弗拉斯卡（Gonzalo Frasca）于 2001 年首创，后有美国学者将其定义为基于真实、有新闻价值的事件的视频游戏，并称其本质为一种基于程序的修辞，通过创建可以与用户进行互动的游戏模型来模拟新闻故事。[9]这一概念也引发了一些学术探讨。近年来 BBC、纽约时报等媒体都陆续推出了不同的“新闻游戏”。由是，“新闻游戏”这一概念在理论和实践交互锻造中逐渐成形。而“沉浸式新闻”则是从用户体验中提炼的，2010 年出现的这一概念，意指一种能让受众或用户获得新闻故事中描述的事件或场景的亲身体验的新闻生产形式，在强调真实性的同时注重现场感。[10]2015 年以来，随着“虚拟现实”和 360 度全景视频等技术的发展，加速了国内外新闻媒体在“沉浸式新闻”这一领域的尝试。在此类新闻中，创作者的个人化视角与全景视角相结合，受众的角色从观望者转化为参与者，强调的是受众个体对事件和场景的第

一手体验。与其相关联的概念还有“VR 新闻”等，其核心均在于以虚拟的方式再现事实，以游戏的方式让用户参与其中，自主决定体验的方向、角度和重点，以期最终实现虚拟交互叙事，实现在新的技术环境中重新诠释新闻，由此也将新闻和娱乐的关系提升到了一个新的层面。

细究起来，从力求建构秩序井然的信息结构的二分法，到模式混杂、空间模糊的娱乐化现象，再到泛娱乐化态势，弥散、驳杂的概念之间依然有着清晰的、相互联结的脉络。

其一是新闻和受众、政治和娱乐的关系变迁。新闻和娱乐的关系背后实则隐含着新闻和受众、政治和娱乐的关系。软硬与否、娱乐与否的讨论背后，始终是空间和权力的讨论，是“被精英”的传播者与“被大众”的受众之间的博弈，是公共空间和私人空间之间的纠结。信息是一种权力，信息的流通意味着权力的稀释和弥散，在对信息和新闻、新闻和娱乐的刻意区分和强调中，实则蕴含了一种对信息的控制意愿和能力。何为新闻、如何取舍、如何呈现取决于媒体控制者及内容生产者。在既往媒介环境中，只有部分生活、部分空间、部分主体可以进入新闻视野，而从当下弥散的媒介和信息环境来看，这一区分的意义正在某种程度上趋于消弭。

其二是娱乐因素在信息传播中的正当化、常态化。长期以来，在新闻和娱乐之间，在内容构成和功能价值上有着默认的价值判断，其中既有人的个体和社会心理因素，亦有传播权力结构的因素。就前者来看，人们对于能带来快感的事物和行为有一种下意识的自我贬抑，这是一种危机意识也是一种趋利避害行为，也是人类得以持续发展的潜在动力；就后者来看，在传统媒体时代，新闻编辑部作为一个精英和权力的符号出现，传播者和研究者是概念的界定者，由此也可以理解在这个新闻和娱乐的界限趋于模糊的过程中出现诸多对新闻、严肃新闻的捍卫和表述，其捍卫的并不全是信息的流通、资讯的传达和政治的民主，捍卫的还有对信息的选择权和判断权。

娱乐因素的渗透意味着其对个体心理需求的认可，是信息均权的过程。在信息传播中，市场、技术都在一定程度上起到了通过娱乐赋权的作用，但较之于市场通过娱乐赋权被广为诟病，在技术通过娱乐赋权中，娱乐的正当性不再或较少被质疑，这一点在民众、业界和学界讨论中均可获得佐证。其中有娱乐化发展的多年积淀和渗透，亦有技术赋权的天然优势。因此，尽管技术赋权之后，同样存在市场和资本的力量，但较之过往，还是极大地降低了准入门槛，相应也扩展了获利的群体抑或个体，由此也使因技术驱动导致的娱乐化倾向具有了一定的正当性。在娱乐传播的正当性被建构的同时，新闻和娱乐之间的界线也就更趋模糊，从而开创了一片新领域。

其三是数字媒介凸显了个体在信息传播中的角色和作用。在与媒介的结构关系中，依据不同的媒介，普通个体的角色从隐藏于群体之中的读者、听众、观众等受众到具备个体性和主动性的用户乃至于自媒体，个体的信息权力在逐渐增长。个体凸显的峰值出现在对个体心理的体察和承认及情感诉求的合理化中，当窃窃私语被置于台面之上且私语者不再因此而产生羞耻感之时，恰是个体价值获得最大认可之际。与社交媒体发展相伴随的个人的凸显使得私人空间的公共化成为必然，当然其中也不可避免地出现了诸多伦理及法律议题。

回溯新闻和娱乐之间概念群的形成和演变过程，人的心理需求、市场和技术及其与权力的博弈形成了这一领域内各种概念起落的主要驱动力，只不过各自作用力的大小有所不同。资本和意识形态都意图通过对人性的把握来掌控市场并进而扩展自身的空间和权力，而技术与人性则在漫长的纠结中形塑了相互促进和释放的关系。

总体而言，当前传播内容、传播介质和传播模式正处于前所未有的大变化之中，无论承认与否，新闻正逐渐回归其信息本意，是否会因为专业性的加强和特定类别的区分而产生新的分类和界定尚不可定论，但强调个体体验和情感满足的娱乐作为基调，正在成为一种长期的、具有渗透性、弥漫性和知觉性的背景式存在，这既是人性的光亮也是泛娱乐化的意蕴所在。未来伴随着新闻与娱乐的元素和功能的交互渗透趋于深化，可以预判这一领域的新概念还将不断涌现，并持续与社会空间与权力结构相辉映。

注释

[1] Carsten Reinemann, James Stanyer, Sebastian Scherr & Guido Legnante, Hard and soft news：A review of concepts, Operationalizations and Key Findings journalism，Vol. 13, Issue. 2, 2012.

[2] Michael Wolf. The Entertainment Economy：How Mega-Media Forces Are Transforming Our Lives. Times Books, Random House, 1999, p19.

[3] Machael Delli Carpini & Bruce Alan Williams. Let us infotain you：Politics in the new media environment，in Lance Bennett & Robert Mathew Entman（eds.），Mediated Politics：Communication in the Future of Democracy，Cambridge University Press, 2001, p. 160-181.

[4] Daya Kishan Thussu. News as Entertainment：The Rise of Global Infotainment, Sage, 2008.

[5] Lesley Henderson, Social Issues in Television Fiction, Edinburgh University Press, 2007.

[6] Herbert Julius Gans, Can popularization help the news media? in Barbie Zelizer（ed.）, The Changing Faces of Journalism：Tabloidization, Technology and Truthness, Routledge, 2009, p. 17-28.

[7] Anna Bartsch, Emotional gratification in entertainment experience, why viewers of movies and television series find it rewarding to experience emotions, Media Psychology, Vol. 15，Issue. 3, 2012.

[8] Wolfgang Donsbach, The International Encyclopedia of Communication, Blackwell Publishing，2008.

[9] Ian Bogost et al, Newsgames：Journalism at Play, The MIT Press, 2010, p. 13, 6.

[10] Nonny de la Pena, Immersive journalism：Immersive virtual reality for the first-person experience of news，PRESENCE, Vol. 19, No. 4, 2010.

“非洲中心性”（Afrocentricity）：概念缘起及其意涵演化

季芳芳

非洲中心性（Afrocentricity）是跨文化传播研究中的重要概念，美国学者摩勒菲·克梯·阿澈梯（Molefi Kete Asante）[1]首先在1980年出版的《非洲中心性：社会变革的理论》（*Afrocentricity*：*The Theory of Social Change*）一书中对其进行定义并且系统论述，以其标示了一种范式更新的治学主张，即：应当纠正跨文化传播研究领域中存在的欧美中心主义立场，要想理解非洲人的思想和行为，就需要以非洲文化作为知识建构的基础。[2]这一概念的提出及其术语化，意味着一种旨在扭转跨文化传播研究路径的努力沛然成形，也为非欧美地区传播学界的“传播理论本土化”等重大关切提供了思想样板和方法论的启迪。

一、跨文化传播学科视野下“非洲中心性”概念的提出

温迪·利兹-赫尔维茨（Wendy Leeds-Hurwitz）在进行跨文化传播研究的思想史写作时认为，一些跨文化传播研究者在从事专业知识生产时，其研究前提、研究方法及问题意识与国民性（national character）研究、文化和人格（culture and personality）研究及远方文化（culture at a distance）研究等人类学研究息息相关。[3]但是，今天的跨文化传播学者可能对此浑然不觉，他们没有质疑其从事学科的研究前提是怎么来的，也没有思考这些前提对今天的跨文化传播而言是否还合适——文化是否被同质化理解；除了认知与心理层面的探讨，文化是否还有其他面向的层面可供研究，在母文化之外生活的成员是否足以作为该文化的典型代表？[4]利兹-赫尔维茨认为：“了解我们自己的历史帮助我们思考是否有一些假设应该被修改，是否这些假设仍然有效。如果当代的研究人员继续以我们的前辈的方式进行工作，至少这也应该是他们深思熟虑以后选择的结果。”[5]从跨文化传播学科发展的历史来看，类似学科反思在20世纪70年代末开始已经被一些跨文化传播研究学者所实践。

一般而言，跨文化传播研究者把由爱德华·霍尔（Edward T.Hall）所撰写的《无声的语言》（*The Silent Language*）当作是该学科知识积累的发端。[6]20世纪

70年代，跨文化传播在学科建制方面完成了几项重要工作，包括：跨文化传播研究领域教科书、读本及手册的出版[7]；《国际与跨文化传播年鉴》（*International and Intercultural Annual*）的发行；学会的成立[8]；博士生的培养[9]。而经过几十年的学科积累，在20世纪80年代，跨文化传播推出了一系列重要的理论，包括威廉·古迪昆斯特（William B.Gudykunst）的“焦虑与不确定性管理理论”（anxiety uncertainty management theory）、汀-图梅（S.Ting-Toomey）的“面子协商理论”（face negotiation theory）等。

但是部分跨文化传播学者对已有的理论发展表示不满。这些学者认为已有的自诩为实证主义的跨文化研究是维护现实的，缺点是缺少伦理关怀。一些学者认为，跨文化传播这个研究领域，其学科形成之初就怀抱帝国主义称雄战后世界秩序的野心并且以白人男性为中心，这是一套不利于非西方国家建立主体性的知识体系。

20世纪70年代末，一些学者从第三世界主体性出发，研究他者的建构和主体性话语的构建。在跨文化传播研究领域，最先对已有研究范式提起批评的先行者是阿澈梯等人。阿澈梯在专著和期刊中多次发表关于非洲中心性（Afrocentricity）的观点，着重对这一领域的欧美中心主义立场进行了批判，并对已有的跨文化传播研究方式进行反思，[10]提出要以“非洲中心”为范式，积极探索建立新的有关非洲传播理论的可能。

二、“非洲中心性”概念的意涵

从词源学上来讲，非洲中心性（Afrocentricity），由非洲（Africa）和中心（center）组合而成。该概念不仅意味着方法、理论，也意味着行动。阿澈梯多次在著述中对此概念进行阐释，在过去几十年的研究中，其内涵在不断演化。

阿澈梯在《非洲中心宣言》（*An Afrocentric Manifesto*）中指出，非洲中心性是一种智识范式，这种范式将非洲主体性置于非洲的历史和文化情境之中，而该历史和文化是跨越大洲、跨越世代的。这意味着，对非洲文化和行为进行分析时，不管是文学或经济层面，还是政治或文化层面，定位（location）都处于核心位置。在这方面，它是对事实的批判视角的结晶。[11]这段话从认识论层面对非洲中心性进行了界定，主体性（agency）和定位（location）是关键概念。

早在20世纪80年代，阿澈梯在《非洲中心性：社会变革的理论》一书中就对非洲中心性概念进行了专门论述和定义：非洲中心性是一种思维方式和行动，它将非洲利益和价值观置于中心地位。就理论而言，它在分析任何非洲现象时，将非洲人民置于中心。因此，任何人都可以在一个给定的现象中定位非洲人。在行动和行为方面，非洲中心性认为，最大程度上符合非洲意识和利益的行为是道德行为的核心。[12]

以上这段话从方法、行动和理论三个层面界定了非洲中心性，而理论措辞中，“定位”（location）一词占据中心位置，这一词也帮助我们理解阿澂梯所持有的非洲中心性立场。在书中，阿澂梯又指出，“黑色”（blackness）本身可以成为一种修辞。“黑色”意味着反对一切形式的压迫：种族歧视（racism）、阶级歧视（classism）、恐同症（homophobia）、父权制（patriarchy）、儿童虐待（child abuse）、恋童癖（pedophilia），以及白人种族统治（white racial domination）。需要指出的是，阿澂梯有关非洲中心性的元理论并非凭空产生，而是受到诸如莫拉纳·卡伦加（Maulana Karenga）、谢克·安塔·迪奥普（Cheikh Anta Diop）等非洲文化研究者的启发。[13]

阿澂梯多次强调非洲中心性概念所采用的研究方法和路径，以及对研究资料的使用。他指出：非洲中心性是这样的一个理论概念，该概念坚持将非洲人作为主体（subject），而不是将其作为对象观察非洲现象。以非洲人为中心进行思考，可以为观察社会、文化、经济事实提供一种新的视角。因此，以何种方式处理数据，而不是数据本身，才是重要的。[14]

“主体”（subject）和“处理数据的路径”（orientation to data）等词汇构成了这段关于方法的表述的核心。三池贤孝在2008年的一篇文章里，对阿澂梯的总体取向进行了界定。他认为，阿澂梯的非洲中心性主要有6个维度：①非洲人作为主体；②非洲和非洲人的集体和人文利益居于中心地位；③非洲本土价值观和理念居于中心地位；④根植于非洲的历史经验；⑤对数据的非洲语境导向；⑥对错位（dislocation）进行非洲式的矫正与批判。[15]

非洲中心性概念和社会科学研究的“欧洲中心主义”立场关系密切，与此同时也启发了亚洲中心性（Asiacentricity）等概念的提出。

三、演化与挑战

在1987年出版的《何为非洲中心性》（*The Afrocentric Idea*）一书中，阿澂梯指出，如果将欧洲中心主义置于情境内进行理解，非洲中心性并不会质疑其有效性和价值。非洲中心性反对的是将欧洲中心主义作为“适格”“达标”的普适标准，以其审视非西方社会，进而将非西方社会打上各种原始、落后的标签和烙印。欧洲中心性（Eurocentricity）和欧洲中心主义（Eurocentrism）有所分野。阿澂梯曾就跨文化传播理论中的欧洲中心性评论道：欧洲中心性是文化的一种正常表达，但如果将特殊性的文化普遍化，并且否定和贬低其他文化、政治、经济观点，则是不正常的。[16]

欧洲中心主义存在不同的概念化路径，三池贤孝曾归纳出欧洲中心主义的三个支柱，分别是理论上的欧洲中心主义、方法上的欧洲中心主义，以及比较欧洲中心主义。其中，理论上的欧洲中心主义通常表现为采用建立在西方智识传统上的理论框架，对非西方文化和传播现象进行观察和描述、分析和解释、评价和批评；[17]方法上的欧洲中心主义则包括假定欧洲中心主义方法论具有“普适性”等系列主张；[18]而比较欧洲中心主义则是指研究者有意无意将欧美的文化价值观和传播方式视作“常态”的并且“自然”的，并将其与非西方文化进行对比。[19]阿澂梯本人并不认为非洲中心性是非洲版的欧洲中心主义，但可以肯定的是，非洲中心性所尽力施为的正是对欧洲中心主义的纠偏。

非洲中心性的提出在跨文化传播的研究谱系中占据重要地位。对于跨文化传播研究而言，非洲中心性这个概念具有方法论层面的意义：它将“文化和历史”置于分析的中心及起点。

哈鲁拉尼（Halualani）等人回顾和批判了跨文化传播研究传统中的几个关键节点。[20]他们肯定了阿澂梯对跨文化传播研究的反思，主张要在历史情境中分析文化群体，提倡在研究文化时结合自反性、历史背景及社会政治关系进行分析，而不是将文化作为一个固定变量去研究跨文化传播现象。

阿澂梯在 1980 年的著述中也指出历史独特性（historical specificity）及情境定位（contextual grounding）在跨文化传播研究中的重要性。[21]“将文化作为文本还是将文化作为理论”也是阿澂梯多次在著述中提出的问题。他不赞同将非西方文化作为理论分析和解构的“文本”，而认为应将其作为理论的来源。[22]

受到阿澂梯的启发，三池贤孝提出了“亚洲中心”（Asiacentric）的亚洲传播研究，目的在于从亚洲理论视角出发研究亚洲传播。[23]为了将亚洲人定位于研究对象及其传播世界中的行动者的角色中，三池贤孝认为，亚洲传播研究必须将亚洲文化视为理论源泉，在描述、解析和理解亚洲传播的前提与行为时将之置于探索的中心。[24]

亚洲中心性强调亚洲文化应被看作亚洲知识重构的理论，而不作为非亚洲中心知识解构的文本。[25]三池贤孝指出，来自不同文化背景的人们在不同的语言、宗教哲学和历史语境中从事交流活动。他们日常生活中的思想感情不是通过抽象的共性原则，而是通过具体的行为细节表达的。因此，如果我们想理解他们的文化定位和有关交流的观念，我们应该考虑到，他们用特定的语言说话，受到特定的宗教哲学观念的影响，以及在特定的历史经验中生存。[26]换言之，表层的传播方式反映了深层的世界观，而不同的文化养育了不同的世界观。[27]

将文化置于中心地位不仅是非洲中心性或者亚洲中心性，也是其他非西方文化学术传统的前提。而以非西方文化作为理论来源并对非西方国家的传播行为进行思考的理论研究也持续展开，其中阿澂梯和三池贤孝等在2008年出版的《全球跨文化传播读本》（*The Global Intercultural Communication Reader*）是比较具有代表性的著作。读本不仅提供了西方视角，也带入了跨文化传播研究中的非洲和亚洲视角。笔者认为，这个读本旨在解决跨文化传播领域未曾解决的三个问题，分别是：①欧洲中心的智识帝国主义；②文化与传播研究中对本土视角的忽视；③跨文化情境的传播平等和相互性。[28]

该尝试在研究范式层面不可避免地面临挑战。非洲中心性也受到各种批评，包括：认为非洲中心性是"黑色版本"的欧洲中心主义；认为非洲中心性将"非洲"本质化理解，忽略非洲的多样性；认为非洲中心性拒绝混杂（hybridity）并且忽视非洲的动态性等。在2007年出版的《非洲中心宣言》（*An Afrocentric Manifesto: Toward an African Renaissance*）导论中，阿澂梯反驳了有关"非洲中心性是非洲版的欧洲中心主义"的论述，指出即便没有欧洲中心主义，非洲人也需要有自身的主体性。

对于非西方背景的传播学者而言，非洲中心性和亚洲中心性等概念的提出，意味着从方法、理论及行动层面启动了对传统理论研究路径的全面反思，也意味着对自身文化传统的再审视。同样，上述概念的提出与非西方传播学界关切的"传播理论的本土化"命题也密切相关。理论的本土化，不仅是针对学者们把非洲或者其他地区作为"材料"，利用欧美理论进行研究的现象进行批评，其最显要的关心是如何进行原创理论的生产。"非洲中心性"这一术语所指称的概念及由这一概念所牵引的研究范式，虽然面临诸多批评，但它无疑标示了发展本土理论的一种有价值的治学尝试和理念更新。

注释

[1] 这位美国学者姓名的中译名，转引自陈国明、三池贤孝：《亚洲传播研究的蓬勃发展与未来：中国视角与日本视角》上，J.Z.爱门森译，《淮海工学院学报（社会科学版）》2008年第2期。

[2] 以J.Z.爱门森（J.Z.Edmondson）将Asiacentricity译作"亚洲中心性"为基础，本文将Afrocentricity译作"非洲中心性"，而将Afrocentrism译作"非洲中心主义"。见陈国明、三池贤孝：《亚洲传播研究的蓬勃发展与未来：中国视角与日本视角》上，J.Z.爱门森译，《淮海工学院学报（社会科学版）》2008年第2期。

[3] Wendy Leeds-Hurwitz，Writing the intellectual history of intercultural communication，in Thomas K.Nakayama & Rona Tamiko Halualani（eds.），The Handbook of Critical

Intercultural Communication，Wiley-Blackwell，2010，p.21-34.

[4] 同[3]。

[5] 〔美〕温迪·利兹-赫尔维茨：《跨文化传播学的文化人类学根源：探寻过去以理解现在》，季芳芳译，《中国跨文化传播研究年刊》，北京：中国社会科学出版社，2016 年，第 65 页。

[6] Everett M. Rogers，William B.Hart & Miike Yoshitaka，Edward T.Hall and the history of intercultural communication：The United States and Japan，Keio Communication Review，Vol.24，2002.

[7] John C. Condon & Fathi S.Yousef，Introduction to Intercultural Communication，1975；Larry A. Samovar Richard E.Porter & Edwin R.Mcdaniel（eds.），Intercultural Communication：A Reader，Wadsworth，1972.康顿与约瑟夫（Condon &Yousef）合著的于 1975 年出版的《跨文化传播导论》（*Introduction to Intercultural Communication*）整合了跨文化传播研究关于文化情境和行为模式的研究，为之后的研究者所继承和发展，而拉里·A.萨摩瓦（Larry A.Samovar）等人编著的读本每隔几年便会发行新的版本，而且会收入专门为此书撰写的新论文，这本读本在 2013 年已经发行到第 13 版。

[8] 1970 年，以 K.S.斯塔拉姆（K.S.Sitaram）为首的学者们向 ICA 提议成立跨文化和国际传播分会（the Intercultural and International Communication Division of ICA）。斯塔拉姆为此还向董事会提交了论文，论文为《跨文化传播：是什么和为什么》（Intercultural Communication：The What and Why of It）。在 1971 年，SCA 选择迈克·普罗斯那（Michael H.Prosser）作为其跨文化传播与国际传播委员会的创始主席。1975 年，SCA 的国际传播和跨文化传播分会在该委员会基础上组建而成。见 Tapio Varis，Foreword，in K.S.Sitaram，Michael H.Prosser（eds.），Civic Discourse：Multiculturalism，Cultural Diversity，and Global Communication，Stamford，Ablex Publishing Corporation，1998，p.xi-xv。学会的成立不仅进一步确立了该研究领域在传播学学科建制内的地位，也推动着该领域的知识生产。

[9] 20 世纪 70 年代，美国的传播系开始授予跨文化传播的博士学位。埃弗雷特·罗杰斯（E.M.Rogers）指出，早在 20 世纪 60 年代，就有学者在匹兹堡大学、密歇根州立大学等学校开设跨文化传播（Intercultural Communication，IC）课程。印第安纳大学或许是第一个授予 IC 领域博士学位的大学，被授予者是威廉姆·斯塔罗斯塔（William Starosta）。在 1975 年，威廉姆·霍韦尔（William Howell）开始在明尼苏达大学指导博士学生，而这些学生后来成为 IC 研究领域的翘楚。见 Everett M.Rogers & William B. Hart，The histories of intercultural，international，and development communication，in William B.Gudykunst & Bella Mody（eds.），Handbook of International and Intercultural Communication，Sage，2001，p.1-19.

[10] Molefi Kete Asante，Afrocentricity：The Theory of Social Change，Amulefi Publishing Company，1980. Molefi Kete Asante，The ideological significance of Afrocentricity in intercultural communication，Journal of Black Studies，Vol.14，No.1，1983. Molefi Kete Asante，The Afrocentric Idea，Temple University Press，1987. Molefi Kete Asante，An Afrocentric Manifesto：Toward an African Renaissance，Polity Press，2007.

[11] Molefi Kete Asante，An Afrocentric Manifesto：Toward an African Renaissance，Polity Press，

2007，p.2-3.

[12] Molefi Kete Asante，Afrocentricity：The Theory of Social Change，Amulefi Publishing Company，1980，p.4.

[13] 阿澈梯指出，非洲中心性理论受到莫拉纳·卡伦加（Maulana Karenga）的“共同”哲学（kawaida）、谢克·安塔·迪奥普（Cheika Anta Diop）《文明的非洲起源》（*The African Origan of Civilization*）、弗朗兹·法农（Frantz Fanon）《全世界受苦的人》（*The Wretched of the Earth*）和艾美·塞泽尔（Aimé Césaire）《回到我的祖国》（*Return to My Native Country*）等的影响。见 Molefi Kete Asante，Afrocentricity toward a critical bibliography of a concept，in Molefi Kete Asante（eds.），Contemporary Critical Thought in Africology and Africana Studies，Lexington Books，2015，p.31-63.

[14] Molefi Kete Asante，Foreword，in J.D.Hamlet（ed.），Afrocentric Visions：Studies in Culture and Communication，Sage，Thousand Oaks，1998，p.vii.

[15] Yoshitaka Miike，Culture as text and culture as theory：Asiacentricity and its Raison D' êtrein intercultural communication research，in Thomas K.Nakayama & Rona Tamiko Halualani（eds.），The Handbook of Critical Intercultural Communication，Wiley-Blackwell，2010，p.190-216.

[16] Molefi Kete Asante，Afrocentricity and the Eurocentric hegemony of knowledge：Contradictions of place，in J.Young and J.E.Braziel（eds.），Race and Foundations of Knowledge：Cultural Amnesia in the Academy，University of Illinois Press，2006，p.145-153.

[17] Yoshitaka Miike，Culture as text and culture as theory：Asiacentricity and its Raison D' êtrein intercultural communication research，in Thomas K.Nakayama & Rona Tamiko Halualani（eds.），The Handbook of Critical Intercultural Communication，Wiley-Blackwell，2010，p.192.

[18] Yoshitaka Miike，Culture as text and culture as theory：Asiacentricity and its Raison D' êtrein intercultural communication research，in Thomas K.Nakayama & Rona Tamiko Halualani eds.，The Handbook of Critical Intercultural Communication，Wiley-Blackwell，2010，p.194.

[19] Yoshitaka Miike，Culture as text and culture as theory：Asiacentricity and its Raison D' êtrein intercultural communication research，in Thomas K.Nakayama & Rona Tamiko Halualani eds.，The Handbook of Critical Intercultural Communication，Wiley-Blackwell，2010，p.195.

[20] Halualani，R.T.，Mendoza，S.L. & Drzewiecka，J.A.，“Critical” junctures in intercultural communication studies：A review，The Review of Communication Journal，Vol.9，No.1，2009.

[21] Molefi Kete Asante，Intercultural communication：An inquiry into research direction，Communication Yearbook，Vol. 4，1980.

[22] Molefi Kete Asante，Yoshitaka Miike & Jing Yin，Issues and challenges in intercultural communication scholarship，in Asante，Molefi Kete，Yoshitaka Miike & Jing Yin（eds.），The Global Intercultural Communication Reader，New York：Routledge，2008，p.3.

[23] Yoshitaka Miike，Beyond Eurocentrism in the intercultural field：Searching for an Asiacentric paradigm，in W.J.Starosta & G.M.Chen （eds.），Ferment in the Intercultural Field：Axiology/Value/Praxis，Sage，2003.Yoshitaka Miike，Rethinking humanity，culture，and

communication: Asiacentric critiques and contributions, Human Communication: A Journal of the Pacific and Asian Communication Association, Vol.7, No.1, 2004.Yoshitaka Miike, Non-Western theory in western research? An Asiacentric agenda for Asian communication studies, Review of Communication, Vol.6, No 1/2, 2006.Yoshitaka Miike, An Asiacentric reflection on Eurocentric bias in communication theory, Communication Monographs, Vol.74, No.2, 2007.Yoshitaka Miike, Toward an alternative metatheory of human communication: An Asiacentric vision, in M.K.Asante, Y.Miike & J.Yin (eds.), The Global Intercultural Communication Reader, Routledge, 2008, p.57-72.Yoshitaka Miike, Harmony without uniformity: An Asiacentric worldview and its communicative implications, in L.A.Samovar, R.E.Porter, & E.R.McDaniel (eds.), Intercultural Communication: A Reader, 12th edn, Wadsworth, Cengage Learning, 2009, p.36-48.

[24] 陈国明、三池贤孝：《亚洲传播研究的蓬勃发展与未来：中国视角与日本视角》上，J.Z.爱门森译，《淮海工学院学报（社会科学版）》2008 年第 2 期。

[25] Yoshitaka Miike, Culture as text and culture as theory: Asiacentricity and its Raison D' êtrein intercultural communication research, in Thomas K.Nakayama & Rona Tamiko Halualani (eds.), The Handbook of Critical Intercultural Communication, Wiley-Blackwell, 2010, p.198.

[26] Yoshitaka Miike, Culture as text and culture as theory: Asiacentricity and its Raison D' êtrein intercultural communication research, in Thomas K.Nakayama & Rona Tamiko Halualani (eds.), The Handbook of Critical Intercultural Communication, Wiley-Blackwell, 2010, p.199.

[27] 同[24]。

[28] Molefi Kete Asante, Yoshitaka Miike & Jing Yin, Issues and challenges in intercultural communication scholarship, in Asante, Molefi Kete, Yoshitaka Miike & Jing Yin (eds.), The Global Intercultural Communication Reader, Routledge, 2008, p.2.

宣传的概念：多维语境下的历史考察

叶　俊

一、宣传的概念演变及其现代性

汉语“宣传”词汇由“宣”和“传”两个近义字并列组成。“宣”字在甲骨文中就已出现，如《史记·龟策列传》《淮南子·本经训》记载商纣王兵败后死于“宣室”。古代“宣”字蕴含着君主对臣下、教育者对被教育者之间的关系（如宣旨、宣谕）。“传”字最先出现在周朝金文中，亦有君王向臣子传达命令的含义（如传达、传布）。“宣”“传”两字合用，最早出现在东汉末年，与军事和战争活动关系密切，《三国志》中多次出现“宣传”。古代“宣传”一词的概念，暗含了一定的“上下级”关系，主要集中于军事领域。

现代汉语中的“宣传”概念来源较为复杂。英文 propaganda 先在中国被翻译为“宣传”。1847 至 1848 年间中国出版的《汉英字典》上，将 propaganda 翻译为“传教”；1866 至 1869 年间出版的《英华字典》将 propaganda 翻译成“宣传”。作为译名，“宣传”的宗教意义与西方大同小异，故此时“宣传”未受到太多关注。然而，“宣传在中国更多的是与革命和斗争的需要联系在一起”[1]。19 世纪末 20 世纪初，“宣传”词汇随其他大量日语词汇一道回流至中国。日本在翻译 propaganda 时，借用了从中国流入的“宣传”一词，并丰富了“宣传”一词的概念，使其从宗教意义上的宣传转向了政治和商业意义的宣传。这一概念的丰富，与留日求学以“救国”的中国人的需求一拍即合。“宣传”经留日学生翻译回流至中国时，为国人所接受，并广泛使用。

新文化运动后期，由苏联进入中国的马克思主义宣传观念，是影响汉语“宣传”概念的又一关键因素。与西方理论家和政治家把宣传视为“对社会舆论的欺骗”“谎话的叙述和表达”不同，马克思主义认为，“宣传的任务是用一定的思想、学说武装人们”，“宣传主要是对人的理智发生作用”[2]。苏联的宣传概念对当代中国影响最大。1949 年前，中国语境下的宣传研究通常采用三类概念[3]：一是使用划分性质的概念，如孙中山用“救国方法”界定宣传，自由派知识分子用“催眠的力量”“麻醉”“支配舆论的势力”解读宣传，梁士纯用“唤起舆论”来定义宣传；二是一般性联系的概念，如毛泽东认为“一个人只要他对别人讲话，他就是在做宣传工作”[4]；三是用新型知识研究提高宣传技巧的概念。1949 年之后，中国语境下的宣传概念失去多元的阐释与解读，呈现出单一化趋势。

现代意义的宣传概念出现于西方现代化进程中。英语 propaganda 一词由拉丁语词根 propaso 演变而来，其本意是播种、繁殖。17 世纪，罗马教会发起了反宗教改革运动，格列高利十五世为此成立了“信仰宣传委员会”和“宣传学院”（The college of propaganda），首次提出现代意义的宣传。

1718 年，英文 propaganda 首次出现。在 18 世纪美国独立战争、19 世纪的美国南北战争中，宣传发挥了重要作用。同时，英文 propaganda 的宗教意义退化，政治含义日增。但直到第一次世界大战前，propaganda 的使用仍未大众化。1913 年出版的《不列颠百科全书》中，还没有收入“propaganda”这个词条。第一次世界大战期间，战时宣传如火如荼，propaganda 一词开始流行，受到学者关注。1918 年，英国成立隶属于政府新闻部的战时机构“对敌宣传司”（Department of Enemy Propaganda），propaganda 一词首次出现在政府机构名称中。

“宣传”概念的现代性，是通过多条路径实现的。中文“宣传”概念经历由军事到政治、商业的演变，由多元解读向单元解读的转变；英文“propaganda”概念则经历由宗教向政治、商业的演变，由通用到弃用的转变。

二、宣传的概念内涵及其定义

宣传有广义与狭义之分。广义宣传，指“为达到说服、劝导或教育的目的，向个体或群体传播某种有说服力的观点或意识，以影响宣传对象的思想和行为，使之向所希望的方向发展的一种活动”[5]，包括个体的宣传行为，没有政治背景的个别宣传行为和社会集团、党派组织的宣传行为。狭义宣传，专指政治性宣传。

宣传概念由其内涵与外延确定，只有明确宣传的概念内涵与外延，才能掌握宣传的规律和要求，从而更好地理解宣传的概念。《中国大百科全书》把“宣传”定义为：“运用各种符号传播一定的观念以影响人们的思想和行动的社会行为。”[6]《不列颠百科全书》定义宣传为：“是一种借助于符号（文字、标语、纪念碑、音乐、服饰、徽章、发式、邮票及硬币图像等等）以求左右他人的信仰、态度或行动的有系统的活动。”[7]《苏联大百科全书》的定义是：“阐述思想、学说、政治观点和知识，是共产党和工人党对党员群众和全体劳动人民的思想——政治教育工作的组成部分。”[8]可见，不同语境下的百科全书宣传概念并不一致，其流露出对宣传的态度也各有偏重。有学者主张，不管何种宣传，都是从影响人们的思想、引导人们的行动出发去传播一定的观念、主张，离开了这些基本特征的传播行为，并不能称其为宣传。[9]沃纳·赛佛林（Werner J.Severin）等人则认为：“只有当行为对信源而不是对接受者有益时，这种行为或消息才被称为宣传。”[10]这都是给“宣传”的外延加以限定，使其不被无限扩大。

不同话语与语境下，宣传概念还存在比较与适应问题。宣传或 propaganda 词汇与其所表达的概念之间的关系是可以变化的。宣传、propaganda、пропаганда 等不同语言下的概念符号本身内涵也不完全一致。早在 20 世纪 80 年代末就已有学者开始把宣传译为“communication”，[11]也有学者认为西方“传播学”概念就是中国的“宣传学”，[12]还有学者对中美官方话语研究后指出，英文的“propaganda”应译为中文的“欺骗性宣传”比较准确。[13]即便同一语境同一概念，有时也会有两种语言符号，如 publicity 和 propaganda 两个词汇均表达“宣传”的概念，但前者词根是 public，带有公众信息、公之于众的意涵。换而言之，publicity 一词更强调平等视角下的“宣传”概念。因此，这两个语言符号实际上也是“伪等数”。

概念内涵集中体现在概念定义上。在中国，《宣传学舆论学大辞典》把宣传定义为：“一定社会组织运用各种思维方式，传播事实和观点，用以引导、控制人们思想倾向的过程。”[14]有学者认为：“宣传是有目的地传播某种事理以影响他人意识和行为的一种社会活动。”[15]还有学者认为：“宣传是运用各种有意义的符号传播一定的观念，以影响人们的思想、引导人们的行动的一种社会行为。”[16]虽然定义不同，但国内宣传定义模式较为一致。这几个定义的共同之处是，认为宣传是“用 A 传播 B 作用于 C”的一种社会行为，A 是符号，B 是观念、观点、事实、事理，C 是思想、行动、意识、行为。

在西方，宣传定义与中国有所不同。沃尔特 • 李普曼（Walter Lippmann）给宣传下的定义是：“宣传是阶级意识和集团对人的改造和人们为之做出的反应。”[17]拉斯韦尔认为，宣传是“指通过重要的符号，或者更具体但不是那么准确地说，就是通过故事、谣言、报道、图片以及社会传播的其他形式来控制意见”[18]。1934 年，拉斯韦尔将宣传的定义修正为：“所谓宣传，其实就是思想对思想的战争。”[19]与中国的定义相比，西方的定义充分考虑了宣传的权力因素，主要不同是在 A 的内容上突出了谣言，在 B 作用于 C 的方法上突出了“左右”“控制”，在 C 的内容上增加了信仰。这几个突出的地方反映了西方“宣传”概念的贬义倾向。

在苏联，宣传的定义又有所不同。《苏联大百科全书》认为：“马克思列宁主义的宣传以社会发展规律的知识武装共产党员和全体劳动人民，提高他们的政治警惕性。”[20]苏联学者辅拉霍诺夫（Прохоров Е. П.）和波日尼亚可夫（Поздняков П. В.）认为，宣传“就是有目的地传播、解释社会生活的规律性、特点和现象的消息、观点和理论”[21]。可见，苏联的宣传定义模式与中国、西方国家有很大不同，明显表现出“宣传”的褒义色彩。

宣传定义的纷繁复杂，首先说明概念上没有形成统一认识，也没有在一定规则内下定义。定义的不同，反映出定义者对宣传概念认识的不同。这很难判定谁是真实的或不真实的，更难说谁是正确的或错误的，而只有依据不同语境予以辨析。有学者主张放弃使用过于狭隘或宽泛的理解宣传的概念，而在两种倾向之间取得平衡，从“宣传者、宣传意图、操纵象征符号、宣传对象、塑造认知方式、影响人的态度和行为”6 个重要元素去认识宣传。[22]根据宣传的内涵与外延及定义的规则，可以把宣传定义为：宣传是操纵某种符号向某一群体传播某种事理以影响其态度或行为的一种社会行为。当然，理解“宣传”的概念，不能完全看字面含义和定义，还要看“谁在宣传、为何宣传、如何宣传”。

三、宣传概念的感情色彩流变

宗教宣传在促使宣传向现代化过渡的同时，其意识形态因素也使宣传迈出了贬义化的第一步。现代意义的“宣传”自诞生之日起便染有意识形态属性。“信仰宣传委员会”宣传的天主教本身就是一种意识形态，在反对宗教改革中必然遭遇对立教派的不同解读。教派间意识形态的冲突，致使宣传者站在各自立场将对方认定为敌人，“他们对权力的争夺破坏了宣传含义的统一性”，“宣传被定义为一个负面语词，从使用之初就渗透着权力的争夺，带有权力的鲜明特征”。[23]

19 世纪中期，政治与战争的介入，加快了“宣传”的贬义倾向。军事活动、政党斗争与利益集团博弈，使宣传的贬义色彩愈加明显。1842 年出版的《布兰德氏科学、文学和艺术辞典》中将 propaganda 解释为：“被用于现代政治语言中，作为对秘密团体散布、为大多数政府所畏惧和厌恶的意见和原则的指责性用语。”[24]这反映出，宣传的贬义倾向已由宣传双方扩散至普通民众、政府和学者。

第一次世界大战期间，宣传活动达到第一个高峰。参战各国广泛使用宣传，谎言、暴力、恐惧、言论控制等宣传方法，使得第一次世界大战成为“宣传概念变迁分水岭”。[25]以杜威、李普曼、拉斯韦尔、伯内斯为代表的人文社会科学学者，对宣传进行了反思和深入研究。杜威指出，大众很容易被国家、商业机构通过大众媒介所控制，人们虽然能够形成表面上的一致意见，但是并不是真正民主；[26]李普曼试图放弃或改变“宣传”一词，来揭露宣传的谬误；拉斯韦尔通过使用宣传研究的内容分析，来揭示人们对宣传观念认识上的事实错误。[27]伯内斯曾欲为 propaganda 正名，认为：“宣传原本是一个绝对褒义词，它具有诚实的词系、荣耀的历史”。[28]但随后他发现已无力挽回 propaganda 具有“邪恶的心灵操纵”的意涵，转而选择了略带中性的 publicity。

意识形态斗争是压倒西方“propaganda”正当性的最后一根稻草。第一次世界大战后，苏联的宣传部和纳粹德国国民教育和宣传部，“使得在意识形态上与他们对立的英美等国放弃了具有积极意义的宣传概念，把它变成了一个完全负面的词汇，专门用于指称敌方的传播和说服活动”[29]。1947 年后，世界进入冷战时期，意识形态的宣传与反宣传取代了战争宣传，盛极一时。在意识形态斗争中，英文 propaganda 被彻底弃用了。

不同制度的国家对宣传概念的理解并不一致。尽管西方国家弃用宣传，但在社会主义国家，宣传仍广为使用。俄文 пропаганда（宣传）与中文“宣传”在第一次世界大战后并未出现贬义现象。在西方宣传概念演变的同时，马克思主义的宣传概念在苏联、中国、东欧各国发展起来。列宁率先把报刊称作是“集体的宣传员、鼓动员和组织者”[30]，并以此成功地夺取了国家政权，使得“宣传”名声大振。在中国，以李大钊、毛泽东等人为代表的中国共产党人毫不避讳宣传，并把宣传提到革命武器的高度。有学者指出，中国的宣传活动与宣传概念一样经历复杂，它曾在革命时期对国家独立、民族觉醒起到至关重要的作用，也因“假大空”及“阶级斗争式”的宣传给中国人带来心理浩劫，“人们从积极宣传到害怕宣传再到漠视宣传，宣传在中国经历了一个由盛到衰，再进入到一个需要变革与关系治理的过程”[31]。

四、现代宣传概念的正当性基础

首先需要制度不同的国家，在多维语境中能够找到“宣传”概念的共同符号。不论国家体制如何，亦不论“宣传”是否被弃用，宣传的概念及现象并未因其词汇符号的感情色彩而消失，世界各国也无法避免使用宣传，况且，“避免使用‘宣传’这个词汇本身就是一种政治宣传行为，意在民众心中减少政府行为的操纵色彩”[32]。

其次，更为重要的是，作为普遍存在的“宣传”概念，如何在符号之外从概念本身寻求正当性基础。不同语境的国家也选择了不同的方式，西方国家选择弃用“propaganda”，中国选择了审视“宣传”，但都未抛弃宣传的概念，而是积极寻求宣传的正当性。深化宣传的正当性，需要具有以下几个基础：

一是承认宣传的普遍性。雅克·埃吕尔（Jacques Ellul）认为，不必把宣传视为罪恶或与某个国家的意识形态相联系[33]；伯内斯也认为：“在任何事情上，宣传之好坏取决于它所推动的事业承载的价值以及所发布信息的正确性。”[34]这都是主张讨论宣传，首先得承认宣传的普遍存在，不应有“原罪”或承载过多“意识形态因素”。

二是宣传为其合法性做道德辩护。宣传概念的贬义宣传必须回溯其背后的权力并对权力主导的宣传予以评价和约束，回答大众质疑，尊重宣传对象的权利使其接纳宣传，而不能仅靠权力意志进行灌输、教化、引导，“一旦宣传忽视被宣传对象的态度或认可，人们就会拒绝宣传，宣传也就失去了正当性”[35]。

三是宣传以更隐匿的形式存在。彼得·凯内兹（Peter kenez）认为：宣传无法作抽象的讨论，必须同时考虑政策、宣传方法和内容。[36]隐匿存在是为了约束权力，使其充分根据政策及内容，合理使用宣传方法。

四是驯化宣传。作为现代治理术的一部分，宣传已经成为现代性的重要标志之一，一劳永逸地消除宣传几乎不可能。这时，通过制度、伦理和公众的媒介素养驯化宣传显得更为迫切。其一，公众应有自主选择权；其二，宣传者与被宣传者要有平等的沟通机制；其三，公众应提高自我反思和自我教育水准。

五是保证人人有“宣传”与“反宣传”的权利。民主的或独裁的各类政权，都试图控制宣传。理想的社会应允许一切人有自由宣传的权利，也有和平地进行“反宣传”的权利。

注释

[1] 王怡红：《宣传研究的概念考察：兼评刘海龙的宣传研究》，《新闻界》2014年第20期。

[2] 〔苏〕И.А.谢列兹涅夫等编：《心理战——战争与意识形态斗争》，张俊英译，刘相国校，长春：吉林人民出版社，1981年，第26-27页。

[3] 同[1]。

[4] 中央文献研究室、新华通讯社编：《毛泽东新闻工作文选》，北京：新华出版社，2014年，第100页。

[5] 郑邦俊主编：《宣传学概论》，沈阳：辽宁大学出版社，1987年，第2页。

[6] 中国大百科全书总编辑委员会编：《中国大百科全书·新闻出版》，北京：中国大百科全书出版社，1990年，第427页。

[7] 中国大百科全书出版社《简明不列颠百科全书》编辑部译编：《简明不列颠百科全书》第13卷，北京：中国大百科全书出版社，1999年，第507页。

[8] 《苏联大百科全书》（内部读物），北京：时代出版社，1958年，第1969页。

[9] 李良荣主编：《宣传学导论》，福州：福建人民出版社，1989年，第15页。

[10] 〔美〕沃纳·赛佛林等：《传播理论起源方法与应用》，郭镇之、孟颖等译，北京：华夏出版社，2000年，第107页。

[11] 黎元江：《对“宣传”的理解》，《南风窗》1988年第8期。

[12] 李彬：《传播学即宣传学（兼论传播学在我国的发展方向）》，《郑州大学学报（哲学社会科学版）》1990年第3期。

[13] 窦卫霖：《中美官方话语的比较研究》，上海外国语大学2011年博士学位论文。

[14] 刘建明主编：《宣传学舆论学大辞典》，北京：经济日报出版社，1992年，第63页。

[15] 郑保卫：《新闻与宣传关系浅探》，《新闻知识》1991年第1期。

[16] 李良荣主编：《宣传学导论》，福州：福建人民出版社，1989年，第14页。

[17] 〔美〕沃尔特·李普曼：《公众舆论》，阎克文、江红译，上海：上海人民出版社，2006年，第19页。
[18] 〔美〕哈罗德·D.拉斯韦尔：《世界大战中的宣传技巧》，张洁、田青译，展江校，北京：中国人民大学出版社，2003年，第22页。
[19] 同[18]。
[20] 同[8]。
[21] 〔波〕列·沃伊塔西克：《政治宣传心理学》，邓本中、钱树德译，成都：四川省社会科学院出版社，1986年，第16页。
[22] 刘海龙：《宣传：观念、话语及其正当化》，北京：中国大百科全书出版社，2013年，第33页。
[23] 同[1]。
[24] 展江：《新闻宣传异同论》，《中国青年政治学院学报》1999年第1期。
[25] 刘海龙：《西方宣传概念的变迁：起源与早期的争论》，《国际新闻界》2007年第4期。
[26] 同[25]。
[27] 同[1]。
[28] 〔美〕爱德华·L.伯内斯：《宣传》，胡百精、董晨宇译，北京：中国传媒大学出版社，2014年，第26页。
[29] 刘海龙：《宣传：观念、话语及其正当化》，北京：中国大百科全书出版社，2013年，第26页。
[30] 中共中央马克思恩格斯列宁斯大林著作编译局编译：《列宁全集》第5卷，北京：人民出版社，1986年，第8页。
[31] 同[1]。
[32] 李宗建、徐锋：《“宣传的时代”：国际视野与中国内涵》，《社会主义研究》2013年第1期。
[33] 刘海龙：《宣传：观念、话语及其正当化》，北京：中国大百科全书出版社，2013年，第9页。
[34] 〔美〕爱德华·L.伯内斯：《宣传》，胡百精、董晨宇译，北京：中国传媒大学出版社，2014年，第47页。
[35] 同[1]。
[36] Peter Kenez，The Birth of the Propaganda State：Soviet Methods of Mass Moblization（1917—1929），Cambridge University Press，1985，p.4.

译名考辨：外文名规范研究

源于俄文的马克思主义新闻观名词原文、中译文和英译文比对分析

陈力丹　姚晓鸥

本文讨论源于俄文的马克思主义新闻观名词原文、中译文和英译文。“马克思主义新闻观名词”的“术语思想”部分共有29个名词源自俄文，这里选取部分中译文或英译文有差误或需要加以说明的9个名词加以考证。俄文原文，分别取自《列宁全集》俄文第5版和《斯大林全集》俄文版；中译文分别取自《列宁全集》中文第2版和《斯大林全集》中文版；英译文取自《列宁全集》英文版和斯大林文库网络英文版。下面的引证简化注明俄文、中文、英文的卷页或网络地址。

一、党的出版物的党性（Party Principle of Party Literature）

这里使用的对应英文是考证 1903—1905 年列宁的有关论述确定的，不完全对应《列宁全集》英文版的译文。

列宁最早将“党性”与党的报刊等传播中介联系在一起，开始于俄国社会民主工党（苏联共产党的前身）第二次代表大会刚结束之时（1903 年 9 月）。

1898 年，俄国社会民主工党第一次代表大会产生的中央领导机构很快被沙皇警察破获，党以分散的小组活动状态存在了 5 年。第二次代表大会恢复了党的领导机构（中央委员会、党报编辑部、二者合一的“总委员会”，均为党的中央领导机构），由于党内斗争的各种原因，这三个机构的成员后来均由党内孟什维克派构成，他们习惯于以小组习气（圈子）而不是从全党的角度来确定党和党报的方针及处理党务。于是列宁在《俄国社会主义工党第二次代表大会记事》中提出现在需要“从小组习气过渡到**党性**”（《列宁全集》中文 8 卷 19 页）。这句话的俄文是 переход к *партийности* от кружковщины（《列宁全集》俄文 8 卷 20 页，斜体相当于中文的黑体字），对应英文是 from the circles to a *Party*（《列宁全集》英文 7 卷 34 页）。

列宁明确使用了“党性”（партийность，партийности 是其第三格）这个术语，而英文没有与俄文对应的这个正面且抽象的名词化的形容词，只有贬义的 partiality（党派性）一词，因而英译文这里采用首字母大写的“党”（*Party*），意

思是通的。不过，我们无法得到一个用英文如何翻译 партийность 的标准对应单词或词组。还有，这里从上下文可以看出列宁所说的党性与党报工作是挂钩的，但文章里没有一处使用“党报的党性”词组。

印欧语系斯拉夫语族的俄文单词 народность（党性），即党的意识、党的观念。这是一个形容词词干＋ость 的名词结构，表示性质的抽象概念。俄文名词 партия 翻译为“党”；形容词 партийный 翻译为“党的”；名词化的形容词 партийность 翻译为“党性”，它是名词，但又不同于具有实质指称的名词“党”。可能当时的中文翻译者认为加上“性”字可以抽象地表达出形容词名词化所代表的那种抽象的观念和意识，于是这一翻译思路约定俗成，就在 20 世纪上半叶的中国形成了一类词源来自俄国的中国式的组词法——“××性”。

列宁比较正式地提出党的报刊等文化传播中介的党性，是在 1905 年 11 月 26 日（俄历 11 月 13 日）发表的《党的组织和党的出版物》（俄文标题为 Партиийная Организация и Партиийная Литература，《列宁全集》俄文 12 卷 99 页；英文对应标题为 Party Organization and Party Literature，《列宁全集》英文 10 卷 44 页）一文中。标题里的 Литература 一词，英文翻译为 Literature，在印欧语系里是对应的。中译文自 1926 年最早的翻译至 1980 年，均为“文学”。毛泽东 1942 年的《在延安文艺座谈会上的讲话》引证该文，也是与文学挂钩。1980 年根据胡乔木和其他人的提议，литература 一词改译为“出版物”。俄文 литература 一般理解即中文的“文学”，但根据上下文，列宁这里讲述的不是一般意义的文学，而是指党的组织出版和党员撰写的各种著述，包括文学作品，更指政治性的党报和党刊，党控制的图书馆、阅览室推荐和收藏的书籍，以及由党领导的文化活动。在这个意义上，“出版物”这一翻译也不能完全涵盖列宁的原意。

但在《党的组织和党的出版物》这篇文章里，列宁关于党的出版物的党性的原话里没有使用 партийность（党性）这个词，而使用了 принцип（原则）一词，其所指与“党性”相同。该词的俄文上下文是：Социалистический пролетариат должен выдвинуть принцип *партийной литературы*, развить этот принцип и провести его в жизнь в возможно более полной и цельной форме.В чем же состоит этот принцип партийной литературы?…（《列宁全集》俄文 12 卷 100 页）中译文即：社会主义无产阶级应当提出**党的出版物**的原则，发展这个原则，并且尽可能以完备和完整的形式实现这个原则。党的出版物的这个原则是什么呢？……（《列宁全集》中文 12 卷 93 页）这段中译文直译是准确的。其中 принцип *партийной литературы*（**党的出版物**的原则），英译文为 the principle of *party literature*（《列宁全集》英文第 10 卷 45 页），其中 principle 一词与俄文 принцип

也是对应的。

那么，究竟使用哪句英译文作为“党的出版物的党性”合适呢？列宁在《党的组织和党的出版物》发表的前 3 天（11 月 23 日）发表了《论党的改组》；在《党的组织和党的出版物》发表之后 13 天（12 月 9 日）发表了《社会主义政党和非党的革命性》。这两篇文章都使用了 партийность（党性）这个术语，英译文是什么呢？

前者在下面这段话里使用了 партийность：И эта опасность, несомненно, *могла бы* приобрести *серьезнейшее значение*, *если бы* у нас была налицо наклонность к демагогии, если бы основы партийности（программа, тактические правила, организационный опыт）отсутствовали совсем или были слабы и шатки.（《列宁全集》俄文 12 卷 85 页）中译文为：**如果**我们党有蛊惑人心的倾向，如果党性基础（纲领、策略规定、组织经验）十分缺乏或者薄弱、动摇，那么毫无疑问，这个危险**可能是很严重的**。（《列宁全集》中文 12 卷 79 页）其中 основы партийности（党性基础，партийности 为 партийность 的第二格）的英译文为 party principles（复数的“党的原则”，《列宁全集》英文 10 卷 31 页）。

后者在下面这段话里使用了 партийность：Строгая партийность，есть спутники результат высокоразвитой классовой борьбы.（《列宁全集》俄文 12 卷 133 页）中译文为：严格的党性是阶级斗争高度发展的伴随现象和产物。（《列宁全集》中文 12 卷 123 页）其中 партийность 的英译文为 the party principle（单数的“党的原则”，《列宁全集》英文 10 卷 75 页）。

鉴于以上的英文翻译，俄文 партийность 英译文为 party principle（党的原则），而 принцип партийной литературы（党的出版物的原则）英译文为 the principle of party literature。为全面体现列宁的原意，“党的出版物的党性”名词的英译文我们采用 Party Principle of Party Literature。以《党的组织和党的出版物》的表述为基础，考虑英文版全集对“党性”翻译的惯例，确定“党性”的英译文为 Party Principle。

二、集体的组织者（A Collective Organiser）

这是列宁 1901 年论证俄国社会民主工党秘密发行的机关报《火星报》的作用时使用的一个术语，原上下文是：Газета-не только коллективный пропагандист и коллективный агитатор, но также и коллективный организатор.（《列宁全集》俄文 5 卷 11 页）中译文为：报纸不仅是集体的宣传员和集体的鼓动员，而且是集体的组织者。（《列宁全集》中文 5 卷 8 页）“集体的组织者”俄文是 коллективный организатор，对应的英译文是 a collective organiser（《列宁全集》英文 6 卷 22 页）。此名词俄、中、英的对应没有任何问题。

这里的“组织者”（俄文 организатор 和英文 organiser）为单数，因为列宁在这句话的主语 газета（报纸）后面使用“-”，以让它凸显，后面用代词进行论证，特指（《火星报》）十分显眼。由于 1898—1903 年俄国社会民主工党的中央领导机构被沙皇警察破获，那时的《火星报》编辑部实际上成为党的领导机构。列宁在这个意义上说《火星报》是集体的组织者，而且比较强调这一点。

俄国社会民主工党第二次代表大会恢复了党的领导机构，列宁没有再说过报刊是组织者。报刊是精神单位，一般情形下不具有组织功能。1923 年 5 月，斯大林发表文章《报刊是集体的组织者》（Печать Как Коллективный Организатор，《斯大林全集》俄文 5 卷 281 页），引证列宁的话，没有做任何论证，紧接着写道：“列宁同志当时说报纸是建设我们党的工具。没有理由怀疑，列宁同志的这些话在目前我们党和国家的建设环境中是完全适用的。”（《斯大林全集》中文 5 卷 232 页）在随后的一篇文章里斯大林以举例的方式说明什么是报刊的组织作用。一个例子是“党通过报刊号召”支援运输业，于是群众响应，给报刊寄来数百封决心书，并把自己的几万名子弟送到运输业。另一个例子是党号召同饥荒作斗争，于是群众纷纷响应，给报刊寄来数百封决心书，把自己的子弟送去同富农作斗争。然后他说：“几万几十万工人响应党的报刊的号召”“党和工人阶级之间真正的实在的相互作用。这就是对党的报刊的组织作用所下的定义！”（《斯大林全集》中文 5 卷，235 页）在这里，他无形中偷换了概念，是党的领导机构在组织、号召，报刊是一种精神中介，报刊发挥的是宣传作用。斯大林把报刊的宣传作用与只有党的领导机构才能拥有的组织作用混淆了。由于 20 世纪 30 年代斯大林的这篇文章在中国共产党内传播很广，列宁关于“报纸是集体的组织者”的话，在党的新闻工作者中普遍知晓，但对它的解释完全是斯大林的，理论上说不通。

还需要指出，列宁谈“集体的组织者”时，主语是单数的 газета（报纸），而斯大林这篇文章的主语 печать，中译文一直是“报刊”，这个词远比报刊广泛，指所有印刷品、出版物。由于中文翻译为“报刊”，“报刊”和“报纸”在中国的语境中经常混用，很多人都以为斯大林和列宁论报刊是集体的组织者，主语是同一个词，其实不然。печать 相当于英文的 print。关于“报刊”俄文有三种表示方法：газеты и журналы（报纸与杂志）、печать、пресса。谈到“报刊”时，俄罗斯人通常用 пресса。печать 也是报刊的意思，但概念范围很大，它的词根是“印刷”，更多地泛指出版物。

斯大林这篇文章直译为中文应该是“作为集体组织者的出版物”，英译文直译应该是“Print As a Collective Organizer”。由于翻译的约定俗成，已有的中译文不宜改了；现在的英译文是 Press as a Collective Organiser，печати 这个词翻译为 press 在英语语境里是可以的，但中国人看到英文 press 及上下文，首先想到的对应中文肯定是“报刊”，不会是印刷品、出版物。

三、灌输（Introduce into…from without）

这个被中文翻译出来的术语，由于它被宣布来自列宁而在中国宣传界一度使用率较高。这个术语涉及的思想认识，最早是由德国社会民主党理论刊物《新时代》主编卡尔·考茨基（Karl Kautsky）提出的，列宁引证并加以论证，并认为他说得“十分正确而重要”。

涉及中译文“灌输”的俄文有两段，均来自列宁 1902 年的小册子《怎么办？》。第一段是列宁的原话：Мы сказали, что социал-демократического сознания у рабочих *и не могло быть*. Оно могло быть принесено только извне…第二段是列宁引证并翻译为俄文的考茨基的话：В головах отдельных членов этого слоя возник ведь и современный социализм, и ими уже был сообщен выдающимся но своему умственному развитию пролетариям, которые затем вносят его в классовую борьбу пролетариата там, где это допускают условия. Таким образом, социалистическое сознание есть нечто извне внесенное（von außen Hineingetragenes）в классовую борьбу пролетариата…（《列宁全集》俄文 6 卷 30、39 页）

对应的中译文，第一段：我们说，工人本来**也不可能有**社会民主主义的意识。这种意识只能从外面灌输进去……第二段：现代社会主义也就是从这一阶层的个别人物的头脑中产生的，他们把这个学说传授给才智出众的无产者，后者又在条件许可的地方把它灌输到无产阶级的阶级斗争中去。可见，社会主义**意识**是一种从外面灌输（von außen Hineingetragenes）到无产阶级的阶级斗争中去的东西……（《列宁全集》中文 6 卷 29 页、37 页）

对应的英译文，第一段：We have said that *there could not have been* Social-Democratic consciousness among the workers. It would have to be brought to them from without. 第二段：It was in the minds of individual members of this stratum that modern socialism originated, and it was they who communicated it to the more intellectually developed proletarians who, in their turn, introduce it into the proletarian class struggle where conditions allow that to be done.Thus, socialist consciousness is something introduced into the proletarian class struggle from without [von Aussen

Hineingetragenes].（《列宁全集》英文 5 卷 375、383-384 页）

第一段与“灌输”对应的俄文词是 принести（принесено 是其被动形动词），意思是拿来，前缀 при 有“带来”的意思。第二段对应第一个“灌输”的词是 вносить（вносят 是其现在时复数第三人称）；对应第二个“灌输”的词是 внести（внесенное 是其被动形动词），这两个词（вносить 和 внести）是同一个动词，前者是未完成体，后者是完成体，意思是“拿进”，前缀 в 有“送入”的意思。列宁为确切地说明 внести，标示了原德文 von außen Hineingetragenes。这是一个介词词组，von außen 意为“从外部”；Hineingetragen（Hineingetragenes 是其第四格）是一个组合名词，意为“带入”。这个词组的前后文为：Das sozialistische Bewußtsein ist also etwas in den Klassenkampf des Proletariats von außen Hineingetragenes, nicht etwas aus ihm urwüchsig Entstandenes. 列宁对此的翻译是准确的。

以上三次出现的涉及中译文“灌输”的英译文，依次分别是：to be brought to them from without、introduce it into、is something introduced into…from without，这几处对俄文原文的翻译是准确的，时态清晰，使用的文字有所不同，但意思相近。

中译文将 принести、вносить 和 внести 翻译为同一个中文名词“灌输”，总体意思没错，但没有全面、准确地表达对应俄文的原意。这样的翻译使很多中国读者以为列宁使用过一个与中文“灌输”对应的动词，其实不然。中译文中还有一个小差错，“社会主义**意识**是一种从外面灌输……”一句，其中黑体字“意识”，对应俄文原词（сознание）不是斜体（即着重号），英译文的对应词（consciousness）也不是斜体。这说明中译文的编辑看走眼了，把没有加着重号的地方变成了有加着重号。

有鉴于此，以《列宁全集》英文版为依据的中译文“灌输”提供标准英译文，其实无法做到，因为没有统一的对应英译文。这里给出的是涉及中译文“灌输”的英译文中第三个表述（改为现在时的句子结构），它最准确地体现了列宁的原意。

四、出版自由就是全体公民可以自由发表一切意见（Freedom of the Press Means that All Opinions of All Citizens May Be Freely Published）

列宁在 1917 年十月革命前夕（9 月下旬）写出了这句关于社会主义出版自由的定义性的话，本学科比较熟悉，但它是在怎样的论证逻辑过程中提出和论证的，不大被关注。

列宁首先提出“报纸的私人广告业务由国家垄断”的建议，然后肯定了欧洲免费报纸现象，写道：“在欧洲，有些报纸的发行量达到该市居民人数的1/3（比如，居民24万人，发行量8万份），这些报纸虽然**免费**送到**每一**家，但是它们的出版者还能得到一笔很可观的收入。这些报纸都是靠登私人广告的收入维持的，而报纸免费送到每一家则保证了这些广告得到最广泛的传播。”回到俄国的现状，他指出：可以“宣布**除了**省、市苏维埃出版的报纸以至彼得格勒**中央苏维埃**出版的全国性报纸，其他任何报纸不得刊登广告”。（《列宁全集》中文32卷229页）当时俄国各级“苏维埃”是与临时政府对立的、主要由各社会主义政党控制的工人士兵代表会议。列宁的建议是要切断资本家控制的报纸财源。他认为，“这种办法无疑是公平的。它对登广告的人有很大的益处，也对全体人民特别是受压迫最深和最愚昧的农民有很大的益处，他们花不了几个钱或不用花钱就能拿到附有农民专刊的**苏维埃**报纸。”接着他自立问题：“有人会说：但是这样就破坏了出版自由。”并自答：“不对。这样会扩大和恢复出版自由。因为出版自由就是**全体**公民可以自由发表一切意见。”（《列宁全集》中文32卷229-230页）社会主义出版自由定义性的话由此而来。

这段列宁自答的俄文是：Неправда. Это было бы расширением и восстановлением свободы печати. Ибо свобода печати означает: все мнения *всех* граждан свободно можно оглашать.（《列宁全集》俄文34卷212页）

其对应英译文是：That is not true. It would mean extending and restoring freedom of the press, for freedom of the press means that all opinions of *all* citizens may be freely published.（《列宁全集》英文25卷381页）

中译文和英译文的翻译均为直译，英译文的句式（被动式）与俄文原文一样，将动词的补语（宾语）“所有意见”（俄文 все мнения ，英译文 all opinions）置于分词之首，这在句法上是强调，即所有的意见能够被自由地发表。中译文将被动句改换为符合中文表达的主动句，“全体公民”作主语，语义上没有问题，但模糊了重点，没有显现出列宁对“所有意见”微妙的强调之意。

列宁紧接着的阐释很重要：“要是能出版刊登各种广告的大型**苏维埃**报纸，就完全能够保证更多的公民发表自己的意见，譬如能够保证每一个征集到一定数量签名的团体发表意见。经过这样的改革，出版自由**实际上**就会变得更加民主，更加完备。”（《列宁全集》中文32卷229-230页）

到此，列宁的论证思路很清晰：通过国家垄断广告的发布而使资本家报纸消亡。效仿欧洲城市免费报纸的组织和发行模式，以保障包括“受压迫最深和最愚昧的农民”都可以看到报纸；这种发行广泛的报纸可以保证更多的公民发表自己的意见，他设想的发表意见形式是以“征集到一定数量签名的团体”的名义发表。这就是列宁所描绘的“出版自由就是**全体**公民可以自由发表一切意见”的具体情形。因为那时没有互联网，每个人都在版面极为有限的报纸上发表意见是不可能的。“经过这样的改革，出版自由**实际上**就会变得更加民主，更加完备”。

由于种种历史的原因，列宁在十月革命前夕关于社会主义出版自由的设想没有完全实现。

五、阶级专政的机关报（An Organ of the Dictatorship of a Class）

这句话被中国新闻学界广泛引用，发生在 1975 年“学习无产阶级专政理论”的运动中。为了证明“报纸是无产阶级专政的工具”，列宁的“阶级专政的机关报”这半句话被截取出来加以引用。现在《列宁全集》第二版的中译文是：报刊对这一切默不作声。即使谈到，也只是官样文章，走走过场，不像一份**革命**报刊，不像一个阶级**实行专政**的机关报……（《列宁全集》中文 35 卷 92 页）

这段话的俄文是：Печать об этом молчит. А если пишет, то по-казенному, по-чиновничьи, не как *революционная* печать, не как орган *диктатуры* класса…（《列宁全集》俄文 37 卷 91 页）

对应英译文是：The press is silent. And if it mentions the subject at all it does so in a stereotyped, official way, not in the manner of a *revolutionary* press, not as an organ of the *dictatorship* of a class…（《列宁全集》英文 28 卷 97 页）

中译文和英译文均是对原文的直译。这句话里的主语 печать 一般应译为“出版物”，鉴于列宁文章的标题“论我们报纸的性质”，谈的就是 газета（报纸），中译文和英译文根据上下文将 печать 译为“报刊”是适当的。最早将 орган *диктатуры* класса 翻译为“阶级**专政**的机关报”，可以追溯到 1933 年张闻天的译文，直到 1985 年《列宁全集》第二版第 35 卷改译为“一个阶级**实行专政**的机关报”（俄文原文没有实词与“实行”对应）。这是鉴于 1975 年“学习无产阶级专政理论”运动错误地理解列宁原意，为避免误读而改动的。列宁是一种简化的表述，即“不像无产阶级专政条件下的报刊”。多看一些列宁当时关于无产阶级专政的论证，不该理解为报刊是无产阶级专政的机关报。

六、真实不取决于为谁服务（Truth Should Not Depend upon Whom It Has to Serve）

由于一些新发表的列宁论著在《列宁全集》第一版中没有被收入，第二版的出版需要时间，人民出版社 1977—1990 年出版了专门收入第一版未收入论著的

《列宁文稿》(共 17 卷)。这句话出自《列宁文稿》里 1921 年 9 月的一封工作信件。由于表达的观点对“文革”的拨乱反正很有针对性，因而受到新闻学界的关注。涉及这句话的段落是：Нам нужна *полная* и *правдивая* информация. А правда не должна зависеть от того, кому она должна служить.（《列宁全集》俄文 53 卷 446 页）对应的中译文是：我们需要的是**完整的**和**真实的**情报。而真实性不应取决于情报该为谁服务。(《列宁全集》中文 51 卷 262 页)英译文是：We need *full* and *truthful* information. And the truth should not depend upon whom it has to serve.（《列宁全集》英文 42 卷 339 页）

中译文将俄文中的代词 она（所指对象为阴性名词）直接译为“情报”是错译。俄文代词指代与其相邻的词，这里的 она 指代的是 правда（真实）而不是前一句中的 информация（情报）。另外，在中国语境里说“真实”“真实性”比较随意，但俄文里“真实性”与“真实”是有差异的。правда 在这里应该译为“真实”，中译文采用“真实性”不妥。“真实性”的俄文对应词是 правдивость，它是形容词 правдивый（真实的）的名词化，内涵是抽象的。所以，“真实性不应取决于情报该为谁服务”是错译，应该翻译为“真实不该取决于为谁服务”。

英译文与俄文是对应的。俄文原文里第二个谓语副词 должен（должна 是其阴性形式）既有“应该”也有“必须”意思，英译文采用 has to（必须）是可以的。

列宁表达的这个观点肇因于 1921 年共产国际建立情报所。该所的工作人员叶・萨・瓦尔加（E.Варга）向列宁提出问题：须从原则上作出决定，情报所的宗旨是否应为：第一，给共产国际执行委员会提供情报？第二，自己发材料对工人报刊施加影响？第三，兼顾两种任务？我认为，所有组织方面的问题都取决于这个问题的解决。列宁的回复即 1921 年 9 月的这封信件。

列宁认为瓦尔加问题的提法本身不正确。情报只能区分为秘密的（供共产国际执行委员会使用）和公开的（供大家使用）两类。然后就是他关于情报要真实的基本观点，以及进一步的论证：如果**事实筛选**得完整、准确、妥当，那么就连黄色的工人报刊（尤其是地方的和工会的报纸）也必定会**购买**我们的材料，付给报酬。

七、作家管写，读者管读（Writer Does the Writing, the Reader Does the Reading）

列宁至少四次引用了俄罗斯作家萨尔蒂科夫-谢德林（Салтыков-щедрин）的

话，用以说明作者和读者间存在着一种不应有的隔阂。中国读者知晓列宁的这一引证，绝大多数是因为读了他的《党的组织和党的出版物》这篇文章。列宁在不同地方引证这句话时的表述，文字上略有差异，这里以这篇文章的表述为准，即：Всякую почву у стариннного, полуобломовского, полуторгашеского российского принципа：писатель пописывает, читатель почитывает.（《列宁全集》俄文 12 卷 102 页）对应中译文是：“作家管写，读者管读”这个俄国古老的、半奥勃洛摩夫式的、半商业性的原则。（《列宁全集》中文 12 卷 94 页）对应英译文是：The old, semi-Oblomov, semi-shopkeeper Russian principle：the writer does the writing, the reader does the reading.（《列宁全集》英文版 10 卷 46 页）

需要说明的是，谢德林用这句话讽刺的是俄国读者轻视文学，认为文学在生活中只是偶尔消遣的事情，作家在他们心中不重要这一事实。以上四处列宁的引证，俄文都是 писатель пописывает, читатель почитывает。这是俄国俗语，пописывать（пописывает 为其单数第三人称形式），在口语表达上有一定的讽刺意味，意思是偶尔写；почитывать（почитывает 为其单数第三人称形式）也一样，意思是偶尔读。若严格直译，翻译为“作家随手写写，读者顺便读读”，可以突出作家、文学与读者之间没有自觉联系的原意。列宁引用时的侧重点是要求作者要联系读者、影响读者，同时也有批评读者的一面。

其他三次引用出现在列宁的书信中，即《列宁全集》俄文 46 卷 271 页、47 卷 74 页、48 卷 113 页。对应的中译文依次是《列宁全集》中文 44 卷 330 页、45 卷 93 页、46 卷 177 页。由于英文版各卷的译者不可能是同一位译者，有的卷译者翻译出了原意，有的则是按字面翻译的。前者如与俄文这句话 Газета ведь не такая вещь, что читатель почитывает-писатель пописывает.（《列宁全集》俄文 48 卷 113 页）对应的英译文是：A newspaper,after all, is not just something for the reader to do a bit of reading in and the writer to do a bit of writing in.（《列宁全集》英文 35 卷 64 页）两个 a bit of（一点）反映了译者对原文的深刻理解。后者如前面对《党的组织和党的出版物》里同一原文的翻译，不是错译，但没有生动地表现原意。四次中译文翻译，均为按字面直译。鉴于中国的译文已经约定俗成，这里的考证只是为了还原一下原意，名词本身和英译文还是选择已经熟悉了的《党的组织和党的出版物》的译法。

八、报纸本身的业务（Purely Newspaper Side）

列宁是政治家，自然多数关于党报的论述谈论的是政治问题，但他也很重视党报作为企业的经营和业务问题，他多次用不同的表述论证这方面的工作，其中比较典型的一个术语便是 чисто газетное дело（纯粹的报纸业务）。此句在列宁著作里出现两次，第一次是 1912 年 11 月他致《真理报》编辑部的信，含有这个术语的段落是：

这究竟算什么呢？如果工人的报纸这样轻视工人所关心的事情，它难道还能够存在下去吗？……可是不刊登这种东西，那就不仅为无数冲突准备了温床，到头来《真理报》要对这些冲突负责，而且还会极严重地损害报纸本身的业务，即报纸发行以及像办企业那样的办报业务。（《列宁全集》中文 46 卷 176-177 页）

对应俄文是：Что же это такое? Неужели рабочая газета может существовать, если она будет с таким пренебрежением относиться к тому, что интересует рабочих?…Но не помещать такой вещи, значит не только создавать почву для сотен конфликтов, в которых 《Правда》 окажется виновной, но и портить сильнейшим образом чисто газетное дело, дело распространения и постановки газеты, как предприятия.（《列宁全集》俄文 48 卷 113 页）

对应英译文是：What does this mean? Can a workers' newspaper exist if it behaves with such contempt for what interests the workers?…But not to print such a thing eans not only to give ground for hundreds of disputes, in which *Pravda* will be the guilty party, but also to inflict the greatest possible damage on it as a newspaper, on the circulation and organisation of the paper as an undertaking.（《列宁全集》英文 35 卷 64 页）

1914 年 4 月，列宁公开发表文章《我们的任务》，再次使用了 чисто газетное дело，原话是：Развивая дальше《правдистскую》работу, мы будем чисто газетное дело двигать вперед рука об руку *со всеми* сторонами рабочего дела.（《列宁全集》俄文 25 卷 104 页）对应中译文是：我们只要继续开展“真理派”工作，就会推动单纯的新闻事业同工人事业的**各个**方面齐头并进。（《列宁全集》中文 25 卷 108 页）对应英译文是：Developing further our “Pravdist” work, we shall push ahead with the purely newspaper side hand in hand with *all* sides of the workers' cause.（《列宁全集》英文 36 卷 281 页）

对于这个术语，《列宁全集》中文第一版的翻译先后为“纯粹报纸的业务”“纯粹的报纸事业”，（《列宁全集》中文 35 卷 272 页）前者的译文最为准确。第二版先后翻译为“报纸本身的业务”“单纯的新闻事业”。前者过得去，后者把 газетное дело 翻译为“新闻事业”，扩大了原意的范畴。

这个术语的英译文，第一处没有将 чисто газетное дело 对应翻译，变成了含糊的 it as a newspaper，第二处翻译的比较准确，即 the purely newspaper side。

第一处中译文的句子结构发生错译。不论是《列宁全集》第一版还是第二版，在“纯粹的报纸业务”之后，都是“即报纸发行以及像办企业那样的办报业务”，后面的话作为对前面话的解释。多了一个“即”字，就把原意理解错了。俄文原文是三个并列的方面：纯粹的报纸业务（чисто газетное дело，这里指采写编业务）、发行（дело распространения）和像企业那样的业务（постановки газеты, как предприятия，这里指经营）。在这个问题上，对应的英译文虽然不令人满意，但理解上是准确的。

如此繁琐的译文考证，是要明晰列宁对党领导的报纸工作的全面认识。列宁1912 年创办群众性工人日报的时候，就认为党的报纸也必须要像办企业那样办报，要求重视纯粹的报纸业务、发行、经营等各方面的问题。这一宝贵的党报思想，需要继承。

九、新闻记者-社会活动家（Journalist-Publicist）

斯大林关于新闻记者是社会活动家的说法，20 世纪 50 年代在中国新闻工作者中传播较广，但很少有人查证斯大林的原话。这个认识源自他 1924 年 6 月发表于《工人通讯员》杂志的一篇谈话《论工人通讯员》。中译文的这个认识不是一句话，而是一个词组“新闻记者-社会活动家”，其前后文是：主要的在于使工人通讯员和农村通讯员在自己的工作进程中学习，并锻炼出新闻记者-社会活动家的敏感，没有这种敏感，通讯员就不能完成自己的使命，而这种敏感是不可能用人工训练的技术方法培养出来的。（《斯大林全集》中文 6 卷 229 页）

这段话的原俄文是：Основное состоит в том, чтобы рабочие и сельские корреспонденты обучались в ходе своей работы и вырабатывали в себе то чутье журналиста-общественника, без которого корреспондент не может выполнять свою миссию и которое не может быть привито какими-либо искусственными мерами обучения в техническом смысле этого слова.（《斯大林全集》俄文 6 卷 262 页）

英译文为：The main thing is that the worker and peasant correspondents should learn in the course of their work and acquire that intuition of the journalist-public worker without which the correspondent cannot fulfil his mission; and which cannot be implanted by any artificial measures of training in the technical sense of the term.（网址为：https://www.marxists.org/reference/archive/stalin/works/1924/06/x01.htm）

根据斯大林的论证，“新闻记者-社会活动家”的“社会活动家”不是特指工人活动家，而是一般意义的新闻记者和社会活动家的特点（敏感）。中译文对俄

文原词 журналиста-общественника 的翻译没有问题，俄文 общественника 就是社会活动家、公众人物的意思。英译文翻译为 journalist-public worker 可能联系到斯大林这篇谈话的主题“工人通讯员”，但本句里是将工人通讯员和农民通讯员并提的，若把 public worker 理解为“工人活动家”前后逻辑不通。就这个英文词组而言，是指公务员，包括政府官员、公立机构人员（诸如警察、公立学校教师等），可以延伸到指义工、慈善家，似乎与工人活动家不搭界。鉴于这里的英译文明显错译，故本名词的对应英文采用 journalist-publicist。

Communication的“世纪误译”

居延安

恰红老师：

由于时间冲突，未能回国，实在是无奈。我是真想乘着各路俊杰汇聚北京的难得机会，与你们聊聊 Communication 这个学科的“世纪误译”问题，向你和各位老师请教。

昨晚姜飞老师传来他的《中国传播研究的三次浪潮：纪念施拉姆访华 30 周年暨后施拉姆时代中国的传播研究》，读过之后，感慨良多。中国当代 Communication 的研究，是与施拉姆的名字紧紧地联系在一起的。我 1980 年底随复旦大学导师郑北渭教授去檀香山，参加美国东西方研究中心举办的首届国际 Communication 理论讨论会。会后留下做了两个月的研究，期间与施老有过多次私聊，我们聊得最多的是 Communication 到底如何来研究，施老吹着口哨，总笑眯眯地讲些与他的新闻背景有关的故事。施拉姆就任“夏威夷东西方中心传播研究所”所长时，也把他的得意弟子朱谦（Godwin Chu）带到了梦之岛。朱老师也是学新闻的（我有幸拜朱谦老师为师，合作研究一直延续到恩师谢世的 2006 年）。1982 年 3 月我去了纽约州立大学 Communication 系，又拜库什曼（Cushman）为师，通过 Cushman 我认识了美国 Communication 研究和教学领域各个分支领域的不少学者，其中有提出“Coordinated Management of Meaning”理论的巴尼特・皮尔斯（Barnett Pierce）（以后也成了好友），我惊奇地发现，这些新朋友几乎都没有新闻背景，他们中个别是专攻 Mass Communication 的，但大多来自这样一些分支领域：Rhetorical Communication，Speech Communication，Interpersonal Communication，Organizational Communication， Intercultural Communication。在纽约州立大学两年不到，我的脑子里塞满了与新闻、宣传、传播很少搭界的另一个 Communication 世界。我是带着“Communication 另一个世界”于 1984 年年初返回复旦大学新闻系的。之后发生的故事，如有机会慢慢跟你讲吧。

再回到姜飞的“三次浪潮”，无疑，施拉姆尝试了中国 Communication 带有学科性研究的首次冲浪，是个有功之臣。但也是施拉姆把 Communication 汉译的达摩克利斯之剑，笑眯眯地不经意地架在了以新闻学者为绝对主体的这个全新领域的头上，Communication 锁定译成“传播学”，无可逆转地成了“世纪误译”。

这有点像中国人领养了一个美国儿子，给他穿上了马褂戴上了西瓜帽，而中国父亲却穿起了西装系上了领带，中国妈妈早已把旗袍和小脚花鞋扔到了一边。看着中国父母至今还抱着那穿着马褂戴着西瓜帽的长不大的洋小子，总想笑。

这是一个不恰当的比喻。我的意思是，Communication 这个美国小子，是什么，就让他是什么。翻译就是翻译，翻译是将一种语言中的单词或语句或语气，转换成另一种语言中最接近的和最传神的对应单词、对应语句、对应语气。翻译不是解释，也不是演绎，更不可掺入译者自己的价值和喜好。学科、学术名词的误译，不是约定俗成四字就了了。误人子弟的误译，影响学科健康发展的误译，已成世纪笑话的误译，不仅 30 年要矫正过来，就是 300 年也要还国人一个清白。

Communication 这个英文单词，不是“传播”，那么译成什么呢？我在 30 多年前（从纽约州立大学回来的第 2 年）起草了我的后来卖九毛一分的《信息 • 沟通 • 传播》（上海人民出版社 1986 年 3 月初版），对如何理解和翻译 Communication 这一学科关键名词及它的各个分支领域，已经在书里列了一个表，知道你已经读了，我那时倾向选择的是“沟通”二字。

如你的学科树所展示的，Communication 这门学科涉及不少门类或分支，27 年来我在美国中康涅狄格州立大学及其他大学，主要讲授三门课：Interpersonal Communication，Intercultural Communication，Organizational Communication。我从 20 世纪 80 年代起就企图把误译的“传播”二字扭到“沟通”上。说来可怕，漫漫 30 多年，弹指一挥间！我想矫正误译的愿望始终未能实现，尽管我曾在各种场合竭力地、一而再再而三地鼓吹：用“传播学”这三个汉字来指代 Communication 是一种“世纪误译”！但从 20 世纪以来，“势”不助我（您曾专门研究过这个“势”字），我只能望势兴叹。

好，这次你既然把我推上了名词委这个崇高的位置上，我就请你帮我呼唤一次。我郑重建议：除了 Mass Communication 可以译成“大众传播”之外，把三个分支学科改译如下：Interpersonal Communication 译为“人际沟通”；Intercultural Communication 译为“跨文化沟通”；Organizational Communication 译为“组织沟通”。至于 Communication Study，我建议译成“沟通学”（又称“传播学”）。何为传承？八个字：去伪存真，去粗取精。

在我的学校的讲坛上，我每个学期都讲什么是 Communication。我以为 Communication 这个概念涵盖了四个既有联系又有区别的界定性变量：①信息交流（Sharing of Information）；②意义沟通（Negotiation of Meaning）；③价值劝说（Persuasion）；④行为诱导（Inducing Behavior）。整个 Communication 过程，核心

变量就是“意义沟通”，把 Communication 译成“沟通”，应该是最为贴近的。这个思想，我在我的几本畅销书里都有详细阐述（如复旦大学出版社出版的《公共关系学》和《关系管理学》）。

为何这么多年来，“传播学”“人际传播学”“跨文化传播学”“组织传播学”，传播二字总是召之即来却挥之不去呢？原因多多，我建议作为一个世纪课题来研究。

延安敬上

小议新闻传播学词条汉译英的若干难点

张咏华

翻译作为不同文化间交流沟通的桥梁，在中外历史上自古存在，而并非自系统的翻译理论出现后才开始。严肃的译者在其翻译过程中都会反复考虑如何使自己的翻译成为好的翻译，如何尽可能克服难点，做到不曲解源语作品的意义，以期有助于受众了解这种意义从而达到跨文化交流沟通的目的。找出好的翻译的规律、翻译过程中攻克难点的规律，树立好的翻译的标准等，正是关于翻译学理思考的重要问题。学科名词翻译问题也是如此。

一、何谓好的翻译？——相关译论简单回顾

中外历史悠久的翻译实践，推动了关于翻译的学术思考，由此产生了译论，其重要研究问题之一就是何谓好的翻译、标准何在、如何达到？中外翻译名家和理论家对此做出了一系列理论概括。简言之，尽管中外研究界使用的术语有差异，但均在不断探讨如何才能更好地在文本的语言转换时尽可能完整传达源语（亦称“译出语”）文本的意思。限于篇幅，此处探讨仅涉及译界关于 “意译”和“直译”（在中国）的讨论和争议，或者“形式对应”和 “动态对应”/“功能对应”之区分（在西方）。

在中国，向近现代社会转型过程中闻名遐迩的翻译名家严复提出了“信、达、雅”说，这一说法，可以说代表了重“意译”的翻译思想。严复的观点自提出以来经历过不少争议，但却迄今影响深远。这位翻译大师，是在其著名的汉译人文社科经典之作《天演论》的“译例言”中提出信、达、雅观点的。他写道：

> 译事三难：信、达、雅。求其信，已大难矣。顾信矣不达，虽译犹不译也，则达尚焉。……译文取明深义，故词句之间，时有颠倒附益，不斤斤于字比句次，而意义则不背本文。……
>
> 《易》曰：修辞立诚。子曰：辞达而已。又曰：言之无文，行之不远。三者乃文章正轨，亦即为译事楷模。故信、达而外，求其尔雅。……[1]

自严复的“信、达、雅”之说提出后，争议主要围绕“雅”而起。持不同意见者认为，“雅”作为无法通用的翻译标准不能成立，因为倘若源语文本中本就有

不雅的文字出现，译文怎能“雅”而仍然“信”呢？笔者以为，严复提出“雅”的标准，自有社会历史背景上的缘由，牵涉其翻译的目的、译文的读者对象、其选文本本身的风格、其所期待的译文效果等。在当时的社会历史语境下，严复翻译的主要读者对象，是维新派士大夫之类的精英，而严复作为怀有“西学救国”想法的翻译大师，选来翻译的均是西学经典名著，源语文本的文字本是庄重典雅的，在“信、达”之外加上“尔雅”的追求，与严复当时翻译实践的经验相吻合，也有助于严复达到他翻译的目的。站在今天的历史坐标上看，不妨把“雅”这一标准视为对译文与源语本文的风格尽量保持一致的要求，这是高难度的标准，但追求高标准的立意值得提倡。

蜚声世界文坛的鲁迅的翻译思想，则与严复的思想有所不同。鲁迅的译论以“信、顺”为核心，在“直译”还是“意译”之间，天平多少向“直译”偏去。鲁迅对忠实于原文、不能曲译倍加重视。针对当时文坛流行一些译文很美但误译不少的译作，他突出强调将“信”放在首位。在鲁迅看来，翻译应追求做到“信而顺”。倘若二者无法兼顾，则“宁信而不顺”。即使句式不合中文传统句式，也可不仅“输入新的内容”，而且“输入新的表现法。”[2]不难看出，严复和鲁迅实际上都把“信”放在好的翻译作品标准的首位。

在西方，早期翻译界常把“faithfulness”（“忠实性”，亦即“信”）和“accuracy”（“准确性”/“精确性”）作为好的翻译应有的特点。[3]对这些概念的理解见仁见智。在现代西方翻译界，影响深远的译论包括18世纪英国著名翻译理论家亚历山大•弗雷泽•泰特勒（Alexander Fraser Tytler，1747—1814）的“翻译三原则”论和20世纪美国著名语言学家、翻译理论家尤金•A.奈达（Eugene A.Nida，1914—2011）的“动态对等”（或者说“功能对等”）理论。泰特勒在《论翻译的原则》（*Essay on the Principles of Translation*，1970年）中提出翻译的三原则：①译作应该完全移译出原作的思想；②译作的风格和手法应和原作的性质相同；③译作应具备原创作品般的流畅性。[4]不难看出，泰特勒的“翻译三原则”论与严复的“信、达、雅”说尽管在排序上有所不同，实质可谓异曲同工。

奈达自20世纪60年代起，接连出版和发表了一系列著述，阐述了“动态对等”/“功能对等”翻译理论。奈达认为，每种语言都有其自身别具一格的特点；这些特点必须受到尊重。[5]奈达既看到“能用一种语言来表达的也可用任何其他语言来表达”[6]，又看到翻译中信息流失的可能性，他指出：“没有一件译品能把原作的内容和形式全部、彻底地移译过来。”[7] 在奈达看来，由于每种语言都各有其特点，在翻译中形式有时不得不改变，但是“讯息的内容必须被保留”。[8]根据奈达的理论：①翻译必须首重致力于再现源语文本的讯息；②翻译应追求讯息对等而不是保存表达的形式；③翻译应使用最为接近的自然的对等；④意义/意思优先于结构；⑤风格尽管与内容相比在其次，但也必须保存。[9]奈达认为，在有些情况下，为了做到“功能对等”/“动态对等”，就不能拘泥于“形式对等”，例如，当“形式对等”会造成意义上的曲解、会导致歧义、会有悖于目标语的语法或文体规范等时。奈达洞察到翻译的复杂性，认为翻译过程所包含的对源语文本的解读涉及较为复杂的分析过程，需要至少作三个层面的分析：文本各组成部分之间的语法关系；语义单位的所指意义；语法结构和语义单位所隐含的价值观。[10]

中外这几位译学大家的译论尽管有所差异，但一致将信守原文的意义视为首要原则。

二、直译与意译的思考同《新闻学与传播学名词》项目的相关性

笔者参与《新闻学与传播学名词》项目的英译审校工作时，有关翻译标准及直译与意译的思考曾作用于本人的思考过程。首先，我所负责的工作是补充缺少的英译名，对已有英译的条目进行初审和校译。这些都与翻译标准有关。坦率说来，笔者在参与过程中时时告诫自己不要随意妄改别人的英译，不要闹出修改后的英译反不如初译的笑话。为此，笔者在参与项目过程中，曾不惜再三查看、对照本学科领域英文原版学术文献和参考工具书目，以期弄清条目的概念本身在英文中是否有对应的术语。例如，笔者对于“发展新闻学”和“时效性”英译的处理就是以英文中的新闻学术语为准绳的。这两个条目的英文术语，笔者原本是相当熟悉的，但在进行英译初审过程中，为避免因想当然而将原本准确的初译改去，笔者又参阅了若干英文材料，觉得需要对这两个条目的英文初译（分别为“developmental journalism”和“time efficiency”）作修改，后分别改为“development journalism”和“timeliness”——英文中原有的新闻传播学术语。鉴于这两个条目的初译，字面上和语法上并没有错误，确实需要慎重对待是否要修改。尤其是“发展新闻学”，因为英语中还有“developmental news”这个术语而曾令笔者犹豫了一阵子。最终笔者感到“新闻学”的概念不等同于“新闻”或“新闻报道”，从而确定“发展新闻学”的对应英文术语是“development journalism”。

其次，在思考何谓好的翻译，以及如何做到的问题时，常常会在选择直译和意译之间徘徊、犹豫，直至最终做出选择。以几个条目的英译处理过程为实例，如“入境信息”“出境信息”“舆情”“沙利文案”等。前面两条，笔者收到条目撰写者的初译分别是“import information”和“export information”；如果仅考虑语言不出错，笔者需要做的似乎就是改成“imported information”和“exported information”如此简单。然而，笔者在解读条目内容原意时，感到中国学界使用“入境信息”和“出境信息”概念时是描写“进入”和“出去”一个国家的信息的情况，而并没有主动“引入”和“输出”的意味在内；而“entry”等词也无法使用，因为“entry information”指的是人们出入海外时在外国入境时填的信息。如何译出原意很费思量。通过一番资料查阅和思考，笔者感到要译好“出境信息”相对容易些，因为英文中有“outbound information”的搭配用法。那么“入境信息”如何译好呢？笔者思索几天未有结果。后来还是由英译终审专家、现定居国外的居延安教授将这两条英译分别改成了“information from abroad”和“outbound information from a country”。现在回想起来，正是由于拘泥于字面上的对应，而没有很好处理“直译”和“意译”的关系。关于“舆情”条目，初译是“public intelligence”，字面上来说，此译法没有语言错误，但笔者在解读条目定义时，感到条目中的“情”并非“情报”的意思，而是指舆论的“情况”或者说“状态”，并伴有公众的态度情绪的意味，经再三考虑，提出了修改为“（state of）public opinion”/“public sentiment”的建议。“沙利文案”，初译为“Sullivan Case”，从直译角度说毫无不妥，但考虑到该案发生地是在美国，在美国该案被称为“Sullivan vs. New York Times”，而且案子总有控方和辩方存在，选择“Sullivan vs. New York Times”可以更为精确地体现条目的内容，因此笔者将英译改成了“Sullivan vs. New York Times”。

上述翻译实例说明关于直译与意译的思考同本学科名词翻译项目有一定的相关性。

三、新闻传播学词条汉译英若干难点及应对的尝试

在初审《新闻学与传播学名词》词条英译的过程中，笔者体验到的难点主要有：①由词语的多义项造成的选择最佳目标语对应词的困难；②含有负载价值观含义的词语（褒义词或贬义词）因中英语言文化差异带来的翻译困难；③单独译词条名缺乏语境“援助”导致的达意困难；④“压缩式”联合造词生成的语汇的翻译困难。对于这些难点，笔者分别做出应对的尝试。下面将举实例一一佐证。

1. 选择最佳目标语对应词的困难

对于“新闻规律”这一概念条目，中国新闻传播学界在日常使用与理解方面已有共识。但涉及该术语的英文翻译，笔者却发现要准确表达其含义颇为不易。该词条的英语初译是“ laws of journalism”。从字面对照上看，这似乎没有不妥。但是“law”在英文中是一个多义项语词，除了有“规律”的意思外，还有“法律”/“法

令”/“法规”等含义，而且后面的含义一般被列为第一义项。根据英文新闻传播学文献中的用法，“laws”和“journalism”连用时恰恰都取“法律”/“法规”的意思。由于翻译的歧义会造成误读，因此，笔者几经请教现定居国外的几名华裔学者，尤其是《新闻学与传播学名词》项目词条英译终审专家居延安教授，将之改成了“rules of journalism”。

2. 含有负载价值观含义的词语翻译的困难

中英文各有一些明显带有褒义或贬义的词语。此时，准确表达原有含义的翻译就很费思量。如果不慎，很可能造成中英文化交流中的误读障碍。项目中收入的“宣传”及含有“宣传”一词的词条之翻译就是典型实例。在初次收到课题组发来的材料时，“宣传”及含有“宣传”一词的条目的英译，使用的都是“propaganda”。笔者阅后感到，这是沿用了以往我国翻译界对“宣传”一词的译法，但它并非贴切、精确的翻译。英文中的“propaganda”一词在现代用法中是带有贬义的，隐含为了达到影响效果而“不择手段”，具有不惜以“歪曲的信息或误导性信息蒙蔽接收对象”的意思。在英文中，人们不用“propaganda”来指述己方的劝服性传播，而在批评或攻击他方的劝服性传播时使用。中文的“宣传”一词，意为“用演说、文字、文艺等方式向群众说明讲解”[11]。这里并无任何贬义。在语用上，该中文词往往更适用于正面。从实际效果而言，以往的那种译法更是引起国外对中国误读的情况。笔者综合考虑了这些因素，并根据外宣报纸《中国日报》（*China Daily*）对中宣部的权威译法“Publicity Department of the Communist Party of China Central Committee”，提出将“宣传”的英译都改为“publicity”，至此，似乎问题已经解决了。但是，在反复讨论与推敲过程中，对照含有“宣传”一词的各词条具体释义，却又发现类似“宣传现象”的释义内容与其他几条性质不同。笔者意识到这大约与过去语境下的用法有关。最后，对“宣传”“宣传学”“新闻宣传”“新闻记者是宣传家”“宣传伦理”诸条，英译中均用“publicity”一词，而对“宣传现象”“宣传模式”等词条，则根据语境特点，选择保留“propaganda”。

3. 离开语境单独译词条名导致的达意困难

在项目展开的后期，课题组又新增添了一些条目，其中所包括的“报道回避原则”堪称一例。在试译之前，笔者先弄清了该条目释义内容：与新闻事件具有个人直接利害关系的新闻工作者，不宜参与该项新闻事件报道活动的新闻职业守则。然后，笔者开始试译。在这一过程中，发现日常用语中的英文词“avoid”和“evade”均不能准确表达中文词条的原意。经反复推敲和查阅相关工具书，觉得法律术语中的“回避出庭”（withdrawal from appearance）所依据的法理原则同“报道回避原则”所依据的伦理原则有相通之处，因此提出参照这一词条，把“报道回避原则”译为“withdrawal of journalists from reporting events involving their own interests”。译名虽然基本体现出该条目的意思，却拘泥于直译，不够精练，为此感到不理想，请教英译终审专家居延安教授，他将之改为“withdrawal of reporters from a news event due to conflict of interest”。读到这一修改后的英译版本，笔者深感很妙：精炼清晰，英语的地道程度也高，而在传达中文条目的原意方面也不打折扣。

4. “压缩式”联合造词产生的语汇翻译困难

中国新闻界常常会通过“压缩式”造词生成一些语汇。例如，“讲文明、讲礼貌、讲卫生、讲秩序、讲道德”和“心灵美、语言美、行为美、环境美”，经“压缩式”联合造词生成了“五讲四美”。这可以说是汉语的一种构词法。但这类语汇译成英语后往往颇难理解。在《新闻学与传播学名词》的词条中，有具有典型特征的“四向四做”一条。这一词条的内容是，2016 年 11 月 7 日，习近平总书记在会见中国记协第九届理事会全体代表和中国新闻奖、长江韬奋奖获奖者代表时，发表了重要讲话，对新闻工作者提出了四点希望：坚持正确政治方向，做政治坚定的新闻工作者；坚持正确舆论导向，做引领时代的新闻工作者；坚持正确新闻志向，做业务精湛的新闻工作者；坚持正确工作取向，做作风优良的新闻工作者。笔者在翻译这一条目时，觉得困难不小：“四向”分别代表“方向”“导向”“志向”“取向”这四个含义并不相同的概念，怎样翻译才能准确表达出词条的蕴含而又不至于太长呢？对此考虑良久。最后，课题组求助于居延安教授，他提出译成“four guidelines and four do’s”。见到这一译法时，笔者不觉感叹采取这样一种意译的方式，可以化解此类译名上的困难。

四、结语

笔者在参与《新闻学与传播学名词》项目、承担词条英译初审工作的过程中，为这些词条的英译尽可能准确传达原意做了种种努力。由于自身中英文造诣有限、新闻传播领域专业知识的功力也有限，因而未能把握十足地解决所有面临的翻译问题，且不乏困惑之处。例如，项目组收录的词条中有“报纸是阶级斗争工具”，这是在以往特定的历史语境下的常用说法。在课题组召开终审工作会议时，对于此词条中“是”的英译究竟用“is”还是“as”产生了不同的意见。一种意见认为用“is”更能体现中国当初历史语境下的特殊意思。对此，笔者个人未能很有把握地肯定二者哪种为佳，只是感到见仁见智，一时难以意见统一，不妨以加引号的方式体现其语境下的特殊性。另外，笔者还存有这样一点困惑：这项旨在推进中国新闻传播学学科专业术语的规范使用及基础名词建设的项目，如果目标受众群基本上是中国学界，那么英译的必要性似乎并不十分突出。当然，如果着眼于让英语世界的学术界了解中国的学术话语，则必要性就凸显了。

追求完美的翻译是一个不断精益求精的过程，但项目的展开总有时间节点，参加项目的工作，也总有告一段落的时候。在项目完成之际，写下这些体会文字，旨在进一步求教于方家，以期提升自身的专业修养和中英文造诣。

注释

[1] 〔英〕托马斯•赫胥黎：《进化论与伦理学》（全译本）（附《天演论》），宋启林译，北京：北京大学出版社，2010 年，第 149 页。
[2] 白丹：《鲁迅的翻译思想及其对翻译理论的贡献》，《知识经济》，2010 年第 18 期。
[3] Sonia Firdaus，Evolution of translation theories & practice，The Dialogue，Vol. 7，No. 3，2012.
[4] 此段泰特勒原著中的文字，转引自郭建中：《泰特勒翻译三原则中译辨正》，《中国翻译》2013 年第 3 期。
[5] Eugine A.Nida & Charles R.Taber，The Theory and Practice of Translation，E. J. Brill（also known as Brill Academic Publishers），1969，p.3-5.
[6] Staley E.Porter，Some issues in modern translation theory and study of the Greek New Testament，Currents in Research，Vol. 9，2001.
[7] 转引自沈苏儒：《对外传播学概要》，北京：今日中国出版社，1999 年，第 27 页。
[8] Eugine A.Nida & Charles R.Taber，The Theory and Practice of Translation，E. J. Brill（also known as Brill Academic Publishers），1969，p.6.
[9] 同[6]。
[10] Eugine A.Nida，Science of Translation， Language，Vol. 45，No. 3，1969.
[11] 商务印书馆辞书研究中心修订：《新华词典》，北京：商务印书馆，2001 年，第 1113 页。

新词指要：传播研究术语释义

跨文化传播政治经济研究中“跨文化”一词的新意

赵月枝

跨文化传播政治经济研究是一个有关全球传播的整体性理论和实践框架。这一框架对传播政治经济学（political economy of communication）、后殖民文化研究（post-colonial cultural studies）、传播与发展研究（communication and development），以及跨文化传播研究（intercultural communication，cross-cultural communication，transcultural communication）等相关领域进行批判性反思，以求更全面和深刻地理解全球传播和文化变迁的过程与动力机制，并通过学术实践促进人类传播和文化秩序向更平等和更包容的方向转型。作为马克思主义在传播研究领域的发展，它聚焦权力这一核心概念，以挑战西方中心主义、文化本质主义和媒介中心主义为己任，将传播、政治经济结构和社会发展等问题放在全球资本主义体系内不同文化间的碰撞和互动过程中来分析，强调社会体系的动态转型与历史性演变，以及传播与文化的社会历史嵌入性和社会主体的能动性。一方面，它强调源于西方的现代资本主义政治经济体系的全球性及其划时代影响，对任何本土主义(nativism)倾向保持警觉；另一方面，它尤为关注以中国为代表的非西方国家和地区的历史文化资源，以及这些国家和地区探索多样现代性（multiple modernities）和挑战资本主义发展道路的现实可能性。

2008年，在笔者与葆拉•查克拉巴蒂（Paula Chakravartty）合编的著作《全球传播：迈向跨文化政治经济》（*Global Communications*：*Toward a Transcultural Political Economy*）中，我们首次把特定的“跨文化”（transcultural）概念与传播政治经济研究相结合，提出了跨文化传播政治经济研究的基本框架，并围绕国家、市场、社会这三个相互构建的权力场域，通过来自五大洲学者的具体研究来展示这一框架所开拓的全球传播研究新视野。[1]同年，在《中国传播政治经济学》（*Communication in China: Political Economy, Power and Conflict*）一书中，笔者在分析有关中国传播的现有研究框架不足的同时，从跨文化传播政治经济视角分析了改革开放语境下中外传播体系整合的过程、动力机制、意义，以及由此产生的社会文化矛盾和张力。[2]此后，笔者在一系列文章、学术访谈与演讲中进一步勾勒这一研究框架的基本内涵，并通过具体的项目展示了其在“从全球到村庄”的研究、教学和社会实践中的初步运用。[3]鉴于以往的讨论主要聚焦这一研究框架与传播政治经济研究的继承、批判与发展关系，本文着重讨论这一框架中“跨文化”一词的特定意涵，尤其是它不同于现有“跨文化研究”的新意或侧重点。

一、中文“跨文化”一词与三个英文词

在英文传播学文献中，有三个不同的词：intercultural communication，cross-cultural communication，transcultural communication。它们的中文翻译只有一个，都是“跨文化传播”。在阐明本文所对应的transcultural/跨文化（相关名词有跨文化——transculturation、跨文化性——transculturality、跨文化主义transculturalism）一词在跨文化传播政治经济研究框架中的特定含义前，有必要先解释更为学界所知的其他“跨文化”含义。英文语境中，以intercultural communication最为普遍，它已经是传播学中的一个建制性的学科名词。中文语境中的跨文化传播与美国主流传播学的这个概念也有千丝万缕的联系。

“跨文化”视角起源于19世纪人类文化学家所探讨的intercultural communication/跨文化传播问题，这一基于西方中心主义和“文明等级论”的学术视角，“有着深厚的殖民和种族主义色彩”，以“如何使西方的殖民主义政策在东方得以顺利推行”为目标。[4]作为以美国为主导的主流传播学的一个有很强应用性的建制性学术分支，intercultural communication/跨文化传播起初主要关注处于不同文化背景下的个体间的交流问题，它的发展几乎与冷战之初出现的传播与现代化范式同步，在学术政治上也与其同构，同时回应战后美国全球扩张的传播和文化霸权需要。这个领域的经典著作，美国人类文化学家霍尔的《无声的语言》，就是霍尔为美国国家培训驻外官员的经验之作。[5]正如单波和刘学所指出的那样，“跨文化传播研究肇始于冷战之初，其初衷是美国作为超级大国向全球延伸影响力过程中的一种人际交往策略”。最主要的是，“虽然相关研究和培训从一开始便有浓重的西方文化中心主义的帝国主义背景，但是研究本身并不关注国家和权力问题”[6]。20世纪80年代开始的新自由主义全球化进程的推进更促进了这一意义上的跨文化研究在外交、国际经贸、教育等领域的运用和学科本身的发展与扩张。作为以美国为主导的ICA的分支领域之一，intercultural communication/跨文化传播的当下定义不再突出不同文化中的人际沟通和个体传播问题，而是在整体和制度层面关注世界上不同文化之间的传播理论和实践，不同文化、国家和族群的媒体制度的比较，国际传播的其他方面，以及传播与国家发展间的关系[7]。

尽管intercultural communication/跨文化传播概念的内涵从人际沟通层面扩大到了传播政治经济学者所一直关注的制度和国际传播领域，其作为一个源于美国

的建制性应用研究领域与传播政治经济学的整体性视野和批判性价值取向，尤其是后者对资本、国家和权力问题的关注，有内在的矛盾。这也许可以部分解释为什么以欧洲学者和传播政治经济学者为主体的 IAMCR 并没有“intercultural communication/跨文化传播”这一分支和兴趣小组。

就其本身而言，正如德国哲学家沃夫根·维尔茨（Wolfgang Welsch）所批评的那样，intercultural/跨文化概念无论在描述性和规范性层面都有不妥之处。[8]这里的问题，又要追溯到“文化”这个英语中十分复杂的概念本身。在英文语境中，“文化”最初是一个过程的名词，由原先对动植物自然生长过程的看护到 16 世纪早期延伸到人的某一个方面具体能力或特征的培育或涵化。这两个层面的意义直到 18 世纪晚期和 19 世纪早期都是“文化”的主导意义。此后，“文化”作为一个独立的名词才被广义化和抽象化为其主导性的现代意义，指一个民族、社会或一群人的整体的、区别于另一群人的特征和习俗。这一已经成为现代经典意义上的“文化”概念的流行，是与欧洲现代民族国家的形成过程和欧洲殖民主义的扩张过程相辅相成的，以至于“文化”往往被等同与“民族文化”。[9]在现有的跨文化研究中，文化概念更是往往被“作为等同于社会的概念”使用，强调以共识为特征的所谓“共同文化”。[10]

然而，这一现代主导意义上的“文化”含义不但把原有词义中的“培育”或“涵化”过程的内涵去掉了，而且突出了一个族群内部的同质性和外部的分野，亦即每个族群作为一个“岛屿”或“领域”的存在。[11]正是在这个意义上，中国跨文化传播学者单波、肖珺主编的《文化冲突与跨文化传播》一书认为，无论是 intercultural，cross-cultural，transcultural，“都有一个共同预设，文化是有边界的，因此才有‘在……中间’（inter），‘交叉、穿越’（cross），‘贯通、超越’（trans）等的说法”[12]。

虽然这样的“文化”概念在一个依然以基于威斯特伐利亚体系的欧洲民族国家概念为世界秩序基本分析单位的主流学术研究中相互同构，也有其存在的当下国际体系现实基础，但是，它的局限性和所带来的问题也是不言自明的。第一，去过程化为去历史化的文化本质主义理念，甚至西方种族主义世界历史叙事提供了基础。实际上，美国马克思主义学者瑟杰克·罗宾森（Cedric J. Robinson）早就揭示，一个白人的欧洲本身是通过排斥古希腊和北非的历史性相互依存关系构建而成的。[13]第二，正如维尔茨所言，这一概念对内部同质性和与外部分离性的强调不但在描述上是无效的，而且在规范上是危险和不可取的。这是因为，在描述层面，这样的文化概念不能反映现代社会内部民族融合的事实，以及阶级与阶层、性别等分野间的巨大差别；在规范层面，推到极端，这样的概念不仅使不同文化之间的理解变得不可能，而且会因为过分的文化身份诉求导致分裂甚至发生政治冲突和战争的危险。[14]

intercultural communication/跨文化传播旨在处理“不同文化间的”传播问题。跨文化性或文化间性（intercultural subjectivity）概念正是针对不同文化之间的承认、理解和沟通问题而提出的。在一个多于两种文化的社会里，多元文化性（multiculturality）和多元文化主义（multiculturalism），亦即倡导不同文化间的包容、尊重和共存——前者作为一种已经达到的状态，后者作为对这种状态的倡导——作为一种比殖民主义的文化同化或文化沙文主义政策更理想的规范性理念而被倡导。比如在加拿大，多元文化主义从 1972 年开始就成了国家政策。然而，无论是 interculturality/跨文化性，还是 multiculturality/多元文化性，它们都基于前面所讨论的特定文化概念，而正因为这个把文化岛屿化和定义为自主领域的基本概念本身有局限，这两个概念也不能真正解决问题。[15]

作为中文跨文化概念的第二个英文原词 cross-cultural 与第一个英文原词 intercultural 在对文化概念的理解上没有根本的区别。单波在《论跨文化传播的可能性》一文中，把 cross-cultural 一词理解为“交叉文化或交叉文化地域”，把这一语境下的跨文化传播问题理解为“我们如何在文化的多样性和交互性中实现对话与合作”的问题。[16] 与 intercultural 概念所定义的“不同文化间的”语境相比，cross-cultural 突出的是文化间的“交叉”和“穿越”的意涵。

相对于 intercultural 和 cross-cultural 这两个跨文化概念，以 transcultural 为英文原词的跨文化概念在中文传播学界相对陌生。单波把“transcultural”理解为“超越文化”，把这一语境下的跨文化传播理解为“我们如何超越分裂的文化碎片，创造有生命力的公共文化空间”的问题[17]。总之，intercultural、cross-cultural 和 transcultural 被认为是构成“跨文化”的三种语境。三个词前缀不同，其所的“文化”概念是一致的。在前面所引的《文化冲突与跨文化传播》一书中，“intercultural”“cross-cultural”“transcultural”都有共同的“文化是有边界”的预设。[18]不过，本文希望强调：在英文语境中和有关对“文化”一词的理解上，intercultural、cross-cultural 和 transcultural 之间有重要的时空和全球政治历史涵义差别，或者起码是不同的侧重。

如前所述，传统的 intercultural/跨文化概念基于欧洲现代民族国家形成过程中强调内部同质性和外部异质性的文化概念。相应地，intercultural/跨文化传播作为一个问题，与西方殖民主义的历史有密切关系，而其作为一个建制化的应用性传播学分支，则成长于第二次世界大战以后美国在非西方国家和地区进行政治经济扩张的需要。与此相反，跨文化传播政治经济研究中的 transcultural/跨文化概念源于后殖民的语境，它所强调的是文化的混杂性、过程性和生成性。也就是说，“贯通、超越”并不是 transcultural 概念的核心意涵。不同文化在碰撞中“转型”才是这一概念的核心。

确切地说，尽管“transcultural”的确可以被理解为“超越文化”，但我们不能望文生义地以为，作为一个形容词的“transcultural”与“intercultural”和“cross-cultural”这两个词一样，是在“cultural”之前加了“trans”这一可以被理解为“贯通、超越”的前缀。实际上，从后殖民学术史的角度看，“transcultural”这个词是首先以名词出现的“transculturation”一词的形容词形式，而“transculturation”这一名词则可以追溯到古巴学者菲南多•奥梯茨（Fernando Ortiz）在 1940 年用西班牙语出版的一部名为《古巴反论：烟草与蔗糖》（西班牙语原书名为 *Contrapunteo Cubano del Tabaco y el Azúcar*）的著作。1947 年，这部著作的英文版以 *Cuban Counterpoint: Sugar and Tobacco* 为名，在美国出版。[19]在该书关于 transculturation/跨文化现象及其影响的一章中，作者发明了“transculturation/跨文化”一词，用以分析古巴与西班牙殖民主义者之间不平等的文化碰撞和由此产生的后殖民文化转型过程。也就是说，如果基于 intercultural 一词的跨文化概念带有西方文明等级论和 19 世纪殖民主义，以及第二次世界大战以后美国文化帝国主义的胎记，其话语主体是霍尔这样的西方中心主义和欧美建制学派者，那么，基于 transculturation 一词的 transcultural/跨文化概念是后殖民语境的产物，其最初话语主体是关注后殖民国家与地区社会解放和文化转型的后殖民学者。在这个意义上，跨文化研究的确可以被认为进入了其“后殖民语境”[20]。

正如艾菲尔德•赫尔曼（Elfriede Hermann）所阐发的那样，奥梯茨特定的跨文化概念包含多重含义。[21]这些含义包括以下三个层次：①当不同的文化碰撞时，彼此产生强烈的影响，在西班牙和古巴的殖民关系中，压迫者和被压迫者一起被锁进一个痛苦的跨文化过程，这里特别需要强调的是，施动者本身也被这个过程所影响；②这个过程充满物质和精神层面的暴力，归根结底包含权力关系，而且必然导致原有文化的失却和连根拔起；③这不是一个消极的概念，而是一个能动的概念，包含碰撞之后新文化的生成之意。总之，基于 transculturation 一词的 transcultural/跨文化概念在奥梯茨所描述的具体语境下，可以被理解为不同文化在权力关系不平等的殖民碰撞中互相转型，随后形成新文化的这样一个过程。基于此，奥梯茨著作的评论者认为，这一特定的跨文化概念为我们分析不平等权力关系中的文化交流和全球传播问题提供了有价值的视角。[22]

虽然赫尔曼在发表于 2007 年的一篇文章中认为，奥梯茨的著作《古巴反论：烟草与蔗糖》一直没有在人类学界和文化研究界引起足够的重视，但是，这部著作1947年的英文版长期绝版后，在1995年得以重新出版并在2001年第三次重印。这足以说明，这一长期被忽视的开创性后殖民学术成果，终于受到广泛关注。不管是否追溯到奥梯茨，但与他最初的定义相关的 transcultural/跨文化概念在过去20 多年间的后殖民文化研究中的影响不断扩大，并最终扩展到全球传播研究领域，这是毫无疑问的。

在 2008 年出版的《全球传播：迈向跨文化政治经济》一书中，笔者与合作者正是通过参考不同文化背景下的后殖民学者的研究，不但间接受到了 transcultural/跨文化概念的启发，而且用这一概念所包含的不平等世界体系中不同文化间的碰撞和转型的内涵，来丰富和扩展现有传播政治经济研究。我们最重要的学术动机，就是克服现有传播政治经济研究的欧美中心主义偏颇及其在文化、身份认同，以及种族、性别和后殖民主体性等问题上的盲点，实质性地走传播政治经济研究和后殖民文化研究相结合的道路。我们在欧美传播政治经济研究所关注的媒体和信息商品化、传播产业的资本控制和产权集中、信息资本主义的全球扩张等议题之外另辟蹊径，把传播现象所涉及的非西方国家和地区的现代化、地缘政治变迁、种族、性别和文化身份认同等问题放在了“后 9•11”语境和全球视域下特定的国家、市场、社会动态互构关系分析的中心地位。书中有多元文化背景的学者所做的具体研究，涉及中国、俄罗斯、印度、委内瑞拉、巴勒斯坦、新加坡、欧盟等国家和地区复杂的内外传播权力关系、北美自由主义女性主义媒体关于伊斯兰的叙事与美国在中东的帝国主义战略的关系、美国社会内部的拉丁语媒体的政治经济结构、族群与文化政治指向，以及非洲文化遗产、知识产权产业与后殖民语境下美国非洲裔群体作为文化消费市场的联系等。通过这些研究，我们在勾勒不同国家和地区的传播政治经济权力与内外文化政治关系及其演变过程的同时，也凸显了美国作为一个多族群国家复杂交错的内部传播与文化政治图景，展示了意义和身份问题是如何处于理解美国内外传播关系的核心地位的。最为关键的是，我们在批判资本主义现代性的全球扩张所带来的问题的同时，强调这一扩张过程是一个产生摩擦的碰撞过程，这个过程在建构了非西方现代性和重构了欧美政治经济和文化秩序的同时，也讨论了超越资本主义社会关系的可能性。[23]我们把这一理论创新努力叫做 Toward a Transcultural Political Economy/迈向跨文化政治经济研究。

二、Transcultural 一词的中文翻译

正是基于以上的分析，把源于 transculturation 这个描绘文化转型和生成过程的词翻译为“转文化”也许是比较合适的。与“贯通、跨越”不同，这里的“trans”

有“转型”和“再造”的含义。“转型”不一定包含“跨越”者主体性的变化——见了面，打了招呼，彼此相互理解和承认，没有发生冲突，你还是你，我行我素；“再造”包含主体性的变化和新文化形式的产生——不仅见了面，而且有了碰撞和摩擦，在此过程中产生变异，转化为新主体，形成新的文化形式。

值得强调的是，这样的跨文化概念包含了中文中用来翻译西方现代 culture 概念的“文化”一词中“文”和“化”二字的原意。在汉语的词源中，“文”指各色交错的纹理（《易经·系辞下传》第十章：“物相杂，故曰文”），“化”指改易、生成、造化（如《庄子·逍遥游》：“化而为鸟，其名曰鹏”）。一般认为，西汉以后，有“文化”两字连在一起的用法。例如，西汉刘向（公元前 77 年—前 6 年）的《说苑·指武篇》中就有“凡武之兴，为不服也，文化不改，然后加诛”一句。因此，19 世纪末，“当时学界先贤在翻译英文 Culture 时，运用了‘文化’一词与之对应，堪称巧思绝对，颇具匠心”[24]。总之，在以“多族群文化互化”过程为核心的中国文化语境中，transculturation 这一概念并不难理解。例如，赵汀阳教授在《天下的当代性：世界秩序的实践与想象》一书中，就把“中国综合文化的形成方式”称为“化”：“化是变易，不是一方改变而总是互化。因此，化区别于宗教的皈依（converting），而是多种文化对存在秩序的合力重构。”[25]

需要说明的是，笔者在把编入 *The Handbook of Political Economy of Communications* 一书中的 Challenge of China：Toward a Transcultural Political Economy of Communication for the 21st Century 英文文章编译成中文在香港《传播与社会学刊》发表时，曾考虑过把“transcultural”翻译成“转文化”，以区别于现有的强调文化的边界性的其他跨文化概念。[26]然而，考虑再三，最后还是决定用现有的“跨文化”一词。

这有几个方面的考虑。第一，尽管笔者意识到这一概念与现有有关跨文化传播的三个英文概念的理解有区别，但毕竟这些概念针对的都是同一个领域的问题或相同的现象。可以说，intercultural、cross-cultural 和本文特定的 transcultural 概念代表了跨文化概念的三层不同意思——第一层是基于维尔茨所批评的文化概念的不同边界中的文化主体间的理解和交流问题；第二层（无论是 cross-cultural，还是被理解为“贯通、超越”的 transcultural）是基于同样的文化概念的多种文化主体间理解、交流进而可能的穿越和跨越，与第一层只有很少的差别；重要的是，第三层不是前两者的改进，而是基于一个对文化概念本身的现代民族主义理解的扬弃，这一理解强调本来就没有纯粹的、属于一个族群的文化，文化本身意味着混杂，是相互吸收和融合的过程，在群体和个体层面都是如此。在这里，对文化这一母概念的理解及对殖民与后殖民学术语境的区别，才是理解不同的跨文化概念的核心所在。这是围绕“文化”这一概念的学术话语政治。因此，与其发明一个全新的“转文化”概念，还不如用强调混杂性、过程性和后殖民意义抗争与创新性的文化概念，去挑战、丰富和发展甚至最终替代原有“跨文化”概念的内涵。

第二，尽管笔者在原则上同意维尔茨和其他许多学者对现有“文化”概念和“跨文化”概念的批判，但是，如前所述，这样概念的存在有其社会权力和地缘政治经济权力基础，在它们所代表的现有社会权力关系和地缘政治经济权力关系的物质基础被彻底改变之前（如民族国家的消亡和霸权主义的消失），对文化和跨文化概念的主导性理解不会因为有了新的 transcultural/跨文化概念而消失；更何况，从动与静、变与不变、内与外、边界与对边界的跨越等辩证关系角度看，完全摈除突出“边界”的 intercultural/跨文化概念也不一定可取。虽然基于奥梯茨的 transcultural/跨文化概念包含“转”和基因变异的内涵，考虑到文化转型是一个漫长的过程，而中文中的“转”字不能充分表达长时态过程（除“转型”外，“转身”“翻转”“旋转”等都与短期行为有关），也不是最恰当的翻译。中文语境下，“多族群多文化的互化”与“传统文化的创造性转型”这样的短语能全面表达 transculturation 所包含的文化在时空中变异的含义，而笔者无法找到与这些短语相应的一个字的形容词。

第三，也是最重要的，在中国学界，成立于 1988 年、致力于研究基于欧洲文化和非洲文化间的碰撞所引发的问题的 Institut International Transcultural 已经被翻译成“跨文化国际研究院”，而这里的“transcultural”一词的含义与我们在 2008 年首先提出的 transcultural political economy/跨文化政治经济框架中的 transcultural/跨文化含义一致。正是基于此，笔者将“transcultural political economy of communication”译为“跨文化传播政治经济学”。这里，我不去研究跨文化国际研究院的学者所用的跨文化概念是否可以追溯到奥梯茨。但是，令人欣慰的是，2017 年，跨文化国际研究院的学者就跨文化主体性问题展开的讨论为笔者在 2008 年的《全球传播：迈向跨文化政治经济》一书基础上丰富和发展跨文化传播政治经济研究框架提供了哲学基础。

更具体地说，中国社会科学院的赵汀阳教授与法国人类家阿兰·勒·乐比雄（Alaine le Pichon）就跨文化主体性的东西方对话与本文所希望阐述的跨文化传播政治经济研究有共通之处。在这个对话中，赵汀阳教授提到乐比雄“发明”了“跨文化”（transcultural）概念，而且这个概念尚未有明确的定义，这与笔者对跨文化传播政治经济研究作为一个尚在探索中的分析框架的定位恰好一致。[27]赵汀阳教授对这一“跨文化”概念的如下阐释和对中国文化的理解值得引用：

跨文化意味着不断地将外来文化的知识和理念加以内化，从而将已有的本土文化进行重构，进而发展为一个“共可能性”文化循环的过程。“共可能性”这个概念来源于莱布尼兹，他曾论证过一个在逻辑上最优的可能世界必定是万物共可能的世界。不难发现，共可能性的文化循环是与解释学循环相对应的概念：解释学循环说明了，在文本解释中，整体与局部的理解之间，或传统与当代理解之间，相互不断发生作用的内在循环模式；而共可能性文化循环则说明了本土文化与外来文化相互作用的对外循环模式。从这个意义上讲，跨文化并不是指像人类学家那样以局外人的眼光对外来文化进行考察，而是将他者内化吸收，并最终融合成为自己一部分的过程。不知是否曾经和你提起过，当代的中国已经因为部分地内化了西方文化而变成了一个混合型的跨文化国家？[28]

总之，把英文“transcultural”一词译为本文所理解的“跨文化”，不但既包含了文化这个概念的根源性内涵——混杂性和生成性，也有上文所引的单波教授所定义的“transcultural”一词的含义，即超越特定文化的边界和局限，以及跨越碎片化的文化分野的规范性和前导性意义。正如爱德华•萨伊德（Edward Said）所言，部分由于帝国主义的扩张历史，没有一种文化是单一和纯粹的，“所有都是混杂的、异质的”[29]，这样的文化在不平等关系下的碰撞是资本主义成为世界性体系后的常态，在这个过程中文化的创造性转型是超越原有文化边界的前提，而超越（transcend）是构建人类共同体的最终理想和最高境界。

三、“跨文化”与“政治经济”研究的有机结合

21 世纪以来，一方面，全球化的深入，尤其是跨国媒体集团扮演越来越重要的角色和网络传播的普及，使基于民族国家之间的“国际传播”概念变得越来越不能准确描述世界传播现状，这使“国际传播”这一源于 19 世纪的词汇失去了其在 20 世纪的主导地位；另一方面，针对文化本质主义的崛起和基于文化身份认同的冲突的增多，像上文提到的维尔茨那样对主导的、基于欧洲现代性和民族主义的文化概念和由此派生的跨文化概念和多元文化概念的批评与反思，也在全球化研究、传播研究与文化研究等领域日渐增多。批评者往往都体认到 interculturality/跨文化性或 multiculturality/多元文化性的局限，转而倡导强调混杂意义的 transculturality/跨文化性。比如，简•尼德文•皮特尔斯（Jan Nederveen Pieterse）在其 1995 年的一篇文章中就指出，需要用一个跨域（translocal）的文化概念替代传统的基于地域的文化概念，从而突出文化的混杂性、翻译性和认同形成的过程性[30]；维尔茨则在其 1999 年的一篇文章中从宏观和微观个体层面倡导 transculturality/跨文化性概念，认为这个概念不仅更符合当下的全球现实，也符合

历史，更有克服冲突和营造可欲的人类社会共同未来的效用。[31]

具体到英文传播学界，与奥梯茨的跨文化概念的被重新重视相辅相成，20 世纪 90 年代以来，后殖民语境下的拉美文化和传播学者在分析拉美传播时对混杂性和过程性的强调给欧美文化研究和政治经济学者带来了重要的影响。[32]在随后学术全球化加速的语境下，后殖民批判学术成为源于 20 世纪 70 年代的英国的文化研究和以北美学者为主体的政治经济研究在新一代越来越国际化的学者身上走向新的融合的重要知识来源。例如，澳大利亚学者杰弗 • 刘易斯（Jeff Lewis） 就从重振文化研究角度呼吁从“文化主义”到“跨文化主义”[33]；美国学者马万 • 克莱迪（Marwan Kraidy）则用“批判的跨文化主义”（critical transculturalism）来强调所有文化在社会整体层面而非个体层面的内在混杂性。[34]学者们在用全球传播（global communication）替代“国际传播”（international communication），同时，用新的 transcultural communication/跨文化传播理念一方面来替代传统的 international communication/国际传播研究，另一方面替代和超越传统的、强调边界的 intercultural communication 或 cross-cultural communication/跨文化传播研究。然而，在这一过程中，也出现了抛弃传播政治经济研究的批判性内核，否定文化帝国主义，对新自由主义资本主义全球化所带来的文化混杂性、文化与传播产品从非西方国家向西方国家的“反向流动”进行市场民粹主义和文化民族主义分析的倾向。[35]

《全球传播：迈向跨文化传播政治经济》一书正是针对这一学术语境所提出的一个批判性分析框架。在主标题中，针对全球化的现实和资本主义的全球性，我们把研究视域定位为全球而非国际传播；在副标题中，一方面，我们从后殖民批判理论所包含的跨文化视角来定义传播政治经济研究，另一方面，我们从政治经济批判，亦即对资本主义和帝国主义的批判和超越的角度，来总揽跨文化传播研究。这与那些只停留在对主导文化概念的后结构主义和后殖民学术解构层面，甚至放弃对文化帝国主义及其背后的国家、资本和地缘政治权力的批判而去政治化地描述甚至庆贺文化的多元性和混杂性的研究，有根本的区别。对我们来说，正如本质化的“原生态”文化是一个迷思，资本主导的全球文化市场所产生的混杂跨文化形式本身也不是理想的状态。跨文化研究对于政治经济研究的价值，与其说在于它对文化的混杂性的体认，毋宁说在于它强调了对全球资本主义在非西方文化系统“落地”过程中所产生的“摩擦”和碰撞，以及由此带来的对资本主义现代性从理论到实践层面的扬弃与超越的努力。[36]

总之，跨文化传播政治经济研究是一个有机整体，“跨文化”与“政治经济”两者不可偏废：传播与资本主义政治经济权力体系的建立、扩张与转型过程的互构关系是核心问题，跨文化是这一过程展开的场域和形态。在这一点上，这一框架不但有别于基于“将学科研究牢牢根植于西方白种男性智力活动的典型模式之中”的传播政治经济学和《马克思归来》所代表的国外批判传播学术[37]，也与德国学者安德里斯·何帕（Andreas Hepp）在其 2015 年出版的《跨文化传播》（*Transcultural Communication*）一书中一方面把后殖民跨文化批判普遍化，一方面又把“全球媒体资本主义”的发展当作历史终结点的学术立场有根本不同。[38]正如笔者在《中国社会科学报》的访谈中所言：“这是一个从彻底的反帝和反霸权视野关注全球传播的整体性和解放性的理论框架；这是一个强调历史的开放性、现实的多种可能性，尤其是不同的政治经济和文化形式在不平等世界体系中相互碰撞，有可能产生新的社会文化形式的能动理论框架；这是一个批判“文化帝国主义”，同时又强调被压迫民众抗争主体性的辩证理论框架。”[39]

在方法论层面，基于奥梯茨的跨文化概念的重要启示在于，它让我们超越各种形而上学的二元对立（我们/他们、东方/西方、市场/国家、结构/主体等），以及世界是由一种“内/外二元体”（inside/outside binary）构成的本体论立场，以马克思的“过程关系本体论”及中国传统哲学中的“关系理性”和不同于现代主权国家体系的“天下”理念为基础，构建新的认知体系。[40]奥梯茨基于古巴历史经验所讨论的殖民者和被殖民者是如何同时被锁进一个痛苦的跨文化过程，以及施动者本身也被这个过程所影响的洞见在当下非常有相似性：面对中国与美国在全球化过程中的摩擦与冲突，尤其是当下美国主导力量因中国不按西方模式转型而所表达出来的霸权主义心态，笔者在《传播与社会：政治经济与文化分析》一书中引用过的美国汉学家赵文词的观点显得更加难能可贵：“与其说中国这样一个社会必须变得像西方，毋宁说西方自己需要寻找振兴其公共领域的新途径。在现代（或后现代）条件下探索公共领域制度化的新途径，把中国和西方以一个共同的追求联结在一起。”[41]这也是跨文化传播政治经济研究所致力于开拓的全球传播新视野。

最后，虽然中国传播学者也引入了后殖民批判学术，以此来批判和超越有西方中心主义甚至种族主义遗产的跨文化研究，但是，我们不应忽视中国在与西方帝国主义及全球资本主义的“摩擦”和碰撞中在文化与传播领域所积累的经验。从文化角度看，中华文化本身是一个多族群多文化互化的开放性过程；从政治经济角度看，根据宪法定义，中华人民共和国是一个经历了长期艰难曲折的斗争以后，“终于推翻了帝国主义、封建主义和官僚资本主义的统治，取得了新民主主义革命的伟大胜利”，今天依然坚持走社会主义道路的“工人阶级领导的以工农联盟为基础的人民民主专政的社会主义国家”。正是基于这两点，我相信，中国传播学者有发展跨文化传播政治经济理论和实践的得天独厚的资源和条件。

注释

[1] Paula Charkravartty&Yuezhi Zhao，Global Communications：Toward a Transcultural Political Economy，Rowman & Littlefield，2008.

[2] Paula Charkravartty&Yuezhi Zhao，Global Communications：Toward a Transcultural Political Economy，Rowman & Littlefield，2008.中文版：赵月枝：《中国传播政治经济学》，吴畅畅译，台北：唐山出版社，2019 年。

[3] 代表性中文文章：赵月枝：《全球传播研究的新范式：多维历史性分析及去殖民化知识建构》，胡正荣等主编，《国际传播蓝皮书：中国国际传播发展报告（2014）》，北京：社会科学文献出版社，2014 年，第 11-30 页；赵月枝：《中国的挑战：跨文化传播政治经济学刍议》，《传播与社会学刊》2014 年第 28 期。代表性学术访谈：赵月枝、邱林川、王洪喆：《东西方之间的批判传播研究：道路、问题与使命》，《传播与社会学刊 》2014 年第 28 期；冯建华：《批判理论视野下的跨文化传播——访加拿大西门菲莎大学传播学院教授赵月枝》，《中国社会科学报》，2017 年 9 月 21 日；黄艾：《传播学教育与研究方法论的创新与实践——专访赵月枝教授》，《全球传媒学刊》，2017 年第 4 期。代表性学术演讲：赵月枝：《跨文化传播政治经济学的基本框架》，史安斌主编：《清华新闻传播学前沿讲座录》第三辑，北京：清华大学出版社，2016 年，第 59-76 页。代表性应用： Yuezhi Zhao（ed.），Global to village：Grounding communication research in rural China，Special Section of International Journal of Communication，Vol. 11，2017；赵月枝、龚伟亮：《乡村主体性与农民文化自信：乡村春晚的启示》，《新闻与传播评论》，2018 年第 2 期。

[4] 姜飞：《跨文化传播的后殖民语境》，《新闻与传播研究》2004 年第 1 期。

[5] 〔美〕爱德华 • 霍尔：《无声的语言》，何道宽译，北京：北京大学出版社，2010 年。

[6] 单波、刘学：《导论：全球媒介的跨文化传播幻象》，单波、肖珺、刘学主编，《全球媒介的跨文化传播幻象》，上海：上海交通大学出版社，2015 年，第 3 页。

[7] 见 https://www.icahdq.org/group/intercultural。

[8] Wolfgang Welsch，Transculturality：The puzzling form of cultures today，in Mike Featherstone & Scott Lash（eds.），Spaces of Culture：City，Nation，World，Sage，1999，p.195-213.

[9] Raymond Williams，Raymond，Keywords，Fontana Press，1976；Edward Said，Culture and Imperialism，Vintage Books，1993；Terry Eagleton，The Idea of Culture，Blackwell，2000.

[10] 〔英〕约翰 • 斯道雷：《跨文化传播中的文化概念：一种批判视角》，单波、肖珺、刘学主编：《全球媒介的跨文化传播幻象》，上海：上海交通大学出版社，2015 年，第 40 页。

[11] Wolfgang Welsch，Transculturality：The puzzling form of cultures today，in Mike Featherstone&Scott Lash（eds.），Spaces of Culture：City，Nation，World，Sage，1999.

[12] 单波、肖珺主编：《文化冲突与跨文化传播》，北京：社会科学文献出版社，2015 年，第 66 页。

[13] Cedric J.Robinson，Black Marxism the Making of the Black Radical Tradition，University of North Carolina Press，2000.
[14] 同[11]。
[15] Wolfgang Welsch，Transculturality：The puzzling form of cultures today，in Mike Featherstone&Scott Lash（eds.），Spaces of Culture：City，Nation，World，Sage，1999。有关加拿大多元文化主义局限的讨论见 Donald Cuccioletta：Multiculturalism or transculturalism：Toward a cosmopolitan citizenship，London Journal of Canadian Studies，Vol. 17，2001/2002.
[16] 单波：《论跨文化传播的可能性》，《广东外语外贸大学学报》，2014 年第 3 期。
[17] 同[16]。
[18] 同[12]。
[19] Fernando Ortiz，Cuban Counterpoint：Tobacco and Sugar，Alfred A. Knopf, Inc，1947.
[20] 姜飞：《跨文化传播的后殖民语境》，北京：中国人民大学出版社，2005 年。
[21] Elfriede Hermanm，Communicating with Transculturation, Journal de la Société des Océanistes，2007，p.257-260.
[22] Fernando Coronil，Introduction to the Duke University press sdition, transculturation and the politics of theory：Countering the center, Cuban counterpoint, in Fernando Ortiz, Cuban Counterpoint：Tobacco and Sugar, Alfred A. Knopf, Inc,1947,p.ix-lvi.Elfriede Hermanm, Communicating with Transculturation, Journal de la Société des Océanistes, 2007, p.258.
[23] Paula Charkravartty&Yuezhi Zhao，Introduction：Toward a transcultural political economy of global communication, in Paula Charkravartty&Yuezhi Zhao，Global Communications：Toward a Transcultural Political Economy， Rowman & Littlefield，2008，p.15.
[24] 邸永君：《汉语“文化”一词由来》，学习时报，http://sars.china.com.cn/chinese/zhuanti/xxsb/925992.htm，2017 年 7 月 13 日。
[25] 赵汀阳：《天下的当代性：世界秩序的实践与想象》，北京：中信出版社，2015 年，第 164 页。
[26] 英文原文见 Yuezhi Zhao，The challenge of China：Contribution to a transcultural political economy of communication in the Twent-First Century，in Janet Wasko，Graham Murdock& Helena Sousa（eds.），The Handbook of Political Economy of Communications，Wiley-Blackwell，2011，p.558-582.中文编译版见赵月枝：《中国的挑战：跨文化传播政治经济学刍议》，《传播与社会学刊》2014 年第 28 期。
[27] 冯建华：《批判理论视野下的跨文化传播——访加拿大西门菲莎大学传播学院教授赵月枝》，《中国社会科学报》，2017 年 9 月 21 日。
[28] 赵汀阳、〔法〕阿兰·勒·乐比雄，《你是利玛窦那样的人吗——关于一神论的系列通信之一》，王惠民译，《江海学刊》2017 年第 2 期。
[29] Edward Said，Culture and Imperialism，Vintage，1994，p.xxv。
[30] Jan Nederveen Pieterse, Globalization as hybridization，in Mike Featherstone，Scott Lash& Roland Robertson（eds），Global Modernities, Sage,1995, p. 45-68.
[31] 同[11]。
[32] 这方面的重要学者和著作是：Jesus Martin-Barbero，Communication，Culture and

Hegemony, From the Media to Mediation，Sage，1993；Nésto García Canclini，Consumer and Citizens：Globalization and Multicultural Conflicts，University of Minesota Press，2001.

[33] Jeff Lewis，From Culturalism to transculturalism，Iowa Journal of Cultural Studies，2002.

[34] Marwan Kraidy，Hybridity or the Cultural Logic of Globalization，Temple University Press，2005.

[35] 相关批判见赵月枝：《传播与社会：政治经济与文化分析》，北京：中国传媒大学出版社，2011 年，第 17 章。

[36] Paula Charkravartty&Yuezhi Zhao，Introduction：Toward a transcultural political economy of global communication, in Paula Charkravartty&Yuezhi Zhao，Global Communications：Toward a Transcultural Political Economy， Rowman & Littlefield，2008，p.12.

[37] Vincent Mosco，The Political Economy of Communication, Sage，2009，p.37.赵月枝：《〈马克思归来〉：网络时代的马克思主义与传播研究》，《清华大学学报（哲学社会科学版）》，2018 年第 3 期。

[38] Andreas Hepp, Transcultural Communication, Wiley Blackwell, 2015.

[39] 冯建华：《批判理论视野下的跨文化传播——访加拿大西门菲莎大学传播学院教授赵月枝》，《中国社会科学报》，2017 年 9 月 21 日。

[40] 有关马克思的“过程关系本体论”及其在传播领域的批判性运用见〔加〕罗伯特・普雷：《网络的盲点：排斥、剥削与马克思过程关系本体论》，〔瑞典〕克里斯蒂安・福克斯、〔加〕文森特・莫斯可编：《马克思归来》上下，传播驿站工作坊译，上海：华东师范大学出版社，2016 年。有关“关系理性”和“天下”概念的“当代性”的讨论见赵汀阳：《天下的当代性：世界秩序的实践与想象》，北京：中信出版社，2015 年。

[41] Richard Madsen，The public sphere, civil society and moral community：A research agenda for contemporary Chinese studies，Modern China，Vol. 19，No. 2，1993. 转引自赵月枝：《传播与社会：政治经济与文化分析》，北京：中国传媒大学出版社，2011 年，第 284 页。

新词探讨：回声室效应

胡 泳

在传统的大众媒体当中，常常出现一种情形：在一个“封闭系统”内，一种信息、观念或信念经由反复传播而得到加强或放大，导致与之不同的或者具有竞争性的信息、观念或信念受到审查、被加以否定或无法得到充分表达。

这种情形的发生机制通常是这样的：一个信息传播者做出某种宣称，许多想法类似的人跟进呼应，往往用夸张的甚或扭曲的形式重复该宣称的核心信息，直到大部分人认为所描述的某一极端的变化版本是真实的。

洞悉大众媒体此种现象的人会选择不信任媒体（以及媒体所提供的“事实”），而更倾向于信任自己所属的群体。但在这样做的同时，他们忘记了，上述情形的发生，恰恰是经由了社会群体的中介才成为可能。在想法相似的人所组成的社会派系、部落或小团体中，很难去挑战群体共识，这意味着，该群体的成员不断听到的论点只会往一个方向延展。

相对于大众媒体，网络社区容易催生更为多样化的社会群体。网络社区也被寄予更高的塑造理想的公共领域的期望，然而，奇特的是，更加多样化的社会群体或许可能反而构成实现这种期望的障碍。

原因在于，公共领域不是在别的地方，而正是在具有不同意见和背景的群体展开公共辩论的地方出现的。公共领域是公众舆论形成之地，但这种形成只是在“暴露于充分的信息以及足够广泛和多样化的选择之下”才能够实现。[1]

迈克尔·麦昆（Michael Mackuen）指出，和意见相同的交流相比，只有意见不同的交流“才允许真正的辩论和思想的交换”。这种交流使得参与者有机会“从更大的菜单中作出选择”，从而导致一种社会意识而不是个人私益。[2]

然而，实证研究表明，公民的政治对话往往发生在家人、朋友和与自己有着相似观点的人之间。这种“物以类聚，人以群分”（homophily）的现象被多个学者所注意。[3]个人喜欢同和自己类似的人交往和缔结情谊，这是有关社会网络的研究当中的一个常见发现。[4]相似导致联系，这种相似包括地位的相似（年龄、性别、教育、收入、职业和组织角色等），以及价值观的相似（态度、信仰、抱负等）。

导致这一现象的原因有许多种。经济学家安东尼·唐恩斯（Anthony Downs）的模型认为，人们从头脑相似的人那里获得信息有助于减少信息成本。[5]莫里斯·罗森伯格（Morris Rosenberg）认为这是由于政治具有威胁性特质——它总是充满争议——所致。[6]逃避争议也是“沉默的螺旋”理论的核心观点，[7]虽然该理论原用以描述公众舆论的形成，我们也可以用它来解释为什么人们不愿意站出来说话，并极力避免不同。这一理论有4个基本假设：①社会对背离的个人施以孤立的危险；②个人经常恐惧孤立；③对孤立的恐惧感使个人不断估计众人的意见；④估计的结果影响了个人在公开场合的行为，特别是公开表达观点还是隐藏自己的观点。由于害怕被孤立，个人在他人持有不同观点的时候往往不敢说话。这样，他们宁愿选择意见一致的人交往。

其他人把人们避免冲突的倾向归因于无知、漠不关心、疏离、不愿意挑战群体规范、害怕遭到反对、害怕伤害他人、缺乏可见的选择、不愿意承担责任和怀有无能为力的感觉等。[8]

互联网能够帮助人们摆脱这些心理障碍而自由交流吗？互联网的本性应该是不仅促进更多人的参与，而且能够促进更多异质群体的参与；赛博空间是“一处不难发现差异的所在”。[9]电子通信技术的浪潮据信能够增加观点的多样性，以及这些观点到处传播和彼此竞争的速度和轻易性。[10]有研究表明，网民与非网民相比，更加支持多样化的观点，容忍度也更高。[11]网络因而是一个理想的个人可以扩展视野的地方，我们可以交往到成百上千的陌生人，并遇到无数的新话题和新观点。

问题是，虽然互联网上的对话以不一致为基本特征，但虚拟社区还是常常建立在拥有同样价值观、兴趣和关注点的人群之上。安东尼·维尔海姆（Anthony G.Wilhelm）发现，在一个讨论组内，大多数人对某个政治话题通常持有相同的意见。[12]他的发现与理查德·戴维斯（Richard Davis）对Usenet的看法一致。戴维斯称Usenet已经变成了“一种壁垒化的论坛”，被不容许异见的头脑相似的人所主导。[13]许多论坛都有定义明确的议程，群内认同极其强烈，维尔海姆对政治类新闻组的抽样内容分析显示，超过70%的帖子都对主导立场表示坚决或温和的支持。[14]这证明了罗伯特·哈克费尔特（R.Robert Huckfeldt）和约翰·斯普拉奇（John Sprague）的观点：政治看法平均分布或接近平均分布的群体一定是罕见的。群体内信念分布的不对称很可能是普遍现象。[15]

新兴的社交媒体同样未能避免此种情况。例如，博客日志容易掉入“自我指认”的陷阱，即只在博客自我设计的交流空间内传播。调查发现，80.8%的活跃博客日志至少在其主页的一个帖子上链接一家外部网站，但这些链接很少指向传统新闻媒体。只有9.9%的活跃博客日志在帖子中链接传统媒体。[16]有关政治信息在推特上的传播研究表明，用户不成比例地接触到相合的信息，同时信息也更快地达到志趣相投的用户。[17]

由于互联网上的社区都是自愿形成的，在人们具有寻找头脑相似的伙伴的倾向作用下，这些社区往往成为同质性的。它们由此被称做“兴趣社区”（communities of interest），非常符合比尔·盖茨（Bill Gates）在《未来之路》中的描述：

我们确信我们会利用信息高速公路独一无二的能力，找到同好者社区……加入电子社区的人越多，社区对成员来说也就更有价值。全球大多数滑雪爱好者都会成为滑雪电子社区的成员……如果你尝试在滑下一个陡坡前让自己处于更好的身体状况，那么要是能和十几个与你身高体重年龄相仿，并同你怀有同样的锻炼和减肥目的的人保持密切的电子联系的话，你会发现训练更有趣……当所有的人都从事与你相像的锻炼项目时，你自我意识的东西会减少。[18]

在自我意识减少的同时，你也就掉进了互联网最具诱惑力的幻象之中：在特别营造的小天地之中得到虚假的保证，仿佛与自己的信念相抵触的事实全都不再存在。这就是网络的“回声室效应”（echo chamber effect）：信息或想法在一个封闭的小圈子里得到加强。

所谓“回声室效应”，是指在一个网络空间里，如果你听到的都是对你意见的相类回响，你会认为自己的看法代表主流，从而扭曲你对一般共识的认识。此一效应的存在常常同信息选择密切相关：个人总是倾向于接受协调性的信息而避免那些会带来不协调认知的信息。

如此回声室的存在会在一种特定的网络媒介当中给批判性对话造成重大障碍。在线讨论的参加者会发现，讨论的结果并非开放性地吸收对话其他方的可取的观点，而常常只导向己方信念体系的进一步增强。“回声室效应”也可能影响对网络上的大的语言和文化变化的认知，因为个人仅创造、体验和漫游那些符合其世界观的虚拟空间。

网络杂志《沙龙》的专栏作家安德鲁·列奥纳德（Andrew Leonard）在回顾了自己被“回声室效应”痛苦误导的经历之后说，让他不安的，不是在互联网上用谷歌找到自己所需要的信息的容易性，而是那种随时可以获得自己想要的心态的方便性。[19]在这样的“回声室”中，人们只需链接到他们喜欢或意见相同的人，只会阅读他们热爱读或完全同意的东西，那么，又哪里还会有公共领域存在？

马歇尔·范·阿尔斯泰恩（Marshall Van Alstyne）和埃里克·布莱卓夫森（Erik Brynjolfsson）在一篇重要的论文中，显示了互联网可以把头脑相似者的甚至是微弱的偏好发展成同质的小兴趣团体，其内部交往大大超过群外交往，他们把这一情形称为“赛博空间的巴尔干化”（cyberbalkanization）。[20]这种情况如果不加遏制，会导致“族群政治”（group politics）和“议题政治”（issue politics）的出现，剥蚀大部分公民应该拥有的一定程度的共同经验。

同质社区的增多不仅减少了跨群体的社区，造成了政治分裂，而且它还加剧了调和多样化的利益和世界观的困难程度。政治学家凯斯·桑斯坦（Cass R.Sunstein）从十几个国家的实证研究中，总结出“群体极化”（group polarization）的概念：即团体成员一开始即有某种偏向，在协商后，人们朝偏向的方向继续移动，最后形成极端的观点。而且，这种形成更极端的，而不是团体共同信念的较温和的变体的现象，在团体成员以匿名身份相会的情况下更为严重。[21]这正是在互联网上我们所看到的情形。

“回声室效应”在社交媒体上造成的一个结果是“过滤气泡”的产生。由于关注对象的选择，一个社交媒体用户的时间线上可能充斥着想法类似的帖子，这种高度同质化的信息流构成“过滤气泡”，从而把相异的观点有效地排斥在外。网络公司的所谓定制化服务更加强这一趋势，当它们努力地将自己的服务（包括新闻、搜索结果、社交分享）根据我们的口味量身定做，过滤出只属于私人圈子内的话题，我们会更深地被困在一个个“过滤气泡”当中，看不到那些或许让我们能对世界拓宽视野的信息。

在越来越多的表达和论辩都发生在网络上的情况下，需要对“回声室效应”的形成、结果与克服进行多个层面的研究。在传统的传播语境下，大多数回声室环境依靠灌输和宣传以直截了当的或潜移默化的方式传播信息，以便在室内困住听众并诱使他们保持一致。其中可能存在很多花样，如树立敌人以便让任何出自他们的信念都名誉扫地（一个形象的例子来自乔治·奥威尔（George Orwell）笔下《一九八四》中的“两分钟仇恨”[22]），又如对异端的想法和行动的惩戒。克服的方法之一是培养批判性思维以质疑明显的误传和有意传播的假信息。

在新媒体的传播语境下，“回声室效应”与意见传染（opinion contagion）存在密不可分的关系。有关社交媒体的研究表明，在用户优先连接到与他们共享观点的其他用户的时候，会发生意见和情绪传染：例如，在脸书上，总体比较正面的动态消息导致生成更加正面的内容，同样，负面的动态消息导致生成更加负面的内容；[23]同样，在推特上，用户被暴露什么信息同用户随后的意见表达之间，存在强烈正相关。[24]这些研究在如何处理极化问题方面有重大意义，而极化正在越来越多地形塑和保持网络舆论。

在社区研究当中，另一个新兴的用以描述这种回声和同一化效果的术语是“文化部落主义”（cultural tribalism）。罗布·基钦（Rob Kitchin）将“文化部落主义”描述为：当人们只同自己喜爱的人交流时，由此形成的兴趣社区（非地理社区）很有可能削减多样性和窄化影响范围。这将不仅令一个更好的真实世界社区替代物付之阙如，而且会导致网络社区的功能丧失。[25]文化部落主义由此成为所有网络社区的最终均衡态。因为在线试错和迁移的成本甚低，人们会尝试大量的网络社区，而在其后选择移居到他们感觉最舒适的地方——听自己最想听的话，不必面对任何认知挑战。

大卫・麦茨（David C.Mat）和温迪・伍德（Wendy Wood）的研究支持这一观点。他们发现，异质的态度会在一个群体当中制造失调、紧张和不适。不适的程度取决于那些拥有非典型观点的少数派成员的数量。如果少数派观点持有者没有感受到太大的强求一致的压力而得以畅所欲言，这种不适会部分缓解。然而，真正的缓解只能来自于少数派说服了多数派、多数派意识到自己的错误从而有力地支持少数派观点，或者，来自于少数派出走，加入一个同自己更相合的群体之中。文化部落主义的这种迁移性似乎是一个自然的、无法避免的应对机制（coping mechanism）的结果，它使得以多样化的想法为特点的社区随着时间的推移，多样性变得日益减少，高度的认知多样性成为昙花一现。[26]

最后，必须指出的是，也有一些研究表明，“回声室效应”和极化现象并不存在，或者至少没有公认的那么严重。伊坦・巴克西（Eytan Bakshy）领导进行了一个大规模的有关人们在脸书上如何接受和回应新闻的研究，结果表明，脸书用户虽然更可能分享亲密朋友发布的信息，但同时也在分享来自弱联系（weak tie）的信息，而脸书上人们的关系主要是弱联系。由此可以得出的结论是，脸书并没有简单地确认用户的现有世界观。社交网络虽然被 EdgeRank 这样的定制化算法所主导，但人们仍然有可能打破“过滤气泡”。[27]

其他质疑“回声室效应”的声音包括芝加哥大学两位经济学家马修・根茨考（Mattew Gentzkow）和杰西・夏皮罗（Jesse M.Shapiro）有关在线新闻消费对意识形态隔离（ideological segregation）的影响的研究。[28]虽然他们发现在线新闻消费会造成一定程度的意识形态隔离，但其影响似乎大大小于在家庭中或是社交媒体上的观察所见。

那么，社交媒体又如何呢？纽约大学政治学者帕布罗・巴贝拉（Pablo Barberá）对推特的研究认为，人们在推特上倾向于关注和自己观点一致的人，但他的分析也表明，随着时间的推移，那些嵌入较为多样化的网络中的美国用户会逐渐关注较少意识形态同质性的群体。在网上遭遇不同的观点没有令用户更加极化，而是鼓励了他们拓宽自己的信息流。[29]

尽管存在一定的争议，但“回声室效应”已经被用来解释互联网上的许多现象。然而，像脸书这样的公司所搜集的海量数据现在正以实证支持帮助我们理解自身在网上的表现。如果一些长期持有的信念在这个过程中被推翻，当然未必是件坏事。

注释

[1] Cass R.Sunstein，Republic.com，Princeton，Princeton University Press，2001，p. 50.

[2] Michael MacKuen，Speaking of politics：Individual conversational choice，public opinion，and the prospects for deliberative democracy，in John A.Ferejohn and James H.Kuklinski（eds.），Information and Democratic Processes，University of Illinois Press，1990，p.60.

[3] Robert R.Huckfeldt&John Sprague，Citizens，Politics，and Social Communication，Cambridge University Press，1995.Everett M.Rogers&Kincaid D.Lawrence，Communication Network：Toward a New Paradigm for Research，Free Press，1981.

[4] Miller McPherson，Lynn Smith-Lovin&James M.Cook，Birds of a feather：Homophily in social networks，Annual Review of Sociology，Vol. 27，2001.

[5] Anthony Downs，An Economic Theory of Democracy，Harper & Brothers，1957.

[6] Morris Rosenberg，Some determinants of political apathy，The Public Opinion Quarterly，Vol. 18，No. 4，1954.

[7] Elisabeth Noelle-Neumann，The Spiral of Silence：Public Opinion-Our Social Skin，University of Chicago Press，1993.

[8] Robert O. Wyatt，Elihu Katz，Hanna Levinsohn&Majid Al-Haj，The dimensions of expression inhibition：Perceptions of obstacles to free speech in three cultures，International Journal of Public Opinion Research，Vol. 8，No. 3，1996.Robert O.Wyatt，Joohan Kim& Elihu Katz，How feeling of free to talk affects ordinary political conversation，purposeful argumentation，and civic participation，Journalism and Mass Communications Quarterly，Vol. 77，No. 1，2000.

[9] Lincoln Dahlberg，Computer-Mediated communication and the public sphere：A critical analysis，Journal of Computer-Mediated Communication，Vol. 7，No. 1，2001.

[10] Benjamin I.Page，Who Deliberate？Mass Media in Modern Democracy，University of Chicago Press，1996，p. 124.

[11] John P.Robinson，Alan Neustadtl&Meyer Kestnbaum，The online “Diversity Divide”：Public opinion differences among internet users and nonusers，IT and Society，Vol. 1，No. 1，2002.

[12] Anthony G. Wilhelm，Virtual sounding boards：How deliberative is online political discussion？in Barry N.Hague & Brian D.Loader（eds.），Digital Democracy：Discourse and Decision Making in the Information Age，Routledge，1999，p.154-178.

[13] Richard Davis，The Web of Politics：The Internet’s Impact on the American Political System，Oxford University Press，1999，p.162.

[14] Anthony G.Wilhelm，Democracy in the Digital Age：Challenges to Political Life in Cyberspace，Routledge，2000，p.99.

[15] Robert R.Huckfeldt&John Sprague，Citizens，Politics，and Social Communication，Cambridge University Press，1995，p.53.

[16] Peusus blog survey，原文见 http：//www.perseus.com/blogsurvey/thebloggingiceberg.html，现已删除，可参见 The Blogging Iceberg：Of 4.12 million weblogs，most little seen and quickly abandoned，according to perseus survey，Business Wire，2003.

[17] Yosh Halberstam&Brian Knight，Homophily，group size，and the diffusion of political information in social networks：Evidence from Twitter，Journal of Public Economics，Vol. 143，2016.

[18] 〔美〕比尔·盖茨：《未来之路》，辜正坤主译，北京：北京大学出版社，1996 年，第 260-261 页（译文有改动）。

[19] Andrew Leonard，Trapped in the echo chamber，https://www.salon.com/2004/11/03/echo_chamber_2/，Retrieved Aug 15，2019.

[20] Marshall Van Alstyne&Erik Brynjolfsson，Electronic Communities：Global Village of Cyberbalkans？ MIT Sloan School，1997.

[21] Cass R.Sunstein，Republic.com，Princeton，Princeton University Press，2001，Chap.3.

[22] 〔英〕乔治·奥威尔：《一九八四》，董乐山译，上海：上海译文出版社，2006 年，第一部第一章。

[23] Adam D.I.Kramer，Jamie E.Guillory&Jeffrey T.Hancock，Experimental evidence of massive-scale emotional contagion through social networks，Proceedings of the National Academy of Sciences Current Issue，Vol.111，No.24，2014.

[24] Adam G. Dunn，Julie Leask，Xujuan Zhou，Kenneth D.Mandl&Enrico Coiera，Associations between exposure to and expression of negative opinions about human papillomavirus vaccines on social media：An observational study，Journal of Medical Internet Research，Vol.17，No.6，2015.

[25] Rob Kitchin，Cyberspace：The World in the Wires，Wiley，1998，p.90.

[26] D.C.Matz&W.Wood，Cognitive dissonance in groups：The consequences of disagreement，Journal of Personality and Social Psychology，Vol. 88，No. 1，2005，p.22-37.

[27] Eytan Bakshy，Rethinking information diversity in networks，https：//www.facebook.com/notes/facebook-data-science/rethinking-information-diversity-in-networks/10150503499618859，Retrieved Aug 15，2019.

[28] Matthew Gentzkow&Jesse M. Shapiro，Ideological segregation online and offline，Quarterly Journal of Economics，Vol. 126，No. 4，2011.

[29] Pablo Barberá，How social media reduces mass political polarization.Evidence from Germany，Spain，and the U.S，https://s18798.pcdn.co/smapp/wp-content/uploads/sites/1693/2016/04/SocialMediaReduces.pdf，Retrieved Aug 15，2019.

“网络主权”辨析

胡　泳　车乐格尔

一、主权

主权这一概念本身是随着历史发展而不断变化且充满争议的。

在古罗马时期，主权（souverainete）就被广泛使用，指某种最高的政治权力；而在中世纪，人们一般用它来称呼封建国家的国王。[1]《韦伯斯特大辞典》对主权的定义很简单：“最高权力，尤其是对一个政治体所拥有的最高权力；摆脱外部控制的自由；自主权；控制性的影响。”

事实上，在相当长的一段时间里，主权一方面被认为是上帝之下永恒而最高的绝对权力，另一方面，也是由全体人民赋予主权者的。进而，由于主权者的不同，国家的形式也就随之不同。

到了近代，托马斯·霍布斯（Thomas Hobbes）更进一步提出：“国家的本质就存在于它身上。用一个定义来说，这就是一大群人相互订立信约、每个人都对它的行为授权，以便使它能按其认为有利于大家的和平与共同防卫的方式运用全体的力量和手段的一个人格。承当这一人格的人就称为主权者，并被说成是具有主权，其余的每一个人都是他的臣民。”[2]

通常认为，霍布斯的这一阐释标志着近代政治思想史上国家主权说的形成，该论述有着深远的影响。

首先，主权似乎同国家具有了某种天然且密不可分的联系。约翰·霍夫曼（John Hoffman）指出，正是国家和主权的联系，导致了极具破坏性和迷惑性的争议[3]，如作为地域的国家主权（state sovereignty）概念和作为民族国家的主权（national sovereignty）概念的分野。两次世界大战中，帝国疆界分裂，诸多具有特定利益诉求的民族国家独立出来。似乎不言自明的“主权”观念受到挑战，流血冲突迫使学界和政客们都不得不反思主权和国家的关系问题。

其次，是主权概念与统治的紧密结合。这引起了主权概念合法性的内在矛盾。主权到底是属于全体人民，还是主权者？人民和政府的关系如何？社会需要被统治还是被治理？民主和极权之间的边界在哪里？一系列问题和冲突因此而凸显。

最后，是主权和现代法权之间的内在张力。阿兰·詹姆斯（Alan James）认为，主权是一个法律术语，表明了宪法和制度上的独立。[4]但这也会引起新的问题，当一国主权受到宪法上未得到认可的另一群体挑战将意味着什么？

虽然存在诸多争议，但是这并没有影响到“主权”一词的广泛传播。有学者甚至认为主权概念是可以且必须被明确界定的，他们被称为现实主义学派。[5]这主要是考虑到民族国家在国际关系中面对的现实情境。事实上，如《辞海》中对主权的定义：“在国际法上是国家的根本属性，是国家基本权利的基础。相互尊重国家主权和主权平等是国际法的基本原则之一”，[6]主权构成了国际关系中一个尤为基础的议题。肯尼斯·沃尔兹（Kenneth N.Waltz）认为：说一个国家是主权者意味着它自己决定如何处理它的内在与外在问题。[7]

二、从主权到网络主权

1648 年，威斯特伐利亚体系建立，国际关系进入新的阶段。民族国家成为人类政治生活的核心，其建立在领土、主权和人民三个基本要素之上。[8]其中主权指代主权国家及其代表具有独立在其领土范围内组织行动、实行统治的合法权力。在国际政治、经济、文化等事务中，不存在任何其他可以凌驾其上的权威。

然而，不可阻挡的全球化对民族国家的上述三个基本要素都形成强大冲击。这其中，传播活动的日益国际化，构成了传统意义上的“主权者”控制被削弱的一个重要原因。

信息传播的“国际化”或“全球化”是如何形成的？信息传播在世界现当代历史的演进中起到了什么作用？这是马特拉在《世界传播与文化霸权：思想与战略的历史》中试图解释的问题。马特拉认为，战争和战争的逻辑成为国际传播历史及其学说和理论的主要构成。[9]战争对信息传播的功能性需求，先是缩短时空距离的需要（比如，手机的前身是摩托罗拉公司在第二次世界大战期间发明的步话机），同时，战争期间对鼓舞士气的要求也促进了宣传鼓动的发展。

大众传播媒介同世界大战的格局和走向紧密结合在一起。马特拉认为，国际传播从来就是“一种战斗话语”，服务于战争和冷战。冷战结束后，大众传媒作为意识形态宣传机器的功能被弱化，其商用属性凸显。马特拉从中辨析出两个要素：其一，发展主义的神话使金融资本走向经济全球化，从而模糊了民族-国家的边界，最终是跨国的信息传播网络按照经济资本和文化资本的生产和分配重新分割世界；其二，在商品的标签下，跨国传媒集团用工业化方式推广的文化，成为了普遍的文化消费资料，而“消费者权利”则变成文化传播的动力。

随后，一批学者指出，由于传播技术手段发展的不平等，商业利益的背后是潜移默化式的“文化殖民”，是日益加剧的“中心-边陲”的不平等关系。席勒在其

《大众传播与美利坚帝国》一书中论述了以美国为基地的大型跨国集团如何在追逐商业利益的同时，破坏第三世界国家的文化独立，并使发展中国家产生对传播和媒体软硬件的依赖。[10]

这些批判的结果，一方面，促成了以萨义德、佳亚特里·斯皮瓦克（Gayatri C.Spivak）等学者为代表的“后殖民理论思潮”，意图从思想层面削弱西方国家对第三世界国家的文化霸权；[11]另一方面，导致在国际关系、国家政策层面的“世界信息与传播秩序”之争也拉开了序幕。1980 年，麦克布莱德委员会向联合国提交了《多种声音，一个世界》报告（又称麦克布莱德报告，The McBride Report），随后联合国教科文组织通过决议，要求“尊重每个国家在平等、公正和互利基础上参与国际信息间的交换活动”。[12]

互联网的出现令世界信息与传播秩序更加复杂化。网络促进相互依赖，数字革命要求国家政府彼此合作，无论在制定国内或国际政策的时候都是如此。[13]全球性的信息网络的扩大、运营这一网络的跨国公司的权力的上升，以及全球性的电子市场的形成，都使得各国政府不再能够根据主权的概念来行使他们的许多特权，如控制公民的通信选择，管理公共和私人通信的内容，约束文化交流，阻碍专长和思想的流动，固化公民的身份，掌控资本和税收，乃至不受干扰地制定国家政策。

随着各国的通信市场向外资开放，来自外国的公司开始建设和服务于一国的电信网，国家政府正在失去对其公民所使用的通信连接的控制权。这既有好处，也不乏问题。如果政府无法完全管控公民的交流，异议的声音就可以得到传播，为网络所赋能的新型社会运动也得以发起。政府如果不动用监控手段，将更难检测和跟踪跨国恐怖和犯罪团伙。

2004 年，联合国成立了“从国际安全的角度来看信息和电信领域发展的政府专家组”，旨在审视来自网络空间的现有和潜在威胁，并促进各国探索可能的合作措施以应对威胁。联合国秘书长在为该专家组 2010 年的报告所撰写的前言中指出：“十年前，我们无法预见信息技术和电信会如何深入我们的日常生活，或我们对它们的依赖会有多大。这些技术创造了一个全球链接的国际社会。这种链接虽然带来了巨大好处，但也带来了脆弱性和风险。我们刚刚开始制定新信息环境所需的规范、法律和合作方式。”[14]

2013 年 6 月，该专家组发布报告称：“国家主权和源自主权的国际规范和原则适用于国家进行的信通技术活动，以及国家在其领土内对信通技术基础设施的管辖权。”[15]这既是传播秩序争论在网络时代的延续，也是国家主权观念在互联网空间中的表现。

三、网络主权

通常，互联网被比喻成为一个“无边界”的空间，人类日常生活中“原子”式的行为在这一空间里被转化成为“比特”式的存在方式。不仅传统的产业与商业及生活的方方面面都在不断朝数字化迈进，这一空间内的信息流动和资源重组也在不断冲击着既有的国际关系和政治格局。

这个“无边界”空间的概念早在互联网的理想化时代就已现身。在 20 世纪 90 年代中期，一些美国学者提出，既然互联网在某种意义上拥有自身的规则与居民（有人专门发明了 netizen 一词），它应该享有某种程度的“主权”。当我们说某个空间是有主权的，就意味着它只服从自己的规则，而不会服从各个国家的规则。

这个理想在 20 世纪 90 年代中期互联网刚刚兴起时最为炽烈，但其渊源可以上溯更久。1995 年，伦敦“超媒体”研究中心的理查德・巴布鲁克（Richard Barbrook）和安德鲁・卡梅隆（Andy Cameron）在一篇文章中提出“加州意识形态”的概念。[16]他们认为，从 20 世纪 60 年代开始，美国加州出现了一股不同于美国东海岸的思潮，“它夹杂了控制论、自由市场思想和反文化的自由意志论”，这股力量从宏观层面上塑造了加州自由开放的硅谷，从技术角度上影响了此后的半导体产业、个人计算机产业和互联网。虽然标榜自由市场，它也催生了如信息高速公路这样的国家行为。

奇特的是，加州意识形态还衍生出了提倡信息自由的赛博文化，其要旨是通过技术项目达至技术乌托邦。通过用技术系统来表达设计者的梦想，互联网被视为解放和民主的催化剂。

今天我们都知道，赛博空间根本无法独立，激进的自由至上主义敌不过网络威权主义和大企业的操控。网络威权主义的主要特点包括：维持适度的市场竞争；通过国家所有的网络设施将信息控制视为头号要务；推动国家支持的互联网产业；通过宣传、监控、审查极大地限制个人自由。

国家控制信息入口，其秉持的理念是“信息主权”。中国学界的一种绝不缺乏支持者的观点认为：主权是一个逐步扩大的概念，从最初的领土到领海、领空，在信息时代应该强调信息主权。

2010 年 6 月 8 日，中国政府公布了第一份关于互联网的白皮书，在其中特别强调了“互联网主权”。这份题为《中国互联网状况》白皮书指出：“中国政府认为，互联网是国家重要基础设施，中华人民共和国境内的互联网属于中国主权管辖范围，中国的互联网主权应受到尊重和维护。”这份白皮书可以说是中国政府对早些时候与谷歌之间不快遭遇的最详细的回应，它表示：“中华人民共和国公民及在中华人民共和国境内的外国公民、法人和其他组织在享有使用互联网权利和自由的同时，应当遵守中国法律法规、自觉维护互联网安全。”[17]

2015 年 7 月 1 日，第十二届全国人大常务委员会第十五次会议通过的《中华人民共和国国家安全法》，首次明确“网络空间主权”概念，规定：“加强网络管理，防范、制止和依法惩治网络攻击、网络入侵、网络窃密、散布违法有害信息等网络违法犯罪行为，维护国家网络空间主权、安全和发展利益。”[18]

中国“防火墙之父”方滨兴认为，网络主权管辖的范围包括两个维度：其一是中国境内支撑网络的物理基础设施；其二是在中国境内基于网络物理设施所形成的空间，[19]也就是上网的网民和由此形成的网络社区的“拟制领土”。

对于物理基础设施，方滨兴认为，由于根域名解析体制，各国的网络不能独立存在，仍受限于美国。[20]而 2013 年斯诺登披露的“棱镜门”事件，则更进一步使世界各国深刻认识到美国推行互联网霸权的野心，以及其对本国利益的潜在风险。[21]

相较于物理基础设施，由网民组成的网络社区的“拟制领土”的主权观念受到了更多的争论。一般认为，互联网是一个开放的空间。自由主义者坚信，互联网从其诞生之初就烙有去中心化的特质。[22]但反对者则认为开放并不意味着平等。由于技术手段和国家及组织间政治、经济地位的差异，互联网使用主体间存在传播能力上的确实差距。

具体而言，方滨兴概括了网络主权的 4 个方面：维护本国网络独立运营，无需受制其他国家的独立权；网络之上各主体互联互通、互相尊重的平等权；保护本国网络免于攻击和打压的防卫权；以及主权者对网络的维护管理权。[23]

哥伦比亚大学法学院教授吴修铭认为，有意思的是，中国人所下的定义同“互联网主权”的原意（打破政府的桎梏而建立不受管辖的网络世界）恰好背道而驰。但他同时承认，在世界上不单单中国这样想。眼下，大多数国家都认定，网络公司或内容供应商必须遵守所在国家的法律，至少是当它们在其境内产生了影响力或网站服务器实际存在于其境内的情况下。所以，中国的“互联网主权”论，虽然说法难听些，但其实“就是国际私法中一句如实的典型论述”。不过他也特别指出，世界上的主要国家，即便都不承认网络空间的主权，但它们对网络作为一种言论自由的平台还是抱着一定的尊敬态度的。[24]

四、互联网的宪章时刻

2006 年在信息社会世界高峰会议（WSIS）的突尼斯议程中，明确提出了“互联网治理”的紧迫性。“互联网已发展成为面向公众的全球性设施，其治理应成为信息社会日程的核心议题。互联网的国际管理必须是多边的、透明和民主的，并有政府、私营部门、民间团体和国际组织的充分参与。它应确保资源的公平分配、促进普遍接入，并保证互联网的稳定和安全运行，同时考虑到语言的多样性。”[25]

这是一种隐去了政府、私营部门、民间团体和国际组织在网络上的不平等的政治地位和权力争夺的理想状态，所以这种有关互联网治理的想法并没有成为普遍共识。虽然欧洲实践了将主权持久地让渡给“欧盟”这一国际组织的先例，但对于其他主权国家，尤其对于那些保留了殖民统治创伤的第三世界国家，这种让渡主权的行为不可想象。

同时，各国政府不会轻易让出网络的中心控制权。“棱镜门”事件正中那些想要强力控制自己国家的互联网的政府的下怀，它们会借此实施更加严厉的监控手段。国际电信联盟正走在错误的道路上，因为它已经成为一个将坏的政府行为合法化的论坛。现在需要的是建立一种不能由任何一个国家所主导或滥用的真正国际化的互联网治理。

目前，国际上有关互联网治理的最强呼声是“多利益相关方模式”（multi-stakeholder model），就是让各国政府、私营部门、民间团体及互联网用户等能平等参与网络治理讨论，并对全球互联网治理提出一些解决方案，以推动全球互联网平稳发展。这一过程并不容易，不同的国家会因为国情、政治体制的不同，而提出一些不同的解决途径。

美国商务部于 2014 年 3 月宣布，将在一定条件下，移交对互联网名称与数字地址分配机构（ICANN）的监管，马上就有国家主张，这个监管权应该归于国际电信联盟。在 2012 年的国际电信大会上围绕这个主张的争论，显示了全球国家业已分为两个阵营：那些坚持要对国民的信息入口实施更多控制的国家，倡导“国家主权模式”；而那些坚持“多利益相关方模式”的国家，则倾向于政府角色应大幅弱化。

对于民间社会而言，这样的冲突更令世界各地的公民相信，互联网正走向一个制订“大宪章”的时刻，必须要求政府保护言论自由和公民的连接权利。正如英国的贵族们在 1215 年制订大宪章来约束不受欢迎的约翰国王的权力，今天，在大宪章 800 年之际，网民应组织起来维护公民的权力。

在重新打造的“互联网公地”中，全球性的互联网治理理应依赖于崭新的、以全球网络社区为中心的体系而不是传统的民族国家。这是人类面临的一个关键性挑战：它并不仅仅关乎信息自由，而是关乎我们是否能够生活在同一个互联网、同一个国际社区和同一种能团结所有人，并令所有人得益的共同知识之中。为了实现这样的目标，最好的方式是让国家政府与公民、企业加强协商，以便协调和整合各自的不同，积极促进公民社会和企业在全球治理、合作与沟通中发挥作用。

五、结语

经过如此剧烈的变化，主权这个概念还剩下什么呢？数百年前，“主权”被定义为统治者对其领地和臣民的统治权。如今，在一个日益相互依存、相互关联、相互拥有的全球经济中，这个概念的最好定义可能是：主权是公民期待他们国家的政府能够控制之物。

“无边界性”的网络空间已然成为会影响到现实中具有领土疆界的国家之间的利益关系，以及由民族国家网络集合而成的人类活动空间的力量。回到霍布斯的逻辑，当国家不断强化彼此的共同利益时——致力于和平、改善环境、应对全球性的贫富不均等——它们就创造了一个孕育了主权的有秩序的世界，而共同利益使得在不诉诸强制力的情况下解决争端成为可能。[26]这也就是主权和网络主权概念虽饱受争议，却仍旧保有生命力的原因：它们存在于国际关系的流动之中。

詹斯·巴特森（Jens Bartelson）曾指出：界定一个术语的行为往往假设了语言是一种明晰的媒介，它能够反应认识主体外部世界发生的事情。然而，无论主权代表的是此在的现实，或者仅仅是一套标志着独立国家的司法制度，它的含义总有一些流变和含混不清。[27]而且，概念终究不仅仅是为了构架解释世界的哲学体系，“问题在于改变世界”，即指向实践。[28]

网络主权的概念也是如此，它指向国际关系的具体实践。它是多元的，既是个体又是集体的，既是国家的又是地方和全球的。“作为一个联系的概念，主权唯一要深怀戒备的就是独占和排他性的特质。”[29]

注释

[1] 唐士其：《西方政治思想史》，北京：北京大学出版社，2014年，第186页。

[2] 〔英〕托马斯·霍布斯：《利维坦》，黎思复译，北京：商务印书馆，2009年，第132页。

[3] 〔英〕约翰·霍夫曼：《主权》，陆彬译，长春：吉林人民出版社，2005年，第1页。

[4] Alan James，Sovereign Statehood，Allen & Unwin，1986，p.3.

[5] 〔英〕约翰·霍夫曼：《主权》，陆彬译，长春：吉林人民出版社，2005年，第17页。

[6] 夏征农、陈至立主编：《辞海》第四卷，上海：上海辞书出版社，2009年，第3027页。

[7] Rebecca Adler-Nissen & Ulrik Pram Gad（eds.），European Integration and Postcolonial Sovereignty Games： The EU Overseas Countries and Territories，Routledge，2013，p.4.

[8] 俞可平：《论全球化与国家主权》，《马克思主义与现实》2004年第1期。

[9] 〔法〕阿芒·马特拉：《世界传播与文化霸权：思想与战略的历史》，陈卫星译，北京：中央编译出版社，2001年，第2页。

[10] 许静编著：《传播学概论》，北京：清华大学出版社、北京交通大学出版社，2013年，

第 155 页。

[11] 王宁、生安锋、赵建红：《又见东方——后殖民主义理论与思潮》，重庆：重庆大学出版社，2011 年，第 5 页。

[12] UNESCO，The New World Information and Communication Order，Resolutions 4/19 in Records of the General Conference Twenty-First Session，Belgrade，1980.

[13] David R.Johnson & David G.Post，Law and borders：The rise of law in cyberspace，Stanford Law Review，Vol. 48，No.5，1996.

[14] 联合国：《从国际安全的角度来看信息和电信领域发展的政府专家组的报告》，https://undocs.org/zh/A/65/201，2010 年 7 月 30 日。

[15] 联合国：《从国际安全的角度来看信息和电信领域发展的政府专家组的报告》，https://undocs.org/zh/A/68/98，2013 年 6 月 24 日。

[16] Richard Barbrook & Andy Cameron，The Californian Ideology，Science as Culture 6.1，1996，p.44-72.

[17] 中华人民共和国国务院新闻办公室：《中国互联网状况》，北京：人民出版社，2010 年，第 24 页。

[18] 新华社：《中华人民共和国国家安全法》，新华网，http://news.xinhuanet.com/politics/2015-07/01/c_1115787801. htm，2015 年 7 月 1 日。

[19] 王远：《网络主权：一个不容回避的议题》，《人民日报》2004 年 6 月 23 日。

[20] 同[19]。

[21] 李峥：《美国移交 ICANN 管理权的实质》，《世界知识》2014 年第 9 期。

[22] 刘杨钺、杨一心：《网络空间“再主权化”与国际网络治理的未来》，《国际论坛》2013 年第 6 期。

[23] 同[19]。

[24] Evan Osnos，“Can China Maintain ‘Sovereignty’ Over the Internet?”，New Yorker，11 June 2010，http://www.newyorker.com/news/evan-osnos/can-china-maintain- sovereignty-over-the-internet，Retrieved Aug 15，2019.

[25] 信息社会世界高峰会议：《信息社会突尼斯议程》，http://www.itu.int/ wsis/docs2/tunis/off/6rev1-zh.pdf，2006 年 10 月。

[26] 〔英〕约翰·霍夫曼：《主权》，陆彬译，长春：吉林人民出版社，2005 年，第 152 页。

[27] Jens Bartelson，A Genealogy of Sovereignty，Cambridge University Press，1995，p.14-15.

[28] 朱哲、杨金洲编著：《回到文本——马克思主义经典文献解读》，武汉：武汉理工大学出版社，2009 年，第 91 页。

[29] 〔英〕约翰·霍夫曼：《主权》，陆彬译，长春：吉林人民出版社，2005 年，第 154 页。

群思广议：学术共同体论说综述

新闻学与传播学名词审定委员会第三次审定会议纪要

新闻学与传播学名词审定委员会

2015 年 12 月 20 日，新闻学与传播学名词审定委员会第三次审定会议在中国社会科学院新闻与传播研究所召开。出席本次会议的名词审定委员、编写委员及部分委员代表共 19 人，两位不能到会的委员提供了书面发言。会议还邀请了全国科技名词审定委员会审定与研究室副主任温昌斌博士出席指导。

唐绪军主任首先向会议做了新闻学与传播学名词审定工作报告。他在报告中说：新闻学与传播学学科名词审定工作主要经历了三个阶段，即名词基础文献调研阶段、收词框架建构阶段、名词定名定义撰写阶段。

从 2013 年 5 月开始，由中国社会科学院新闻与传播研究所牵头，筹备成立新闻学与传播学名词审定分委员会。该筹备小组针对新闻学与传播学学科名词现状进行了先期调研，收集有中外辞书文献 140 余本。在确立了专业筛选标准后，录入 20 本辞书的全部词条，获得 1.6 万余条术语，并进行了词频统计。经过进一步分类整理，最终获得 7082 个新闻学与传播学学科常用基础词条。由此，形成了学科辞典文献与基础词条两个数据库。在初期调研基础上，名词审定工作正式开始。2013 年 9 月 25 日，新闻学与传播学名词委员会在北京正式成立。审定委员会由来自高校和研究机构的知名学者共 24 人组成，秘书组 2 人，编委会 7 人。在讨论构建学科名词概念框架体系——名词学科树的基础上，确定了收词范围。收词结束后，共获得基础名词 3000 余条。此后共召开 4 次审定工作会议。新闻学与传播学名词审定委员会从 2014 年 7 月开始，在新闻学与传播学学科顶级刊物《新闻与传播研究》开设了“新闻学与传播学名词审定工作文存”栏目（以下简称名词专栏）。2014 年 9 月，我们在中国社科网创办了“新闻学与传播学名词审定学术交流网”（以下简称名词交流网），设有“专家简介”“审定工作文存”“名词术语讨论与争鸣”“方法与多维视角”“新词征集与推荐”“名词跨学科互动”“名词审定工作动态”“数字资料典藏与检索”8 个栏目。该网旨在更广泛地向学界和业界传递学科名词工作信息，扩大互动交流范围，展示新闻学与传播学学科名词审定工作的基本过程，推介新闻学与传播学学科名词审定委员的研究成果，探讨学科名词术语中的疑难问题，同时征集新闻学与传播学学科新词等。自新闻学与传播学名词审定委员会成立以来，秘书组共编写与发送了 7 份工作通报。

截至 2015 年 11 月，在部分编写委员帮助下，由大多数审定委员自己撰写的名词定义初稿已全部完成。总体工作已进入到对名词初稿的自审（二稿）和互审（三稿）阶段。计划于 2016 年上半年完成名词定义三稿的修改，并邀请同行专家评阅。在此反复修改和征求意见的基础上，我们确定新闻学与传播学学科名词的终审稿后，最终提交全国名词委复审，申请进行预公布。

唐绪军从 5 个方面概括了《新闻学与传播学名词》的主要特点：从现有专业辞书文献来看，这本《新闻学与传播学名词》应该是中国新闻传播学领域第一本有名词研究专门机构、有概念体系框架论证与建构、有名词术语定名标准与选择、有名词定义写作原则与规范、有国家审定与公布要求的学科名词词典。

本次审定会议确立了 8 项议题：①从名词概念的传承性、科学性与实用性 3 个方面进一步审定收词框架；②讨论定义内容和编写审定中的难点、疑点或有争议的问题；③定名过程中遇到哪些需要集体讨论、获得学界共识的问题；④现有收词过程中，有无遗漏重要名词概念；⑤在定义三稿的审定与编排体例上还有哪些需要注意的细节问题；⑥新闻学与传播学学科名词审定过程中，坚持和使用的审定原则和方法；⑦评议名词审定工作的价值和意义，分享正在研究的或了解到的与名词工作相关的成果和动态；⑧其他比较重要的问题。

围绕上述会议议题，与会者先后就审定过程中发现的主要问题与不同观点展开了交流、回应与讨论。

委员们发言内容主要集中在 3 个方面：①分享与交流收词工作中所坚持的原则与使用的主要方法；②提出与回应定名与定义中的难点和疑点问题；③进一步明确名词工作的标准、意义与价值。

以下为与会审定委员和编委的发言，以及提交会议的书面发言的主要内容（按发言先后为序）：

胡翼青：我们通过遴选 30 本 20 世纪 80 年代以来的中外基础大众传播学教材，对其涉及的基础名词概念作词频统计分析。在此基础上，对所收名词再次排查，去掉可能与其他方向重复和非学术性的名词，坚持宁缺毋滥的原则，由此获得出现 30 次以上的名词共 78 个。在定义内容的标准确定方面，我们针对每个词条定义进行调研与研究。保证每个词条要收集 20 个以上的定义，经过研究与比较，提取能反映该名词本质特征的内容要素后，在综合研究基础上，我们再撰写出该名词定义。

这次审定工作让我们意外发现，新闻学与传播学学科的高频词出现较少，有可能说明学科名词共识度不高。由于新闻学与传播学学科并没有完整的名词认知地图，因此我们在自审和互审阶段大都采用了否定而非增加名词的方式。我也将这一原则使用在对王辰瑶老师的报刊实务相关名词的互审上。在互审时，我只是对大众传播现有 70 多个词条的定义做了微调和微改。这说明经过收集和参考足够量的基本定义范本，在此基础上，是可以做出规范性和准确性较高的定义来的。

陈力丹：相比较传播学危机，新闻学有更加严重的危机。以新闻理论为例，目前共收有 99 个名词，但多数理论名词都是以前没有定义的，如新闻学、新闻理论、新闻史等名词，经常挂在口头上，却没有统一的说法，也很难用一两句话来说明和定义，所以我只能根据经验和对这个概念的知识积累来写。还有马克思主义新闻观的名称术语问题，有些已经是流行的话语，例如“报纸是工人的必要生活资料”（马克思）、“党的报刊是党的旗帜”（恩格斯）、“法典是人民自由的圣经”（马克思）、“《真理报》的话就是法律”（列宁），以及“齿轮和螺丝钉”（列宁）、“舆论一律和舆论不一律”（毛泽东）等表述模式，对目前的名词定义规则是一种挑战。

此外，有的名词虽然有学术性，诸如“××本质”，但在新闻学与传播学学科内也未必普及。现有传播学教材基本停留在大众传播时代，名词绝大部分还是描述大众传播的，而现在已经进入变化着的互联网传播形态的时期了，停留在大众传播形态的大量名词正在过时，然而，我们的框架目前还是传统的划分，名词的设置跟不上形势，如“用户生成内容”这样的新词应该收入。

刘海龙：我们选词的方法是让学生先帮助查找资料。收词的文献参考也是来自教材和词典。我们是从近三年的中文期刊摘要中的核心词汇中进行筛选。我跟胡翼青老师相反，我的基础词汇特别多，有 500 多个。除了分走的一部分，去掉了书名和人名，现在还剩余 100 多个。每年新词也是层出不穷，应该有开放心态，吸纳新词汇。可采取维基百科的方式，让更多人参与和使用名词，而不是从上到下指令式的做法，我们要顺应大众的使用，给使用者更多的选择。

目前，国内涉及新媒体方面的国外理论不多。新媒体时代存在大众传播过时的问题，但大众传播和新媒体并不能截然分开，而是可以不同形态来定义的。传播在本质上还应该是人和人的交往。传播学并非缺少生命力，但要从传播角度切入研究而不是强调要从媒介角度来看传播。以前我们大都是用媒介来定义传播，我认为应该从社会关系视角定义传播，因此，才有了新媒体传播。从这个意义上说，传播学并不是遇到危机了，而是有所突破和发展了，这恰恰说明这个领域有活力。我负责传播研究的基础名词部分。我遇到的问题就是“传播”“信息符号”这些最为核心的概念的定名和定义问题。目前，从汉语中衍生出很多的翻译，如 communication，我们该如何解决这些词语的汉译？有些中文词义也是模糊的，但模糊中有多种可能性。在不确定性条件下，词汇变迁会有一定的误读，但这是学科创新和发展的必要条件。我认为，这些概念可以作为单独词条出现，如“传播”这个概念名称，具有单向性，而“交流”“沟通”则强调双向性，这在人际传播中用的较多。不同领域侧重点也有不同。不一定放在同一个传播框架下，我建议让它们独立出来。英文里的一个词，在中国语境下，可能变成多个词，如 rumor,我们译作“谣言”，在中国语境下，这是一个带有主观故意性的语词，但“流言”则是一种信源不明的东西。其实，“流言”更接近于英语 rumor 的含义。我认为这种词在不同语境下可以区分使用。这跟自然科学领域不同，没有统一规范和固定标准。人文学科的模糊性是学科特定的，有利于多样性和创新性。

还有人名译名的问题，如“施拉姆”“麦克卢汉”等，这些也是日常名词，而非传播学科所独有。再比如，有些翻译将“英尼斯”改成“伊尼斯”，我们需要确定这是严格按照读音，还是约定俗成来翻译？如果按照读音，“麦克卢汉”应译作“麦克卢恩”。但我们现在都还称作“麦克卢汉”。我们需要把定名的原则确定并统一起来。

在谈及定名问题时，值得一提的是，本次会议有两位委员通过书面发言参与了讨论与交流。一位是深圳大学的何道宽老师，另一位是美国中康涅狄格州立大学的居延安老师。两位委员的发言要点主要围绕传播学的定名及 communication 一词的汉译等定名问题展开。

何道宽委员的书面发言：（1）传播学既已定名 30 多年，约定俗成，没必要再议其是否妥当。新闻传播学领域已通用“传播学”，也不排斥中国所属其他地区的“传学”“传理学”。

（2）关于 communication 的多种汉译问题，相关建议如下：非专业人士、非专业的大众用语不妨使用“交际”“传播”“交流”“传通”；工程技术领域不妨用“通信”“通讯”；文化史领域不妨用“交流”“交通”；语言学翻译学和外语教学中不妨用“交际”；公共关系和人际交流中不妨用“沟通”。

（3）关于核心名词和人名译名的定名标准。①关于 intercultural communication。其被引进国内后，进入了两大学科领域。新闻传播学将其定名为“跨文化传播”，语言学、翻译学、外语教学领域定名为“跨文化交际”。②应严格区分 message 和 information。message 只能译为“讯息”，information 可译为“信息”或“资讯”。③关于几个主要人名。Marshall McLuhan 定名为“马歇尔・麦克卢汉”，其他翻译可视为不规范，应予舍弃，如“麦克鲁汉”“麦克鲁恩”“麦克卢汗”“麦克鲁汗”。Harold A.Innis 应定名为“哈罗德・伊尼斯”，其他翻译可视为不规范，应予舍弃，如“英尼斯”“因尼斯”。Innis 的一个音节没有汉语的韵尾，“-n”只能译为“伊”。

Neil Postman 定名为“尼尔·波斯曼”，“波兹曼”可视为不规范，s 音不能译为“兹”，应予舍弃。Paul Levinson 定名为“保罗·莱文森”，经与他本人商量，放弃“利文森”。④关于两本书的译名。*The Soft Edge* 定名为《软利器》，经与作者本人商量，放弃《软边缘》。*The Gutenberg Galaxy* 定为《谷登堡星汉》，放弃《谷登堡星汉璀璨》。⑤关于麦克卢汉的警句。The medium is the message 的汉译定为“媒介即讯息”，而“媒介即是信息”是理解错误，应予放弃。The medium is the Extension of Man“媒介是人的延伸”（extension of man）不能译为“媒介是人体的延伸”，因为麦克卢汉严格区分过两种媒介：电脑是“人脑”的延伸，其余媒介才是人肢体的延伸。

居延安委员的书面发言：由于时间冲突，未能回国，实在是无奈。我是真想乘着各路俊杰汇聚北京的难得机会，与你们聊聊 Communication 这个学科的“世纪误译”问题，向各位老师请教。昨晚姜飞老师传来他的《中国传播研究的三次浪潮：纪念施拉姆访华 30 周年暨后施拉姆时代中国的传播研究》，读过之后，感慨良多。中国当代 Communication 的研究，是与施拉姆的名字紧紧地联系在一起的。我 1980 年底随复旦大学导师郑北渭教授去檀香山，参加美国东西方研究中心举办的首届国际 Communication 理论讨论会。会后留下做了两个月的研究，期间与施老有过多次私聊，我们聊得最多的是 Communication 到底如何来研究。施老吹着口哨，总笑眯眯地讲些与他的新闻背景有关的故事。施拉姆就任“夏威夷东西方中心传播研究所”所长时，也把他的得意弟子朱谦（Godwin Chu）带到了梦之岛。朱老师也是学新闻的（我有幸拜朱谦老师为师，合作研究一直延续到恩师谢世的 2006 年）。1982 年 3 月我去了纽约州立大学 Communication 系，又拜库什曼为师，通过库什曼我认识了美国 Communication 研究和教学领域各个分支领域的不少学者，其中有提出“Coordinated Management of Meaning”理论的皮尔斯（以后也成了好友），我惊奇地发现，这些新朋友几乎都没有新闻背景，他们中个别人是专攻 Mass Communication 的，但大多来自这样一些分支领域：Rhetorical Communication，Speech Communication，Interpersonal Communication，Organizational Communication，Intercultural Communication。在纽约州立大学两年不到，我的脑子里塞满了与新闻、宣传、传播很少搭界的另一个 Communication 世界。我是带着这个“Communication 另一个世界”于 1984 年年初返回复旦大学新闻系的。再回到姜飞的“三次浪潮”。无疑，施拉姆为中国 Communication 完成了带有学科性研究的首次冲浪，他是个有功之臣，但也正是施拉姆把 Communication 汉译的达摩克利斯之剑，笑眯眯地不经意地架在了以中国新闻学者为绝对主体的这个全新领域的头上，Communication 锁定译成了“传播学”，无可逆转地成了“世纪误译”。

这有点像中国人领养了一个美国儿子，给他穿上了马褂戴上了西瓜帽，而中国父亲却穿起了西装系上了领带，中国妈妈早已把旗袍和小脚花鞋扔到了一边。看着中国父母至今还抱着那穿着马褂戴着西瓜帽的长不大的洋小子，总想笑。这是一个不恰当的比喻。我的意思是，Communication 这个美国小子，是什么，就让他是什么。翻译就是翻译，翻译是将一种语言中的单词或语句或语气，转换成另一种语言中最接近的和最传神的对应单词、对应语句、对应语气。翻译不是解释，也不是演绎，更不可掺入译者自己的价值和喜好。学科、学术名词的误译，不是“约定俗成”四字就了了的。误人子弟的误译，影响学科健康发展的误译，已成世纪笑话的误译，不仅 30 年要矫正过来，就是 300 年也要还国人一个清白。

Communication 这个英文单词，不是“传播”，那么译成什么呢？我在 30 年前（从纽约州立大学回来的第 2 年）起草了我的后来卖九毛一分钱的《信息 • 沟通 • 传播》（上海人民出版社 1986 年 3 月初版），对如何理解和翻译 Communication 这一学科关键名词及它的各个分支领域，已经在书里列了一个表。我那时倾向选择的是“沟通”二字。正如名词学科树所展示的，Communication 这门学科涉及不少门类或分支，27 年来我在美国中康涅狄格州立大学及其他大学，主要讲授三门课：Interpersonal Communication，Intercultural Communication，Organizational Communication。我从 20 世纪 80 年代起就企图把误译的“传播”二字扭到“沟通”上。说来可怕，漫漫 30 多年，弹指一挥间！我想矫正误译的愿望始终未能实现，尽管我曾在各种场合竭力地，一而再再而三地鼓吹：用“传播学”这三个汉字来指代 Communication 是一种“世纪误译”!我建议：除了 Mass Communication 可以译成“大众传播”之外，把三个分支学科可改译如下：Interpersonal Communication 译为“人际沟通”；Intercultural Communication 译为“跨文化沟通”；Organizational Communication 译为“组织沟通”。至于 Communication Study，我建议译成“沟通学”（又称“传播学”）。何为传承？八个字：去伪存真，去粗取精。

在我的学校的讲坛上，我每个学期都讲什么是 Communication。我以为 Communication 这个概念涵盖了四个既有联系又有区别的界定性变量：①信息交流（Sharing of Information）；②意义沟通（Negotiation of Meaning）；③价值劝说（Persuasion）；④行为诱导（Inducing Behavior）。整个 Communication 过程，核心变量就是“意义沟通”，把 Communication 译成“沟通”，应该是最为贴近的。这个思想，我在我的几本畅销书里都有详细阐述（如复旦大学出版社出版的《公共关系学》和《关系管理学》）。为何这么多年来，“传播学”“人际传播学”“跨文化传播学”“组织传播学”，“传播”二字总是召之即来却挥之不去呢？原因多多，我建议作为一个世纪课题来研究。

有关传播的译名问题，会后何道宽教授、刘海龙和王怡红还有进一步讨论和即时补充。

何道宽的回应：我坚持认为，只能用“麦克卢汉”，不能译为“麦克卢恩”，其理由如下：①根据汉语音韵学，两个音节连接处不能用两个元音，中间必须插入一个辅音（声母或喉塞音），例如，西安和皮袄之间就加了喉塞音，写为（xi’an）（pi’ao）；②几百年英译汉的传统是在英语两个元音之间加上一个辅音（声母），如 John 不能译为约安，要译为约翰；Birmingham 不能译为伯明恩，要译为伯明翰；③同理，McLuhan 不能译为麦克卢恩，要译为麦克卢汉；④在快速语流中，“卢恩”（lu’en）异变为单音节“伦”（lun）。以学术会上宣读论文为例，其后果是：与会者听到的是“麦克伦”，而不是“麦克卢恩”。

刘海龙的回应：关于“麦克卢汉”的译名，我提出的意见并不是反对这个译法，而是如王老师所说，希望能确定译名的原则。其实，现在译名是比较乱的，有的从音，有的从习惯，新华社的译名手册也有不合理之处，而且许多人名不收，我自己翻译中已经感觉这是个棘手的问题，也是借这个机会提出来和大家探讨。我的个人观点是与一般约定俗成的用法保持一致，有时候硬要去纠正，反而会造成更大混乱，还不如因势利导。就像大家都提到的“因特网”与“互联网”的问题，想要统一，结果最后还是“互联网”占了上风。同时“传播”“交流”“沟通”也是类似，硬要把约定俗成的“人际传播”“国际传播”改成“人际沟通”（交际）、“国际沟通”，很可能会增加混乱。传播学界的外国人名也存在类似问题，“卢因”还是“勒温”，“英尼斯”还是“伊尼斯”等都值得探讨。心理学界如果通译“勒温”，传播学界就没必要去标新立异。而像“波斯曼”“波兹曼”因为还未有定论，那就遵从发音，加以统一，就不会有太大的问题。

何老师谈到的发音原则，我也不太懂。但像约翰之类的译名，我个人直觉应该不是定名原则，因为当时发音不准确，或根据方言或书写来确定，现在明知是错的，只不过是从俗而已（清末的许多外国人名，如鸦片战争中的“义律”其实为 Elliot，“颠地”为 Dent，“璞鼎查”为 Pottinger，其实今天都有通行标准译名，但在特定人物的译名上，就没有纠正了），并不一定是现在的翻译通例。我对译名没有专门研究，以上议论只是一孔之见，让两位老师见笑。

彭兰：我负责的新媒体在收词方面与胡翼青的情况有些相反。新媒体新词不断涌现，而且数量庞大。我们的收词原则是：一要经得住时间考验；二要能达成共识和具有可用性。比如 Web3.0 就没有收入，因为理解的角度和界定不统一。新媒体是跨学科，与计算机学科、电子商务相关联，也与本学科的领域都有关联，因此，在名词解释时困难比较大，难以达成共识。由于差异性大，因此还需要有一些兼容性。

新媒体的技术性名词较多。百度百科解释得五花八门，有些基本上不能用，最后全部要重新来做。我们需要把计算机名词讲明白，变成新闻传播学科术语。技术的门槛不能太高，否则学科就不能使用了。有关译成中英文的问题。我认为有些中国特色词语，难以找到国外对应的词语。由于国外没有对应的英语，像“网络新闻专题”“网络问政”等词如何翻译？还有英文和数字的字母词的翻译，如3G、4G等，全国科技名词委要求有中文名称或完全译作中文名。还有Cookie如何翻译。全国科技名词委是否能够有一个变通的办法？再有，如果考虑未来的发展，这个学科会发生变化。现在做名词是还过去的债。因此选词特别需要面向未来。建议名词做完，待书正式出版之后，还可以与百度百科联系，放到那上面去。

涂鸣华：根据上述老师的讨论，中外新闻史这部分可以将传播思想史收纳进来。新闻史的事件不多，各领域涉及史的名词也可以提供过来一些。

（在会后，涂鸣华老师与李彬老师有过邮件交流。经允许摘其邮件中主要观点如下）：名词讨论可能陷入了三个误区：一是名词工作是否一定要有个学科体系？这个工作的本质是提供名词标准化，不是建个学科体系？二是以为我们做的事情是学科霸权，能影响学术的未来。计算机科学技术名词审定委员会一定要规定“互联网”叫“因特网”，但现在开的都是互联网大会。我们工作的意义是引领学科的研究而不是命令。三是定义一定要涵盖所有的内涵吗，或者起到正本清源的作用，如果这样那几乎没有一个词可以在几十个字内搞定了。我觉得定义是提示而不是规范，如定义“传播”这个词，让人知道研究的是什么就可以了，不是一定要一锤定音的说明，否则讨论到最后还是陷入辞藻的泥潭里。

李彬：我倾向鸣华的意见。第一，名词工作应该有规范和标准，从而便于学术思想的顺畅交流，这也是我们正在做的事情；第二，标准化目前又不可过于严苛，定于一尊；第三，定义主要还是提示，否则数千条词目的定义恐怕难于上青天，因为需要求得学界的广泛认可，而这些都是不可想象的。

总之，既得确定科学规范与定义，又需留有一定的模糊空间，这也是人文社会科学的题中之义。说到有关定名问题。“名可名非常名”。按照语言学规律，第一，约定俗成原则总是不以人的意志为转移的，如同“耶诞节”弄成所谓“圣诞节”（穆诞、佛诞、孔诞等都当之无愧“圣诞”）；第二，流行的专业名词是一回事，对专业名词的通行理解又是一回事。“人际传播”的定名也是如此。我想，“人际传播”既然成为通用语，跟传播、传播学一样，再不满意，再不合适，也难以扭转了。事实上，也无需再扭转，只需在使用过程中，不断赋予其特定意义而使之完善，从而逐渐形成特定术语对应着特定含义，就像“互联网”，现在一提都知道是怎么回事。

吴飞：新闻传播学在我们的学科圈子内部自认为极为重要，甚至有不少人认为，今天是传播的时代，传播学也必将甚至已经成为显学。这其实多少有点自恋。事实上，无论是新闻学还是传播学，都相当年轻，也并没有足够的影响力。虽然这些年发表了不少的论文、出版了大量的著作和教材，但我们很容易发现，在一些基本问题上，我们没有共识。我曾经在一篇文章中说过，至今我们对传播学的理论核心是什么都说不清楚。分析不同的传播学教材即可发现，基于编著者个人的喜好，编写出的教材内容相差很大。安德森曾经对 7 本传播教科书中的相关传播理论数量进行统计，发现总共出现 249 个不同理论，其中有 195 个理论是仅出现在一本教科书中，而同时出现在两本教科书中的只有 22%，至于同时出现在三本以上的则不到 7%。从这一结果看，传播学“理论”样态多而散。另外，本尼格也曾统计过传播相关理论被引用的次数，试图找出最核心的传播理论，但结果令其失望。所以，从这一现实的困境的角度看，名词定义编撰是有价值的。

我纠结的一个问题是：我们选词时，现在基本上是通过挖掘各种不同的论著、已有的词典文本，然后从中去寻找最大公约数。但问题是，一则新闻传播的理论并不是那么清晰，我们选定的名词不过是对过往人类并不怎么完善的思考的梳理，却不能展示理论的未来向度；二则人们日常使用的语言往往与学术语言有很大差异，我们的工作如何可能对人们的日常生活话语秩序与社会秩序产生影响？总之，如果我们编名词典的目标之一就是规范大家的日常用词，那么是否还需要给思想与理论的成长，以及人们的日常生活实践留有足够的空间？

大家可能还记得，在《词与物：人文科学考古学》一书中，福柯曾指出，在古典时代“人”并不存在，仅因为 19 世纪初现代认识型的出现，才出现了“人”，才有所谓的关于人的人文科学——如心理学、社会学、文学与神话研究——等的出现。但福柯认为，人文科学不是科学，而是处在与生物学、经济学、语言学相邻近的位置而取得了貌似科学的假象。他认为，“人”，应该成为知识的实证领域，而并非科学的对象。而他的研究却表明，随着精神分析学、人种学的发展，以及同样不谈及人本身的语言学的发展，“人”将终结了，“人”将消失。这就是为什么福柯在《词与物：人文科学考古学》一书的最后一页写道：人将被抹去，如同大海边沙地上的一张脸。

我讲福柯的这个观点，是因为我同样担心，我们的工作如何能够成为一项真正为“人”的工作。因为时间有限，我不可能细说，但我想大家理解吾心之所系。

展宁：名词定义编撰有非常重要的意义。中国的学术研究传统上并不注重追求确定性，而名词编撰恰恰做了这样一种努力。当然，由于学界对传播研究或者说传播学科的边界未达成共识，因此导致这个确定性很难把握。在选词和编写定义过程中，我们也许不用背上太大包袱，只要方向正确，可以先界定一些经常使用的概念，以后再逐渐修订。

接下来具体说说我思考的一些问题：

第一，英译中的名词落地问题。比如 media，我们在什么情况下将其翻译成“媒介”，又在什么情况下将其翻译成“媒体”？在构成合成词时，这种问题还会更加凸显，如翻译成“媒介法”、“媒体法”还是“传媒法”？要在诸多翻译中选择一个定名，这需要我们从语言层面考虑更多的问题。

第二，很多名词的渊源在美国，但到了中文语境中，其意涵会发生变化，这种情况如何处理？比如“知情权”，在美国是一个法律的概念，在中国可能是一个政党政治的概念。这种不同语境会使我们的定义产生困难，背后甚至还会折射出中国新闻业与西方新闻业在性质上的差别。我自己的处理方式是，先讲西方的渊源，最后再用一句话概括：2007 年，中国共产党十七大报告明确指出：保障人民的知情权。不知这种处理方式是否合适。由此，在名词分类体系上，我们还要考虑一些中西名词并置在某个类别下是否合适的问题。比如，“第四权力”和“村村通”同属“媒介责任与公共服务”，“出版自由”与“扫黄打非”同属“公民（法人）的表达自由及禁限”这样是否得当？我们是否要考虑把中西不同语境下的名词分开列出？像“文字狱”如果放在“公民（法人）的表达自由及禁限”中就不太合适，因为“文字狱”本身就不属于现代的法治概念，与“公民”的“表达自由”没有关联，它更像是一个中国的历史概念。

第三，在媒体与传播法学方面，大量的名词来自美国，这必然涉及西方中心主义的问题。在选取名词过程中，除了英美海洋法系，本身属于大陆法系的中国还应该更多考虑法德俄在新闻与传播法学上的传统。另外，对发展中国家的法律体系与权利公约，也应考虑是否多吸收一些。当然，可能由于语言的关系，本身中国对这一块的研究视野比较有限，这项工作有待日后完善。

这些区别使我想到赵鼎新教授的一篇文章，即对于某个定义或者概念的解释（explanation）与阐释解读（interpretation）的区别。对于某些定义，如“公共领域”，我们在界定的时候最起码也要考虑到其在中国语境下动态发展的可能，避免僵化范式的界定。这也是为什么我们用文献综述的方法进行定义的原因，我们希望能够在定义某个关键概念的时候找到一个更高层面的理论框架，以此出发来寻找某个概念或者中层理论的互动语境。因为写在纸面上的文字是死的，但是我们可以通过定义把文字变成某个概念的源头活水，不断生发出新的内容。当然，这个平衡点的寻找很难。而有关经验定义和价值定义的区别，又让我进一步想到了名词选定背后的价值观问题。正如胡翼青老师对于施拉姆选定传播学四大奠基人背后价值观的批判，对于名词或者概念的选定本身其实也是一种价值观先导的活动。我们首先要承认这一点。因此，我并不赞成在新闻史之外的名词选定中引入人名或者书名。

最后是体例问题。在一些名词的定义中，如果以某位学者的定义为主体，在措辞上稍作变动或者补充，这种方式怎么处理体例注释问题？

宋小卫：我们的选词和条目撰写，是采取用户导向还是理论建构的导向，需要考虑。举例来说，“新闻”这个名词，它的定义至少可有两个以上的义项，较常见的一个是“新闻是新近或正在发生、发现的事实的报道”，另一个是“新闻是新近或正在发生、发现的事实”，这两个义项如何排序，谁排在第一义项，谁排在第二义项？如果采取用户导向的思路，那么前者应该排第一义项。因为相比较而言，在新闻学和传播学文献的词汇使用和文本表达中，“新闻”这个名词更多的时候是指“新近或正在发生、发现的事实的报道”而非“新闻是新近或正在发生、发现的事实”，也就是说，前者的使用频率更高。这也容易理解，毕竟新闻学和传播学的研究重点不是“事实”而是“事实如何经过各种程序最终被产制为新闻报道”。

但是，如果从生成新闻报道的实际顺序和因果逻辑关系上考察，则后一种含义应该排在第一义项，因为总是先有事实，然后才有对这个事实的报道。所以，“新近或正在发生、发现的事实”应该是“新闻”这个名词定义的第一义项，“新近或正在发生、发现的事实的报道”只能排在第二义项。

当一个名词定义有两个以上义项时，我本人更倾向于以用户导向的原则确定其不同义项的排序。还有，在新闻伦理学名词中，是否需要收入“未成年人”这样的名词，这个名词本身不属于新闻学的专用术语，但从新闻伦理的角度看，对未成年人的新闻报道，需要遵循某些特定的伦理规范，那么“未成年人”这个名词就和新闻伦理问题具有了关联性，或者说，新闻报道者因此需要具有某种“未成年人”意识，那么，这类新闻伦理学的“邻接名词”收不收？如果收的话，是仅仅给出其通用定义还是需要进一步说明其与新闻学的特定关联？例如，“未成年人”的定义，是仅仅表述为“未满十八周岁的公民”，还是需要进一步说明：“新闻传播应该给予未成年人最大限度的保护”？

张放：刚才各位老师提到的不少传播学重要术语都在人际传播这一块儿，如“符号”“讯息”“传播”“刻板印象”等。此前，胡翼青老师说大众传播那一部分是通过频率统计进行收词，最后找到出现频率比较高的作为核心词，但人际传播这边有个问题，就是在国内不像大众传播讨论得那么多，那么成熟，所以我们参照的教材、专著虽然有十几本，但几乎都是英文原版的，究竟哪些名词需要选入，哪些名词应该怎么翻译，都无法通过频数统计的方式来确定。这是问题一。问题二是，各教材的体例也不尽一致，如在某部教材中出现的一个名词看上去是有价值的，但在其他教材中却找不到它，那么这种词是收入还是不收入？我们目前暂时采用的是适当放宽收入条件的原则，先尽量选进来，然后再做减法。

我们在做的过程中，主要遇到以下 3 个问题：

一是人际传播的技巧和原则这类东西很多，通常表述还都是用短句，如“人不能不传播”。这种短句在其他领域也有，如著名的“媒介即讯息”，其实也是一个短句。类似的是否收入，可能应当遵循一个共同的标准。

二是人际传播中的一个名词概念或一种理论通常是经过很多年发展起来的一个大的脉络，有的甚至形成了一个领域，如人际欺骗理论，实际上已经成为人际传播下面一个比较大的研究领域，很多年发展下来的，包括了不少理论和模型，“取真偏好理论”“辨真效应”“朴熙宣-莱文概率模型”等，都属于人际欺骗理论的范畴。所以像这种词条的定义要控制在几百字之内比较困难。

三是在解释一个模型之后，是否还需要把其中元素再作为独立的名词予以解释？例如，胡翼青老师就把媒介四大功能各自做成名词进行了解释。这一点可能也需要明确标准来参照。

最后，“人际传播”这个领域名称到底是“人际传播”好还是“人际沟通”好？我的意见还是倾向支持王怡红老师在论文中的意见，即定为“人际传播”。刘海龙老师在一篇论文中也说过，“传播”这个词完全可以赋予其双向的含义。因为“沟通”毕竟还是偏日常化了一些，同时人际传播作为一门分支学科，上面一级是“传播学”，那定为“人际沟通”就不如“人际传播”更具有一致性。

王怡红：从早期的一个定义看，人际传播的基本结构和概念含义已是比较清楚的了。interpersonal communication 就是一个关系的概念。在中西语词里“人际”本身都表达一种关系。20 世纪 50 年代，美国传播研究者卡茨和拉扎斯菲尔德对 interpersonal communication 的定义是人与人之间关系的互动。我们目前所争议的问题主要发生在 communication 的译名上。我们所面对的情况是，研究已经落后于实践。早期的误译在学界已得到普遍的使用。

我想人际传播的定名可否遵循这样两个原则，一个是在语义层面上追求指称与对应；另一个可在意义的约定层面上恰当使用，使 interpersonal communication 在实际研究中得到不同研究视角的界定与理解，如虽然大家同意用“人际传播”来指称 interpersonal communication，但在使用中还可通过特定的文化语境对其进行概念化或概念考察来理解和使用。我觉得人文社会科学名词在定名的单一性处理上，可能还要考虑合理的多样性这个问题。这个问题做起来有时会和已确定的规范或标准相矛盾。有可能出现学界使用“人际传播”，社会上使用“人际沟通”或“人际交流”的情况。当然，坚持多样性也是一个标准。我赞同刘海龙的提议，通过名词的定名工作，可以将“传播”“沟通”“交流”“交往”依次独立成名。这样似乎有利于解决一些人文社会科学名词因跨学科而导致的定名遇到的特殊问题。

姬德强：在“传播政治经济学”名词的编纂过程中，我们遇到了一个结构性的悖论，那就是学科化现实与跨学科本质的张力。作为批判传播研究的重要传统之一，传播政治经济学很难放在“传播学”的学科框架里进行定位，而需要与其他社会科学和人文学科进行对接，才可以将这个“领域”的关键词加以梳理。比如，“数字鸿沟”“文化帝国主义”等名词，无法在“传播学”的学科合法性下加以解释。

因此，我们到底是需要传播理论，还是需要社会理论？编纂名词的过程再一次让我们直面这个存在已久的历史问题。基于跨学科努力的传播学，需要始终敞开对话的空间，与其他学科、其他领域共同就构建有关传播或者媒体问题的一般社会理论而努力，而不仅是站在学科化的现实之上，固步自封。在这个意义上，我们更倾向于认为，传播学名词的编纂，是一个对于“传播的社会理论”的梳理和提炼过程。所以，相关的名词不应有主观、明显的学科化藩篱。另外，就国外学者和成果的中文翻译，建议遵照翻译界的专业标准，同时也要考虑长久以来学界的使用习惯。

杨瑞明：在讨论中我们需要回过头来再问一个问题。怎么区分术语和名词，它们的界限是什么？我们不仅可以说传播学是学科交叉或跨学科研究的产物，也可以说传播学各个分支学科的研究，一直有着交叉、互涉和跨越边界的过程与趋向。国际传播与跨文化传播的研究就是如此。

尤其是进入 21 世纪以来，在全球化与网络化、数字化语境下，这两个分支学科领域出现了一些重合的研究问题与议题，如有传播与全球化、传播与文化软实力、传播与后现代、网络社会与多元文化问题等。而我们面对的挑战是：如何通过不同的学科视角和已有的知识体系，寻找并发现这些共同问题的答案；同时，如何能够及时超越自身和超越学科知识体系的藩篱。这也是现在与未来我们都不得不面对或预见的传播学创新与发展的挑战性问题。相信历经这样的挑战，这两棵学科树上都会不断结出新的名词果实来。

另外，我想就国际传播的学科问题再稍作些说明：作为传播学研究的两个重要领域，形成国际传播与跨文化传播两个分支学科的源流是不一样的。从传播学史来看，国际传播研究源于 20 世纪 20 年代后美国政治学者拉斯韦尔运用心理学方法对战争中的宣传策略的研究，这在美国国会图书馆保存的“战时传播项目”中都有记载。此后，从20世纪50年代施拉姆的《报刊的四种理论》与对冷战宣传的研究、20世纪60年代有关国际传播与发展问题的研究，到20世纪七八十年代建立国际传播新秩序的争论，以及伴随着对“媒介帝国主义”的反思与批判，国际传播问题逐渐成为20世纪传播研究的一个主要领域（Field）。跨文化传播研究始于19世纪末文化人类学对文化传播与文明进化问题的研究，以及20世纪初社会学对于不同文化群体之间人际关系的研究。今天，两个不同源头的传播研究领域已经分别形成了两个不同的分支学科，各有不同的研究重点和不同的理论体系；并且，目前各自都有重要的国际学术期刊与研究群体，也得到学科发展的延续及国际传播学术共同体的认可，列为传播学研究的两个主要分支领域和大学传播教育的主要课程。

殷乐：我这里有两个想法。一个是广播电视新闻业务的收词总量比较大。选词和收词时，也有些困惑。因为很多词在以后使用和生存空间不是很大，新旧混杂，不好选择。我们分了几个方面，如基本词汇，然后是采访、编辑、播音主持等词条。名词用途涉及学科基础。播音是目前比较大的收词领域，但未来的前景如何，这个真不敢保证。还比如“节目编排”和“播出方式”，这些泛化的概念，都放了进去，还有就是技术的概念，三五年可能就不会再用了，是否就干脆删掉。另一个想法是，名词审定公布后的用途问题。就是我们做完名词后，如何将其继续呈现或推广？如果不做这些工作的话，就会把知识固化。名词工作就算有学术框架，也需要在学界做一个推广和普及。发布到百度百科和维基百科上去，做一个学术普及化的传播，是否还可以考虑新的推广方式，把名词工作的影响力再散布出去，如美国有百科全书名词的APP。用这些数字化平台可以广泛推出。不然的话，传统媒介就是一个小册子，很多人看不到。这方面还需要再多想想办法。

姜飞：我谈4点学习体会。

第一，传播学引进中国的过程本身可视为跨文化传播研究的对象。这启发我们在看待传播研究相关理论和概念时，有必要怀有一个跨文化的意识。比如，从跨文化视角来看，我们现在接受的传播学大多来自美国，而欧洲和亚洲的国家或者其他国家和地区的传播学研究并未被系统化研究，在中国传播学界并未有其应有的地位和发声，这样的一个不平衡局面本身代表着传播研究的某种偏颇，亟需关注。即使是我们所系统研究的是美国传播学，研究过程中也似乎有一种“剪纸化”的手法，脱离理论和观点诞生的社会、历史、文化语境，愈显偏狭。对其他国家知识知之甚少可以通过勤奋补充，但如果缺乏这样一个跨文化视角，好像能说的东西就比较少了，能够深入的也比较少了。

第二，传播学要促进自身发展，须用开放、发展、辩证的眼光，广泛学习和借鉴。新闻传播学 1997 年已被定义为一级学科，很多概念都既是学科（discipline）的，也是领域（domain）的，不能再退回到究竟是“学科”还是“领域”，以及据此形成的一些争议和基本概念辩论中去。传播学是一个新兴的交叉学科，是一个成长中的学科，这已经是毋庸置疑的现实了。过多的研究资源如果聚焦于一些译名争议，反倒使得这个新兴领域显出不对称的暮气。

第三，关于跨文化传播、国际传播、全球传播的分野有必要有一个清醒的认识。1972 年美国跨文化传播学者拉里 • A.萨姆瓦（Larry A.Samovar）和波特在编辑跨文化传播研究读本时，就提出这个概念应该用哪个术语（cross-cultural communication, intercultural communication, transcultural communication）来界定的问题。1987 和 1989 年，美国传播学者古迪坤斯特两次撰文谈跨文化传播领域，根据他的界定，跨文化传播研究可以细分为 4 个研究领域：①intercultural communication（when individuals from different cultures interact）；②cross-cultural communication（comparisons of interaction norms in different cultures）；③international communication（when countries officially interact, otherwise known as international relations）；④comparative mass communication（comparisons of the use of mass media in different countries）。从学科传承性和科学性来看，国际传播领域从学理上是跨文化传播领域的分支，但是，由于中国独特的语境，政府推动下对国际传播能力建设的需求和积极实践，推动“国际传播”从术语使用、研究人群和学术活动上与跨文化传播研究平行相处甚至势头更强健；但是作为本领域的资深学者有必要清醒的是，这是一个中国传播现实对于跨文化传播理论的转化，或可视为一个本土化的、阶段性的权宜之计；当然，这样的一个阶段可能会持续多久无法预见，我们可以继续探讨。至于另外一个术语“全球传播”（global communication），则是 20 世纪 70 年代以来“去美国中心主义”或者去西方化视角下的国际传播的另外一个表达，是传播哲学层面的探讨，非关民族主义。

第四，有必要特别点明的一点是，国际传播和发展传播之间的关系最容易纠缠不清，因为早期美国实操的国际传播是以发展传播的名义进行的，在中东等地协助提供、建设广播电视设备和体系是在“传播促进社会发展”的理论假设下进行的国际传播，其实质是“控制”视角下的跨文化传播；而两次世界大战期间基于战时宣传所从事的所谓国际传播，其实质是“战争”视角下的跨文化传播；20 世纪 50 年代后期由霍尔基于人类学视角奠定，后来在传播学领域发展起来并直接用 intercultural communication 命名的跨文化传播，则至少兼有战争、控制、消除误解三重角色定位，并随着其在国际范围内的传递，这些角色出现侧重点的差异。

比如，根据中国台湾学者汪琪在《文化与传播》（1982 年）著作中所说，跨文化传播研究进入台湾是基于美援/日援误会消除目的；1988 年中国大陆学者段连成将《对外传播学初探》出版，也是基于“帮助外国人了解中国”提升中国国家形象这样一个外宣任务。如今，在当前纷繁复杂的国际传播形势下，中国被国际性媒体所言说和塑造，同时，中国媒体走出去发挥跨文化传播的新角色等，我们再来借助上述的这些史料从事研究的时候，愈加需要用跨文化传播理论、思想和传播哲学视角来统摄和观照，避免研究者因为对于领域地图认知的空洞而将研究引入刻舟求剑、指鹿为马的误区。

温昌斌：我综合地回应一下大家的问题。

关于专有名词。专有名词在理工科各学科中罕见，一般不收录。但对于新闻学与传播学历史这部分特别是近代史部分，如果没有事件名、机构名和报刊名，就很难构建名词术语体系。建议重要的机构名、报刊名、新闻事件名可以收录，但不要收录人名和地名。若觉得人名非常重要，可在其他名词术语（如报刊名、新闻事件名、理论名等）释义中出现人名，亦即在名词术语释义中提及人物所做的事情或人物的贡献。

关于字母词。名词术语中可以有外文字母，但不能全是外文字母，如名词术语中不收录 3G 和 4G，但可收入“3G 通信”和“4G 通信”。

关于改用新名。已经约定俗成的名词术语，有的定名不够准确，如果定名者有信心让大家使用更为准确的新名，就改用新名，如“传播”改成“沟通”；如果会出现这种情况：改成新名后大家不用，反而扰乱了约定俗成的译名，那么，就不要改了。

关于一个概念有多个中文译名。可以在一个概念里不分开，挑一个最合适的中文译名作为规范名，其他的作为“又称”。关于审定方式。其他学科的例子和经验是将词条一个个过，大家一起讨论，但是现在我们没有那么多时间，可以用现在已经使用的办法，即发给各位老师，在互审中发现问题。再一起讨论解决。

关于查重。有两项任务，先是学科内部查重，然后再与其他学科比对查重。关于稳妥性。名词术语英译和定义完成后，可放在网站如中国社会科学院新闻与传播研究所的网站上，征求专家意见。今后，全国科技名词委在正式公布名词前，增加了预公布环节，会将电子版放到全国科技名词委网站上进行预公布一年，征求专家意见。

最后，**贾金玺**代表秘书组向会议做了名词经费使用情况与账目支出报告。

唐绪军宣布会议结束并作了简短的总结发言。他说：我们学科弱小又在反思，所以越谈问题越多。尽管弱小不完整，但我们整理名词相对也给它一个定义，也是我们对学界和社会的一个交代。每一次面对面的交流都有收获。上一次交流会我们开创了名词专栏和名词交流网。姜飞曾提到我们的这项工作是为学科“打桩”。我们记载名词手册的工作过程就是文存，解释我们是怎么打这个桩的。我们的名词手册搜集名词定名和定义，通过文存记录我们为什么这么定义。名词工作不可能一下子完成，我们会不断丰富修订和完善。过程比较麻烦，需要有定力和耐心。

（纪要整理与执笔：新闻学与传播学名词审定委员会秘书组）

2016年1月　北京

名词审定助力学科话语体系建设

唐绪军　王怡红　宋小卫

值此新闻学与传播学名词审定工作告一段落，名词专栏收场之际，我们觉得有必要向学界作个交代。

新闻学与传播学名词审定工作始于 2013 年 9 月，到 2017 年历时四载有余。一群学者用去几年时间，做一本有专职机构统筹协制，有收词标准、定义原则、操作方法与规范要求的国家级学科名词手册，在我们这个学科尚属首次。

2016 年 5 月 17 日，习近平总书记在“哲学社会科学工作座谈会”上的讲话中谈道：“我国是哲学社会科学大国，研究队伍、论文数量、政府投入等在世界上都是排在前面的，但目前在学术命题、学术思想、学术观点、学术标准、学术话语上的能力和水平同我国综合国力和国际地位还不太相称。要按照立足中国、借鉴国外，挖掘历史、把握当代，关怀人类、面向未来的思路，着力构建中国特色哲学社会科学，在指导思想、学科体系、学术体系、话语体系等方面充分体现中国特色、中国风格、中国气派。”[1]与这一要求所阐发的治学追求相对照，名词审定工作的启动与推进可谓正当其时。

我们理解，所谓学术体系，指的是从事学术研究活动的整体建制和管理秩序，包括学术思想、学术制度、学术规范、学术道德、学术标准、学术评价等；所谓学科体系，指的是某种专门知识生产、应用与传授的组织结构，包括专业学者、专业论著、专业期刊、专业团体、学术活动、专业学生等；所谓话语体系，指的是某种专门知识赖以形成和发展的专属名词系统及其表意之道，包括术语和概念，其中概念又可细分为核心概念、扩展概念、边缘概念、交叉概念、借用概念等。因此，一个学科的名词审定工作其实就是要理清哪些名词是该学科的基本名词，并且规范这些名词的定义，从而为学科话语体系建设、学科体系建设，乃至学术体系建设服务。这就逼迫我们尽量取法乎上，“立足中国、借鉴国外，挖掘历史、把握当代，关怀人类、面向未来”，为这项工作投放甘苦，倾注情愫，贡献智慧，以求不负众望。

所谓“名词”，常有两层含义。一层是术语；另一层是概念。术语是指“通过语音或文字来表达和限定专业概念的一种约定性符号”。通常作为表达概念的语词方式。[2]而概念则指，能使得事物产生意义，并对事物的意义进行解释的语词。通常，概念可以用来理解、观察、分析与推理，而且“是在对事实的了解中形成的”。[3]术语和概念二者之间并不是语词符号上的联系。例如，专名也可以是语词或符号，却不是概念，它虽有指称，但没有生成意义，像人名、组织机构名称等。然而，一个专名若形成了固定理解，如“路德式揭露”“伏尔泰式嘲笑”“施拉姆访华”等，就有了特定的含义了。简言之，名词是指概念在语言中的名称，不是指语法上的词类；[4]或者说，名词是概念的语言指称。

名词审定的主要任务就是收词、定名与定义。首先，名词收录范围要以学科研究的范围为基础进行分类。主要程序是先构建学科名词概念体系，以此为基本框架进行收词。所收重点为基本名词，即“具有本学科学术特点、构成本学科概念体系基础的、常用的、重要的名词”，包括核心概念和扩展概念，以及一些新近出现的相对稳定的新概念。其次，按照国家语言文字法律法规和标准，以及语言文字的特点与构词规律，遵循定名的原则，如单义性、科学性、系统性、简明性、民族性和国际性及约定俗成等原则，给概念确定规范的中文名称，并加注与概念对应的英文名称（或其他原文名称）。最后对有确定中文名称的概念进行定义，[5]即给出概念确切简要的释义，以反映该概念所特有的本质特征。

对我们这个学科来说，名词审定工作异常复杂。一方面，作为引进学科，新闻学与传播学里的外来词汇、概念和定义，数量众多，且不断涌现并广为流行，由其表述和建构的理论文本有时难免译名杂驳、词义漂移，难以把握；另一方面，反对学科化，质疑学科合法性与强调本土性的路径等思潮交相混杂，由此产生了更多的问题，从而造成同一概念各说各话的局面，没有参照，缺少标准。显然，这种混乱状况给名词审定工作增加了难度。

4 年来，我们形成了一个由 50 余位专家学者组成的学术共同体，召开过 5 次审定工作会议，编辑分发了 15 期电子版工作通报，积累的内部记录与交流纪事多达数十万字。在不断讨论、反复磋商，甚至激烈的争论和交锋过程中，大家相携互鉴，共勉同行。

首先是建构学科概念体系，或称描绘“学科树”，即把新闻学与传播学这一学科按照研究重点的不同进行分类，哪些是主体的研究领域，哪些是派生的研究领域，哪些是主干，哪些是分支。审定委员们经过反复讨论，最终将新闻学与传播学分解为 21 个分支，即新闻理论、马克思主义新闻思想、新闻史、应用新闻•报刊实务、应用新闻•广播电视实务、传播总论、大众传播、人际沟通、组织传播、跨文化传播、国际传播、政治传播、新媒体传播、媒介环境、传播与社会发展、媒体与传播伦理、媒体与传播法、传播政治经济、传媒经济、公共关系、广告。

构建这棵“学科树”的目的并不是为了确立学科建制的标准，然而“学科树”上的 21 个分支，却又综合了新闻学与传播学基本概念所在的主要研究领域，成为学科立足的根基。

在建构学科概念体系上，我们遵循的是统合与平衡的原则，既反映现状也关照未来，既注重稳定性又保持开放度。以新闻传播活动发生的主要层面和人类传播行为的语境为中心，将其作为“学科树”的主干。同时，又做好随时打破这种统合性和稳定性的准备，以使分支与分支之间、概念与概念之间，能相互联系，相互吸引，相互说明，保持各分支作为整体的一部分的张力关系，突出表现新闻学与传播学对社会与公共生活最有价值和意义的方面。

毫无疑问，现有 21 个分支都是在自己关注的研究对象与命题里，形成了现有的基本概念体系。要为这些分支冠名以“学”的冲动，不时在内心发出撞击声。事实上，一开始多数分支都是被冠名为“学”的，如理论新闻学、实务新闻学、新闻史学、大众传播学、媒介环境学等。然而，学科冠名的规范或标准到底是什么，如何实施与操作才算离实际状况更近？“新媒体研究”算不算一门“学”？“传播政治经济研究”算不算一门“学”？我们对此不无困惑。“学”本与科学的门类相关，代表学术研究的一种生命形态。然而，“学”究竟对什么、对谁有意义，至今悬而未决。为保持足够的审慎，我们决定将“学”的问题转换成一个一个以待研究的问题域。这样做的目的，不是要把新闻学与传播学各分支的冠名问题挤到边缘去，使之退后，或回避“学”的纠缠不清，而是要将其转换成一种开放的、有节制的主动使用与选择。我们的处理方式是，将新闻学与传播学各分支名称统一放于“总论”中，如将传播学分支名称放在“学科与学派”分目中，令其以自我定义的自组织方式，作为一种研究性资源，变成一些可以重访的学术研究地带和研究对象。

“学科树”构建起来后，接下来的工作是收词。各个分支该收哪些词，不该收哪些词？如果收词工作要以“成熟度”作为标准，或以量的大小来反映新闻学与传播学名词的分支性特质，那么，时间和量的存在确实是需要考虑的因素。可是，一个学科到底该收多少词，完全没有现成标准可循。为此，我们做了一次量化尝试。收词工作正式展开之前，秘书组专门查阅了百余种新闻学与传播学的中英文辞书文献，从中选定了 20 本相关词典或辞书，录入其全部词条，共得词目 1.6 万余条。然后从中滤除了 4000 余条重合的收词，再对查重之后的 1.2 万余条词条施以频次统计，最终获得出现 2 频次以上的词目 2089 条。[6]在此基础上，秘书组创建了 3 个现有学科基础名词与文献的参考词库，全部分送给各位审定委员查阅使用。

新闻学与传播学跨学科程度较高，从其他学科借用的名词较多。怎样对待这些名词也颇费思量。再三斟酌之下，一部分与其他学科语汇重合的词条被保留了下来，并尽量赋予其新闻学与传播学研究的学术视角与内涵。为了让收词“额度”不局限在研究者个人的一识一见之间，审定过程中还采取了自审、互审和同行评阅三重把关的做法，以求扩大收词来源，避免遗漏，同时也防止随意滥收。比如，复审时发现，“新闻单位”和“新闻机构”等词在中国使用率很高，但却未设条收入。如果设条，则“新闻单位”与“新闻机构”二者之间又存在区别。前者主要用于纵向的工作布置，后者偏重横向的社会组织列举。即便将“新闻单位”作为“新闻机构”的又称，仍需要在定义中对二者的区别有所阐明。类似的情况，在三重把关的运作中都得到了相应处理。按照全国科技名词委尽可能全面收词的要求，经过数道查重和多层筛选，这本名词手册目前共收录了 3311 个新闻学与传播学基本名词。

收词结束后，如何给收录的每一个名词定名是更加困难的一件事情。大家都知道，我们这个学科所使用的名词，有很多是从英文翻译过来的。从一开始，译名问题就困扰着学界，尤其是传播学界。在通过中西两种话语系统面对面互动时，经翻译出现的理解问题与使用之间的距离，不仅有盲区，会造成理解上的“一步之差”，而且有障碍，很有可能形成理解上难以逾越的“一步之遥”。碰撞是在所难免的。有学者力主借学科名词定名之机，能对传播学界半个世纪以来对“传播”（communication）一词的“错误译名”进行更正，特别是该译名用于“人际传播”、“组织传播”与“跨文化传播”时，并未体现出中西方意义上的双重视野。但也有学者认为，语言符号的意义是不断变化的。“传播”一词虽不能准确传达“communication”的意义，但研究者可在其学术化过程中，超越单向传播的意义，赋予其双向沟通的内涵。

尽管如此，有些看似简单的，可以从名词概念的自明性上加以理解的语词，在中英文译名和定名的对等处理上，两种语言仍然不能完全按照表面意思进行解读。以新闻学与传播学学科的核心概念“media”为例，就有“媒介”“媒体”“中介”“媒质”“介质”等多种译名纷然杂陈，令人莫衷一是。传播学领域使用的“media”，主要指“用于存储与传递信息或数据的工具”，常被释解为传递信息的“工具”“信道”“器官”“代理”等，而非物理学或其分支如光学意义上使用的“介质”或“媒质”等含义。当然，仅从名词翻译对等性而言，这种处理相对简单；若从文化意义上进行考察与比较，中西对“媒介”一词的使用存在的差别更大。汉语对“媒介”一词的理解与使用，可能更多放在能使双方发生关系的人或物上面，如会使用“媒人”或“介绍”等定义词，而非偏于技术的使用。可见，翻译之定名，难脱文化的影响，也离不开对词语所指称的事实与现象的研判分析。

名词审定工作的实践表明，收什么样的词、定什么样的名、给出什么样的定义，一定会有价值判断在起作用。如果没有价值判断，可能构建名词的基础就不存在了。对于新闻学与传播学这门从西方引进的、意识形态特性很强的学科来说，在中西兼顾的基础上，更应该关注与反映中国的现实、中国的经验、中国的实践，吸纳更多具有中国本土元素的概念，如“新闻舆论”“党管媒体”“舆论监督”“舆论阵地”等。虽然这些概念目前还难以界定得很清楚，但我们仍然想将这种价值追求本身转换成能超越不同文化和语言边界相互理解的条件。这也是“充分体现中国特色、中国风格、中国气派”的题中应有之义。

根据审定工作程序要求，建构学科概念体系、收词、定名与定义是必不可少的4个阶段。但在实际操作过程中，这4个阶段的进路并不是一种单向的“时间序列”。在组织、收集、编写与审定过程中，经常需要去而复返地往来逡巡，重新寻找那些需要被彰显，但却被忽略的内容意义。这种回过头去看的方式，使我们有机会补充原来就不甚满意的收词框架，不断保持对新旧及中外学术资源的相互咨商、相互补充、相互启发的知遇关系。

为了更好地促进名词审定工作的开展，2014年7月起在《新闻与传播研究》上开设了名词专栏。截至2017年12月，3年多来，这个专栏共刊出34期，发表了59位作者的46篇文章。这些文章为大家理解某些名词在学术上被概念化的过程，帮助我们给出更好的定义，提供了弥足珍贵的参考。

按照全国科技名词委的要求，名词审定工作不单纯是为学科基础建设服务的，更重要的在于规范社会各界对公共知识的使用。如果忽略规范公共知识传播与使用的目标，名词审定工作就会失去重要依据和意义。如今随着新媒介的广泛应用，传播无处不在，与传播相关的各种概念，人们虽日用而不察。通过名词审定与规范使用，让更多人觉察和意识到新闻学与传播学的知识力量，包括明晰媒介化社会个人对传播、媒介、信息的观念、主张与认识，就显得分外重要。

就学术意义而言，我们更乐于将名词审定工作视为回应新闻学与传播学“有何用”和“如何有用”的一项基础性工作。历史上，托马斯·库恩（Thomas Kuhn）用“范式”概念取代“理论”一词，引发了科学理论与思想方式的一场变革；韦伯发现的“现代”概念，甚至“在欧洲导致了宗教世界图景的瓦解”。[7]今天，当“传播”深入人们生活的各个领域，其对于中国社会交往结构的重构与普通人日常交往行为的意义，同样不能被低估。因此，“新闻”与“传播”及其概念化的过程，应该通过名词审定的学术工作得到更好的解释。

坦率地说，这次名词审定工作，使我们对于学科问题变得更加理性。就我们这个学科来说，值得夸赞之处清晰可见。其一是学科自身的开放性，无论是新闻学，还是传播学，都始终保持着与相关学科之间的亲缘关系。其二是学者自我反省的能力。虽然这一学科在进行跨学科自我定位时，与不同学科之间的张力关系明显不足，自家原创的核心概念有限，但其自觉形成的一种自我开放的机制，包括对研究问题与方法的开放，足以打破不同专业内部知识结构的封闭性。正是由于这种开放性的存在，跨学科的研究才导致新闻传播学者更容易从比较中有所发现，从不断回到对自我的思考与认识中了解自己的总体状态，从反思中获取研究视角与自我建构的动力。因为，从本质上来说，任何一个学科都无法单独解释和完整回答“人无法不传播”的命题。

德国学者西格弗里德・齐林斯基（Siegfried Zielinski）在《媒体考古学》中表述了这样一种观点，他认为研究者需要踏踏实实专注于细小事物，远离不着边际的宏大事物。由此引申开来，学科名词审定工作，就是在为我们这个学科做些踏踏实实的小事，为这个学科话语体系的建设夯实基础。根据全国科技名词委的安排，审定后的名词手册，将在网上预公布，听取各界的意见。届时，名词专栏虽已道别了读者，但有关学科名词的种种真知灼见仍然可以在网络内外的虚实空间里积攒和播撒。祈愿所有投入新闻学与传播学名词审定工作的劳顿、困扰、争执、遗憾，连同一去不复返的时光，都未曾虚掷。向所有参与这项工作，以及为名词专栏投稿的作者诚致谢忱和敬意。

注释

[1] 习近平：《在哲学社会科学工作座谈会上的讲话》，全国哲学社会科学工作办公室，http://www.npopss-cn.gov.cn/n1/2016/0519/c219468-28361739-5.html，2016 年 5 月 19 日。

[2] 全国科学技术名词审定委员会：《名词审定工作参考资料》，2016 年印发，第 29 页。

[3] 陈嘉映：《哲学　科学　常识》，北京：东方出版社，2007 年，第 129 页。

[4] 马莲：《“术语”“名词”“名词术语”辨析》，《新闻与传播研究》2016 年第 9 期。

[5] 全国科学技术名词审定委员会：《名词审定工作参考资料》，2016 年印发，第 18-24 页、第 29 页。

[6] 季芳芳、贾金玺：《雪泥鸿爪自留痕：新闻学与传播学名词“参考词库”的构建与思考》，《新闻与传播研究》2014 年第 10 期。

[7] 〔德〕尤尔根・哈贝马斯：《现代性的哲学话语》，曹卫东译，南京：译林出版社，2011 年，第 1 页。